KB041978

한국형 **합의제 민주주의**를 말하다

시장의 우위에 서는 정치를 위하여

최태욱 지음

한국형 **합의제 민주주의**를 말하다

시장의 우위에 서는 정치를 위하여

책세상

차 례

제2부 시대정신

제3부 합의제 민주주의

제4부 정치기업가

청년들이여, 정치적 열정을 모아라

이 책을 쓰고 있던 어느 날, 304명이 한꺼번에 서서히 유명을 달리하는 과정을 텔레비전 생중계를 통해 무기력한 상태에서 지켜보게 되었다.[1] 그 말할 수 없이 허망하고 참담한 세월호의 침몰 광경을 바라보며 다시 확인했다. 역시 '문제는 정치다!'

모든 시민의 생명과 복지를 무엇보다 소중히 해야 할 민주정치가 제대로 작동하지 않으니 이처럼 처참한 일들이 되풀이되는 것이다. 세월호 참사는 신자유주의라는 괴물 때문에 일어난 일이고, 이 괴물은 결국 정치가 키운 것이다. 이제 이 괴물을 잘 다루고 조정할 수 있는 능력을 갖추든가, 어딘가에 가두어놓고 통제를 하든가, 아니면 아예 죽여버릴

---

1 참사 발생 200일째인 2014년 11월 1일 현재 아홉 명은 아직 시신조차 찾지 못해 '실종자'로 분류되고 있다.

때가 됐다. 어느 쪽이든, 정치가 해야 할 일이다.

세월호 참사는 신자유주의 사회가 낳은 비극이다

세월호를 거느린 청해진해운의 실소유주였다는 유병언 전 세모그룹 회장은 자신이 이끄는 이른바 '구원파' 교회에서 "기업이 곧 교회요, 기업에서 열심히 일하는 것이 바로 예배"라고 설교했다고 한다. 돈을 부지런히 모으고 정성을 다해 섬길 때 구원받는다는 '맘몬교'의 교리를 설파한 셈이다. 맘몬Mammon은 성경에 등장하는 '돈의 신'이다. 예수가 가장 우려했던 것이 바로 맘몬의 인간 지배였을 만큼 그놈은 막강한 영향력을 지닌 무시무시한 괴물이다. 그러나 예수의 우려는 적어도 한국에선 이미 현실이 돼버린 지 오래다. 어디 구원파뿐이던가. 애써 부인하지만, 많은 대형 교회가 실제론 맘몬의 교회와 진배없다는 것은 널리 알려진 사실이다. 교회가 그럴진대 기업은 오죽하겠는가. 대다수 기업들은 수단과 방법을 가리지 않고 오직 돈 많이 남기기에만 몰두한다. 많은 정부 관료들도 크게 다르지 않다. 그들의 관심은 돈 생기는 자리를 가급적 오래 꿰차고 있는 데 집중돼 있다. 가능하면 그 자리가 퇴직 후의 돈벌이로까지 이어지길 바란다. 직업이 무엇이든, 약간의 정도 차이가 있을 뿐, 한국 사회의 거의 모든 이들이 이렇듯 맘몬을 숭배하며 살고 있다. 기업윤리나 직업윤리는 교과서에나 나오는 얘기다. 신자유주의는 맘몬의 현대적 이름일 뿐이다.

'가만히 있으라'는 엉터리 방송을 믿고 세월호 선실에 마냥 앉아 있었던 우리 착한 아이들을 삼켜버린 것도 따지고 보면 결국 맘몬과 그 숭

배자들이다. 맘몬이 지배하는 신자유주의 사회에 공동체 따위는 존재하지 않는다. 모두가 능력껏 각자도생할 뿐이다. 그러니 능력 없고 힘 달리는 사회경제적 약자들만 죽어난다. 재벌과 대기업은 중소기업 위에, 중소기업은 영세자영업자 위에 군림한다. 노동자도 다 같은 노동자가 아니다. 정규직 상근자는 비정규직을, 비정규직 상근자는 일용직이나 '알바생'을 얕잡아본다. 하위계층으로 내려갈수록 삶은 팍팍하고 불안하고, 심지어 수치스럽기조차 하다. 누구를 배려하고 챙겨줄 여유가 남아있을 리 없다. 한편, 하찮든 대단하든 권력을 쥔 자들은 대개 자기 권력으로 어떻게든 돈을 좀 더 만들어보려고 온갖 짓을 다 한다. 권력과 자본의 유착이 각 수준과 영역에 걸쳐 상존하는 까닭이다. 이러한 사회에선 청해진해운이 돈에 눈멀어 노후 선박을 싼값에 사들여 무리하게 증축하고, 저임금 비정규직 선장과 선원들을 고용하여 제대로 결박도 하지 않은 채 화물 과적을 일삼았다는 등의 사실이 결코 놀랍지 않다. 한국선급과 한국해운조합의 선박 검사 및 안전점검 소홀이나 해수부와 해경 등의 관리·감독 및 수행 능력 부실 문제도 그러하다. 해경과 민간 잠수업체 언딘의 미심쩍은 거래 관계도 이러한 맥락에서라면 대략 추측 가능하다. 총체적인 안전불감증과 재난구조 시스템의 유명무실화는 당연한 귀결이다.

밝고 맑던 아이들이 아무런 도움도 받지 못하고 서서히 수장돼가는 광경을 그저 무력하게 지켜본 탓에 유난히 가슴이 아플 뿐, 사실 이러한 비극은 전혀 새로운 일이 아니다. 1993년 서해훼리호도 세월호와 거의 똑같은 원인에 의해 292명의 희생자를 냈다. 그후에도 성수대교와 삼풍백화점 붕괴, 씨랜드와 대구지하철 화재, 마우나리조트 붕괴 등의 대형 참사가 이어졌다. 우리는 민주화 이후에도 늘 인간의 생명과 안전이 경시되는 맘몬의 세상, 또 그런 세상을 방치하거나 심지어 부추겨온 신자유주의 정부 아래에서 살아왔던 것이다. 아니 역대 정부의 신자유주의적 성격은 김영삼, 김대중, 노무현, 이명박, 그리고 지금의 박근혜 정부에 이르기까지 줄곧 강화돼왔다. 노무현 전 대통령의 고백처럼, 국가는 어느새가 권력을 이미 시장에 빼앗겼다. 맘몬에 맞서 사회 공동체와 구성원들, 특히 돈 없고 힘없는 약자들을 보호하기 위해 시장을 조정하고 분배와 복지 강화에 앞장서며 부자와 강자들의 횡포를 규제해야 할 민주정치는 본래의 기능을 상실했다. "비즈니스 프렌들리"를 구호처럼 외치던 이명박 정부에서는 신자유주의 기조를 노골화하며 노후선박 규제완화를 포함한 무규제와 탈규제정책들을 쏟아내더니, 박근혜 정부는 그나마 남은 규제조차 "암덩어리"라며 적출해버리려 하는 상황이다. 국가와 정부는 맘몬의 하녀로, 자본의 머슴으로 전락해버린 것이다. 비극은 앞으로도 계속되리라는 의미이다.

스펙 쌓기 경쟁을 중단하라

실제로 세월호 참사 같은 비극은 우리 주위에서 매일 일어나고 있다. 자살의 경우만 보더라도 그러하다. 한국은 경제협력개발기구OECD 회원국 가운데 자살률 1위 자리를 10년째 지키고 있는 '살기 싫은' 나라이다. 2011년 한 해에만 무려 1만 5,681명이 자살했다. 하루에 마흔세 명꼴이다. 대부분 무한경쟁의 '정글 사회'에서 불안과 낙담, 좌절과 포기를 거듭하던 끝에 벌어진 일이라니, 한국의 자살은 가히 사회적 타살이라 부를 만하다. 하루 마흔세 명, 7일 동안 301명이 자살로 내몰리니, 일주일에 한 번씩 세월호 참사와 같은 대규모 사회적 타살이 자행되고 있는 셈이다. 우리를 특히 슬프게 하는 것은, 10~30대의 한국인 사망 원인 1위가 자살이라는 통계가 일러주듯, 그러한 희생자들의 상당수가 세상을 채 살아보지도 못한 젊은이들이라는 사실이다.

이 잔혹한 현실을 알기 때문일까. 우리 젊은이들은 '밀리면 죽는다'는 각오로 저마다 자신들이 동원할 수 있는 모든 자산과 열정을 바쳐 '스펙 쌓기'에 몰두한다. 신자유주의는 공동체를 파괴하고 모두를 각자도생의 장으로 이끈다는 일반 법칙이 정확히 적용되고 있는 것이다. 그러나 명심해야 한다. 그리 가다간 신자유주의의 또 다른 일반 법칙, 즉 신자유주의 심화에 따른 공동체의 붕괴는 종국에 대다수의 사회 구성원을 불안과 궁핍, 몰락과 죽음으로 몰아간다는 사실 역시 고스란히 적용될 수 있음을!

곰곰이 생각해보자. 스펙을 그렇게 열심히 쌓아서 소위 '성공'할 가능성이 얼마나 되는가. 작금의 한국 사회에서 비교적 안정된 삶을 영위하기 위해선 물려받은 재산이 넉넉지 않다면 필히 대기업 정규직 사원, 공무원, 전문직 종사자 등이 돼야 한다. 통계를 보면 20대 동년배의 각 그룹에서 이런 자리를 차지할 수 있는 사람은 20퍼센트 정도에 불과하다.[2] 나머지 80퍼센트에 해당하는 절대다수의 젊은이들은 평생을 불안하고 심지어는 비참하게 살아갈 수밖에 없는 구조이다. 게다가 그러한 삶은 십중팔구 자식 세대에까지 이어진다. 인정하고 싶진 않겠지만 냉

---

2 예컨대, 2010년도 대학 졸업자 중 대기업 정규직으로 취업한 사람들은 18.3퍼센트였고, 공무원과 공기업 정규직 자리를 잡은 사람들은 각각 3.4퍼센트와 2.1퍼센트였다(《서울신문》 2013년 3월 25일자). 이른바 '선망받는 직장'의 대졸자 취업률이 23.8퍼센트였다는 것이다. 이 선망 직장 취업자들은 거의 모두 대졸자이고 2000년대 대학 진학률이 평균 80퍼센트라는 점을 감안하면, 한국 사회 전체의 동년배들 중 약 19퍼센트만이 '좋은' 직장을 가질 수 있다는 의미이다.

엄한 현실이다. 자신만은 그 절대다수에 결코 포함되지 않을 거라는 별 근거도 없는 낙관론에 빠져 있다면, 이제라도 제 살 깎기 식의 스펙 경쟁 대열에서 단호히 내려오는 게 낫다. 그리고 다른 방안을 모색해봐야 한다.

이 시대의 수많은 청년들이 가난과 불안한 삶으로 인해 사랑도 할 수 없다는 것은 실제 상황이다. 여기서 필자가 젊은 시절에 들었던 사랑 이야기 한 편을 나누고 싶다. 여자는 시쳇말로 꽤나 잘나가던 시절에 사랑에 빠졌다. 상대 남자는 초등학교를 겨우 졸업하고 변변한 직장도 없이 음악을 하며 하루하루 살아가는 사람이었지만, 여자는 그의 순수성에 폭 빠졌다. 부모님을 포함한 주위 사람들은 둘의 사귐을 대놓고 반대하거나 매우 못마땅해했고, 이에 그녀는 자유로운 사랑을 위해 남자와 단 둘이 어느 소도시의 단칸방으로 숨어버렸단다. 거기서 그녀는 그야말로 천국의 삶을 살았다고 한다. 하지만 그러한 삶은 오래가지 못했다. 그녀의 말에 따르자면, "문틈으로 가난이 스며 들어오자 사랑이 그 틈으로 빠져나가"더란다.[3]

요즘 우리 청년들과 얘기를 나누어보면 그들은 딱히 이런 경험을 직접 해보지 않았다 해도 가난이 사랑을 내몬다는 것쯤은 너무나 잘 알고 있다. 그들의 선택은 냉정하다. 부자가 될 수 없다면 사랑에 빠지지 않는 것이다. 길고 끈적끈적한 사랑보다는 짧고 깔끔한 즐김(?)을 선호하는 젊은이들이 느는 것은 당연한 일이다. '삼포세대'의 출현은 결국 가난의 문제다. 가난에 대한 현재와 미래의 두려움으로 청춘 남녀들이 사랑을

---

3 이 가슴 찡한 말을 듣고 오랜 시간이 흐른 후에야 "가난이 문으로 들어오면 사랑은 창으로 도망간다"는 유럽 속담이 있다는 것을 알게 됐다. 이 속담은 1891년에 간행된 오스카 와일드의 《도리언 그레이의 초상》에 소개되며 세상에 널리 알려졌다고 한다.

거부하며 살아가야 한다니, 정말 말도 안 되는 일이다. 하지만 그것이 현실이다.

복지공동체 건설에 힘을 모으자

다시 강조하거니와, '20 대 80 사회'는 신자유주의 시대를 사는 작금의 한국 청년들이 결코 피할 수 없는 엄혹한 현실이다. 자신이 20퍼센트의 선택된 소수에 들어갈 가능성이 객관적으로 매우 높은 것이 아니라면, 이제 스펙 쌓기에 전념하기보다는 복지공동체 건설에 열정을 쏟기 바란다. 그쪽이 오히려 80퍼센트의 젊은 약자들이 품위 있고 안정된 삶을 보장받을 수 있는 보다 효과적이고도 빠른 길일 공산이 크다. 맘몬을 멀리하라던 예수도 다음과 같은 말을 남겼다. "너희는 먼저 그의 나라와 그의 의를 구하라. 그리하면 (너희에게 필요한) 이 모든 것을 너희에게 더하시리라"(마태복음 6장 33절). 여기서 "그의 나라"는 이만열 교수의 해석처럼 의로운 공동체를 의미한다(이만열 2014). 즉, 예수의 가르침은, 모두가 힘을 합쳐 정의로운 공동체를 만들어 살면 각자의 삶과 관련된 모든 경제적인 문제는 자연히 해결된다는 것이다. 모두가 행복한 세상은 복지공동체를 이룰 때 도래한다는 만고불변의 사회법칙을 일러준 것이 아니겠는가.

이런 사회법칙이 오늘날에도 작동하고 있음을 잘 보여주는 나라들이 바로 유럽의 선진 복지국가들이다. 특히 스웨덴의 '국민의 집' 개념은 보편주의 복지국가가 어떠한 기능을 하는지를 정확히 알려준다. 모든 국민은 국가라고 불리는 집에 같이 살고 있는 한 식구인바, 국민 한 사람

한 사람의 생명과 안전, 생활과 복지는 국가 전체가 나서서 보호하고 책임져야 할 문제라는 것이다. 스웨덴만이 아니다. 정도와 방법의 차이는 다소 있을지라도, 독일, 네덜란드, 벨기에, 오스트리아, 덴마크, 노르웨이, 핀란드 등의 유럽 선진 복지국가들 모두가 그렇게 공동체를 이루어 구성원 개개인의 인간다운 삶을 실현하고 있다.

그런데 오늘날의 복지공동체 또는 복지국가는 기실 민주적이고 합법적인 '곳간 털기' 작업의 축적과 제도화의 소산이다. 이 작업을 충실히 수행한다면 우리도 복지공동체를 만들어낼 수 있다. 한국엔 복지국가 만들기에 필요한 충분한 양의 돈이 있다. 한국의 2012년도 국내총생산GDP은 1조 1,295억 달러, 우리 돈으로 환산하면 약 1,273조 원으로 세계 15위의 규모다. 문제는 이렇게 많은 돈이 대기업이나 부자들의 '사적 곳간'에 몰려 있다는 것이다. 예컨대, 2014년 4월 말 현재 10대 그룹의 사내 유보금만 하더라도 물경 444조 원이 넘는다. 그에 비하면 사회 구성원 전체를 위한 '공적 곳간'은 초라하기 그지없다. 2012년도 GDP 대비 사회(복지)지출 비중은 9.3퍼센트로 OECD 34개 회원국 중 최하위에 속하는바, 그 액수는 118조 원을 조금 넘을 뿐이다. 2014년도 10대 그룹 내부 유보금의 26.6퍼센트에 불과한 액수다. 사적 곳간을 털어 공적 곳간을 채우는 것 외에 현재의 복지 열악 상태에서 벗어날 길은 없다.

한국의 젊은이들은 사회지출 비중이 한국의 세 배 이상 큰(27.9~32.5퍼센트) 스웨덴, 덴마크, 오스트리아, 핀란드, 프랑스 같은 나라들과는 비교할 것도 없고, OECD 평균(21.8퍼센트) 국가에도 한참 못 미치는 저급한 복지 및 사회안전망 수준에서 불안하게 살아가고 있다. 재차 강조하지만, 나라에 돈이 없어서가 아니다. 한국은 1인당 GDP 3만 달러 시대를 눈앞에 두고 있는 제법 부유한 나라이다. 독일, 네덜란드, 오스트리아, 벨기에, 스웨덴, 덴마크, 핀란드, 프랑스 등의 나라들과 비교해보자. 1980년 이들 나라의 1인당 GDP는 9,000～1만 600달러에 불과했으나 그들의 사회지출 비중은 22.1～27.1퍼센트일 정도로 컸다. 말하자면, 현재의 선진 복지국가들은 지금의 한국보다 훨씬 못살았던 시절, 즉 1인당 GDP가 대개 1만 달러 안팎이던 무렵에 이미 사회지출 수준을 2012년도 OECD 평균치 이상으로 올려놨고, 지금의 복지체제를 구축했으며, 빈곤이나 격차 문제 등을 해결했다는 것이다.

7장에서 자세히 소개하겠지만, 유럽의 선진 복지국가에 사는 평범한 청년들은 그런 공동체에 속해 있다는 이유 하나만으로 사회경제적 불안과 공포로부터 해방되어 자유롭고 당당한 삶을 살아가고 있다. 그들에겐 돈이 없어 사랑에 빠지길 꺼리고, 안정된 직장이나 살 집 구하기가 힘들어 결혼하길 두려워하며, 육아와 교육비 걱정에 자식 낳길 망설이는 일 따윈 벌어지지 않는다. 자기 나라의 공적 곳간에 필요한 만큼의 복지 재원이 늘 채워져 있기 때문이다. 한국의 공적 곳간 사정을, 즉 한국의 사회지출 비중을 OECD 평균 수준으로만 개선해도 우리 젊은이들은 지금의 이 혹독한 신자유주의 굴레에서 벗어날 수 있다. 교육, 주거, 의료 등의 복지 강화로 사회안전망이 튼실하게 되면 그들의 가처분소득과 여유는 크게 늘 것이며, 숙련노동 중심의 중소기업 육성과 사회복지, 보건의료, 교육 등 사회서비스산업의 대규모 확장은 안정된 양질의 일자리 창출로 이어질 것이다.[4] 그런데, 나라에 돈이 없어서가 아니라면, 그런 일들이 유럽에선 되고 한국에선 안 되는 이유가 무엇이겠는가?

---

4 2011년도 OECD 통계를 보면, 한국의 사회서비스산업 고용 비중은 5.4퍼센트로 10.2퍼센트인 OECD 평균의 절반 수준에 불과하다.

다당제-합의제 민주체제로의 전환이 복지공동체로 가는 길이다

복지의 정치경제를 연구하는 대다수 학자들이 동의하듯, 복지국가는 "시장에 맞서는 정치politics against market"로 만들어진다(고세훈 2007 ; Esping-Andersen 1985). 실제로 유럽 선진국들의 복지체제는 진보적 자유주의나 사민주의 정치세력, 그리고 이들과 연대한 노동자와 일반 시민들이 만들어낸 '정치적 작품'이다. 그런데 한국에선 시장에 맞서기는커녕 시장과 기업, 자본의 논리에 질질 끌려 다니는 정치가 이어지고 있다. 앞서 말한 바와 같이, 김영삼 정부 이후 한국의 역대 정부들은 신자유주의적 성격을 줄곧 강화해왔다. 이제 신자유주의 정부의 악성 이음줄을 끊어내야 한다. 무엇 때문에 신자유주의 정부가 연이어 등장하는지 그 원인을 찾아내 제거해야 한다. 그리고 방지책을 굳건히 세워야 한다. 그래야 한국에서도 시장에 맞서는 민주정치가 작동할 수 있으며 복지공동체가 형성될 수 있다.

전 세계적으로 신자유주의가 기승을 부리던 1980년대와 1990년대에 이 흐름을 주도하거나 가장 적극적으로 수용했던 대표적인 나라들은 미국, 영국, 오스트레일리아, 뉴질랜드, 캐나다 등이다. 그들의 정치구조를 살펴보자. 모두가 두 거대 정당 중 어느 한 정당이 정권을 홀로 차지하는 양당제-승자독식 민주주의국가들이다. 왜 이러한 정치구조를 형성한 국가들은 신자유주의에 쉽게 포획되는가? 우선 양당제에서는 기본적으로 자본과 기업 친화적인 보수파 정당이 집권할 확률이 매우 높기 때문이다. 7장에서 상술하는 바와 같이, 아이버슨과 소스키스 등의 통계 연구에 의하면 그 확률은 약 75퍼센트이다(Iversen and Soskice 2006 ; Powell 2000). 이에 대한 가장 유력한 설명은 선거 결과를 좌지우지하는 중산층 혹은 중도파 시민들은 일반적으로 집권 후 좌경화하여 자신들에게 더 많은 세금을 부과할 가능성이 있는 진보파 정당에게 표 던지기를 꺼리기 때문이란 것이다. 이 소위 '75퍼센트의 법칙'은 한국의 경우에도 그대로 적용된다. 민주화 이후 우리는 노태우 정부에서 박근혜 정부에 이르기까지 총 여섯 번의 정부를 경험했다. 그중 노무현 정부만이 단일 진보파 정당으로 구성된 정부였고, 김대중 정부는 진보파와 보수파 정당의 연립정부였으며, 나머지는 모두 단일 보수파 정당의 정부였다. 이는 1.5번의 진보파 정부와 4.5번의 보수파 정부의 역사라고 할 수 있는데, 그렇다면 보수파 정당의 집권 기간은 정확히 전체의 75퍼센트였던 것이다.

양당제에서는 설령 진보파 정당이 정권을 잡을지라도(중도파 유권자들의 일반적 우려와는 달리) 정부의 정책기조가 대단히 진보적일 가능성은 그리 높지 않다. 양당제 국가의 선거정치 결과는 통상 중산층 유권자들이 보수파와 진보파 정당 중 어느 쪽에 표를 더 많이 주느냐에 따라 결정된다. 따라서 저소득층의 표는 어차피 자기 것이라고 여기는 진보파 정당의 입장에선 어떻게든 중산층 표를 더 많이 확보하는 것이 가장 중요한 일이 된다. 양당제 국가의 진보파 정부들이 기껏해야 중도정책들을 양산해내는 까닭이다. 노무현 정부가 저소득층 혹은 진보파 시민들로부터 "좌회전 깜빡이 켜고 우회전했다"는 비판을 많이 받았지만, 이런 일은 사실 양당제 국가에선 다반사일 뿐이다.

요컨대, 양당제 국가에선 사회경제적 약자들의 선호와 이익을 대표하며 신자유주의에 과감히 맞설 정부의 탄생을 기대하기가 매우 어렵다. 반反신자유주의 기조를 분명히 하는 거대 정당이 존재할 수도 없거니와, 그와 유사한 정당이 있을지라도 그 정당이 집권할 가능성은 매우 낮으며, 설령 집권할지라도 그 정부가 자본과 시장의 논리를 거스르는 획기적인 진보정책을 내놓는 일은 거의 일어나지 않기 때문이다. 이러한 사실은 정치가만이 아니라 관료, 기업인, 언론인, 문화예술인, 학자, 목사 등이 모두 알고 있다. 그러니 자신감과 자만심으로 가득 찬 각계의 수구 또는 보수 엘리트들 사이에는 자연스레 '신자유주의 동맹'이 맺어진다. 그리고 그들은 각자의 기득권 수호와 확장을 위해 행여나 발생할 수 있는 돌연변이적인 진보정부의 탄생을 똘똘 뭉쳐 필사적으로 막아낸다. 신자유주의 정치세력들이 거의 영속적으로 집권할 수 있는 까닭이다.

한국은 양당제 국가들 중에서도 신자유주의가 심화·확산되기에 가장 적합한 조건을 갖춘 국가에 속한다. 미국, 영국, 오스트레일리아, 캐나다 등에는 양당제의 신자유주의 촉진 효과를 어느 정도 상쇄할 수 있는 변수들이 존재한다. 비록 단일정당정부일지라도 보수파 정부의 지나친 신자유주의적 독주와 독선은 우선 제도적 장치들의 견제를 받는다. 신자유주의적 세계화 압력의 발원지라고 할 수 있는 미국만 보더라도 대통령에 필적할 만한 권위를 누리는 상원의원들이 100명이나 있으며, 각기 상당한 자치권을 보유하고 있는 50개의 주정부가 포진해 있고, 완벽한 독립성을 갖춘 사법부가 버티고 있다. 이외에도 (맘몬이 아닌) 예수의 가르침을 중시하는 청교도 사상과 문화, 저항권을 중심으로 발전해 온 자주적 시민의식, 그리고 모든 인간의 평등한 자유를 강조하는 진보적 자유주의의 실천 역사와 전통 등이 사회 곳곳에 깊숙이 뿌리박혀 있어 중앙정부에 의한 전면적인 신자유주의 강행 추진은 쉽지 않은 일이다. 한국에는 그러한 상쇄 효과를 낼 만한 변수들이 없거나 존재는 하더라도 별 힘을 발휘하지 못한다. 따라서 우리에겐 양당제-승자독식 정치체제의 신자유주의 공고화 효과가 거의 고스란히 발생한다. 그러니 우리가 맘몬의 지배로부터 벗어나고자 한다면, 우리보다 좀 더 나은 조건을 갖춘 뉴질랜드조차 그러했듯, 우리도 이제 정치제도의 개혁을 통해 양당제-승자독식 체제가 아닌 다당제-합의제 민주체제로의 전환을 적극 도모해야 한다.

가장 시급한 개혁 대상은 선거제도이다. 독일식 비례대표제 등과 같이 사회 구성원들의 지지율에 비례하여 각 정당에 의석이 배분되는 선거제도를 도입해야 한다. 이럴 경우 산업화와 민주화를 거친 우리 사회의 계급, 계층, 직능, 지향 가치적 이해관계의 다양성을 감안할 때 지금의 양당제는 무너지고 정책과 이념을 중심으로 세분화된 다당제가 들어설 공산이 매우 크다. 상상해보라. 노동자들을 대표하는 정치세력이 2004년 총선 당시 민주노동당 득표율인 13퍼센트만 얻어도 당장 39석을 가진 유력한 진보정당이 등장한다. 과거의 '안철수 세력'이 만약 민주당과 통합하지 않고 평소의 25퍼센트대 지지율을 유지하며 중도정당을 따로 설립했다면, 비례대표제 체제에서의 그 당은 단번에 75석 내외의 중견정당으로 우뚝 설 수 있다. 새누리당 안팎에 존재하는 합리적 보수세력들이 하나의 정당으로 뭉쳐 10퍼센트만 득표할지라도 30석의 유력한 중도보수정당이 탄생한다. 녹색당이 분발하여 5퍼센트만 얻게 되면 우리는 15석을 가진 만만찮은 대안적 진보세력의 제도권 진입을 목격하게 된다. 이는 청년당도 마찬가지이다. 그런 식으로 진보-중도-보수에 걸쳐 셋 이상의 유력 정당들이 상존하는 다당제가 구축되면 단일 정당이 의회 다수파가 될 가능성은 희박해지고, 따라서 연립정부 구성 압력이 일상화될 것이다. 합의제 민주주의는 연립정부 형성의 제도화를 견인하는 권력구조의 개편, 즉 지금의 제왕적 대통령제를 의원내각제나 분권형 대통령제 등으로 전환할 때 완성될 수 있다. 그리고 한국의 민주주의가 그렇게 합의제형으로 발전해갈 때 우리는 맘몬의 지배로부터 서서히 벗어날 수 있다.

다당제-합의제 민주국가에서는 돈보다는 생명, 경제적 효율성보다는 사회적 형평성, 경쟁보다는 연대, 성장보다는 분배와 복지를 중시하는 중도좌파 성격의 정부가 구성될 확률이 중도우파의 경우에 비해 압도적으로 높다. 상기한 통계 연구들에 따르면 이때에도 그 확률은 75퍼센트에 육박한다. 중도정당(들)이 보수정당(들)보다는 진보정당(들)을 파트너로 선택하여 연립정부를 형성하는 일이 훨씬 많다는 얘기이다. 중도정당의 선택이 주로 그러한 이유는 진보파와 연대하면 보수정당의 지지 기반인 대기업과 고소득층에 대한 집중적인 세금 부과가 수월해지고, 따라서 자신의 지지 기반인 중산층에게 혜택이 돌아가는 보편적 복지를 확대할 수 있기 때문이라고 한다. 더구나 선택의 폭도 진보 쪽이 훨씬 넓다. 사회 구성원들의 다수가 사회경제적 약자들인 만큼 비례대표제 국가에는 약자들의 선호와 이익을 대표하여 생태, 환경, 안전, 복지, 소수자 보호, 경제민주화 등을 강조하는 진보 및 중도 진보정당들이 여럿 존재하기 때문이다.

설령 중도정당과 보수정당 간의 중도-우파 연립정부가 형성된다 할지라도 그 정부가 복지국가의 유지나 발전에 장애가 될 정도의 강력한 신자유주의 정책기조를 채택할 가능성은 희박하다. 연정의 한 축을 구성하는 중도정당의 사회적 기반은 중산층 시민인바, 그들은 대체로 복지국가를 선호하기 때문이다. 각종 여론조사 결과가 말해주듯, 한국의 경우에도 중산층 시민들은 복지국가 건설에 상당한 관심을 갖고 있다. 그들 다수는 보편주의 복지국가의 점진적·단계적 건설과 유지를 지지한다. 물론 대기업과 고소득층에 대한 우선 증세를 요구하지만, 그후엔 자신들에 대한 복지 과세도 점증하는 방식으로 이루어진다면 반대하지 않는다. 그들이 반대하는 것은 급진적이거나 불공평한 증세 조치일 뿐이다. 요컨대, 합의제 민주국가에선 중도정당이 진보와 보수 중 어느 쪽과 연립정부를 구성하느냐에 따라 정도의 차가 나긴 하지만, 기본적으로 복지를 중시하는 정책기조는 크게 흔들리지 않는다는 것이다.[5]

신자유주의 극성기이던 1980년대와 1990년대를 돌파하여 지금까지도 의연히 안정된 복지국가의 위상을 자랑하고 있는 독일, 네덜란드, 오스트리아, 벨기에, 스웨덴, 덴마크, 노르웨이, 핀란드 등의 거의 모든 유럽 선진국들은 공히 비례대표제-다당제-연립정부로 구성되는 합의제 민주국가들이다. 이는 합의제 민주주의와 복지국가 간에 강한 친화성이 존재함을 웅변한다.

상기한 '75퍼센트의 법칙'과 비례대표제의 다당제 및 연립정부 촉진 효과를 명심하며 우리도 이제 비례대표제의 획기적 강화를 통해 합의제 민주국가로 나아가야 한다. 지난 수년간 이것을 목표로 활동해온 '비례대표제포럼'의 청년위원들이 세월호 참사를 계기로 필자가 이 글을 쓰고 있는 지금 이 순간에도 거리와 인터넷(http://reform2014.net)에서 '선거제도 개혁을 위한 100만인 서명운동'을 벌이고 있다. 2016년 총선 직전까지 노력하여 그 목표를 달성하겠다고 한다. 물론 세월호 참사에 대한 박근혜 대통령의 책임은 막중하다. 그러나 대통령이 바뀐다 해도 맘몬이 물러나고 돈 중심의 신자유주의 국가가 인간 중심의 복지국가로 바뀌는 것은 아니다. 근본 해법은 정치체제의 변혁이다. 한국의 정

5 복지국가의 중요성을 무시하거나 경시하는 정당들만으로 구성된 우파 연립정부의 등장도 불가능한 일은 아니다. 그러나 다수의 유력 정당들이 정책과 이념을 기준으로 선명하게 구분되는 산업화 이후의 비례대표제-다당제 국가에서 그러한 일이 발생할 가능성은 높지 않다.

치 시스템을 근원적으로 바꾸어놓아야 한다. '한국 민주주의의 새판 짜기'는 선거제도의 개혁으로부터 시작될 수 있다. 부디 많은 분들이 서명운동에 동참해주길 바란다. 그리고 무엇보다 이 일을 계기로 우리 청년들이 한국의 정치 변혁 운동에 적극 나서주길 바란다. 1970년대와 80년대의 젊은이들이 민주국가를 염원하며 그리했던 것처럼, 지금은 복지국가 건설을 위해 청년들이 정치적 열정을 모아주어야 한다.

***

나는 우리 청년들에게 깊은 대화를 걸어보겠다고 작정하고 이 책을 쓰기 시작했다. 필자는 한국의 압축적 경제성장의 혜택을 크게 받고 자란 사람이다. 그런데 내 딸과 내 학생들을 포함한 이 시대의 청년들은 기성세대가 성장일로를 달려오는 와중에 켜켜이 쌓아놓은 온갖 부작용과 폐해를 고스란히 떠안아 살고 있다. 혜택은 별로 누리지 못하고 뒤처리만 맡게 된 꼴이다. 미안하지 않을 수 없다. 그러나 '힐링'이니 '자기계발' 따위를 논하고 싶지는 않다. 청년들에게 또 다른 부담을 안겨주는 것 같아 미안하긴 하지만, 그래도 문제의 구조적 해법과 실천 방안을 같이 모색하고 싶다. 그래야 공동체 전체의 보다 나은 미래를 상상할 수 있지 않겠는가.

위에서 밝힌 바와 같이, 내 생각은 결국 정치가 해법이라는 것이다. 청년들은 어떠한 방식으로든 정치에 적극 참여해야 한다. 명심해주길 바란다. 사회적·경제적 약함은 오직 정치적 강함에 의해서만 보충될 수 있다. 사회경제적 약자들에겐 정치적 '길항력countervailing power'을 갖추는 것 외에는 강자에 맞설 다른 방법이 별로 없다. 정치적 수단을 동원하여 힘의 균형을 맞춰야 한다. 그래야 비로소 대화와 타협이 이루어지며 양보와 합의에 의한 사회구조 개혁이 가능해진다. 그렇다면 어떻게 정치적 길항력을 안정적으로 확보할 수 있을까? 현재와 다른 미래는 무엇을 어떻게 하면 만들어갈 수 있을까? 이 책의 각 장을 순서대로 읽어가면서 부디 그에 대한 답을 스스로 찾아내 주길 바란다.

이 책은 필자가 지난 10여 년간 작성했던 여러 편의 합의제 민주주의 관련 논문과 칼럼 등을 한데 모아 합친 후에 이 책의 취지와 각 장에 맞는 내용들을 부분적으로 뽑아내 다시 다듬고 보충하고 수정해가면서 완료한 작업물이다. 따라서 책의 어느 부분을 필자의 어떠한 논문 또는 칼럼 등에서 인용했는지를 일일이 밝히기는 구조적으로 어려운 일이다. 대신 이 책의 원재료로 사용된 필자의 논문과 칼럼 등은 목록 하나로 정리하여 원 출처와 함께 책의 뒤편에 실었다(385~387쪽의 '지은이의 논문·칼럼 목록' 참조).

졸작이긴 하나 이 정도의 책을 만드는 데도 수많은 분들로부터 오랜 기간 다양한 도움을 받았다. 우선 필자가 청년이던 시절 정치경제학의 현실적 중요성과 학문적 재미를 알게 해준 선생님들께 감사드리고 싶다. 서울대학교의 윤영관, 하버드 대학교의 제프리 프리던Jeffry Frieden, UCLA의 로널드 로고스키Ronald Rogowski, 예일 대학교의 프랜시스 로젠블루스Frances Rosenbluth 등이다. 유학을 마치고 온 후 지금까지 필자에게 실천적 지식인의 표상 역할을 해주고 계신 선생님들께도 감사드리지 않을 수 없다. 여러 분이 계시지만 딱 두 분만 꼽자면 백낙청 선생님과 최장집 선생님이다. 합의제 민주주의에 관한 개인적 연구를 사회적 프로젝트 수준으로 끌어올리는 작업은 필자가 몸담고 있는 한림국제대학원대학교에 정치경영연구소가 설립된 이후 가능해진 일이었다. 정치경영연구소의 출범에 도움을 주신 많은 분들 가운데 김선현 대표, 김종인 박사, 서창훈 이사장, 원희룡 도지사, 이근식 교수, 이영선 총장, 천정배 전 의원, 최장집 교수, 그리고 돌아가신 김근태 의장 등의 아홉 분께 특히 깊은 감사의 말씀을 전해드린다.

또한 필자의 합의제 민주주의 공부에 직간접적으로 큰 도움과 자극을 주신 다음의 선후배·동료 학자 여러분께도 감사드린다(존칭 생략). 강명세, 강원택, 강철구, 고세훈, 고원, 김순영, 김영순, 김영태, 김윤태, 김종철, 김태일, 김형철, 박동천, 박명림, 박상훈, 박순성, 백영서, 선학태, 손열, 신동면, 안용흔, 안재흥, 양재진, 오건호, 우석훈, 유종일, 윤홍식, 이근, 이남주, 이동걸, 이상이, 이정우, 이해영, 이호근, 장지연, 장진호, 장하성, 전성인, 정준호, 정태호, 정해구, 조국, 조성대, 조성복, 조세영, 조영철, 조흥식, 최영찬, 홍재우, 홍기빈 등이다. 말과 행동을 통해 합의제 민주주의 구현의 정치적·현실적 가능성과 한계를 깨닫게 해주신 정치가 여러분께도 감사드린다(존칭 생략). 강금실, 김관영, 김기식, 김기준, 김두관, 김부겸, 김성식, 김영춘, 김용익, 김종인, 김현미, 남경필, 남윤인순, 노웅래, 노회찬, 문재인, 민병두, 박선숙, 박영선, 박원석, 손학규, 송호창, 신경민, 심상정, 안철수, 우원식, 우윤근, 원혜영, 유은혜, 윤여준, 은수미, 이계안, 이부영, 이수봉, 이인영, 이언주, 이재오, 이종걸, 이학영, 이혜훈, 인재근, 임종인, 임채정, 장하나, 전순옥, 정대철, 정동영, 정성호, 진선미, 최원식, 최재천, 하승수, 홍의락, 홍익표, 홍종학 등이 그분들이다. 한편, 합의제 민주주의 실현의 사회적·현실적 가능성과 한계를 깨닫게 해주신 시민사회 활동가들과 언론인들에게도 고마움을 표한다(존칭 생략). 여기엔 김두수, 김민영, 김봉선, 김영철, 김윤숙, 김윤재, 김종철, 김진욱, 김헌태, 김후남, 박래군, 박송이, 박인규, 박재승, 박주민, 박

준규, 백기철, 백승헌, 서해성, 선대인, 성한용, 송채경화, 신필균, 심혜리, 유영래, 윤원일, 이대근, 이래경, 이범재, 이상구, 이선종, 이수호, 이창곤, 이철희, 이태호, 이해학, 인병선, 전민용, 조광희, 조혜정, 천관률, 최민식, 최병모, 최상명, 함세웅, 홍세화 등이 포함된다.

지성과 감성 양 측면에서 내게 끊임없이 자극을 주고 있는 '청년 동지'들이 아마도 가장 고마워해야 할 대상일 듯싶다. 강빛나래, 강영규, 강의석, 경해진, 김건수, 김경미, 김남수, 김민수, 김민희, 김병수, 김영경, 김예리, 김재석, 김주희, 김지혜, 박주연, 손어진, 손정욱, 송윤찬, 양태성, 양호경, 윤예지, 이병한, 이안홍빈, 이재연, 이재환, 이주희, 이지연, 이태형, 이호준, 임지은, 정인선, 정준영, 정초원, 조경일, 조성주, 최아람, 최창근, 최훈, 한지혜, 황만기 등이다. 그중에서도 정치경영연구소 연구원으로 일하며 자료 수집과 참고문헌 정리 등으로 고생을 많이 한 손어진 양과 조경일 군에게 특별한 고마움을 표한다.

마지막으로 책세상 출판사에 감사와 더불어 미안한 마음을 전하고 싶다. 사실 이 책을 만들 생각은 꽤 오래전부터 하기 시작했으나 2~3년간을 줄곧 미적거리고만 있었다. 그러던 어느 날 책세상 김미정 편집장으로부터 "합의제 민주주의에 관한 책을 만들자"는 이메일을 받았다. 운명(?)이라고 생각했다. 그렇지 않아도 2014년도엔 반드시 책을 한 권 내고, 이를 매개로 청년들을 포함하여 '시장에 맞서는 정치' 혹은 '시장의 우위에 서는 정치'를 필요로 하는 사람들과 현장 교류를 해야겠다고 작심하고 있던 터였기 때문이다. 덕분에 책 만들기가 시작됐다. 감사하지 않을 수 없다. 그러나 미안한 일이 계속 발생했다. '새정치비전위원회'의 간사 일을 맡아 한 달 이상을 보고서 작성에만 매달려야 했고, 그 일을 마친 직후엔 세월호 참사가 일어나 거의 한 달간 정신적 공황 상태에 빠져 있었으며, 겨우 정신을 차릴 무렵엔 부친상을 당하게 되어 또다시 집중력이 흔들렸다. 그러다 보니 원래 5월을 목표로 했던 초고 집필 작업이 8월에야 간신히 끝나게 되었다. 출판사 일정에 상당한 혼란을 끼치게 되었으니 미안하지 않을 수 없다. 많은 청년들이 이 책을 읽기 바란다. 그래서 복지공동체 건설에 필요한 뜨겁고 순수한 정치적 열정을 모아주기 바란다. 그렇게 되면 책세상에 대한 나의 미안함도 상당 부분 덜 수 있지 않을까 한다.

2014년 11월

최태욱

제1부

민주주의의 다양성

1장

문제는 정치, 정치제도다

2010년 지방선거와 2012년 대선 사이를 주목할 필요가 있다. 이 시기엔 그 얼마 전까지만 하더라도 '빨갱이' 소리를 듣기 십상이던, 그리하여 한국 사회의 터부 비슷한 것으로 여겨지던 '복지국가 대망론'이 진보는 물론 중도와 보수정당에 속한 정치인들, 그리고 일반 시민들에 의해 활발하게 펼쳐졌다. 그 뒤를 이어 경제민주화 담론도 봇물 터지듯 쏟아져 나왔다. 나중에는 드디어 정치체제의 전환 필요성까지 거론되기 시작했다. 일종의 체제전환론이라고 할 수 있는 이 책의 첫 장에선 우선 이런 굵직굵직한 요구들이 이 시기에 집중된 배경을 짚어보고, 다음으로 이러한 요구의 분출 과정을 나름의 맥락을 잡아 순서대로 정리해본 후, 마지막으로 '87년 민주체제'의 대전환이야말로 우리 사회가 집단지성을 총동원하여 박차를 가해야 할 '시급한' 개혁 과제라고 주장한다.

민주화 이후의 '실질적' 민주주의 문제

최장집 선생의 지적대로, "많은 사람들이 (중략) 민주주의를 정치적 수준에만 적용하는 것이 아니라 사회경제 영역에서도 그와 동일한 원리와 가치가 실현되는 체제로 이해하고 이를 실질적 민주주의라고 말한다". 그리하여 "실질적 민주주의는 자유와 평등의 원리가 사회경제적 수준으로 확대되어 그동안 소외되었던 노동자를 비롯한 사회적 약자들의 권익이 증진되고, 배분적 정의에 입각한 복지정책을 통해 부와 소득의 분배구조가 개선되는 현상"이라고 이해한다(최장집 2007a, 84쪽). 실질적 민주주의를 이렇게 정의할 때, 누구라도 동의할 수 있는바, 한국의 실질적 민주주의 혹은 사회경제적 민주주의는 1987년 민주체제 성립 이후에도 별 진전을 이루지 못했다. 부가 소수의 경제권력자에게 집중되는 현상은 오히려 심화되었으며, 그에 따라 다수 시민들의 '사회적 자유'는 점점 더 위축되었다.[6] 실질적 민주주의의 핵심 지표인 사회경제적 평등 정도는 민주화 이후 (여러 차례의 정부교체와는 상관없이) 줄곧 매우 낮은 수준에 머물렀다.

사실 한국의 경제는 개발독재 시대의 소위 '박정희 모델'에 의해 급속히 성장할 수 있었다. 노동이나 중소기업 등을 배제하고 정부-재벌·

---

6 본래 만인 평등 사상에 의거한 진보 이념인 '자유주의'가 19세기에 들어와 자본주의의 발달과 함께 '자유시장주의'로 변질되면서, 즉 자유주의란 곧 '경제적 자유주의'인 것처럼 개념이 왜곡되면서 경제권력에 의한 횡포가 심각한 사회문제로 떠올랐다. 19세기 말에는 드디어 이 터무니없는 상황을 바로잡고자 존 스튜어트 밀, 토머스 힐 그린, 레너드 홉하우스 등의 주도로 자유주의의 진보성 회복 움직임이 거세게 일어났다. 그들은 사회경제적 약자들을 포함한 모든 시민들의 '사회적 자유', 즉 빈곤, 실업, 자본가의 횡포, 공공재 부족 등으로부터의 자유 수호를 강조했다. 이후 이러한 사조의 자유주의 이념을 '사회적 자유주의' 혹은 '진보적 자유주의'라고 부르게 되었다.

대기업-은행이 삼자연대를 맺어 이들의 주도하에 압축 성장을 일구어 낸 것이다. 소수 제조산업과 대기업 그리고 전문 인력 등이 국제경쟁력을 확보한 것은 사실이지만 나머지 경제주체들은 전혀 그러하지 못했다. 경제성장의 과실도 일부 계층에 집중되었다. 이러한 불균형 성장의 폐해는 고스란히 축적돼갔고 마침내 1987년에 폭발했다.

이후 민주화 시대를 맞이하여 어느 정도 형평성 제고 노력이 진행되었으나 1997년의 외환위기와 거기서 하루빨리 벗어나고자 했던 김대중 정부의 신자유주의적 구조조정은 한국의 사회경제적 불균형을 다시 심화했다. 그런데 이러한 불균형 상태에서 집권 연장에 성공한 소위 '두 번째 진보파 정부', 즉 노무현 정부는 균형 회복을 위해 매진해도 모자랄 판에 한미 FTA 강행 추진 등 신자유주의 정책기조에 의한 제2의 불균형 압축 성장을 꾀했다. "좌회전 깜빡이 켜고 우회전했다"는 비판을 받은 이유였다. 10년 만에 정권을 되찾은 보수파 정부는 이명박 대통령의 강력한 주도로 이전 정부들의 신자유주의 기조를 한층 강화해갔다. 그리하여 시장개방, 공기업 민영화, 노동시장과 금융시장에서의 탈규제, 법인과 부유층 대상의 감세정책 등 신자유주의 정책 패키지를 별 여과 없이 마구 쏟아냈다. 사회경제적 불균형과 불평등의 지속적 심화는 당연한 일이었다. 아래에서 그 실상을 좀 더 자세히 살펴보자.

민주정부 10년의 신자유주의

우선 김대중 정부와 노무현 정부를 통칭하는 이른바 '민주정부 10년' 동안의 상황이 어떠했는지를 되돌아보자. 결론부터 말하자면, 민주정부 아래에서 한국의 경제체제는 신자유주의 공고화 과정을 겪었다. 당시 한국 사회가 경제민주화보다는 시장 비대화의 길을 걸었다는 표현은 결코 과장이 아니다. 이와 관련, 민주당의 '민주정부10년위원회'가 작성한 보고서는 좋은 참고 자료가 된다. 보고서는 민주정부 10년의 경제 정책상의 한계로 인해 다음 세 가지 문제가 불거졌음을 인정한다(민주정부10년위원회 2010, 82~85쪽). 시장권력의 비대화, 노동의 소외, 양극화의 심화. 결국 경제민주화에 성공하지 못했다는 것이며, 그로 인한 폐해는 구체적으로 무소불위한 재벌 권력의 강화, 대기업과 중소기업의 격차 심화, 노동시장의 유연성 증대와 비정규직의 급증, 빈부격차 심화 및 민생 문제 악화 등으로 나타났다고 설명한다.

인정하거니와, 민주정부 10년 동안 일부 경제개혁은 상당한 성과를 냈다. 환란위기 극복, 관치경제 청산, 정경 유착 해소, 시장 규율 확대, 경제 체질 개선 등과 관련해선 큰 공적을 남긴 것이 사실이다. 외환보유고 세계 5위, 12대 무역대국, 1인당 국민소득 2만 달러 시대 진입 등은 이런 업적의 결과라고 해석할 수도 있다. 그러나 사회개혁은 미흡했다. 물론 사회 진보를 위해 노력하지 않았던 것은 아니다. 이전 어느 정부와 비교해도 민주정부의 사회정책 개혁 시도는 훨씬 다양했고 빈번했다. 한국 최초로 복지국가를 지향하는 정책 목표를 정립한 정부도 바로 민주정부였다. 김대중 정부의 '생산적 복지' 개념이나 노무현 정부의 '비전 2030'에는 그러한 복지국가 지향성이 고스란히 담겨 있다. 노동자들과 같은 사회적 약자 집단에 대한 배려를 제도화하려는 정책적·제도적 움직임도 상당했다. 김대중 정부는 한국 최초의 사회협약기구인 노사정위원회를 출범시켰고, 노무현 정부는 이를 확대하려 했다. 그러나 분명한 사실은 그러한 시도들이 별 결실을 맺지는 못했다는 것이다. 양극화가 심화됨에 따라 사회경제적 약자들은 양산됐으나 그들은 제대로 보호받지 못했다. 사회 해체에 대한 우려의 목소리가 커질 정도였다. 좋은 목표를 달성하려는 시도와 그 실현은 전혀 다른 문제였던 것이다.

상기했듯 민주정부의 일부 경제개혁은 성공적이었다. 그러나 바로 그 성공적으로 수행된 개혁 과제 몇 가지가 시장권력의 비대화를 초래했고 결과적으로는 실질적 민주주의의 진전에 장애가 됐다. 관치경제의 청산이 낳은 부작용이 대표적인 예라 할 수 있다. 민주정부의 개혁으로 과거 관치경제에서 작동하던 관료적 시장 조정 기제들은 대부분 사라졌다. 그러나 이를 대신할 민주적 조정 기제는 마련되지 않았다. 결국 시장 규율의 확대라는 이름으로 자본과 시장의 자유만 급속히 증대되었고, 그렇게 확대된 자유의 공간은 재벌과 대기업이 지배했다. 실제로 재벌에 의한 경제력 집중과 산업 지배는 이전의 보수파 정부들에 비해 김대중 정부에 와서 오히려 더욱 강화되었다. 그러한 현상은 노무현 정부에까지 이어졌다. 재벌과 대기업의 시장권력이 비대해짐에 따라 중소기업과 노동자들이 설 자리는 축소돼갔다.

생산과 부가가치 창출 그리고 투자 등에서 차지하는 재벌과 대기업의 비중은 급속히 증가했으며, 일부 대기업은 세계적 강자로 도약하기도 했으나, 중소기업은 위축에 위축을 거듭했다. 대기업과 중소기업 간의 양극화는 단순히 기업 규모에 따른 경제력 격차의 심화 문제가 아니었다. 흔히 중소기업 부문을 '9988'이라고 부른다. 우리나라 전체 기업의 99퍼센트가 중소기업이고, 전체 고용의 88퍼센트를 중소기업이 창출하기 때문이라고 한다. 물론 정확한 통계는 아니니다. 그러나 한국에서 경제활동을 하는 사람들의 압도적 다수가 노동자, 중소상공인, 또는 자영업자 등으로 불리며 중소기업 부문에 속해 있다는 것은 그때나 지금이나 분명한 사실이다. 따라서 엄청난 일자리의 보고인 중소기업 부문이 재벌과 대기업의 시장 잠식으로 인해 생산과 매출, 순익 급락 상태에 빠지게 됐다는 것은 결국 사회 전체의 소득 양극화를 의미했다. 사회 구성원들 가운데 대기업 부문에 속한 소수의 소득은 날로 늘어났으나 중소기업 부문에 속한 다수의 소득은 줄어들었기 때문이다.

자본에 대한 노동의 처지 역시 마찬가지였다. 김대중 정부는 애초에 노동 중시 기조를 강조하며 출범했다. 대대적 구조조정은 불가피하지만, 그래도 반드시 사회통합 방식으로 추진하겠다고 했다. 노사정위원회는 이런 맥락에서 발족된 기구였다. 그러나 노사정위원회를 통한 노동의 영향력 확대 시도는 성공적이지 못했다. 노사정위와 같은 사회적 협의체의 운영을 통한 사회통합형 구조조정이 성공하기 위해서는 무엇보다 사회적 협의체에 참여하는 집단들 사이의 파트너십이 대등해야 한다. 그런데 김대중 정부에서도 노동은 여전히 사회적으로는 물론 정치적으로도 열등한(?) 파트너였다. 노동의 정치력 과소로 인해 사측은 노측과 협의한 사항의 이행을 무시하거나 경시할 수 있었으며, 이는 다시 노측의 정부와 사측에 대한 불신을 낳아 노측의 불성실과 불이행을 초래하곤 했다. 무시와 불신의 악순환이 거듭되는 가운데 노사정 간의 '사회적 합의주의social corporatism'가 제대로 작동될 리는 없었다.[7] 그것은 노무현 정부에서도 마찬가지였다.

사회적 협의기구를 통한 노동의 참여마저도 기대하기 어려운 조건에서 민주정부 10년의 구조조정 과정은 자본의 선호와 이익에 편향되어 진행됐다. 그 결과는 노동시장의 지나친 유연화와 그에 따른 고용불안, 노동조건 악화, 비정규직의 급증 등이었다. 노동의 배제와 소외 현상

---

7 우리나라에서는 노사정위원회와 같은 방식으로 운영되는 social corporatism을 '조합주의'라고 번역하는 경우가 많으나, 그보다는 '사회적 합의주의'가 본래 의미를 더 잘 전달하는 용어라고 생각한다. 사회적 합의주의에 대해서는 2장과 5장, 특히 6장에서 상세히 설명한다.

을 치유하여 협력적 노사관계를 확립하겠다던 민주정부의 의도는 제대로 실현되지 않았고, 노동의 현저한 협상력 열위 상태에서 노사관계는 더욱 대립적으로 치달았다. 모든 것이 악화된 노동환경에서도 가장 심각한 문제는 역시 비정규직의 증대였다. 대기업 부문에서 일할지라도 비정규직 노동자의 실소득은 정규직의 절반 정도에 불과할 만큼 그 고용조건은 가히 착취적이라 할 만한 것이었다. 민주정부의 끝 무렵에 가서는 비정규직 노동자의 실질적인 규모가 정규직을 초과할 만큼 크게 불어났다.

이런 과정을 통해 중소상공인, 자영업자, 중소기업 노동자, 그리고 대기업 비정규직 노동자 등의 어려움은 자신들의 처지를 대변하리라고 여겼던 민주정부 아래에서 오히려 더욱 심해졌다. '선택된 소수'라고 불리는 공기업이나 대기업의 정규직 노동자에 못지않게, 아니 더 열심히 일할지라도 그들의 삶은 나아질 기미가 별로 보이지 않았다. 그도 그럴 것이 이는 개인의 능력이나 노력이 아니라 구조의 문제이기 때문이었다. 설령 경제구조가 공정하지 못할지라도 사회복지체제가 잘 마련돼 있었더라면 그렇게 양산된 경제적 약자들도 사회적 시민으로서 나름의 희망을 품을 수 있었을 것이다. 경제적 양극화가 사회 해체를 우려할 정도에 이르지는 않았으리라는 얘기다. 그러나 민주정부의 사회복지정책은 그저 미흡할 뿐이었다.

김대중 정부는 복지국가 지향의 정책 목표는 갖고 있었다. 복지제도의 틀을 정립했으며 사회복지지출도 앞선 정부들에 비해서는 파격적일 정도로 늘린 것이 사실이었다. 노무현 정부도 그에 못지않았다. 사회복지 예산을 크게 늘렸을뿐더러 노인장기요양보험, 노령기초연금, 근로장려세제 같은 새로운 복지 프로그램도 많이 도입했다. 그러나 한계는 명확했다. 비전이나 구상은 훌륭했고 복지 관련 제도 및 정책들에도 좋은 것이 상당히 있었으나, 소득정책, 노동시장정책, 산업정책, 교육훈련 정책, 그리고 여타 사회정책 등과 연계된 체계적이고 구체적인 복지국가화 전략들은 수립되지 않거나 추진되지 않았다. 게다가 복지 확대 기조를 밀고 나갈 추진력도 부족했다. 이를테면 복지 개혁의 지지세력이 충분치 않았던 것이다. 그리하여 민주정부 시기에도 한국의 사회안전망과 복지체계는 OECD 최하위 수준을 벗어나지 못했다. 양극화의 골은 깊어만 갔다.

결국 민주정부 10년 동안 양극화의 심화, 빈곤층의 확산, 비정규직의 급증 같은 신자유주의 사회의 전형적인 문제들이 크게 불거졌다. 실질적 민주주의는 이전 10년에 비해 오히려 후퇴했다. 몇 가지 지표를 살펴보자. 0에 가까울수록 소득 분포가 평등함을 의미하는 지니계수는 1997년 0.283에서 1998년 0.316으로 급격히 높아진 후 2006년에는 통계 작성 이후 가장 높은 수치인 0.351까지 올라갔다. 1997년 도시 근로자 상위 10퍼센트의 소득은 하위 10퍼센트의 일곱 배였으나 1998년에는 아홉 배로 급상승했고, 이 격차는 2006년에 이르러 역시 통계 작성 이후 최대치인 열 배로 늘었다. 소득 양극화의 주범은 확실히 비정규직의 증대였다. 1997년 45퍼센트를 밑돌던 비정규직의 규모는 2001년 55.7퍼센트, 그리고 2005년에는 56.1퍼센트로 커졌다. 빈곤층의 확산도 같은 양상을 보였다. 시장소득이 중위소득의 50퍼센트 미만인 계층이 전체 인구에서 차지하는 비율을 가리키는 빈곤율은 통계를 발표한 첫 해인 1999년 15.0퍼센트였으나 2006년에는 16.6퍼센트로 역시 최고치를 기록했다. 소득뿐 아니라 자산의 양극화 역시 심각해졌다. 예컨대, 민간 보유 토지의 57퍼센트를 상위 1퍼센트가 차지하고 있는 현실이었다. 진보정부를 표방했던 민주정부 10년 동안 아이러니하게도 사회경제적 약자들이 양산됐고 이들이 희망을 잃게 되었다는 지적은 부인할 수 없는 사실이었다. 같은 기간 한국의 자살률 증가 속도는 OECD 국가 중 최고였으며, 2004년엔 '드디어' 자살률 1위의 국가로 기록됐다.

이러한 사회경제적 약자들의 희생의 대가로 눈부신 경제성장을 이루거나 신성장동력을 확보한 것도 아니었다. 저소득 계층의 가처분소득 감소 혹은 정체로 인한 내수부진 현상의 만성화, 재벌과 대기업으로의 경제력 집중에 따른 중소기업 부문의 피폐화, 고용불안과 적대적 노사관계에 기인한 노동생산성 증가율의 저하, 수출산업과 내수산업의 연관관계 이완 등으로 인해 오히려 종래의 성장동력은 약화되었으나 새로운 축적체제 구축에는 실패함으로써 외환위기 이후 10년 동안 실제 경제성장은 잠재성장률을 밑돌았다. 결국 국가경제 전체는 가능치 이하로만 성장했을 뿐이고, 그나마 생산된 과실은 대기업과 소수 상위계층에 집중됐다는 것이다.

국제 비교를 통해서도 당시 한국의 분배와 복지 그리고 빈부격차 상황이 얼마나 심각했는지를 알 수 있다. 한국개발연구원이 작성한《우리나라의 국가경쟁력 분석 체계 개발》(2010)이라는 연구 보고서는 2000년과 2008년 사이 한국의 '삶의 질'이 OECD 회원국 가운데 가장 열악한 수준임을 보여준다. 예컨대, 사회복지 및 사회안전망 수준을 가늠케 해주는 GDP 대비 사회지출 비중은 2000년과 2008년 모두 비교 대상이 된 OECD의 31개 국가 중 최하위인 31위였다. 또한 의료 접근성, 유아사망률, GDP 대비 의료지출 규모 등으로 평가한 보건 부문에서의 삶의 질 역시 한국은 두 해 모두 비교 가능한 OECD의 30개국 중 28위에 머물렀다. 2008년도에 한국보다 순위가 낮은 국가는 터키와 멕시코뿐이었다. 한편, 실업률, 노후 안전(GDP 대비 노령지출), 노령고용률(55세

~64세 인구의 고용률), 산업 안전(산업재해 사망자 수) 등의 지표로 평가하는 경제 안전 부문에서도 한국의 순위는 같은 기간 OECD의 30개국 중 29위였다. 한국보다 불안전한 나라는 오직 터키뿐인 것으로 확인됐다. 그리고 지니계수로 평가한 분배 부문의 경우 한국은 2000년까지만 해도 OECD의 30개국 중 12위로 비교적 양호한 편이었으나 2008년엔 무려 11계단이나 내려가 23위로 추락했다. 그해에 분배 상황이 한국보다 나쁜 OECD 국가들은 (나쁜 순서대로) 멕시코, 미국, 터키, 포르투갈, 그리스 등으로 나타났다. 빈곤율의 경우도 변화 양상이 비슷했다. 2000년 한국은 OECD의 30개국 중 19위였으나 2008년엔 24위로 내려섰다. 그해 빈곤층의 규모가 가장 컸던 3개국은 멕시코, 터키, 그리고 미국이었다.

이명박 정부의 신자유주의

이제 이명박 정부에서의 실질적 민주주의 상황을 짚어보자. 이명박 대통령은 연평균 경제성장률 7퍼센트, 1인당 국민소득 4만 달러, 세계 7대 경제강국 진입 등을 약속한 소위 '7·4·7 성장론'을 내세워 당선됐다. 2007년 대선 당시 한나라당은 김대중 대통령과 노무현 대통령의 집권 기간을 "잃어버린 10년"이라고 폄하했다. 경제성장은 기대도 안 했지만, 진보파 정부라고 자처하면서 분배 측면의 성과조차 형편없었다고 공격했다. 결국 "파이를 키워야 나눌 것도 많아진다"는 보수파의 전통적인 '선성장-후분배론' 혹은 대기업과 부유층의 소득 증대는 그들의 투자 및 소비 증가로 이어져 종국엔 중소기업과 서민층의 소득 증대로 연결된다는 '낙수효과'trickle-down effect론이 현실적 방책이며, 실용주의자인 이명박 후보야말로 이를 제대로 실천할 수 있는 적임자라고 선전했다.

민주정부 10년 동안 분배 상황이 크게 악화된 것은 사실이었고, 저소득층 일반은 물론 민주당의 전통적 지지자들 중에도 그로 인해 고통받거나 실망한 사람들의 수는 상당했다. 7·4·7 공약이 효과를 발휘하기에 매우 적합한 상황이었다는 것이다.

그러나 그렇게 당선된 이명박 대통령은 분배 문제 개선에는 별 관심을 보이지 않고 주야장천 "비즈니스 프렌들리"만을 외쳐댔다. 그리고 '기업 친화적인 국가' 건설을 위해 신자유주의 기조를 거의 모든 정책 영역에 걸쳐 노골적으로 밀어붙였다. 정부 여당 내에서도 우려의 목소리가 나올 만큼 대기업과 자본의 이익에 편향된 정책들이 전방위적으로 무리하게 추진됐다. 2008년 미국발 금융위기 이후엔 미국과 같은 신자유주의 주도국조차 신자유주의 체제의 위험성과 한계를 절감하고 대안 체제를 모색하게 되었지만, 이명박 정부가 이끄는 대한민국은 눈과 귀를 닫고 기존 정책을 강행했다. 국내외에서 '역주행'이라는 비난이 쏟아진 것은 당연했다. 독주와 역주행의 결과 민주정부 10년 동안 누적됐던 신자유주의의 사회경제적 폐해는 이명박 정부 들어 더욱 극심해졌다.

가장 크게 드러난 문제는 당연히 소득 분배의 악화였다. 재벌 계열 연구기관인 현대경제연구원조차 이명박 정부 들어 소득 불균형 정도가 문민정부 이후 최악의 상태로 빠졌다고 보고했다(이부형 외 2012, 3쪽). 경제성장으로 늘어난 소득이 소수의 상위계층으로 집중되는 현상이 더욱 심화된 탓이었다. 2007년에서 2012년 사이 한국의 국민총소득GNI은 33.8퍼센트 증가했다. 그러나 같은 기간 상위 10퍼센트의 1인당 연평균 소득은 1억 737만 원에서 1억 2,371만 원으로 1,634만 원(15.2퍼센트) 늘어난 반면, 하위 10퍼센트의 소득은 330만 원에서 348만 원으로 18만 원(5.5퍼센트)이 늘었다(《한겨레신문》 2014년 6월 10일자). 5년간 고작 18만 원의 소득 증가를 낙수효과 덕이라고 말할 수 있겠는가. 보수파 정권이 열을 올려 선전하던 낙수효과는 허상에 불과했던 것이다. 올라간 것은 단지 상위계층의 소득 집중도뿐이었다. 특히 최상위계층으로의 소득 집중은 도가 지나칠 정도였다. 전체 소득에서 상위 1퍼센트의 소득이 차지하는 비중은 1970년대에서 1990년대까지는 대체로 7퍼센트대에 안정적으로 머물렀다. 그러나 이 수치는 2000년대 들어 급증하더니 2010년에는 12퍼센트까지 늘어났다(김낙년 2012). 그리고 이명박 정부 말기에 가서는 무려 16.6퍼센트까지 치솟았다(이동걸 2012). OECD 국가들의 최상위 1퍼센트의 소득 비중 평균이 9.7퍼센트임을 감안할 때 한국의 소득 편중도가 얼마나 심각해졌는지를 알 수 있다.

빈곤층도 계속 늘어나기만 했다. 위에 언급한, 통계 작성 이후 최악이라던 2006년도 빈곤율 16.6퍼센트는 2011년에는 18.3퍼센트까지 올라갔다. 2012년엔 조금 내려가 17.6퍼센트가 됐으나 이 역시 민주정부 때보다 높아진 빈곤율이었다. 이참에 빈곤율의 생생한 의미를 짚어보자. 앞서 말한 바와 같이, 소득이 중위소득의 50퍼센트 미만인 계층을 빈곤층으로 분류한다. 이때 중위소득이란 가장 적게 번 사람부터 가장 많이 번 사람까지 순서에 따라 한 줄로 세웠을 때 정중앙에 위치한 사람의 소득을 가리키는 것이다. 열한 명의 소득을 조사하는 경우라면 여섯 번째에 서 있는 사람의 소득이 중위소득에 해당한다. 홍종학 의원실에서 2012년도 국세청 자료를 분석한 바에 의하면 그해 전체 과세 대상자는 1,926만 명이었고 (세전) 중위소득은 월 평균 155만 원가량에 불과했다(《한겨레신문》 2014년 6월 11일자). 전체 소득 창출자의 절반이 한 달에 평균 155만 원도 못 벌었다는 얘기이다(이것이 한국의 시장 현실이다!). 이때 시장소득, 즉 세전소득을 기준으로 한 빈곤율이 17.6퍼센트라는 것은 전체의 17.6퍼센트인 약 339만 명이 빈곤층에 속한다는 뜻이며, 그들(과 부양가족)은 (시장소득 이외의 다른 돈이 없다면) 중위소득의 50퍼센트인 월 평균 77만 5,000원도 안 되는 돈으로 생계를 꾸려가고 있다는 의미이다(다시 말하지만, 이것이 한국의 시장 현실이다).

자산 불평등은 더욱 악화됐다. 2006년도엔 하위 20퍼센트의 서른세 배였던 상위 20퍼센트의 총자산이 2011년에는 무려 쉰일곱 배로 늘어났다. 5년 만에 자산 불평등 정도가 70퍼센트나 증가한 것이다(이동걸 2012). 특히 재벌의 경제력 집중은 '재벌공화국'이라는 말이 전혀 어색하지 않을 만큼 심해졌다. 노무현 정부 때 삼성, 현대자동차, LG, SK 등 4대 재벌의 GDP 대비 매출액 비중은 연평균 39.6퍼센트였다. 그러나 이명박 대통령의 취임 첫 해인 2008년엔 전년에 비해 무려 6.5퍼센트포인트가 상승하여 46.2퍼센트가 되었고, 이듬해엔 다시 47.4퍼센트로 오르더니, 2010년에 드디어 51.4퍼센트를 차지하며 한국 GDP의 절반을 넘어섰다. 2008년 이후 뚜렷하게 보이는 극소수 대기업집단의 경제력 급증은 이명박 정부가 추진한 출자총액제한제도 폐지, 금산분리 완화, 상호출자제한 기준의 상향 조정, 법인세 감면, 고환율정책 같은 친재벌정책에 기인한 바 큰 것으로 판단된다(이수연 2011).

시대정신으로 떠오른 복지국가 건설과 경제민주화

이명박 정부가 유포했던 선성장-후분배론과 낙수효과론 등이 허구임이 드러나자 민심은 동요했다. 성장과 개발의 과실이 자신들에게도 돌아오리라고 믿었던 (혹은 믿고 싶었던) 많은 시민들이 부의 적절한 분배는커녕 과도한 집중만을 야기하는 이명박 정부의 성장주의 경제정책에 회의와 배신감을 품게 된 것이다. 그리고 소위 "민심의 진보화"가 급격히 진행되기 시작했다.[8] 신자유주의 정부의 실정에 대한 반작용이었다. 그러한 경향은 당시 김상곤 경기도교육감(과 그에 맞선 김문수 경기도지사) 덕분에 학교 무상급식이 핵심 의제로 떠오른 2010년 6월 지방선거 과정에서 뚜렷이 포착됐다. 민주노동당과 진보신당은 물론 제1야당인 민주당은 무상급식제 도입을 선거공약으로 채택한 반면 청와대와 한나라당은 이에 반대한다는 공식 입장을 밝혔다. 그러나 양대 정당들 간의 입장 대립과는 달리 일반 시민들의 무상급식 찬성 여론은 가히 압도적이었다.

6·2 지방선거는 그동안 주변부를 맴돌던 복지국가 담론이 드디어 한국 정치의 중심부로 이동하기 시작했음을 보여준 역사적 국면이었다. 당시 보편적 복지에 해당하는 무상급식제를 실시해야 한다는 여론이 강고히 형성된 것은 한국의 일반 시민들이 성장과 효율성만을 강조하는 신자유주의의 폐해를 직시하고 분배와 형평성의 가치 실현을 요구하고 나섰음을 보여주는 한 징표라 할 수 있다. 실제로 그후 시민사회의 복지 증대 요구는 주거, 교육, 일자리, 의료, 노후 보장 등의 영역으로 점차 확산돼갔다. 바야흐로 보편적 복지의 필요성과 당위성을 인정하는 사회 분위기가 형성돼가는 형국이었다.

시민사회의 커다란 변화에, 복지국가 정책에 무심함으로 일관했던

---

8 심상정 현 정의당 원내대표는 2010년 6월 지방선거 직후 열린 좌담회에서 "(이번 지방선거에선) '민심의 진보화'와 (중략) '시대정신'의 변화를 읽을 수 있어야 한다"며, 이제 "국민은 수십 년 동안 한국 사회를 주도해온 성장개발 담론 대신에 복지·진보를 요구"하고 있다고 말함으로써 뛰어난 통찰력을 보여주었다(백승헌·심상정·이인영·이남주 2010, 87쪽).

주류 정치권도 반응하기 시작했다. 민주당은 같은 해 10월에 열린 전당대회에서 애매모호하다고 비난받아온 그간의 '중도개혁' 노선을 삭제하는 대신 '보편적 복지'를 강령에 포함하는 등 진보성이 분명해진 새 당헌을 채택했다. 같은 달, 보수 집권당에서도 믿기 어려운 변화가 일어났다. 6·2 지방선거에서 참패한 한나라당이 선진 복지국가를 목표로 하는 '개혁적 중도보수' 정당으로 탈바꿈하겠다고 선언한 것이다. 거대 보수정당도 외면할 수 없을 만큼 분배와 복지 확대를 요구하는 민심의 진보화는 대세로 자리 잡은 것이었다. 민주노동당이나 진보신당 등의 좌파정당들은 이미 오래전부터 복지국가 건설에 적극 찬동해왔음을 감안하면, 이 양대 정당의 변화는 이제 한국의 모든 정당이 복지국가 담론으로 자웅을 겨뤄야 하는 정치 지형이 형성되었음을 의미했다.

'국민 담론'으로 떠오른 복지국가론은 바로 경제민주화 담론을 불러냈다. 사실 이는 지극히 당연한 일이었다. 그 둘은 동전의 양면과 같은 관계에 있기 때문이다. 복지국가를 모든 시민들이 중산층 이상의 삶의 질을 향유할 수 있는 국가라고 다소 거칠게 정의할 때, 이런 복지체계는 보편주의 원칙에 입각해야 마땅하다. 가능한 모든 종류의 복지 누림을 시민의 보편적 사회권으로 인정하고 보장하는 국가야말로 진정한 복지국가일 것이기 때문이다. 그런데 이러한 복지국가는 그에 부합하는 성격의 자본주의체제에서 비로소 제대로 발전할 수 있다. 뒤에 자세히 설명하겠지만, 자본주의의 유형은 '조정시장경제'와 '자유시장경제'로 나눌 수 있는데, 복지국가는 후자가 아닌 전자와 강한 친화성을 유지한다. 이유는 크게 세 가지이다.

우선 복지국가는 자유시장체제와는 가치 지향부터가 다르다. 자유시장체제에서는 각 개인의 시장에서의 자유 혹은 경제적 자유가 최상의 가치로 여겨진다. 따라서 보편적 복지의 증진을 위해 국가나 사회가 시장의 자유를 침범하는 것은 기본적으로 용납할 수 없는 일이다. 여기선 복지도 그저 상품일 뿐이다. 좋은 복지를 원한다면 그에 상응하는 값을 주고 시장에서 구입해야 한다. (능력이나 기여 정도에 관계없이) 누구나 보편적으로 누릴 수 있는 복지는 최저생활 수준을 보장할 정도면 족한 것으로 여겨진다. 이른바 '잔여주의residualism' 방식의 복지체계 운영이 원칙이다. 잔여주의는 정부의 복지 기능은 기본적으로 개인이나 가족이 인간다운 생활의 유지에 필요한 재화를 구하기 위해 시장에서 최선을 다했음에도 불구하고 미처 구하지 못한 '나머지 부분'을 보완해주는 정도에 그쳐야 한다는 견해이다.

둘째, 복지국가의 사회제도들은 대체로 자유시장체제의 경제제도들과 조화를 이루지 못한다. 5장에서 자세히 설명하겠지만, 자유시장경제를 구성하는 핵심 제도들은 연대나 협력보다는 경쟁을 부추기고, 형평성이나 공정성보다는 효율성을 높이려 하며, 분배나 통합보다는 성장을 극대화할 수 있는 방식으로 설계된 것들이다. 예를 들어, 주식시장 중심의 금융체계, 주주가치 중심의 기업지배구조, 단기 고용체계, 파편화되고 분쟁적인 노사관계 등이 그러하다. 이러한 성격의 경제제도들이 서로 맞물려 있는 곳에서 연대, 형평성, 분배 등의 가치를 구현하기 위해 고안된 보편주의 복지제도들이 제대로 작동할 리는 만무하다.

셋째, 설령 (상기한 가치의 충돌이나 제도 간의 부조화 문제에도 불구하고) 자유시장체제에서 복지국가의 건설이 추진된다 할지라도 그 소요 비용은 감당하기 어려울 정도로 막대할 것이기 십상이다. 무규제나 탈규제, 민영화, 시장개방, 작은 정부 등을 지향하며 경쟁의 자유를 유난히 강조하는 자본주의체제일수록 시장에서의 1차 분배 과정에서 강자와 약자의 소득 격차는 크게 벌어지기 마련이다. 이러한 격차가 자본가와 노동자, 대기업과 중소기업, 정규직과 비정규직 사이에서 심화될수록 2차 분배 수단에 불과한 복지 제공으로는 그 격차를 메우기가 점점 더 어렵게 된다. 자유시장체제에선 과도한 비용 탓에 보편적 복지국가를 세우기도 유지하기도 어렵다는 것이다.

이런 이유로 안정된 선진 복지국가들은 모두 자기 방식의 조정시장경제체제를 운영하고 있다. 이는 한국이 보편주의 복지국가로 발전해가기 위해서는 자유시장경제의 극단적 버전인 작금의 신자유주의체제에서 벗어나 조정시장경제체제에 근접해 가야 함을 시사한다. 그런데 조정시장경제로 나아간다는 것은 기본적으로 실질적 민주주의의 강화, 곧 경제의 민주화를 의미한다. 시장을 조정하는 핵심 이유가 바로 민주주의가 지향하는 자유와 평등의 가치를 시장에서도 나름의 조건에 맞추어 지켜내려는 것이기 때문이다. 실제로 조정시장경제 국가들은 모두 기업의 경제적 자유 못지않게, 아니 그보다 더 시민의 사회적 자유를 중시한다. 따라서 그들의 시장은 사회적 자유의 수호를 위한 국가의 개입이나 사회의 조정으로부터 결코 자유로울 수 없다. 시장은 늘 사회적 영향력 아래에 놓여 있는 것이다. 그리고 국가는 시장이 사회적 가치에 부합하는 방식으로 작동할 수 있도록 '비시장적인' 시장 조정 기제를 구비하여 필요할 때면 언제든 사회 주체들과 함께 시장에 개입한다.

결국 복지국가로 나아가기 위해선 경제민주화가 전제되거나 양자가 함께 발전해야 한다는 뜻인데, 이 당위성은 한국에서도 복지국가 담론이 무성해짐에 따라 여러 전문가들과 관련 단체들에 의해 크게 강조되었고 오래지 않아 일반 시민들 사이에서도 폭넓게 공유됐다. 사실 분배와 복지 담론이 한 쌍을 이루어 같이 가야 한다는 것은 누구나 쉽게 이해할 수 있는 것이기도 했다. 시민사회의 요구는 이제 한국의 복지국가 구상은 경제민주화 달성 전략과 함께 제시돼야 한다는 한 단계 높은 수준으로 진화했다. 다행히 양대 정당이 이 시민사회의 요구에 응답했다. 민주당은 2011년 말, 그리고 한나라당은 당명을 새누리당으로 바꾼 2012년 초 각기 경제민주화 조항이 포함된 새로운 강령을 발표한다. 양당 공히 복지국가 건설과 경제민주화를 당의 공식 목표로 천명한 것이다.

체제전환론은 복지국가 담론이 한창 무르익어 시민들의 열렬한 호응 속에 경제민주화 담론을 불러내고 있을 즈음에 등장했다. 복지국가 건설과 경제민주화가 시대정신으로 등극하자 이를 구현하기 위해선 새로운 민주체제로의 전환이 불가피하다는 문제의식에서 제기된 정치 담론이었다. 정치권에서 처음으로 체제전환론을 펼친 사람은 천정배 당시 민주당 국회의원이었다. 그는 2010년 9월에 발간된《정의로운 복지국가》라는 책을 통해 복지국가 건설을 위해서는 민주적 시장경제체제의 확립과 함께 합의제 민주주의체제로의 전환이 필요하다고 강조했다. 비록 사회적 담론의 발전 단계 측면에서 볼 때 너무 이르다고 할 정도의 구체적인 해법을 제시했고, 관련 분야 전공자들의 학술적 주장을 소개하는 방식으로 편집한 책이라 세간의 주목을 크게 끌지는 못했지만, 천 의원은 복지국가와 경제민주화 달성을 위해선 정치체제의 변혁이 반드시 필요하다는 메시지만은 분명하게 전달했다.

보다 적당한 시기에 적절한 추상성을 유지하며, 게다가 새로운 체제의 이름까지 붙여 대중 친화적인 체제전환론을 내놓은 이는 백낙청 선생이었다. 그가 '2013년 체제'를 처음 거론한 것은 2011년 봄이었다. 2013년 체제론의 취지는, 1987년 민주항쟁으로 "한국 사회가 일대 전환을 이룬 것을 '87년 체제'라는 개념으로 표현하기도 하듯이, (이명박 정부가 물러서는) 2013년 이후의 세상 또한 별개의 '체제'라 일컬을 정도로 또 한 번 크게 바꿔보자는 것"이었다(백낙청 2012, 16쪽). 그후 이 2013년 체제론은 다양한 방식의 토론과 수정 및 보완 작업 등을 거쳐 발전해 갔고, 학계와 시민사회 그리고 정치사회의 호응은 기대 이상으로 뜨거웠다. 이는, 백 선생 자신이 파악한대로, "2013년의 정부교체기가 단순한 정부 또는 정권교체를 넘어 우리의 삶을 확 바꾸는 새로운 시대의 출발이 되었으면 하는 염원이 우리 사회 곳곳에 널리 퍼져 있기 때문"이었을 게다(백낙청 2012, 66쪽).

발표 초기 2013년 체제론의 핵심은 한반도 분단체제를 평화체제 및 남북한 국가연합체제로 전환하자는 것이었다. 하지만 그 영역에만 국한된 체제전환론은 아니었다. 새로운 복지체제와 경제체제, 정치체제로의 전환 필요성까지 망라된 다중 의미를 띤 열린 담론이었다. 일반 시민들과 정치권 인사들은 87년 민주체제의 대안적 정치체제를 건설해야 한다는 의제를 특히 중시했다. 백 선생 역시 "민주주의가 2013년 체제의 중요 내용으로 부각되는 것은 바람직하다"며 이 의제에 대한 정치사회의 깊은 관심을 반겼다(백낙청 2012, 83쪽).

정치 영역에서의 2013년 체제론은 2012년 대선 과정에서 당시 안철수 예비후보가 던진 '새정치' 담론을 통해 어느 정도 구체성을 획득한 것으로 보인다. 안 후보가 말한 '새정치'는 다음 세 가지 목표를 지향하는 개념이었다. 첫째, 양대 정당의 지역 기반 기득권 체제를 타파한다. 둘째, 민의가 제대로 반영되는 정치체제를 구축한다. 셋째, 증오와 대결이 아닌 소통과 합의의 민주체제를 확립한다. 다음 장에서 자세히 설명하겠지만, 이러한 목표들은 모두 합의제 민주주의에서 달성될 수 있는 것들이다. 비례대표제-다당제-연정형 권력구조가 맞물려 작동하는 합의제 민주체제에서는 양대 정당 기득권 체제가 유지될 수 없고, 다양한 민의가 다당제 기제를 통해 정치과정에 충분히 반영될 수 있으며, 대화와 타협에 따른 정당 간 합의정치가 제도적으로 강제되기 때문이다. 결국 '새정치'는 선거제도, 정당체계, 권력구조 등의 핵심 정치제도들을 합의제형으로 개혁할 때 비로소 실현 가능한 구상이라는 것이다. 그러나 당시 안 후보는 이런 구체적인 제도개혁안까지는 다 제시하지 못했다. 오직 비례대표제의 강화 필요성을 간략히 언급했을 뿐이었다. 그럼에도 불구하고 수많은 시민들은 내용도 채워지지 않은 '새정치' 담론에 놀라울 정도의 환호와 지지를 보냈다. 그만큼 우리 시민들은 새로운 민주정치체제를 갈망하고 있었던 것이다. 왜일까? 왜 그토록 새 정치에 대한 열망이 강렬해진 것일까?

돌이켜보자. 1987년 우리 시민들은 6월 항쟁을 통해 독재체제를 종식시키고 대통령 직선제로 요약되는 '87년 민주체제'를 수립했다. 이명박 정부는 그로부터 정확히 20년 후에 탄생한 정부였다. 그러나 이명박 정부 5년 동안 시민들은 20년 이상 묵은 한국 민주주의의 튼실함을 즐기기는커녕 최악의 상황에서 부실한 민주주의를 온몸으로 체험해야 했다. 이제 그들은 시민이 주인이라는 민주국가에서, 선진국 진입을 운운할 정도로 잘살게 되었다는 이 나라에서 왜 그리도 많은 시민들이 가난과 불안에 시달리고 소외와 차별을 느끼며 살아야 하는지 근본적인 의문을 제기하기 시작했다. 민주화 이후의 '실질적' 민주주의가 그토록 저급한 이유를 엄중히 물었던 것이다.

정부에 대하여 번번이 '대한민국은 민주공화국'이라고 외쳐댈 수밖에 없는 귀찮고 번거로운 현실을 살아오면서 시민들은 한국의 민주정치엔 무언가 심각한 하자가 있다는 점에 공감해오던 터였다. 그러던 중에 복지국가와 경제민주화 요구가 분출했다. 주요 정당들은 모두 시민사회의 요구를 자신들이 수용하여 현실에서 구현해내겠다고 큰소리쳤다. 그러나 시민들은 기존 정당들이 한결같이 미덥잖아 보였다. 사실 87년 민주체제의 부실함은 이명박 정부 아래에서만 실감한 것이 아닌 터였다. 민주화 이후 최초의 문민정부인 김영삼 정부 이래 역대 정부는 모두 시장 비대화의 길을 걸었다. 소속 정당이 진보파이든 보수파이든 관계없이 대통령이 바뀔 때마다 정부의 신자유주의 성격은 줄곧 강화돼왔다. 비정규직의 증대나 불평등의 심화는 모든 정부에서 언제나 문제였다. 87년 체제에서의 '실질적 민주주의'는 항상 그렇게 저발전 상태에 머물러 있었고, 사회경제적 약자들은 늘 고통스러워했다. 그러나 정치권은 무력하거나 무심함으로 일관했다. 그런데 이제 와서 기존 정당들이 갑자기 무엇을 얼마나 개선할 수 있다는 것인가.

백낙청의 2013년 체제론과 안철수의 새정치 담론 등에 대한 열띤 호응은 우리 시민들이 87년 체제가 수명을 다했다는 주장에 공감하고 이제 무언가 새로운 민주체제가 등장하길 간절히 기대하고 있음을 웅변하는 것이다. 시민들은 그동안의 체험과 학습을 통해 기존의 정치체제에선 상당한 수준의 복지국가가 건설되고 경제민주화가 이루어져 실질적 민주주의가 크게 진전될 가능성이 높지 않음을 잘 알고 있는 것이다. "이명박 정부의 각종 폭주와 역주행의 본질이 87년 체제가 원래 지녔던 문제점이 극도에 달한 것임을 인정"(백낙청 2012, 150쪽)해야 한다는 백선생의 날카로운 진단에 많은 시민들이 동의하는 것도 그러한 까닭이 아니겠는가.

사실이 그러하다. 실질적 민주주의의 저발전 문제는 바로 87년 체제의 문제이다. 87년 정치체제가 지속되는 한, 시민사회가 목소리를 높인들, 주요 정당들이 강령을 뜯어 고친들, 대통령을 바꾼들, 무슨 노력을 기울인들 자유와 평등의 원리가 사회경제 차원으로 확대되고, 소수자와 약자의 복지가 증진되며, 부와 소득의 공정한 분배가 이루어지는 실질적 민주주의의 획기적 발전은 기대하기 어렵다. 아래에서는 왜 87년 정치체제에선 사회경제적 민주주의의 발전이 어려운지, 그렇다면 대체 어떠한 정치체제가 새롭게 들어서야 실질적 민주주의가 진전될 수 있을지를 '절차적' 민주주의 원리를 중심으로 설명한다.

민주화 이후의 '절차적' 민주주의 문제

'절차적 민주주의는 완성됐으나, 실질적 민주주의는 아직 낮은 수준에 머물러 있다.' 이것이 한국 민주주의의 발전 정도에 대해 우리 자신이 내리는 가장 일반적인 평가이다. 과연 이것이 정확한 평가일까? 경제민주화나 복지국가의 수준 등을 지표로 삼는 실질적 민주주의가 저발전 상태에 있음은 이론의 여지가 없는 사실이다. 그러나 절차적 민주주의가 완성 단계에 있다는 평가는 논의가 필요한 부분이다. 물론 절차적 민주주의를 슘페터와 같이 최소주의에 입각하여 정의한다면 그러한 평가를 내릴 수도 있다. 슘페터는 절차적 민주주의를 선거 과정에 국한해서 정의한다(Schumpeter 1942). 즉 선거 경쟁이 주기적으로 공정하게 이루어지는지, 형식적인 투표의 평등이 보장되는지, 그리고 선거 결과에 대해 승복하는지 등을 중심으로 민주주의를 평가하는 것이다. 한국은 이미 두 차례에 걸쳐 보수파와 진보파 간에 선거에 의한 정권교체가 이루어진 나라이다. 그러므로 슘페터 식의 최소주의 관점에서 보면 한국의 절차적 민주주의는 완성도가 매우 높다는 평가가 타당할 수 있다.

그러나 이러한 평가는 설령 '선거 민주주의'라고 하는 최소주의 입장을 견지한다 할지라도 관련 기준을 조금만 더 엄격하게 해석하면 당장 흔들릴 수 있다. 예컨대 한국의 민주주의는 선거 경쟁의 공정성에 문제가 있다는 주장이 가능하다. 투표가치의 평등 원칙을 무시한 선거구 획정 등의 문제로 인해 한국의 선거정치에서 지역주의는 여전히 과도한 영향력을 발휘하고 있고, 따라서 지역 기반 양대 정당은 지나친 지역 프리미엄을 누리고 있다. 이러한 프리미엄이 선거 결과를 좌우하는 한 양대 정당에 의한 정치체제 독과점 현상이나 이념 및 정책정당들의 과소대표 현상은 지속될 것이며, 따라서 국회의원 선거의 공정성은 그만큼 취약한 상태에 머물게 된다. 이 점을 부각한다면 최소주의에 입각할 경우에도 한국의 절차적 민주주의가 높은 완성도를 갖추고 있다는 주장을 펼치기는 쉽지 않은 일이다. 그러니 그 최소주의 범주에서 벗어나 절차적 민주주의의 개념을 더 넓고 정교하게 정의할수록 한국 민주주의의 결함은 더 많이, 더 심각하게 노출될 것임은 자명한 일이다.

정치적 대표성 보장을 위한 절차적 민주주의

실제로 많은 정치학자들이 그러하듯, 절차적 민주주의를 사회적 균열을 제도적 기제를 통해 정치적 균열로 전환시키는 '정치적 대표성'까지 포함하는 개념으로 정의할 경우, 한국의 절차적 민주주의가 상당 수준에 이르렀다는 평가는 내리기 어렵게 된다. 대의제 민주주의체제에 살고 있는 시민들이 자신들의 선호와 이익이 정책 결정 과정에 제대로 반영되도록 하기 위해서는 자신들의 정치적 대리인, 즉 '자기 정당'을 갖고 있어야 한다. 대의제 민주주의의 주 행위자는 정당이기 때문이다. 그렇다면 시민들이 사회경제적 이해관계로 서로 나뉘어 있을 경우, 정당들은 그 사회적 균열 구조에 상응하는 만큼 다양하게 존재해야 한다. 갈등 관계에 있는 주요 사회세력들을 빠짐없이 대표할 수 있는 복수의 정당들이 길항 관계를 유지하며 포진해 있어야 한다는 것이다. 그래야 정치 혹은 정책 결정이 사회경제적 강자 집단의 이익에 편향됨이 없이 '민주적으로' 내려질 수 있고 사회통합이 유지될 수 있다. 이것이 절차적 민주주의의 핵심은 정치적 대표성의 보장에 있다고 하는 이유이다.

그런데 지역주의와 결합된 한국의 소선거구 일위대표제 중심의 선거제도와 그 결과인 지역정당 구조 등은 이 대표성을 현저히 떨어뜨리고 있다. 생각해보라. 한국 사회의 대다수 성원인 노동자, 자영업자, 중소상공인 등의 선호와 이익이 정책 혹은 정치과정에서 얼마나 적절히 고려되고 있는지, 그들의 영향력이 과연 유의미한 선거정치 변수로 인식되고 있는지, 그리고 그들을 대변하는 유력 정당들이 제도정치권 안에 포진하고 있는지 등을. 애석하게도 한국의 주요 사회경제 집단들은 대개 자신들에게 걸맞은 정치적 대표성을 제대로 확보하지 못하고 있다. 최근의 각종 여론조사를 보면 자신을 대변하는 정당이 새누리당이나 새정치민주연합이라고 여기는 시민들은 그리 많지 않다. 상당수 시민들은 기존의 어느 정당도 자기 정당으로 지목하지 못하는 소위 무당파들이다. 절차적 민주주의의 미비가 적나라하게 드러나는 대목이다.

결국 매우 느슨하게 정의된 최소주의 관점에서만 벗어난다면, 한국의 절차적 민주주의는 언제나 '결함 있는' 혹은 '제한된' 민주주의에 불과하다는 얘기다. 이는 단지 정의나 개념 혹은 논리 등에 기반을 둔 추상적 결론이 아니다. 한국의 절차적 민주주의는 정치와 정책 과정에서 그리고 실제 삶의 현장에서 항상 결함이나 한계를 드러낸다. 민주주의의 기본인 다수결의 원칙조차 제대로 지켜주지 못하는 제도와 절차들로 가득 차 있기 때문이다. 이 문제를 조금 더 자세히 들여다보자.

앞서 상세히 논의한 바와 같이, 한국에서는 지금 사회경제적 불평등이 심화되어 수많은 사람들의 사회적 시민권이 실질적으로 훼손당하고 있다. 민주화를 이뤘다고는 하지만 실질적 민주주의는 여전히 실현되지 않고 있다는 시민들의 불만이 증대하고 있는 것은 너무나 당연한 일이다. 이는, 최장집 교수의 지적대로, 한국의 민주주의가 절차적 민주주의의 기준에 크게 못 미치고 있기 때문이다(최장집 2007a). 한국의 현 상황은 집합적 결정은 다수 혹은 최대 다수의 선호에 따른다는 민주주의의 기본 원칙, 즉 다수결의 원칙이 관철되지 않고 있음을 여실히 보여준다. 이 원칙이 지켜지고 있다면 어떻게 사회의 다수를 구성하고 있는 사회경제적 약자들의 이익이 소수에 불과한 강자들의 이익에 번번이 압도당하는 상황이, 그리하여 불평등이 심화·확대되는 상황이 이렇게 오랫동안 지속될 수 있겠는가.

로버트 달에 따르면 국가라는 집합체에서 다수결의 원칙은 최소한 다음 다섯 가지의 절차적 조건이 충족돼야 제대로 작동된다(Dahl 1998, 37~38쪽). 효과적인 정치 참여, 투표의 평등, 계몽된 이해, 투표자들의 의제 통제 능력, 그리고 참여의 포괄성 등이다. 이러한 절차들이 갖춰져야 비로소 민주주의의 기본 원칙이 제대로 지켜질 수 있으며, 사회경제적 불평등이 개선될 수 있다는 것이 '민주주의는 절차적 민주주의'라는 주장의 요체이다(최장집 2007a, 100~101쪽). 요컨대, '모든 시민의 동등하고 효과적인 정치 참여를 가능케 하는 절차'들이 구비됨으로써 사회적 자유와 실질적 민주주의는 진전될 수 있다는 것이다(Dahl 1998, 76~78쪽). 그렇다면, 국가의 정치 혹은 정책 결정 과정에 사회경제적 약자들을 포함한 모든 시민이 동등하고 효과적으로 참여할 수 있는 길이 열려 있는 정치를 '포괄의 정치politics of inclusion'라고 할 때, 절차적 민주주의의 소임은 바로 이 포괄의 정치를 보장하는 제도 및 절차를 완비하는 일이라 할 것이다.

포괄정치의 작동을 위해 해야 할 가장 중요한 일은 정당정치의 활성화를 촉진하는 정치제도 및 절차들을 갖추는 것이다. 대의제 민주주의에서 포괄정치의 발전을 이끄는 주체는 결국 정당이기 때문이다. 사회의 다양한 이익집단들을 균형 있게 효과적으로 대표할 수 있는 여러 정당들이 포진해 있고, 국가의 정치적 결정이 이들 정당들에 의해 이루어질 때 비로소 포괄의 정치는 작동한다. 그렇지 않을 경우, 예컨대 노조나 중소상공인 단체 같은 주요 이익집단들을 대표하는 정당(들)이 존재하지 않거나 무력한 경우에는 사회의 대다수를 구성하는 사회경제적 약자들의 선호와 요구는 정치과정에 제대로 반영되지 못하는 반면 대기업과 같은 특정 강소 집단의 이익은 과도하게 대변될 수 있다. 이 경우 포괄의 정치와 그에 따른 실질적 민주주의의 진전을 기대하기는 어려운 일이다. 오히려 '배제의 정치politics of exclusion'가 지배할 것이기 때문이다. 그렇다면 절차적 민주주의의 핵심 요소는 사회경제적 약자와 소수자를 포함한 모든 시민의 이익과 선호를 있는 그대로 대변할 수 있는 유력 정당들의 상존을 구조화하는 제도와 절차라 할 것이다. 요컨대 정당을 주체로 하는 포괄의 정치가 제대로 작동하는 절차적 민주주의를 갖추는 일이 실질적 민주주의의 발전을 이루는 길이라는 것이다.

87년 체제의 한계

이제 87년 체제의 포괄정치 보장 정도를 따져보자. 다시 말해 87년 체제의 정당정치 활성화 정도를 보자는 것이다. 굳이 섬세하게 측정해 볼 필요도 없다. 이 체제에서 한국의 노동자들이, 특히 비정규직 노동자들이 자신들을 대변하는 유력한 정당을 가져본 적이 있는가? 중소상공인들은 어떠했으며, 저소득층 시민들은 어떠했는가? 우리가 이미 잘 알고 있거니와, 이들을 포함하여 한국 사회의 압도적 다수를 차지하는 사회경제적 약자들은 강력한 정치적 대리인을 통해 자신들의 정치적 대표성을 안정적으로 확보해본 적이 없다. 양대 정당의 한쪽은 늘 자신을 진보파라 자처했지만 기실 특정 지도자를 중심으로 (선거에서 승리하기 위해) 뭉친 지역 기반 정당이었을 뿐, 노동자나 중소상공인 또는 가난한 사람들의 계급이나 계층 이익을 전담하여 대표하는 진정한 진보정당은 아니었다. 그렇다고 민주노동당 등의 진보정당들이 상당한 정치적 영향력을 지닐 정도로 국회 의석을 많이 차지해본 적도 없다. 그것을 허락하는 정치체제가 아니었기 때문이다. 반면 양대 정당의 다른 축인 보수파 정당은 실제로도 보수 기득권 계층의 이익을 충실하고도 효과적으로 대변해온 강력한 수구/보수정당이었다. 결국 87년 체제는 포괄의 정치가 제대로 작동하지 않는 절름발이 민주체제 상태로 지금까지 존속해왔다는 것이다. 정치적 대표성의 포괄적인 보장을 핵심으로 하는 절차적 민주주의가 그렇게 낮은 수준에 머물러 있는 상태에서 실질적 민주주의가 발전할 리는 당연히 없었다.

다시 강조하지만, 민주주의는 절차이고 제도일 뿐이다. 민주주의의 실질적 내용과 성격을 결정하는 것 역시 절차이고 제도이다. 실질이 채워지지 않았다면 그것은 절차와 제도에 문제가 있기 때문이다. 실질적 민주주의의 성숙은 절차적 민주주의를 손질함으로써 가능하다. 마치 절차적 민주주의와는 다른 차원이나 다른 수준에 실질적 민주주의가 별도로 존재하며, 거기에 이르기 위해서는 절차나 제도개혁 정도가 아닌 무언가 다른 조건의 충족 또는 다른 영역의 실천과 노력이 필요하다는 입장을 취해서는 곤란하다.

예컨대, 실질적 민주주의의 성숙도는 제도가 아닌 행위자 변수에 의해 결정된다고 생각해보자. 그 경우 한국의 실질적 민주주의 수준을 높이기 위해선 무엇을 해야 할까? 우선 우리 시민들 스스로 보다 민주적 가치에 투철한 적극적 민주시민으로 거듭나야 할 것이다. 자본, 대기업, 고소득층, 정규직 노동자, 장년층 등에 속하는 사회경제적 강자들은 자신들의 기득권과 보유 자산 등을 노동자, 중소기업, 저소득층, 비정규직 노동자, 청년층 등의 약자들과 나눌 수 있는 덕과 지혜, 공동체의식을 지금보다 훨씬 더 많이 갖춰야 한다. 정부와 정당 그리고 관료와 정치인들은 자유와 평등의 사회경제적 확산을 제일 목표로 삼고 멸사봉공의 자세를 더욱 가다듬어 최선을 다해 그 목표 달성에 매진해야 한다. 모두 옳다. 모두가 필요한 것들이다. 주요 행위자들이 다 그렇게 자신의 소임을 다하면 한국의 실질적 민주주의는 언젠가 상당한 성숙 단계에 이를 것이다.

그런데 여기서 여러 의문이 생기지 않을 수 없다. 행위자들의 변화가 실질적 민주주의의 충분한 성숙으로 이어질 때까지 우리는 대체 얼마나 기다려야 하는 것일까? 아마도 가정·학교·사회에서의 인성교육 강화, 신앙과 종교생활의 독려, 문화운동의 전개, 각종 공동체의 활성화 작업 등을 '장기간' 꾸준히 진행하면 그런 때가 올 수도 있을 것이다. 그런데 설령 그것이 확실한 사실일지라도 '장기'에 걸친 부단한 노력이 결실을 맺을 때까지 그 긴 시간 동안의 불평등과 불공정 문제는 어찌하란 말인가? 기약도 없는 그 오랜 기간을 힘없고 가난한 사람들은 온갖 고통을 그저 묵묵히 견뎌내야만 하는가? 지금 당장의 사회경제적 불평등 정도가 얼마나 심한지, 그리하여 소수자와 약자들이 얼마나 힘겨운 삶을 연명해가고 있는지 모른다는 말인가?

행위자 변수를 강조하는 처방은 '장기적으로' 시장이 균형을 이룰 거라고 주장하는 고전학파 경제학자들에게 다음과 같이 일갈하던 케인스를 떠올리게 한다. "장기에 우리는 모두 죽는다We are all dead in the long-term. 경제학자가 장기를 이야기하는 것은 누군가가 폭풍우 치는 계절에 폭풍우는 결국 그칠 것이고 바다는 다시 고요해질 것이라고만 말하는 것과 다를 바 없다. 이렇게 말하는 것은 너무 쉬울 뿐만 아니라, 사태 해결에 전혀 도움이 되지 않는다."[9]

한국에서 신자유주의의 적폐를 해소하고 수준 높은 실질적 민주주의를 이루는 일은 이제 '시급한' 과제이다. 이명박 정부에서 최악으로까지 떨어진 소득불균형이나 자산불평등 정도는 현 박근혜 정부에 들어서도 전혀 달라지지 않았다. 복지국가와 경제민주화 공약을 앞세워 당선된 대통령이 취임 후에는 바로 신자유주의 기조의 강화로 돌아섰기 때문이다. 서문에서 지적한 대로, 세월호 참사와 같은 비극은 현재도 매일 일어나고 있다. '사태 해결'에 신속하게 나설 때이다. 행위자 개선 노력이 중요하지 않다는 말은 아니다. 그러나 사람을 바꾸는 일보다는 제도를 고치는 일이 훨씬 빠르다. 사회경제적 효과도 제도 개선 쪽이 더 확실하다. 단기는 물론 장기적 안목으로 보더라도 그러하다. 장 모네도 말하지 않았던가. "제도의 생명은 사람의 생명보다 길다. 만약 제도가 잘 만들어진다면 그 제도들은 여러 세대의 지혜를 축적하고 전해줄 수 있을

9 케인스가 《화폐개혁론》에서 했던 이 말은 박종현 2008, 61쪽에서 재인용한 것이다.

것이다."(Monnet 2008, 438쪽) 행위자를 변화시키는 일은 장기 목표로 삼아 점진적·단계적으로 실행해야 한다. 이에 비해 제도개혁은 단기에 이룰 수 있는 일이며, 지금 당장 시작해야 할 일이다.

요컨대, 87년 체제를 구성해온 정치제도들을 하루라도 빨리 개혁해야 한다. 그리하여 정치적 대표성이 두루 보장되어 포괄의 정치가 작동하는 절차적 민주주의를 바로 세워야 한다. 그때 비로소 실질적 민주주의가 안정적으로 발전해갈 수 있다. 그렇다면 이런 절차적 민주주의를 구성하는 제도 요소는 구체적으로 어떤 것들일까? 국회 및 정부에 상시적으로 포진해 있는(대표성이 분명한) 다수의 유력 정당들을 전제로 하는 포괄의 정치는 대체 어떠한 제도들로 구성된 민주주의에서 가능한가?

다음 2장은 전 세계 민주주의의 유형을 다수제 민주주의와 합의제 민주주의로 양분할 경우, 다수제 민주주의에서는 포괄의 정치가 아닌 배제의 정치가 지배적이라는 사실을 지적한다. 다수대표제, 양당제, 단일정당정부 같은 다수제 민주주의의 전형적 정치제도들은 공히 특정 세력으로의 정치권력집중을 초래하기 때문이다. 그런데 한국의 87년 체제는 이 다수제 민주주의 유형에 속한다. 그것도, 3장에서 상세히 설명하듯, 대표적인 다수제 민주주의 국가인 영국이나 미국보다 포괄의 정치는 더 약하고 배제의 정치는 더 강한 '독종' 다수제 민주주의이다. 바로 이러한 이유로, 2010년 이후 시대적 과제로 급부상한 복지국가 건설과 경제민주화를 이루기 위해서는, 즉 실질적 민주주의를 달성하기 위해서는 이 87년 체제의 대전환이 불가피하다. 2장과 3장에서 필자는 그 전환의 방향은 의당 합의제 민주주의여야 하는바, 이는 합의제 민주주의를 구성하는 핵심 제도 요소들인 비례대표제, 구조화된 다당제, 연립정부 등이 따로 또 같이 포괄의 정치를 촉진하기 때문이라고 설명한다.

2장

민주주의는 다양하다

사실 민주주의의 구현은 불가능하다. 엄밀한 의미에서 민주주의란 국가가 '주인'인 시민의 뜻과 선호에 따라 운영되는 정치체제를 말한다. 그러나 '불가능의 정리impossibility theorem'가 밝히듯, 시민사회의 뜻과 선호를 정확히 알아내기란 불가능하다(Arrow 1963). 주인들 간의 선호는 서로 다르기 마련이고 그 선호의 순위를 결정할 수가 없는데 어떻게 국가를 (파악 자체가 불가능한) 주인의 뜻에 따라 운영해갈 수 있겠는가.

대의제 민주주의는 이 불가능 상황을 극복하고 (크게 부족할 수밖에 없겠으나) 그나마 민주주의의 이상에 가까운 정치체제를 가동할 수 있는 제도적 방안을 모색하는 가운데 창안된 설계물이다. 말하자면 일종의 '사회계약의 제도화' 체계라고 할 수 있는데, 그 내용은 다음과 같다. 첫째, 시민들의 다종다양한 선호와 이익을 복수의 정당들이 분담하여 대변한다. 둘째, 정당정치인들은 선거 경쟁을 거쳐 시민의 대리인 자격으로 정부를 구성한다. 셋째, 이렇게 구성된 정부가 내리는 결정을 일반 시민들의 뜻이라고 인정하고 수용한다. 결국 민주주의는 이러한 '제도 디자인'에 의해 명맥을 유지하고 있는 셈이다. 민주주의가 절차적 민주주의일 수밖에 없는 또 다른 이유이다. 현대 민주주의 이론의 정초자라고 부를 만한 달도 바로 이런 맥락에서 민주주의란 실제로는 결코 이룰 수 없는 '신념' 또는 '이상'이며, 이는 오직 정치 참여와 경쟁을 규율하는 제도 및 절차를 중심으로 정의될 수밖에 없는 개념이라고 강조했을 것이다(Dahl 1971).

사람이 아닌 제도

민주주의 자체가 절차이며 제도라고 할 때, 국가 목표의 설정과 우선순위 선정, 정책의 수립과 집행, 정책안정성의 유지, 사회적 갈등의 조정과 해결, 그리고 국가경쟁력의 제고 등을 포함한 민주주의 정부의 제반 수행 능력은 상당 부분 해당 국가의 정치 및 사회제도에 의하여 결정된다는 '제도주의자들institutionalist'의 주장은 지극히 당연하다고 할 수 있다(Haggard and McCubbins 2001 ; Hall 1986 ; Lijphart 2012 ; North 1990 ; Steinmo, Theleen and Longstreth 1992 ; Weaver and Rockman 1993). 이는 경제성장, 고용, 경상수지 등의 거시경제지표 성적은 물론 복지국가 발전 수준이나 경제민주화 정도 역시 정치제도 변수에 따라 크게 좌우될 수 있음을 시사한다.

우리는 이미 1장에서 시대정신으로 떠오른 복지국가와 경제민주화는 한국의 절차적 민주주의를 새롭게 정립해야 비로소 달성할 수 있다는 사실을 확인한 바 있다. 87년 체제를 구성하는 핵심 정치제도들을 모두 뜯어고쳐야 그동안 한국의 정치, 경제, 사회, 그리고 심지어 문화 부문에까지 쌓인 온갖 적폐들을 해소하고 새로운 단계로 도약할 수 있다. 개혁을 한다면서 제도는 그대로 두고 사람만 바꿔보자는 식의 접근은 기껏해야 미봉책에 불과하다. 근본 개혁을 위해 시급한 것은 새 제도이지 새 사람이 아니기 때문이다. 한국의 국회의원 교체율은 세계 최고 수준이다. 17대 국회의원의 63퍼센트가 초선이었고, 18대 때는 45퍼센트, 지금 19대에는 49퍼센트가 초선이다. 그럼에도 불구하고 정치는 언제나 구태의 연속일 뿐이다. 사람이 아닌 구조와 제도가 문제임을 웅변하는 것이다. 새 술은 새 부대에 담으라고 했다. 낡은 부대는 그대로인데 거기에 새 술만 자꾸 담아봐야 무슨 소용이 있겠는가. 술이 썩거나 부대가 찢어질 뿐이다. 여기서 한국의 정치개혁에 대해 오랫동안 진지하게 고민해온 원희룡 제주도지사의 얘기를 들어보자. "정치개혁은 사람으로부터 시작된다는 (주장은) 일견 맞는 말 같지만, 좋은 사람을 뽑아 민생에 집중하자는 구호의 한계는 역사적으로도 증명되었다. 우리 정치의 진정한 개혁은 제도 변화 없이 결코 이루어질 수 없다. (중략) 올바른 틀이 서지 않으면 좋은 사람들이 들어설 공간이 없을 뿐 아니라, 설사 들어와도 그들이 숨 쉬고 말할 수 없다. (중략) 지금의 정치제도로는 (지금까지의 정치) 행태를 벗어날 수 없다. 결국 우리 정치가 살 수 있는 방법은 단 하나, 틀을 바꾸는 것뿐이다."(원희룡 2014, 57~58쪽)

원희룡 지사뿐만이 아니다. 한국의 정치개혁과 민주주의의 발전을 위해 현장의 경험을 토대로 꾸준히 성찰하고 대안을 모색해온 정치가들은 한결같이 사람이 아닌 제도의 중요성을 강조한다. 천정배 전 의원은 앞서 언급한 바와 같이 자신의 저서를 통해 합의제 민주체제로의 전환을 주창한 바 있다. 정동영 전 의원은 새 정치의 요체는 독일식 비례대표제 등과 같은 새 제도를 도입하는 것이라는 제도개혁론을 꾸준히 전개해왔다(정동영 2012). 손학규 전 의원 역시 마찬가지이다. 그는 2013년 말 이후 비례대표제와 다당제에 기초한 합의제 민주주의를 정치개혁의 지향점으로 제시해왔다(손학규 2014). "문제의 원인은 사람이 아닌 제도"라는 철학을 확고히 지닌 우윤근 의원은 한국 정치의 핵심 문제는 제왕적 대통령제에 있는바 기존 승자독식형 권력구조를 필히 의원내각제나 분권형 대통령제 등으로 전환하여 협의제 정치를 발전시켜야 한다는 소신을 부단히 피력해왔다(우윤근 2013). 국회의원 시절 '대한민국 국가모델 연구모임'을 주도한 남경필 경기도지사는 "사회와 정치의 구조를 바꿔야만 근본적인 변화를 이끌어낼 수 있다"며 독일의 정치 및 사회경제 시스템에서 한국의 미래를 찾아보자고 제안했다(남경필 2014). 김두관 전 경남도지사 역시 독일 모델을 강조해왔다. 그는 "독일식 정당명부 비례대표제는 민의를 가장 잘 반영하는 국회를 꾸리기 위해서 꼭 필요하다. 양대 정당이 기득권을 버리고 결단해야 한다"고 촉구하기도 했다(《한겨레신문》 2014년 5월 29일자). 노회찬, 심상정, 하승수 등의 진보정당 지도자들이 일찍부터 선거제도와 정당체계의 개혁을 통해 보다 경쟁적이고 포괄적인 정치체제를 수립하자고 역설해왔음은 잘 알려진 일이다. 안철수 의원의 새정치 담론이 일종의 체제개혁론임은 앞 장에서 설명한 대로이다.

이 걸출한 개혁 정치가들이 모두 제도에 주목하는 까닭과 의미가 무엇이겠는가. 사회 개선과 실질적 민주주의의 진전을 위해서는 좋은 사람보다는 좋은 제도가 더 필요하다는 주장이 이론만이 아니라 경험에 의해서도 점점 더 많은 사람들에게 수용돼가고 있음이 그 까닭이고 의미가 아니겠는가. 이즈음에서 우리도 제도의 중요성을 다시 음미해보도록 하자. 아래에서는 선거정치를 하나의 게임으로 상정할 때 전면 비례대표제의 도입이 그 게임의 결과에 어떠한 영향을 미칠 수 있는지를 간략히 논함으로써 제도 변화의 정치개혁 효과를 가늠해보기로 한다. 참고로, 이 주제에 대한 본격적인 논의는 이 책의 3부에서 진행한다.

어느 게임이든 결과는 크게 두 가지 변수에 의해 결정된다. 하나는 선수(행위자)이고 다른 하나는 규칙(제도)이다. 그런데 관중들은 대개 선수 변수에만 관심을 기울일 뿐 규칙 변수의 중요성은 간과하는 경향이 있다. 물론 동일한 규칙 아래에서는 오직 어느 팀의 선수들이 더 뛰어난지가 승부를 결정한다. 그러나 규칙이 바뀔 경우 선수 변수 자체가 변화하며 상황은 달라진다. 예컨대, 농구대의 높이를 현행보다 30센티미터만 낮추면 키 작은 선수들도 얼마든지 '뛰어난' 선수가 될 수 있고, 경기결과도 달라질 수 있다. 축구경기의 규칙을 선수 교체 및 전후반 구분 없이 90분 연속 치르는 것으로 바꾸면 (지금까지와는 달리) 승리는 대부분 개인기나 민첩성보다는 지구력이 뛰어난 선수들이 많은 팀에게 돌아갈 것이다. 요컨대, 경기 규칙이 선수의 우수성을 규정하고, 게임의 흐름과 결과를 결정한다는 것이다.

선거정치라는 게임도 마찬가지이다. 전국을 수많은 소지역으로 나누고 각 지역구에서 오직 한 사람만을 국회로 보내는 소선거구 일위대표제에서는 무엇보다 지역구민에게 인기 있는 정치인이 뛰어난 선수로 평가된다. 정치인의 우수성이 협애한 지역 이익과 얼마나 밀착돼 있느냐로 결정되는 것이다. 여기서는 어느 정치인이 보편적으로 훌륭한 가치 또는 정책 지향을 지니고 있다 할지라도 그것이 지역 인기로 연결되지 않는 한 그는 결코 유력주자가 될 수 없다. 더구나 지역주의가 여전히 기승을 부리고 있는 한국적 상황에서 지역감정에 호소하지 않고 계급이나 계층 이익을 반영한 이념과 정책으로만 승부를 보려 한다면 그의 승리 가능성은 더욱 낮아진다. 이렇게 지금의 현실에선 '열등'할 수밖에 없는 정치인들이 모여 정치적 대표성이 분명한 이념이나 정책정당을 만들고자 할 경우 이들의 당이 선거정치에서 고전할 것은 뻔한 일이다. 오직 특정 지역과 명망가에 기반을 둔 정당만이 살아남거나 번창할 수 있는 게임 구도인 것이다.

그러나 선거정치의 규칙을 바꾸면 게임의 양상은 변한다. 전국을 한 선거구로 하는 정당명부식 비례대표제를 전면 도입하는 경우를 생각해 보자. 이제 시민들은 지역구에 출마한 개별 후보가 아닌 전국구 경쟁에 나선 각 정당에 대하여 투표한다. 선거의 중심 성격이 개인전에서 정당 대결로 크게 바뀌면서 각 정당이 표방하는 이념과 가치, 정책기조의 중요성이 급상승한다. 시민들은 자기가 속한 계급과 계층 혹은 집단의 선호와 이익을 잘 대표할 법한 정당을 선택하려 들 것이기 때문이다. 여기서 뛰어난 선수는 소지역에서 인기가 높은 인물이 아니라, 이념 및 정책 지향이 분명하여 전국 수준에서 자기 정당의 계급, 계층, 혹은 직능 대표성의 제고에 도움이 될 수 있는 사람이다. 상당한 규모의 시민들로부터 지지받을 수 있는 보편적인 가치와 정책기조를 유지하는 정당이라면, 이러한 선수들을 많이 확보할수록 높은 득표율과 그에 비례하는 높은 의석점유율을 차지할 수 있다. 결국 선거제도의 변화가 정치적 대표성이 분명한 여러 정당들이 각자의 소임을 다하며 서로 경쟁하는 게임 구도의 창출로 이어질 수 있다는 것이다.

이와 같이 규칙과 절차, 제도의 개혁은 정치인과 정당을 변화시킴으로써 새로운 정치가 펼쳐지게 한다. 그 새로운 정치가 보다 나은 사회와 보다 높은 수준의 실질적 민주주의로 이어질 수 있음은 물론이다. 그렇다면 우리는 어떠한 제도들로 이루어진 절차적 민주주의를 확립해가야 할지에 대해 고민해야 한다. 본격적인 고민에 들어가기에 앞서 우선 절차적 민주주의의 유형에 대해 공부해보자. 우리의 좌표 설정에 상당한 도움을 줄 것이기 때문이다.

다수제 민주주의 vs. 합의제 민주주의

민주주의의 유형을 분류하기란 결코 쉬운 일이 아니다. 만약 이 세상에 100개의 민주국가가 존재한다면, 절차적 민주주의의 종류도 100개가 있다고 해야 한다. 정치제도와 절차는 나라마다 다를 것이기 때문이다. 그런데 아렌트 레이파트Arend Lijphart는 절차적 민주주의를 제도 디자인의 내용에 따라 크게 두 유형으로 분류하는 데 성공했다(Lijphart 2012). 하나는 흔히 영미식이라고 불리는 '다수제 민주주의majoritarian democracy'이고, 다른 하나는 (대륙)유럽식이라고 하는 '합의제 민주주의consensus democracy'이다. 제도 디자이너들의 의도에 따라 이 양 민주주의의 성격과 결과는 서로 다르게 나타난다. 이는 자본주의가 그렇듯 민주주의에도 다양성이 존재하며, 따라서 어떠한 민주주의를 어떻게 발전시켜나갈 것인지는 운명이 아닌 선택의 문제임을 시사한다.

68쪽의 〈표 1〉은 다수제 민주주의와 합의제 민주주의의 5대 특성을 요약한 것이다.[10] 첫 번째는 국회의원 선거제도에서 나타나는 특성이다.

---

10 레이파트는 각 민주주의 유형의 열 가지 특성을 제시하며, 그중 다섯은 '집행부-정당 차원

〈표 1〉 다수제 민주주의와 합의제 민주주의의 5대 특성

	다수제 민주주의의 전형	합의제 민주주의의 전형
국회의원 선거제도	1위 대표제 등의 다수대표제	비례대표제 또는 비례성 높은 혼합형 선거제도
정당체계	양당제	다당제
행정부 형태	단일정당정부	연립정부
행정부-입법부 간 힘의 분배	행정부 우위	입법부-집행부 간의 균형 혹은 전자의 우위
이익집단 간 경쟁 구도	파편화된 다원주의	사회적 합의주의

다수제 민주주의 국가에서는 다수대표제 혹은 다수결형 선거제도를 통해 의회를 구성한다. 예컨대, 그 전형인 소선거구 일위대표제의 경우 지역구 득표율 1위에 오른 후보만이 지역민 전체를 대표하여 의회에 진출한다. 2위 이하의 후보들은 자신들의 득표율이 1위와 별 차이가 나지 않는다 할지라도 어떠한 대표 자격도 얻지 못한다. 따라서 2위 이하의 후보들에게 던져진 표는 모두 사표死票로 처리될 뿐이다. 여기서는 각 정당의 득표율과 의석점유율 간에 '비례성proportionality'이 전혀 보장되지 않는다. 가령 A, B, C, D 네 정당이 선거 경쟁을 하고 각 정당의 전국 득표율은 각각 33퍼센트, 32퍼센트, 20퍼센트, 15퍼센트인 경우를 상정해보

executives-parties dimension'이고 다른 다섯은 '연방제-단방제 차원federal-unitary dimension'이라고 했다. 이 책에서는 집행부-정당 차원에 속하는 특성을 '5대 특성'으로 규정하여 이 다섯 변수만을 중심으로 합의제와 다수제 민주주의를 유형화하기로 한다.

자. 여기서 A당과 B당의 전국 득표율은 30퍼센트대로 서로 비슷하지만 만약 과반의 지역구에서 A당 후보들이 (예컨대 33퍼센트를 간신히 상회할 정도의 지역 득표율로) 1위에 오를 경우 당의 전체 의석 점유율은 50퍼센트가 넘어 의회 내 단독 다수당이 될 수 있다. 그러나 B당은 A당과 비슷한 전국 득표율을 올리고도 대다수의 자당 후보들이 각 지역구에서 근소한 차이로 2위나 3위에 머물 경우 C당이나 D당과 함께 의석 점유율 10퍼센트대의 소정당이 될 수 있다.

이와는 달리 합의제 민주주의 국가에서는 비례성이 보장되는 선거제도로 국회의원을 선출한다. 유권자들은 기본적으로 개별 후보가 아닌 정당에 투표한다. 그리고 각 정당의 전국 득표율에 비례하여 의석을 나누는 것이다. 만약 앞에서 예를 든 선거 경쟁이 비례대표제를 통해 이루어질 경우 A, B, C, D 네 정당은 전국 득표율에 따라 총의석의 33퍼센트, 32퍼센트, 20퍼센트, 그리고 15퍼센트씩을 나누어 갖게 된다. 여기서는 1등 혹은 다수세력 대표에게 던진 표만이 의미가 있고 여타의 소수세력 대표들에게 던진 표는 사표가 되는 '소수 무시'의 문제가 발생하지 않는다. 크든 작든 모든 정당이 각자 시민들로부터 받은 지지만큼의 대표권을 행사할 수 있게 된다.

두 번째 특성은 정당체계에서 나타나는바, 이는 선거제도와 밀접하게 연계돼 있다. 소위 뒤베르제의 법칙으로 널리 알려져 있듯, 소선거구 일위대표제는 양당제, 그리고 비례대표제는 다당제의 발전을 유도하는 경향이 강하다(Duverger 1963). 소선거구 일위대표제에서는 선거를 거듭 치를수록 지역구 1등을 양산해낼 수 있는 인적, 물적, 지역적 자산이 풍부한 거대 정당들만이 살아남고 그렇지 못한 군소 정당들은 탈락하게 되어 종국엔 총선이 양 진영으로 나뉘어 각 진영의 대표 정당들끼리 경합하는 양강 구도로 고착된다. 거대 양당 중심의 이른바 '복점複占, duopoly' 정당체계가 확립된다는 것이다. 반면, 비례대표제에서는 모든 정당이 등수 혹은 승패에 관계없이 자신들이 획득한 지지율만큼의 의석을 배정받게 되므로 다양한 사회세력을 대표하는 정당들이 원내에 진입하게 된다. 다당제 발전은 당연한 귀결이다. 그렇다면 다수제 민주주의와 합의제 민주주의의 전형적 정당체계가 각각 양당제와 다당제라는 것은 쉽게 이해할 수 있는 특성이다.

세 번째 특성인 행정부 형태의 차이도 선거제도 및 정당체계와 연관돼 있다. 소선거구 일위대표제로 양당제를 유지하고 있는 영국 같은 다수제 민주주의 국가의 전형적인 행정부 형태는 단일정당정부이다. 선거경쟁이 주로 거대 정당 둘 사이에서 벌어질 경우 통상 어느 한 당이 홀로 의회 다수당이 된다. 따라서 수상 선출을 포함한 정부 구성 권한이 의회에 있는 의원내각제에서는 으레 다수당이 단독으로 행정부를 구성한다. 대통령중심제가 반드시 다수제 민주주의의 권력구조라고 할 수는 없지만 적어도 행정부 구성 측면에서는 다수제적 성격이 강하다. 특별한 상황이 아닌 한 대통령을 배출한 정당이 대개 단독으로 행정부를 꾸리기 때문이다. 반면, 대륙 유럽 국가들의 경우에서 보듯, 합의제 민주주의 행정부는 전형적으로 연립정부이다. 셋 이상의 유력 정당들이 비례대표제로 의석을 나누는 환경에서 어느 한 정당이 총의석의 과반을 차지할 가능성은 그리 높지 않다. 따라서 단일정당에 의한 행정부 구성은 드물고 다양한 사회집단을 대변하는 여러 정당들이 연립정부를 형성하는 것이다.

네 번째 특성은 행정부와 입법부의 힘의 분배 양상이다. 이 역시 선거제도 및 정당체계 그리고 행정부 구성 방식과 밀접히 관련돼 있다. 다수제 민주주의의 행정부는 권력 혹은 영향력 행사 측면에서 통상 입법부에 대하여 우월한 위치에 있다. 영국의 예를 보자. 소선거구 일위대표제로 공고화된 양당제하에서 의회는 단일 다수당이 장악하기 마련이며 행정부 역시 다수당이 홀로 구성한다. 여기서 행정부 수반인 수상 혹은 총리는 바로 의회 다수당의 최고 지도자이므로 사실상 입법부까지 자신의 영향력 아래 둘 수 있다. 명백한 행정부 우위제인 것이다. 그러나 비례대표제와 다당제 그리고 연립정부 형태를 특성으로 유지하는 (대륙) 유럽식 합의제 민주주의에서는 사정이 전혀 다르다. 어느 한 정당도 독자적으로 안정적인 행정부를 구성하기 어려운 제도 조건하에서 오직 연립의 형태로 스스로를 지탱해야 하는 행정부는 의회를 구성하는 각 정당들의 선호에 늘 민감할 수밖에 없다. 합의제 민주국가의 행정부가 입법부에 대하여 힘의 우위를 주장하지 않고 항상 힘의 균형을 도모하는 이유이다.

마지막인 다섯 번째 특성은 이익집단들 간의 경쟁 구도, 즉 이익집단 대표체계에서 드러난다. 다수제 민주주의에서는 최소한의 단위로까지 세분화된 무수한 이익집단들이 각기 다원주의적으로 활동한다. 노동자 집단이 전국노조나 산업별노조 등의 형태로 뭉쳐 있는 것이 아니라 기업과 직능, 지역 등의 세부 단위로 파편화돼 있는 식이다. 노동계뿐만이 아니다. 여기선 사용자 집단을 포함한 모든 이익집단들이 그처럼 서로 나뉘어 거리를 유지한 채 독립해 있다. 이 상태에서 이들은 분쟁적이거나 심지어 적대적인 경쟁 구도를 형성하기 십상이다. 한편, 합의제 민주주의에서는 주요 이익집단들이 '사회적 합의주의' 혹은 그와 유사한 거버넌스 체계를 형성하여 상호 협력적으로 경쟁한다. 예컨대, 노동자들과 사용자들이 전국 수준에서 중앙 집중적인 독점적 대표체계를 갖추어 정부의 중재하에 정기적으로 만나 사회적 대화를 통해 사회협약을 새로 맺거나 개정해가는 방식이다.

이 다섯 번째 특성은 앞서 말한 네 가지의 정치제도적 특성들, 즉 선거제도, 정당체계, 행정부 형태, 그리고 행정부와 입법부 간의 권력관계 등과 인과관계적인 제도적 연계성을 갖고 있는 것은 아니다. 하지만 (왜 그런지에 대한 설명은 6장에서 자세히 하겠지만) 그 친화성은 명백히 존재한다. 합의제 정치제도들이 제대로 구비된 나라일수록 사회적 합의주의 발전 수준이 높다는 것, 즉 그 둘 사이에는 높은 상관관계가 있다는 것은 실증적으로도 이미 여러 연구에서 증명된 바 있다(Lijphart and Crepaz 1991 ; Crepaz and Lijphart 1995 ; Lijphart 2012).

5대 특성을 중심으로 한 이상의 설명을 종합해보면, 양대 민주주의 유형 간의 핵심 차이가 정치권력의 분산 정도와 행사 방식에 있음을 알 수 있다. 다수제 민주주의에서는 선거에서 승리한 다수파 정치세력에게 정치권력이 집중되는 것이 원칙이다. 권력의 행사도 패자에 대한 고려 없이 승자 독단으로 이루어질 수 있다. 반면 합의제 민주주의에서는 정치권력이 여러 세력, 정확히 말하자면 여러 정당들에 분산되어 상호 의존과 협력을 통해서만 사용될 수 있도록 설계되어 있다. 따라서 정치과정은 상이한 정치세력들 간의 대화와 타협에 의해서만 진행될 수 있다. 합의에 의한 권력 사용이 제도적으로 강제된 상태인 것이다.

배제의 정치 vs. 포괄의 정치

모든 유형론이 그러하듯, 5대 특성을 중심으로 분류한 다수제 민주주의와 합의제 민주주의는 '이념형ideal type'에 불과하다. 다수제든 합의제든, 유형별 특성을 이념형 그대로 유지하고 있는 민주국가는 엄밀히 말하자면 존재하지 않는다. 모든 민주국가들은 다수제와 합의제의 이념형을 양 극단으로 하는 연속선상의 어느 한 지점에 위치하고 있을 뿐이다. 그러나 중간 지점으로부터 전형적인 다수제 혹은 전형적인 합의제에 가까이 갈수록 해당 국가의 민주주의는 다수제적 혹은 합의제적 성격이 강하다고 평가할 수 있다.

여기서 특기할 것은 이른바 선진국들 사이에선 합의제형 민주주의가 확실한 대세를 이루고 있다는 사실이다. 영국을 제외한 거의 모든 유럽 선진국들은 합의제 민주국가로 분류된다.[11] 예컨대, 위에서 본 대로 민주주의의 유형을 결정하는 핵심 정치제도는 선거제도인데, 경제 선진국들의 모임인 OECD 34개 회원국 중 다수제 민주주의의 전형적 선거제도인 상대 다수대표제를 택하고 있는 나라는 미국, 영국, 캐나다, 오스트레일리아 등 대여섯 개 나라에 불과하고 나머지는 모두 합의제 민주주의의 전형인 비례대표제 혹은 비례성이 상당히 보장되는 혼합형 선거제도를 택하고 있다. 이는 곧 선진국 민주주의의 표준이 합의제 민주주의임을 확인해주는 것이라 할 수 있다.

다수제 민주주의는 영국 의회가 열리는 궁전의 이름을 따서 '웨스트

11 프랑스는 지금은 비록 비례대표제가 아닌 다수대표제 국가지만 국회의원과 대통령을 공히 결선투표제로 선출하는 까닭에 정당체계는 항상 다당제를 유지하고 있다. 비례대표제 시절의 유산이 영향을 미치고 있는 까닭이기도 하다. 또한 프랑스의 분권형 대통령제는 대선과 총선 일정을 일치시킨 2000년의 개헌 탓에 실질적으로는 대통령중심제처럼 작동하고 있으나, 지금도 합의제적 운영이 불가능한 것은 아니다. 참고로, 1945년부터 2010년 사이 프랑스를 단일정당 정부가 통치한 기간은 전체의 47.5퍼센트이다(Lijphart 2012, 99쪽). 과반의 기간은 연립정부 시기였다는 것이다. 이것이 프랑스를 합의제적 전통이 강한 민주국가로 볼 수 있는 이유이다.

민스터 모델Westminster model'이라고도 불리는데, 이는 다수제 민주주의를 애초 영국인들이 디자인했기 때문이다. 이 모델은 그후 영국의 식민지였던 미국, 그리고 캐나다, 오스트레일리아, 뉴질랜드 등의 영연방 국가들은 물론 그 외 전 세계의 수많은 나라들로 수출되었다. 미국의 영향으로 우리나라 역시 이 모델을 수입했음은 널리 알려진 사실이다. 사실 19세기 말에서 20세기 초까지만 하더라도 상당수 대륙 유럽 국가들 역시 영국식 경향이 강한 다수제적 민주주의를 채택하고 있었다. 그러나 그들은 하나 둘씩 합의제 민주주의로 전환했고 지금에 이르러서는 유럽을 중심으로 선진국 민주주의의 표준이 합의제 민주주의로 수렴된 상황이다.

비교적 최근에도 이 같은 전환이 목격되었다. 해당 국가는 놀랍게도 영국의 원형보다 다수제적 성격이 더 강한 민주주의를 운영한다고 평가받아오던 뉴질랜드였다. 길고 험난한 선거제도 개혁 과정을 거쳐 1993년 뉴질랜드는 마침내 소선거구 일위대표제를 독일식 비례대표제로 전격 대체했다. 그후에는 당연히 다당제 발전, 연립정부 형태의 부상, 의회의 위상 강화 등의 변화가 이어졌다. 캐나다에서도 최근 뉴질랜드를 본받아 전면 비례대표제를 도입하자는 초정파적 개혁 운동이 활발히 벌어지고 있다. 더 흥미로운 사실은, 다수제 민주주의의 원조 국가인 영국에서조차 1970년대 초반 이후 줄곧 비례대표제 도입 요구가 증대돼왔다는 점이다. 그리고 실제로 1970년대 중반에는 북아일랜드의 모든 지방선거를 비례대표제로 치르기로 결정하기도 했다. 또한 1999년부터 유럽의회의 영국 의원은 비례대표제에 의해 선출되고 있다. 1990년대 말 이후엔 영국의 중앙정치 차원에서도 대기업과 자민당 그리고 노동당의 개혁파 등이 주도하는 선거제도 개혁 운동이 본격화되어 시민들로부터 상당한 관심과 지지를 받으며 현재까지 진행되고 있다. 조만간 영국의 선거제도 역시 비례성이 보장된 새로운 제도로 전환되리라는 전망이 무성하다. 이처럼 다수제 민주주의가 쇠락하고 합의제 민주주의가 대세를 이루게 된 까닭은 무엇일까? 아무래도 다수제 민주주의에 심각한 약점이 존재하기 때문이 아닐까?

다수제 민주주의와 배제의 정치

다수제 민주주의의 특성을 한 마디로 표현하면 '승자독식winner-takes-all' 또는 '패자전몰loser-loses-all' 제도라는 것인데, 다수제 민주주의의 근본 문제는 바로 여기에 있다. 영국인들은 의회에서 다수당 지위를 차지한 특정 정당에게 정치권력을 몰아주기 위해 다수제 민주주의를 만들었다. 선거에서 승리한 단일정당이 입법부와 행정부를 모두 장악할 수 있도록 하면 임기 동안 정부가 자율성과 책임성을 갖고 효율적으로 국정을 운영할 수 있을 거라고 생각한 것이다. 여기서 효율적인 국정 운영이란 결국 정치권력을 차지한 다수당이 민주국가의 주인인 시민의 뜻을 독점적으로 해석하고 구현해가는 것을 의미한다. 이때 선거에서 패배한 정당과 이 정당이 대변하는 사회세력들은 당연히 국정 운영 과정에서 배제된다.

어쩌면 디자이너들의 의도대로 이 다수제 민주주의는 정부의 효율성 유지 혹은 제고에 유리한 것일 수도 있다. 그러나 (사실은 꼭 그렇지도 않지만) 설령 그렇다고 할지라도 이 효율성이 과연 누구를 위한 것이냐는 문제는 끊임없이 제기될 수 있다.[12] 오직 집권세력과 그 지지자들을

---

12 레이파트는 합의제 민주주의와 비교할 때 다수제 민주주의의 정부들이 과연 더 효율적인지를

포함한 '임기 동안의 다수파'를 위한 효율성이라면 (역시 민주국가의 주인임에 분명한) 소수파 국민의 이익은 배제되고 무시돼도 괜찮다는 의미인가. 더구나 많은 경우 다수제 민주주의 제도하에서 다수파는 사실상 '제조된 다수manufactured majority'에 불과하다. 예를 들어 어느 소선거구에서 A, B, C 세 당의 후보들이 각축을 벌인 결과 각각 33퍼센트, 32퍼센트, 31퍼센트의 지역구 득표율을 획득했다고 하자. 1위 대표제이므로 오직 A당 후보만이 소위 다수대표로서 의회에 진출하게 된다. 그러나 실상 그는 겨우 33퍼센트의 지역구민을 대표하는 '소수대표minority representation'일 뿐이다. B당 후보를 지지했던 32퍼센트의 소수파와 C당 후보를 지지했던 31퍼센트의 소수파를 포함하여 지역구민의 절대 다수인 67퍼센트가 반대하거나 지지하지 않은 후보가 명목상의 대표가 되어 의석을 차지하게 되는 것이다. 결국 이 지역사회에서는 실질적 다수가 모두 패자 그룹으로 분류되어 정책의 수립 및 집행 과정에서 배제되거나 소외될 수 있다.

이러한 현상은 단지 지역구에만 국한되지 않는다. 앞에서 말한 A당이 위 지역구에서와 마찬가지 방식으로 소수대표 의원을 전국의 과반 지역구에서 배출했다고 하자. 이 경우 A당은 의회의 단독 다수당이 되겠지만 이는 소수대표들로 구성된 '제조된' 다수당일 뿐이다. 이 정당의 전국 득표율은 30퍼센트에서 40퍼센트 정도에 불과하지만 소선거구 일위대표제라는 불비례적 선거제도로 인해 다수당으로 만들어져 의회를 장악한 것이기 때문이다. 의원내각제라면 이 소수대표 정당이

따져보기 위해 경제성장률, 인플레이션, 실업률 등을 지표로 삼아 회귀분석을 실행했다. 그 결과 합의제 민주정부들에 비해 다수제 민주정부들이 더 효율적이라고는 결코 말할 수 없다는 사실이 드러났다(Lijphart 2012, 261~268쪽).

행정부도 장악한다. 결국 이 민주국가는 전체 유권자의 60퍼센트에서 70퍼센트 정도가 반대하거나 지지하지 않은 소수대표 정당에 의해 운영된다. 그리하여 국가 차원에서도 패자 배제의 정치가 주를 이룬다면 오히려 다수에 속하는 시민들이 상당한 고통 혹은 불이익을 (적어도 해당 정부의 임기 동안) 받게 된다. 대통령제의 경우도 한국에서와 같이 대선이 상대다수제에 의해 치러질 경우 마찬가지 현상이 자주 일어난다. 30퍼센트에서 40퍼센트의 득표율로도 1위만 하면 대통령이 되는 제도이기 때문이다.

의회 및 행정부의 구성에서 일어나는 이 같은 소수대표 혹은 불비례성의 문제는 자칫 사회통합의 위기로도 이어질 수 있다. 비록 소수대표일지라도 일단 합법적으로 정부를 장악한 정치세력은 승자독식 제도의 특성을 활용하여 독선, 독주, 심지어는 독재에 가까운 방식으로 국가를 운영해갈 수 있다. 이 경우 다 합치면 다수가 될 수도 있는 소수파 그룹들이 정치과정과 그에 따른 과실 분배 과정에서 소외됨으로써 사회 혼란과 정치 불안의 가능성이 열리게 된다. 사회경제적 약자를 포함해 가능한 한 많은 사회 구성원들의 안정된 정치 참여 보장을 지향한다는 포괄의 정치가 아닌 배제의 정치가, 그것도 특정한 소수의 이익을 위해 사회 구성원 다수가 배제되는 '일방 폭주'의 정치가 작동될 수 있기 때문이다.

사실 다수제-합의제 민주주의 유형론에서는 원칙적으로 다수제 민주주의는 배제의 정치, 그리고 합의제 민주주의는 포괄의 정치를 기반으로 하는 민주체제라고 규정한다(Crepaz and Birchfield 2000). 그리고 다수제형 민주정부가 오직 단순 '다수the majority of the people'의 이익과 선호에 응답하는 정부라면, 합의제형 민주정부는 소수파들이 포함된 '최대다수as many people as possible'에 대해 책임을 지는 정부로 파악한다(Lijphart

1984, 4쪽). 두 민주주의체제 사이의 이러한 정치적 성격 차이는 두 체제의 사회경제적 성격 차이로 연결되기 십상이다. 왜 그러한지는 양자의 정치적 차이를 다시 짚어보면 쉽게 이해할 수 있다.

합의제 민주주의와 포괄의 정치

승자독식 모델인 다수제 민주주의에서는 선거에서 승리한 세력이 정치권력을 독차지한다. 그들은 자신들만으로 정부를 구성하고 패자나 저항 혹은 거부 세력에 대한 배려에는 별 신경을 쓰지 않는다. 결국 정권교체기마다 정치과정에서의 배제 세력은 양산되고, 따라서 이들과 정부 사이에 그리고 입장이 다른 이익집단들 사이에 적대적 대립과 갈등이 상존하게 마련이다. 반면, 단일정당에 의한 권력 독식이 제도적으로 불가능하거나 매우 어려운, 그리하여 여러 정당들이 정치권력을 나누어 가질 수밖에 없는 합의제 민주주의에서는 서로 다른 정치세력들 간의 상호 의존과 협력이 불가피하며 정치과정은 양보와 타협에 의해 진행되기 마련이다.[13] 여기서는 약자나 소수자 그리고 저항 세력 혹은 거부 세력에 대한 포용이 일상의 정치문화로 자리 잡게 된다.

이렇게 상이한 정치 환경에서 시민들의 '정치적 자유'는 (다른 조건이 일정하다면) 당연히 다수제 민주주의보다는 합의제 민주주의 사회에서 더욱 잘 보장된다. 정치적 자유의 핵심은 시민들 누구나 동등하게 그리고 효과적으로 정치에 참여할 수 있는 자유인바, 합의제 민주주의는

---

13 레이파트가 정리한 이 합의제 민주주의라는 용어 대신 '협상민주주의negotiation democracy', '협의민주주의consociational democracy', '비례민주주의proportional democracy', '권력공유민주주의power-sharing democracy', '포괄민주주의inclusive democracy' 등 어떤 용어를 써도 좋다(Armingeon 2002 ; Huber and Powell 1994 ; Lijphard 2002). 중요한 것은 여러 정당들 간의 협상과 타협을 본질로 하는 포괄의 정치가 작동하는 민주주의라는 특성이다.

바로 이런 정치적 자유가 포괄정치의 현실 주체인 정당을 통해 최대치로 행사될 수 있도록 설계된 민주체제이기 때문이다. 합의제 민주주의가 보장하는 정치적 자유는 높은 수준의 사회적 자유로 이어진다. 가난, 실업, 공공재 부족 등으로 인한 사회경제적 불안과 공포로부터의 자유를 의미하는 사회적 자유는 (다른 조건이 일정하다면) 다수제보다는 합의제 민주체제에서 사는 시민들에게 더 안정적으로 주어진다는 것이다. 이는 기본적으로 합의제 체제에선 사회경제적 약자들이 자신들에게 주어진 정치적 자유를 십분 활용하여 사회정책 및 경제정책 결정 과정에 직간접으로 적극 참여할 수 있고, 따라서 국가의 분배 및 재분배정책 강화를 끌어낼 수 있기 때문이다.

다수제 민주국가들보다 합의제 민주국가들에서의 경제적 불평등 정도가 덜하고, 복지 수준이 더 높으며, 약자나 소수자 배려가 더 철저하고(선학태 2005, 402~408쪽 ; Lijphart 2012, 16장), 따라서 합의제 민주주의가 다수제 민주주의보다 사회통합 측면에서 더 뛰어나다는 점은 실증적으로도 충분히 검증된 사실이다(Armingeon 2002). 특히 조세나 복지정책 등을 통한 합의제 민주정부의 재분배 수행 능력은 다수제 정부에 비해 월등하게 높은 것으로 나타난다(Crepaz 2002). 이는 강명세가 작성한 80쪽의 〈표 2〉를 통해 한눈에 알 수 있다.[14]

표에서 '시장소득 지니계수'는 임금, 급여, 이자, 자본소득 등과 같이 정부의 재분배정책이 개입하기 이전에 시장에서의 경제활동만으로 얻

14 강명세는 이 표를 룩셈부르크 소득연구소Luxembourg Income Study가 발표한 40개국의 소득자료를 연구하여 작성했다. 이 가운데 독립변수에 해당하는 민주주의 제도들과 종속변수인 시장소득 및 가처분소득 등에 관련된 자료가 없거나 충분하지 않은 나라들은 연구 대상에서 제외했다. 또한 인구학적 요인을 통제하기 위해 25세에서 59세 사이의 청·장년층 소득만을 연구 대상으로 삼았다.

〈표 2〉 정치제도의 재분배 효과, 1970~2010

정치제도	시장소득 지니계수	가처분소득 지니계수	재분배 효과
다수대표제	38.5	35.9	2.6
비례대표제	41.4	32.0	9.4
대통령중심제	48.1	41.4	6.7
의회중심제	38.8	31.4	7.4
단일정당정부	38.7	35.0	3.7
연립정부	41.3	32.6	8.7

* 출처 : 강명세 2013, 78쪽

은 소득 간의 불평등 정도를 백분율로 표시한 것이다. 수치가 클수록 불평등이 심함을 의미한다. 한편, '가처분소득 지니계수'는 정부의 조세 징수 및 소득이전 조치 이후의 소득 간 불평등 정도를 나타낸다. 주로 생활보장, 사회보험, 아동수당 등의 사회보장 급여를 의미하는 소득이전은 징세와 함께 정부의 핵심 재분배정책 수단인바, 시장에서 번 소득은 조세를 빼고 이전소득을 더한 후 비로소 시민들이 실제로 쓸 수 있는 가처분소득이 된다. 따라서 시장소득 지니계수와 가처분소득 지니계수의 차이는 정부의 재분배정책 효과가 어느 정도인지를 알려주는 지표라 할 수 있다.

표는 다수대표 선거제도를 채택하고 있는 국가들에서 시장소득과 가처분소득의 불평등 지수가 각각 38.5와 35.9로서 정부정책의 재분배 효과는 2.6에 불과했음을 일러주고 있다. 그러나 비례대표제 국가들에서는 이보다 무려 6.8이나 높은 9.4의 재분배 효과가 발생했다. 이와 비슷한 차이는 단일정당정부 국가와 연립정부 국가 사이에서도 목격된다.

후자(8.7)의 재분배 효과는 전자(3.7)에 비해 5점 가량이나 높게 나타났다. 비례대표제가 다당제를 견인하고 이는 다시 연립정부 형태의 권력구조로 발전하면서 합의제 민주주의가 정착해간다는 것은 위에서 말한 대로이다. 결국 비례대표제와 연립정부가 합의제 민주주의의 핵심 정치제도라는 말인데, 〈표 2〉는 이 정치제도를 택하고 있는 나라들의 재분배 정책 효과가 다수제 민주주의의 핵심 제도인 다수대표제와 단일정당정부 구조를 취하고 있는 나라들에 비해 월등히 높다는 사실을 보여주고 있다. 다시 말해서, 합의제 정치제도의 재분배 효과가 훨씬 뛰어나다는 것이다.

이러한 실증 연구 결과들은 다수제와 합의제 민주주의는 분명히 서로 다른 사회경제적 효과를 낳는다는 사실을 말해준다. 합의제 민주주의가 복지 및 분배 친화적 민주체제라고 한다면, 다수제 민주주의는 시장 및 경쟁 친화적 민주체제라고 할 수 있다. 이는 한마디로 합의제 국가들이 다수제 국가들에 비해 더 높은 수준의 사회경제적 민주주의를 달성할 수 있다는 의미이다. 실제로 스웨덴, 덴마크, 노르웨이, 독일, 네덜란드, 오스트리아같이 경제민주화와 보편주의 복지국가 건설에 성공한 대표적인 국가들은 모두 합의제형 민주체제를 운영하고 있다.[15] 결국 절차적 민주주의의 유형에 따라 실질적 민주주의의 수준이 달라질 수 있다는 뜻인데, 그것이 한국처럼 경제민주화와 복지국가 건설을 시대적 과제로 안고 있는 나라에 던져주는 함의는 과연 무엇이겠는가.

15 합의제 민주주의가 복지국가 및 민주적 시장경제체제와 강한 친화성을 유지하는 구체적 이유는 7장에서 상세히 논의한다.

한국의 독종 다수제 민주주의

지금까지 우리는 레이파트의 유형론을 중심으로 합의제 민주주의와 다수제 민주주의의 정치적·사회경제적 특성들을 살펴보았다. 실질적 민주주의의 진전은 합의제 민주주의에서 이룰 가능성이 높다는 사실도 확인했다. 이에 따르면, 지금의 한국이 복지국가 건설과 경제민주화 달성에 성공할 가능성은 매우 낮다. 한국은 다수제적 성격이 지독하리만큼 강한 87년 체제를 유지하고 있기 때문이다. 물론 87년 체제의 수립은 한국의 정치발전사에서 일대 쾌거였다. 오랜 세월 수많은 민주 열사와 시민들의 피와 땀이 축적되어 거두어들인 민주화 운동의 결실이었다. 그러나 지금의 시대적 관점에서 냉정하게 말하자면 그것은 독재체제에서 해방됐다는 것일 뿐 그로 인해 실질적 민주주의의 실현이 가능해졌음을 의미하는 것은 아니었다. 87년 체제는 승자독식 선거제도, 실질적 양당제, 그리고 제왕적 대통령이 이끄는 단일정당정부 등으로 구성된 '독종' 다수제 민주체제이기 때문이다. 이를 독종이라고 하는 이유는, 다음 장에서 확인하겠지만, 이 체제에서의 배제정치와 권력집중 현상은 어느 선진 다수제 민주국가보다 훨씬 더 심각하기 때문이다.

물론 제왕적 대통령제가 87년 체제를 독종 다수제로 만들고 있는 중대한 원인이긴 하나, 오히려 그보다 더 크고 근원적인 요인은 국회의원 선거제도의 비례성이 너무 낮다는 데 있다. 한국 선거제도의 비례성은 레이파트의 연구 대상인 36개 민주국가 중에서 서른여섯 번째로 기록될 만큼 낮다(Lijphard 2012, 150~151쪽). 헌법이 부여한 대통령의 권한이 아무리 클지라도 비례성 높은 선거제도 덕분에 여당 못지않은, 아니 그 이상의 영향력을 가진 야당들이 국회에 항상 포진해 있다면 대통령의 힘은 상당 부분 견제될 수 있다. 그러나 비례성이 현저히 낮은 한국의 선거제도는 거대 양당제를 존속케 하는바, 그중 하나인 대통령의 정당이 단독 다수당이 될 가능성은 언제나 높다. 많은 경우 대통령은 그야말로 무소불위의 권력을 행사하는 제왕이 될 수 있다는 것이다. 거대 양당 중의 한 당이 단독 다수당이 되어 입법부 권력을 독점하는 것 역시 큰 문제이다. 행정부는 물론 입법부에서조차 배제의 정치가 지배하며, 따라서 소수자의 목소리가 입법 과정에 제대로 반영될 여지는 희박하기 때문이다.

더구나 그 거대 정당들은 모두 탄탄한 지역적 기반에 의지하여 독과점적 지위를 누리고 있는 정당들이다. 사회경제적 기반을 별로 중시하지 않는 그들에게 특정 계급이나 계층 또는 직능 대표성을 크게 기대하기는 어려운 일이다. 이러한 지역 기반 양당체제에서는 특히 사회경제적 약자들을 위한 정치적 대표성이 거의 보장되지 않는다. 물론 진보정당들이 존재하고는 있으나 그들은 그저 무력한 군소 정당에 불과할 뿐이다. 민의 반영에 충실한 포괄의 정치가 작동하지 않는다는 것이다. 그러니 이러한 체제에서 어떻게 경제민주화나 복지국가의 건설을 도모할 수 있겠는가.

3장

한국의 다수제 민주주의는 유독 문제가 심각하다

앞 장에서 한국의 민주체제, 즉 87년 체제를 독종 다수제라고 불렀다. 지나치게 높은 권력집중도로 인해 배제의 정치가 지독하다고 할 정도로 횡행하기 때문이라고 했다. 이 독한 다수제 민주체제에선 행정부나 입법부 모두 상대적 다수파를 형성한 어느 한 세력에 의해 거의 완벽하게 지배될 수 있다. 따라서 집권세력과 그 지지자들 이외의 개인과 집단은 정치과정에서 철저히 배제되곤 한다. 독과점 정치세력에 의한 독선과 독주는 늘 당연하다는 듯이 버젓이 일어나며, 이러한 환경에서 경제의 민주화와 복지국가 건설의 전제라고 할 수 있는 포괄의 정치가 발전할 리는 없다. 이 장에서는 우선 한국 민주주의의 독성이 가장 적나라하게 드러나는 이른바 한국형 제왕적 대통령제에 대해 소상히 알아보자. 크게 다음의 여섯 가지 정도를 그 제도가 갖고 있는 가장 심각한 문제들로 꼽을 수 있을 것이다.

한국형 대통령제의 여섯 가지 문제

2장에서 우리는 실질적 민주주의의 달성이 우리 시민 대다수의 염원이라는 관점에서 볼 때 다수제 민주주의는 합의제에 비해 상당히 많은 문제를 안고 있는 정치체제라는 사실을 짚어보았다. 우리나라는 이 문제 많은 다수제 민주주의를 미국을 통해 수입했다. 이 과정에서 미국인들이 영국산 원본에 수정을 가한 부분, 즉 권력구조를 의원내각제에서 대통령제로 바꾼 방식은 그대로 들여왔으나 대통령으로의 권력집중을 최소화하기 위한 삼권분립제, 상하 양원제, 연방제 등은 도입하지 않았다. 사실 '제왕적 대통령제imperial presidency'라는 개념은 미국 학자들이 자국의 대통령제를 평가하면서 사용한 것이다(Crenson and Ginsberg 2007). 다양한 제도로 견제함에도 불구하고 국가원수인 동시에 행정부 수반인 대통령의 힘은 가히 제왕적이라 할 만큼 막강할 수밖에 없다는 평가였던 것이다.

그런데 한국은 그러한 제왕적 권력의 소유자를 중심에 놓고 펼쳐지는 미국의 대통령제를 그 제도의 필수 구성요소인 권력 견제 기제들은 대부분 빼버리고 도입했다. 그 결과 다수제 민주주의의 특징인 승자독식과 패자배제의 현상이 정당 차원에서만이 아니라 지도자 개인의 차원에서도 지나칠 정도로 뚜렷하게 나타나는 이른바 '위임대통령제'가 고착되었다. 그리하여 한국의 대통령은 마치 국민으로부터 전권을 위임받은 것처럼 정당정치와 의회정치, 심지어는 사법부마저 쥐락펴락할 정도의 절대권력을 휘두를 수 있는 존재가 되었다.[16] 이는 다종다양한 시민

16 '위임민주주의delegative democracy' 일반에 대한 논의는 O'Donnel 1994를, 한국의 위임대통

사회의 선호와 이익을 정치과정에서 복수의 정당들이 분담하여 대변한다는 정당 및 의회 중심의 대의제 민주주의 본질에서 크게 벗어난 것이라 할 수 있다. 이러한 한국 대통령제의 문제점들을 여섯 가지로 나누어 간략히 살펴보자.

독선과 독주의 정치

한국의 대통령은 국민으로부터 직접 '전권'을 위임받은 '대권'의 단독 소유자라고 스스로 인식하거나 타인이 평가할 수 있을 정도로 실로 막강한 권력을 부여받는다. 특히 국회의 과반 의석을 여당이 차지했을 경우, 대통령은 행정부는 물론 입법부와 사법부까지 사실상 통제할 수 있다. 이러한 권력집중이 정당정치와 의회정치를 무시하는 대통령의 포퓰리즘 정치의 근원이 될 수 있음은 물론이다. 그러나 대통령중심제 자체가 항상 이러한 권력집중 문제를 낳는 것은 아니다. 앞에서도 말했지만 대통령제의 원조 국가인 미국에는 대통령 권력에 대한 견제제도가 상당히 발달해 있다. 각자 상당한 자율성을 지닌 50개 주정부의 존재도 유의미한 견제 기제로 작동하지만, 무엇보다 중요한 것은 바로 삼권분립제도이다. 사법부의 독립성이 철저히 보장돼 있음은 물론 상하 양원으로 구성된 입법부의 독자적 위상도 확립돼 있다. 우리에겐 이러한 견제 기제가 전혀 없다. 대통령의 독선과 독주 가능성은 항상 크게 열려 있는 것이다.

이 열려 있는 독선과 독주의 공간에서 한국의 역대 대통령들은 종종 (물론 정도의 차이는 있지만) 자신들의 반대세력은 물론 전통적 지지세

령제에 대해서는 이종찬 2000을 참조.

력의 선호와 요구, 그리고 자신들을 뽑아준 일반 시민들의 선량한 기대마저 무시하는 행태를 보였다. 시쳇말로 "좌회전 깜빡이 켜고 우회전"하는 일 등이 벌어지는 것은 별로 놀라운 일도 아니었다. 대표적 예는 노무현 대통령이 추진한 한미 FTA라 할 수 있다. 실질적인 경제통합에 해당하는 '높은 수준의 포괄적 FTA'를 국내 대책도 별로 없이 (당시) 신자유주의적 세계화의 주도 국가인 세계 최강대국 미국과 급히 체결하는 것은 명백히 자신의 지지세력의 선호와 어긋나는 일이었다. 더구나 '참여정부'에 참여민주주의의 확대 노력을 기대하고 요구했던 시민사회를 정책 결정 과정에서 철저히 배제한 것도 매우 실망스런 일이었다. 그 과정에서는 정당이나 의회의 역할도 거의 찾아볼 수 없었다. 관료들도 극히 일부만이 참여한 폐쇄적 정책 결정이었다. 권위주의 시기의 기술관료적 정책 결정 행태를 연상시켰을 뿐이다(최장집 2007b, 163쪽).

이 같은 독선과 독주 양상은 미국과의 쇠고기 협상이나 미디어법 날치기 처리, 그리고 4대강 사업의 강행 추진 사례 등이 보여주듯 이명박 정부에서 더 노골적이고 대담하게 펼쳐졌다. 현 박근혜 대통령 역시 보수정당 후보로는 파격적이게도 경제민주화와 복지국가 등의 진보 의제를 공약으로 내세워 (즉 "좌회전 깜빡이를 켜고") 정권을 잡아놓고는 그후엔 제멋대로 강경 보수 기조로 급선회한 (즉 심하게 "우회전한") 사례에 해당한다. 그러고는 한국의 대통령답게, 아니 역대 누구에게도 뒤지지 않을 고강도의 차별과 배제, 독선과 독주의 정치를 자행하고 있다. 집권 직후엔 국정원 등 국가기관들의 선거 개입 정황이 속속 드러나자 공안정국을 조성하여 사상과 결사의 자유마저도 탄압하려 들었다. 남북정상회담 대화록 유출, 이석기 내란음모 기소, 전교조 법외노조화, 통합진보당 해산 청구, 공무원노조 설립 거부와 압수수색 등이 모두 그때 일어난 일이었다. 그후에도 규제 철폐, 민영화, 노조 배제 등의 신자유주의 정책들을 독단적으로 밀어붙였다. 이러한 행태는 아마 남은 임기 동안에도 계속될 것이다. 더 암울한 것은, 이 체제가 지속되는 한 이후의 대통령들도 크게 다르지 않으리라는 점이다.

승자독식-패자전몰의 대결 사회

우리의 대통령제는 또한 지역할거주의와 금권정치, 그리고 분열과 대결의 사회를 부추기는 심각한 문제를 안고 있다. 아직도 '나랏님'이라 불릴 정도의 절대적 권력자인 대통령을 선출하는 소위 '대선'은 단순히 "국민의 (계약직) 대표를 선출하는 과정이 아니라 최고 최대의 권력자를 배출하는 처절한 투쟁 과정"이 된다(양동훈 1999, 97쪽). 승자독식-패자전몰, 그것도 이른바 '대권大權'을 놓고 벌이는 사투이므로 대통령 후보들과 그 소속 정당들은 온갖 수단과 방법을 총동원하여 권력 쟁탈전에 임한다. 이때 지역 간의 대립과 충돌 양상은 더욱 첨예해진다. 지역정당이나 다름없는 양대 정당에게 여전히 잔존해 있는 지역감정은 매우 중요한 정치 자원으로 여겨지는바, 대선 국면에선 이를 최대한 끄집어내 활용하려는 비열함이 극에 달하기 때문이다. 우리 시민들이 평소에 지역감정을 없애고 치유하기 위해 아무리 열심히 노력해도 대선만 한번 치르고 나면 또다시 그 고질병이 도지곤 하는 이유이다.

대선 국면에선 각 후보 진영의 자금 동원 능력도 최대한으로 발휘된다. 정치자금법을 수차례 개정하는 등 민주화 이후 금권정치를 시정하기 위해 상당한 노력을 기울여왔음은 잘 알려진 사실이다. 그러나 워낙 큰 판의 제로섬 게임이 벌어지는 고로 대선 과정에서의 금권 개입 문제는 규제 법률 정도로 없앨 수 없다는 점 역시 누구나 아는 사실이다. 특히 막대한 정치자금이 소위 '될 만한' 대통령 후보들에게 흘러 들어갈 여지는 지금도 여전히 크며, 그것이 결국 임기 중의 금권 부패 정치로 연결될 개연성 역시 상존하고 있다.

실질적인 양대 정당제가 확립된 상태에서 지역감정과 불법 정치자금까지 최대한 동원해야 하는 사투가 좌-우파 혹은 진보-보수파 간의 '진영 전쟁' 형태로 주기적으로 벌어지다 보니 어떤 방식으로든 여기에 참여할 수밖에 없는 시민들조차 양분돼가는 매우 우려스러운 경향이 포착되고 있다. 국민의 정부가 참여정부로 이어진 지 얼마 안 됐을 때의 일이다. 훌륭한 인품의 소유자인 보수 성향의 한 선배가 "'남의 정부' 밑에서 계속 사는 것 같아 답답하다"고 토로하는 말을 들었다. 그로부터 10여 년이 지난 최근엔 이명박 정부에 이어 박근혜 정부를 살아가게 된 진보 성향의 주위 사람들이 위 선배와 비슷한 심정을 호소한다. 이건 비극이다. 다수의 우리 시민들은 '87년 민주화체제'의 출범 이후 5년 혹은 10년마다 서로들 번갈아가며 '남의 정부' 아래에서 배제와 소외를 느껴왔다는 것이다. 이 역시 이 체제가 지속되는 한 앞으로도 계속될 문제이다. 한국형 대통령제에 압축돼 있는 대결과 배제의 정치는 87년 체제의 속성이기 때문이다.

이념과 정책을 뛰어넘는 정치적 구심력

한국형 대통령제는 정당정치 발전에 매우 부정적인 영향을 끼친다. 무엇보다 기존 정당들이 인물 및 지역정당의 한계에서 벗어나 스스로 이념, 가치, 정책 중심의 현대정당으로 발전해갈 유인을 찾지 못하도록 한다. 기본적으로 대통령직은 무엇과도 비교할 수 없을 정도의 엄청난 권력 가치를 창출하기 때문이다. 대통령이 갖고 있는 "정치적 구심력은 이념과 정책을 초월할 만큼 강력"하다(안순철 2001, 12쪽). 따라서, 한국의 정당사가 보여주듯, 주요 정당과 그 구성원들은 대통령이 될 만한 전국 수준의 명망가를 중심으로 이합집산을 거듭해왔으며, 이 과정에서 정당의 정체성을 결정하는 것은 언제나 정책이나 이념보다는 그 중심 인물이었다. 그러니 정당들은 선거 이전에는 대선을 치르기 위한 대통령 후보의 사조직처럼 움직이고, 자당 후보가 당선된 후에는 대통령의 통치 도구적 집단과 같은 기능을 주로 수행해왔던 것이다. 대통령은 그러한 정당들 위에 군림하여 언론 등을 매개로 대중과 직접 대화하는 반정당적이고 반의회적인 포퓰리스트 정치를 펼칠 수 있었다.

특히 집권당의 경우 소속 의원들이 자당이 표방하는 가치나 정책기조를 바로 세우고 유지하기 위해 대통령의 뜻에 반하거나 어긋나는 의정활동을 펼친 경우는 찾아보기가 매우 어렵다.[17] 이는 대통령은 공식적인 당 대표이든 아니든 언제나 여당과 소속 의원들의 실질적 지도자이며, 따라서 여당 의원들은 대통령을 수반으로 하는 행정부의 국정 운영을 지원하는 것이 주 임무라는 현실 인식이 팽배하기 때문이다. 당이 대표하고 대변해야 할 사회 구성원들의 선호와 이익을 수호하고 확장하기 위해 노력하기보다는 '김심,' '노심,' '이심,' '박심' 등으로 불리는 대통령의 뜻과 의도를 잘 파악하고 따르는 것이 여당 의원이 마땅히 취할 태도라는 것이 정가의 상식처럼 굳어진 지 이미 오래이다. 이 같은 지도자 중심의 정당 운영 행태는 '대통령감'을 모시고 있는 야당의 경우도 크게 다

17 물론 예외는 있다. 노무현 정부 시절을 한 예로 보자면, 여당을 탈당하기 전까지의 임종인 의원이 그러한 의정활동을 한 대표적인 예외적 인물에 속한다. 노무현 대통령의 한미 FTA 강행 추진을 단식 투쟁 등을 통해 적극 반대했던 김근태 의원과 천정배 의원 역시 한국 정치사에서 보기 드문 예외적 정치가라 할 수 있다.

르지 않았다. 결국 이러한 정치 환경에서 정당들이 각자 나름의 이념과 정책을 분명하게 내세워 튼실한 사회경제적 기반을 다질 여지는 적었고, 따라서 한국의 정당체계가 정치적 대표성의 보장 기제라는 본래의 기능을 다하기는 어려웠다.

민주적 책임성의 한계

대의제 민주주의는 대표-책임의 원리에 기초하여 작동한다. 다른 방법도 일부 있긴 하지만, 시민들은 주로 선거를 통해 자신들의 대표자 혹은 대표세력의 책임을 묻는다. 대표 직무를 잘 수행하면 재선 혹은 재집권할 테고 그렇지 못하면 낙선 혹은 실권할 것이다. 그런데 대통령 개인에 대해서는 (무한 연임제가 아닌 한) 이런 방식으로 책임성을 따지기가 어렵다. 단임제이든 중임제이든 마지막 임기의 직무 수행에 대해서는 선거를 통한 책임 묻기라는 것이 무의미하기 때문이다.[18] 그래서 중요한 것이 대통령의 책임을 그 소속 정당에 묻는 일이다. 말하자면 전임 대통령에 대한 평가가 같은 당 소속의 후임 대통령 후보에게 영향을 미치게 하는 소위 '회고적 투표retrospective voting'가 가동되도록 하는 일이다(Fiorina 1981). 사실 정당 중심의 대의제 민주주의에서 대통령의 책임성은 궁극적으로 정당이 감당하는 것이 옳은 일이기도 하다.

그런데 정당을 통한 민주적 책임성의 확보는 '정당의 구조화'가 이루어진 상황에서야 가능한 일이다. 정치 선진국들처럼 다양한 사회세력

---

18 그렇다고 임기가 보장돼 있는 대통령을 탄핵소추로 심판하는 것이 간단한 일도 아니다. 아주 특별한 상황이 발생하지 않는 한 불가능에 가까운 일이다. 의원내각제처럼 의회가 내각불신임 결의를 통해 대통령을 바꿀 수 있는 것도 아니다. 결국 임기제 대통령제가 국민에게 책임지지 않는 대통령의 출현 가능성을 높인다는 평가는 사실이다.

을 대표하는 이념이나 정책 중심의 유력 정당들이 의회에 포진해 있고, 이들 정당들이 상당한 정체성과 영속성을 유지하고 있을 때 정당체계가 '구조화'되었다고 말할 수 있다(정준표 1997, 140쪽). 그런데 대통령(감)이 새로 등장할 때마다 그를 위한 새 정당이 만들어지곤 하는 한국의 정당 구도는 전혀 그렇지 못한 상태에 있다. 그러니 대통령의 책임을 물으려 해도 대상이 늘 애매하다. 회고적 투표가 가동되기 어려운 구도라는 것이다. 김대중의 새천년민주당과 노무현의 열린우리당, 그리고 정동영의 대통합민주신당은 같은 당인가 다른 당인가? 이명박의 한나라당과 박근혜의 새누리당은? 이래저래 한국의 대통령들은 책임성에서 매우 자유롭다.

한국 대통령의 책임성과 관련해서는 애초 대통령 후보에 대한 검증 과정부터 문제가 있다는 사실에도 주목해야 한다. 주지하듯, 한국의 대통령 선거에서는 소위 "바람의 효과"가 매우 크다(최장집 2007b, 178쪽). 이 인기 영합주의적인 분위기로 인해 후보에 대한 충분한 검증 과정 없이 대통령 선거가 치러지곤 했다. 이 역시 정당의 구조화가 이루어지지 않은 까닭이다. '족보 있는' 정당은 여간해선 '바람'에 흔들리지 않는다. 무엇보다 후보에 대한 이념과 정책 성향 검증은 철저하다. 더구나 검증 과정은 정당의 리더십 위계구조를 통해 장기간에 걸쳐 체계적으로 이루어진다. 하지만 이러한 구조를 갖추지 못한 한국 정당들의 후보 선출 과정은 여론 시장에서 급조되곤 하는 후보 개인의 인기나 이미지에 좌우되는 경향이 매우 강하다. 그래서 정당의 "변방"이나 정치권 외부에 머물러 있던 "아웃사이더"가 종종 후보로 떠오른다(최장집 2007b, 184쪽). 이 같은 일이 잦을 경우 대선은 결국 주기적으로 벌어지는 전 국민의 '정치 도박'과 다름없다. 거기서 대통령의 책임성을 따지기란 사실상 궁색한 일이다.

분점정부 상황

대통령과 의회는 선거를 통해 국민에게 직접 정통성을 부여받은 양대 국민 대표기구이다. 따라서 이 두 기구가 서로 갈등하고 대립할 경우 어느 쪽의 입장이 더 정통성이 있느냐를 가리기는 쉽지 않다. 바로 '이원적 정통성dual legitimacy'의 문제이다. 이 문제는 특히 여당이 의회 내 소수파이고 야당이 다수파가 되는 '여소야대,' 즉 '분점정부divided government' 상황에서 분명하게 나타난다. 이 상황에서는 대통령을 정점으로 하는 행정부가 야당이 지배하는 입법부와의 갈등으로 인해 정책 수행 능력에 상당한 손상을 입을 수 있다. 행정부 입법안이 번번이 의회를 통과하지 못할 경우 정국은 교착과 파행으로 치달을 수 있기 때문이다. 대통령이 추진하려는 정책들이 아무리 훌륭하다 해도 이 문제를 해결하지 못하는 한 대통령은 그저 무기력할 수밖에 없다. 심지어는 다수당인 야당의 주도로 의회가 제정한 법률을 그 제정 과정에 아무런 관여도 하지 않은 대통령이 집행하고, 결과에 대한 최종 부담까지 져야 하는 부당한 경우가 발생할 수도 있다.

이 문제 많은 분점정부 상황은 정당체제가 양당제이든 다당제이든 상관없이 대통령중심제 국가라면 어디서나 발생할 수 있지만, 특히 다당제-대통령제 국가에서는 거의 '정상 상태normal state'라 할 수 있을 만큼 자주 발생한다. 각기 상당한 의석 점유율을 유지하고 있는 셋 이상의 유력 정당들이 경합하는 다당제에서는 대통령을 배출한 여당일지라도 단독으로 국회 다수당의 지위를 차지할 가능성은 높지 않기 때문이다. 빈도수가 상대적으로 낮다고 해서 양당제에서 발생한 분점정부 상황이 다당제에 비해 심각성이 덜하다는 것은 결코 아니다. 미국과 같이 거대 양당의 당기가 느슨하고 양당 의원들 간의 '교차투표cross-voting'가 자유로운 상황이 아니라면, 양당제-대통령제 국가의 여소야대 상황은 많은 경우 심각한 정국 교착 상태로 이어져 대통령은 그야말로 '식물 권력'이 되곤 한다. 노무현 전 대통령이 임기 중에 한 "대통령 못해먹겠다!"는 발언도 이해 못할 바는 아닌 것이다. 결국 한국의 대통령제는 여대야소의 경우엔 위임대통령제의 폐단을 낳고, 여소야대 상황에선 분점정부의 난맥상을 연출하는, '언제나 문제'인 권력구조 형태라 평가할 수 있다.

소수대표의 불안정성

우리나라같이 상대다수제로 대통령을 선출하는 나라에서는 대개 과반에 미달하는 득표율로 대통령이 탄생한다. 후보가 여럿이라 어느 후보도 50퍼센트가 넘는 득표를 하긴 어려운 조건에서 누구든 상대적으로 가장 많은 표를 얻으면 바로 당선되기 때문이다. 예를 들어, 노태우 대통령은 37퍼센트의 득표로 당선되었다. 그런데 이는 전체 투표자의 63퍼센트가 지지하지 않거나 반대한 사람이 대통령이 되었음을 의미했다. 엄밀히 말하자면, 그는 오직 37퍼센트라는 소수의 대표자였다. 그러니 그의 대통령으로서의 민주적 정통성이 의심받는 것은 당연했다. 이러한 소수대표의 문제는 그에게만 일어난 일이 아니었다. 민주화 이후 거의 모든 대통령은 50퍼센트 이하의 득표율로 당선되었다. 유일한 예외는 맞수였던 문재인 후보의 득표율 48퍼센트보다 3.6퍼센트 포인트 더 많은 51.6퍼센트를 얻어 간신히 당선된 박근혜 대통령이었다. 그러나 당시의 투표율이 75.8퍼센트였음을 감안하면 전체 유권자의 39.1퍼센트만이 박근혜 후보를 지지했다는 얘기가 된다. 역대 최고의 득표율로 당선된 박근혜 대통령도 실질적으론 소수대표의 문제에서 마냥 자유로울 수만은 없다는 것이다.

대통령에게 일어나는 소수대표 문제의 핵심은 그로 인해 행정부의 국정 수행 능력이 저하될 수 있다는 것이다. 대선에서 현직 대통령에게 표를 던진 시민들은 전체 유권자의 절반도 안 된다는 사실을 대통령 본인과 국민 모두가 아는 상황에서 행정부 수반인 대통령이 자신감과 권위를 갖고 당당하고 소신 있게 국정을 운영하기란 현실적으로 쉽지 않은 일이다. 소수가 아닌 다수의 시민들이 자신이 뽑은 대통령이 아니라는 이유로 대통령이 구성한 정부를 마치 '남의 정부' 대하듯 하며 항상 경계와 의심의 눈초리를 보낸다면 어떻게 국정에 힘이 실리겠는가. 정부의 국정 수행 능력은 국민과 안정된 신뢰관계를 유지할 때 최대한 발휘될 수 있다. 그렇지 않을 경우엔 매사에 국민을 이해시키고 설득하고 눈치를 살펴야 하는 등 안 써도 될 거래비용을 많이 지불해야 한다. 어차피 국민 공감대 형성은 어렵다고 판단할 경우엔 절반도 안 되는 지지층만을 바라보며 아예 철저히 독주하겠다는 유혹에 빠질 가능성도 상당하다.

당연한 얘기지만, 역시 절대적 다수의 국민으로부터 지지를 받아 출범한 정부만이 최상의 국정 수행에 필요한 정부의 권위와 안정성을 확보할 수 있다. 정당 간 연합정치를 제도화함으로써 언제나 최대 다수의 지지를 받는 연립정부가 형성될 수 있도록 구조적으로 강제할 필요가 있다고 주장하는 이유이다. 비례성 높은 국회의원 선거제도의 도입으로 다당제 발전에 유리한 환경을 구축한 후 현행 권력구조를 의원내각제 혹은 분권형 대통령제로 전환하거나, 아니면 대통령중심제를 유지하되 상대다수제가 아닌 결선투표제 방식의 절대다수제로 대통령을 선출하도록 한다면 연합정치가 제도로 정착할 수 있을 것이다. 이러한 제도적 처방을 쓰지 않을 경우 지지 기반의 구조적 취약성으로 인한 집권 불안정성의 문제는 앞으로도 계속될 것이 거의 자명하다.

지금까지 한국의 대통령제가 안고 있는 심각한 문제들을 짚어보았다. 이 많은 정치적 어려움과 문제를 낳고 있는 한국의 위임대통령제를 어찌할 것인가. 현재 시민사회와 학계 그리고 정계 일각에서는 대통령 중임제, 분권형 대통령제, 의원내각제 등을 대안으로 거론하고 있다. 9장에선 이 대안들을 놓고 어느 방향으로 권력구조를 개편해야 한국의 합의제 민주주의 발전에 도움이 될 것인지를 논의한다. 그 전에 한국형 다수제 민주주의의 두 번째 큰 문제인 정당정치의 후진성을 먼저 점검해 보자.

정당정치의 후진성과 그 원인으로서의 선거제도

위임대통령제의 문제는 사실 기본적으론 정당정치의 저발전 상황, 좀 더 구체적으로 말하자면, 정당의 구조화가 미흡한 상황에서 그 원인을 찾아야 한다. 만약 대통령을 배출한 정당이 특정 이념이나 정책기조로 자기 정체성을 분명히 나타내고 있는 영속성 있는 정당이라고 한다면, 당원인 대통령에 대하여 (다른 건 몰라도) 이념적 혹은 정책적 구속력은 반드시 행사한다. 예컨대, 대통령이 당의 이념이나 정책기조에 어긋나는 정책 또는 정치적 결정을 독단적으로 내리고 수행하려 들 경우 당은 최선을 다하여 이를 막아내고자 할 것이다. 대통령은 임기 후 물러나면 그만이지만 정당은 자신의 이념과 정책을 앞세워 무한히 계속되는 선거정치에 임해야 하기 때문이다. 이와 같이 정당의 구조화가 이루어진 곳에서 대의제 민주주의의 핵심 원리인 책임정치의 근본 주체는 마땅히 정당이 되고, 따라서 대통령의 독선과 독주는 정당에 의해 제어된다. 말하자면 정당의 '족보'가 중요한 까닭에 책임정치가 실현된다는 것이다.

그러나 이념이나 정책기조가 불분명하여 누구를 대표하는지가 불확실한 정당, 즉 '족보 없는' 정당의 경우는 다르다. 이 경우에서는, 예컨대, 사회경제적 약자들의 지위 또는 복지 향상을 위한 대통령의 직무 수행에 문제가 있을지라도 정당이 나서서 그를 바로잡아주기는 어렵다. 옳고 그름이나 적당함과 과함 (또는 부족함) 등에 대한 기준 자체가 불명확하기 때문이다. 결국 대통령은 소속 정당에 의해 구속되지 않고, 정당 역시 시민에 대해 책임지려 하지 않는다. 문제가 심각하면 해당 인물이 그만두면 된다. 정당은 필요하면 이름을 바꾸든지 지도자를 바꾸든지 해서 언제든 다시 시작할 수 있다. 여기서 책임정치는 기대하기 어렵다. 정당의 구조화를 실현하지 못한 한국은 불행히도 바로 이 경우에 속한다.

위임대통령제를 존속케 하는 한 원인이라는 것만이 문제가 아니다. 구조화가 덜 된 한국의 정당체계는 그 자체가 바로 우리나라 대의제 민주주의의 핵심 문제에 해당한다. 대의제는 정당을 매개로 하여 작동하는 민주체제이다. 따라서 정당정치의 활성화는 대의제 작동의 가장 기초적인 조건에 해당한다. 그런데 이 조건의 충족과 그에 따른 대의제 민주주의의 순작동은 정당의 구조화가 상당한 수준에 이르러야 가능한 일이다. 사회경제적 약자 집단들을 포함한 시민사회의 다종다양한 구성원들의 선호와 이익은 지향하는 가치, 이념, 또는 정책기조 등의 측면에서 상호 차별성을 갖는 여러 정당들이 다당체계를 형성하여 각자 활발한 정치활동을 전개할 수 있을 때 비로소 정치과정에 제대로 반영될 수 있기 때문이다.

그런데 한국의 정당정치는 지금도 지역이나 인물 중심 정당들을 위주로 하여 불안정하게 진행되고 있다. 민주화와 산업화를 이미 달성했다고 하면서도 아직 근대적인 정당체계는 갖추지 못한 것이다. 그 결과, 우리 사회의 대다수 성원인 정규직 및 비정규직 노동자, 자영업자, 중소상공인, 도시 빈민 등의 대규모 사회경제 집단들이 안정된 정당 대리인 없이 정치적으로 방치돼 있는 상황이 계속되고 있다. 반면, 이에 대한 반사이익으로, 대기업과 부유층 등의 소수 집단들은 과도대표되고 있다. 요컨대, 정당의 구조화를 충분히 달성하지 못한 상태에서 포괄정치의 보장이나 정당정치의 활성화는 여전히 요원한 과제로 남아 있다는 것이다. 그러니 대의제 민주주의가, 특히 그것을 가장 필요로 하는 사회경제적 약자를 위해서 제대로 작동할 리는 없다. 그렇다면 신자유주의는 계속 심화·확대되고 실질적 민주주의는 오히려 퇴보하거나 별 진전을 보이지 않는 현재의 한국 상황은 지극히 당연한 것이 아니겠는가.

도대체 무엇이 문제인가? 무엇을 어떻게 해야 계급, 계층, 직능, 지향 가치별로 다양하게 분화된 한국의 주요 경제집단 및 사회집단들의 정치적 대표성을 두루 보장해주는 정당체계, 즉 정당의 구조화를 촉진할 수 있겠는가? 물론 이 문제와 관련해서는 지역할거주의라는 한국 정치의 고질병부터 살펴볼 필요가 있다. 그것이 이념이나 정책정당들의 부상을 막는 일종의 진입장벽 역할을 하고 있기 때문이다. 지역주의가 팽배한 정치사회 구조에서는 정당을 중심으로 하는 정책 선호보다는 인물을 중심으로 하는 지역 선호에 의해 선거 결과가 결정되기 십상이다. 당연히 지역 명망가 중심으로 구성된 지역정당들에 의해 정치가 분할지배될 것이고, 친親노동 정당 같은 이념 혹은 정책 중심의 유력 '전국정당'이 들어설 여지는 매우 적다. 결국 이러한 고질적 장애로 인해 한국의 정치에서는 지역과 인물 중심의 '비구조화된' 정당체계가 유지돼왔다 할 수 있다.

이 지역주의 문제에 대한 가장 효과적인 처방을 찾으려 한다면 우리는 무엇보다 현 국회의원 선거제도와 위임대통령제에 관심을 기울여야 한다. 이 두 제도가 지역주의라는 고질병을 떨쳐버리기 위한 시민들의 부단한 노력에도 불구하고 그것을 끝내 붙들고 있는 주범이기 때문이다. 그렇다면 한국 정당체계의 구조화 촉진을 위한 해법은 간단하다. 선거제도와 권력구조를 개혁하는 것이다. 이와 관련한 현행 대통령제의 문제점에 대해서는 앞에서 살펴보았다. 이제 현행 선거제도가 어떠한 방식으로 지역주의를 지탱할 뿐만 아니라 정당의 구조화를 방해하고 있는지를 살펴보기로 하자. 특정한 선거제도가 특정한 형태의 정당체계 형성에 지대한 영향을 끼친다는 것은 뒤베르제와 이후의 수많은 비교정치학자들이 소상히 밝힌 바 있고, 우리에게도 제법 잘 알려진 사실이다(Duverger 1963 ; Riker 1986 ; Sartori 1986).

선거제도와 지역할거주의

한국의 국회의원은 소수의 비례대표 의원을 제외하고는 모두 소선거구 일위대표제에 의해 선출된 지역구 의원들이다. 그런데 이 소선거구 일위대표제는 한국의 독특한 지역주의와 조우하여 특정 지역에 기반을 둔 거대 정당들에 지나치리만큼 유리하게 운영되고, 지금 같은 지역정당 구도의 유지에 크게 기여하고 있는 선거제도이다. 다시 말해 지역기반이 취약한 이념 및 정책정당들에는 그만큼 불리한 선거제도라는 뜻이다.

1996년 제15대 총선은 이 문제의 심각성을 잘 보여주는 사례이다.

당시 선거는 영남 기반의 신한국당, 호남의 새정치국민회의, 그리고 충청권의 자민련이 벌이는 3파전이었다. 그런데 선거를 불과 4개월여 남긴 시점인 1995년 12월 지역주의와 금권-부패 정치, 그리고 붕당-맹주 정치를 타파하고 정책 중심의 개혁적 전국정당으로 발전해갈 것을 선언하며 통합민주당이 창당되었다. 통합민주당은 참신한 개혁정당의 등장을 바라던 상당수 국민들의 지지에 힘입어 급조된 신생 정당임에도 불구하고 (또한 후술하는 유권자들의 지역주의 변수를 고려한 '전략적 투표' 경향에도 불구하고) 총선에서 무려 11.2퍼센트의 득표율을 기록했다. 그러나 이 득표율은 고작 3.6퍼센트(9석)의 지역구 의석 점유율로 전환될 뿐이었다. 전국의 각 지역구에서 해당 지역에 뿌리내린 기존의 지역정당 후보들을 제치고 1위에 당선될 수 있었던 신생 통합민주당 후보들은 소수에 불과했으며, 1위가 아닌 한 2위 이하의 통합민주당 후보들이 획득한 표는 모두 사표로 처리됐기 때문이다. 결국 모처럼 나타난 개혁정당은 군소 정당으로 잠시 머물다 사라지고 만다.

반면, 당시 지역정당들이 누린 제도 혜택은 지나칠 정도로 컸다. 충청 지역에서는 당시 지역 패권을 쥐고 있던 자민련이 47퍼센트의 득표로 85.7퍼센트의 의석을 차지했다. 지지율에 비해 두 배 가까이 많은 의석을 차지한 것이다. 반면 새누리당의 전신인 신한국당은 27.8퍼센트의 득표율을 올렸으나 의석 점유율은 10.7퍼센트에 머물렀다. 지지율의 반에도 못 미치는 의석을 배분받은 것이다. 그러나 신한국당의 기반인 영남 지역에선 사정이 전혀 달랐다. 신한국당의 득표율은 42.3퍼센트였으나 의석 점유율은 무려 67.1퍼센트에 달했다. 한편, 호남 지역에선 새정치국민회의가 71.6퍼센트를 득표하여 97.3퍼센트의 의석을 가져갔다. 득표율 자체가 높긴 했으나 그렇다고 거의 모든 의석을 가져갈 정도는 아니었다. 역시 지역 프리미엄의 위력이었던 것이다.

이 같은 민의 왜곡 현상은 16, 17, 18대 총선에서도 계속됐고, 가장 최근에 치러진 2012년의 19대 총선에서도 마찬가지였다. 영남 지역에서 새누리당은 54.7퍼센트의 득표로 전체 의석을 거의 싹쓸이(94퍼센트)했다. 민주당은 이 지역에서 20.1퍼센트의 득표율을 기록하며 나름 선전했으나 의석 점유율은 고작 4.5퍼센트에 그치고 말았다. 민주당의 이 득표율은 15대 총선에서의 12.1퍼센트에 비해 두 배 가까이 상승한 것이었으나, 선거제도의 불비례성으로 인해 의석 점유율은 15대 당시의 3.9퍼센트와 별 차이가 나지 않았다. 지역주의에서 벗어나려는 시민들의 성숙한 참여가 또다시 선거제도로 인해 결실을 맺지 못한 것이었다. 그러나 호남 지역은 단연 민주당의 아성이었다. 민주당은 53.1퍼센트의 득표율로 75퍼센트의 의석을 가져갈 수 있었다.

이 같은 역대 총선 결과는 지역주의가 엄존한 상황에서 소선거구 일위대표제가 지역 기반 정당들에 얼마나 편향된 혜택을 주는지를 잘 보여준다. 지역정당 출신 후보는 아무리 경쟁이 치열할지라도 소위 지역 프리미엄이 있으므로 '외지' 정당이나 전국정당 출신의 막강한 경쟁자에 비해 상대적으로 늘 유리한 위치에 있다. 반드시 50퍼센트가 넘는 득표를 해야 하는 것도 아니고 경쟁자들에 비해 단 1표라도 더 얻으면 1위로 당선되는 소선거구제는 필요하면 언제든 지역감정에 호소하여 지역표의 동원을 극대화할 수 있는 지역정당 후보에게 유리하게 작동한다. 여기서 2위 이하에게 던져진 표는 모두 사표로 처리될 뿐이다. 사표를 던진 무수히 많은 유권자들의 선호는 완전히 무시되고, 따라서 국회 의석이 국민의 정당 지지율에 비례하여 분배될 리는 없다. 이것이 한국 선거제도의 민의 왜곡 효과이며, 지역 기반 정당들의 독과점 체제가 유지되는 원인이다.

득표율과 의석 점유율 간의 이 심각한 불비례성은 '표의 등가성'을 파괴함으로써 1인 1표의 평등 원칙을 허울뿐인 구호로 만들어놨다. 17대 총선을 예로 들어보자. 지역구 1석당 평균 투표수를 계산해보면, 열린우리당은 6만 9,439표, 민주노동당은 46만 114표였다. 이는 각 지역구에서 2위 이하를 한 민주노동당 후보들이 유난히 많았음을 의미한다. 그들에게 간 표는 모두 사표로 처리됐기에 의석 하나를 만들기 위해 필요한 득표수가 그리도 많았던 것이다. 그리하여 열린우리당 지지자들은 7만 명 정도면 국회의원 한 명을 뽑을 수 있었으나, 민주노동당 지지자들은 이보다 일곱 배에 가까운 46만 명 이상이 모여야 겨우 한 명을 선출해낼 수 있었다. 다시 말해서, 열린우리당 지지자의 표 가치는 민주노동당 지지자보다 일곱 배나 높았다는 것이다.

이 같은 현상은 물론 18대 총선에서도 되풀이됐다. 민주노동당에게 필요한 지역구 1석당 투표수는 29만 1,833표로 한나라당의 5만 7,090표보다 다섯 배가 많았다. 이는 공히 7만 표 정도인 민주당이나 자유선진당의 1석당 투표수보다도 훨씬 많은 표수였다. 18대에서도 이념정당인 민주노동당의 후보들이 지역구 1위를 차지하기는 매우 어려웠던 것이다. 가뜩이나 작은 규모의 이념 및 가치 준거 표는 대부분 사표가 됐고, 당연히 불비례성은 심각했다. 한나라당은 44.2퍼센트의 득표로 지역구 총의석의 53.5퍼센트를 가져갔지만, 민주노동당은 3.4퍼센트의 득표로 0.8퍼센트의 지역구 의석을 얻었을 뿐이다.

이념만이 아니라 지역 변수로 인해서도 표의 가치가 달라진다는 사실은 19대 총선의 이른바 '부울경'(부산·울산·경남) 지역에서 확인할 수 있다. 부울경에서의 지역구 1석당 평균 투표수는 새누리당 4만 9,728표,

민주당 35만 7,406표였다. 이 경우에도 새누리당 지지자의 표 가치는 민주당 지지자의 일곱 배였던 것이다. 이것이 민주당이 부울경 지역에서 25퍼센트를 득표하고도 총의석 39석의 7.7퍼센트에 해당하는 고작 3석만을 건지게 된 까닭이었다. 반면 새누리당은 51.2퍼센트의 득표율만으로도 92.3퍼센트인 36석을 독식하다시피 가져갈 수 있었다. 민의를 왜곡하는 기득권 체제는 이런 식으로 존속돼온 것이다.

지역주의가 여전히 주요 변수로 작동하는 한국의 선거정치 현실에선 앞으로도 이념이나 정책 중심의 신생 정당 출신들이 지역적 지지 기반이 확고한 기존의 지역정당 후보들을 제치고 1위를 차지해 국회로 진출할 가능성은 희박하며, 따라서 정책정당, 이념정당들이 의미 있는 개혁세력으로 부상할 가능성은 매우 낮다. 기본적으로 소선거구 일위대표제하에서는 오직 1위가 얻은 표만이 의미가 있고 나머지는 모두 사표가 되므로 대부분의 유권자들이 당선 가능성이 적은 후보에게는 아예 표를 던지지 않는 소위 '전략적 투표'를 감행하기 때문이다. 지역 변수의 중요성을 모를 리 없는 한국의 유권자들이 자기 지역이 아닌 타 지역정당 혹은 전국정당 후보에게 (설령 특정 후보 개인을 선호한다 할지라도) 표를 던질 가능성은 낮다는 것이다. 그러므로 지역주의와 결합된 소선거구제하에서는 지역 내 지명도가 높은 후보자들을 다수 확보하고 있는 지역의 거대 정당은 매우 유리한 반면 지역 기반이 취약하기 마련인 신생 이념정당, 정책정당들은 고전을 면치 못하게 된다. 심지어 울산북구 같은 노동자 밀집지역에서조차 노동자 후보보다는 지역당 후보에게 더 많은 표가 몰리곤 하는 현상이 한국 정치가 보여주는 현실이다. 이 선거구에서는 17대를 제외하고 16대와 18대 그리고 19대 총선에서 모두 한나라당 혹은 새누리당 후보가 지역구 대표로 뽑혔다. 노동자들의 상당수가 계급의식이나 당파성에 기초한 진실 투표보다는 지역주의 영향 아래 전략적 투표 행태를 보여준 것이다.

이와 같이 소선거구 일위대표제는 지역할거주의라는 정치시장의 진입장벽을 더욱 공고히 해주는 효과를 낳고 있다. 그렇다면, 이 선거제도가 유지되는 한 지역주의의 선거 결정력은 불변할 테고, 따라서 한국의 정당정치는 (설령 유권자들의 상당수가 정책 및 이념정당들의 부상을 원한다 할지라도) 앞으로도 계속 지역이나 인물 중심의 전근대적 정당들에 의해 지배될 가능성이 매우 높다. 신생 개혁정당들이 부상할 가능성도 낮을뿐더러 기존 유력 정당들이 자신들 고유의 이념이나 정책기조를 확립하고 이를 앞세워 선거정치에 임할 인센티브를 가질 까닭도 별로 없기 때문이다. 요컨대, 지금의 선거제도를 그대로 두고서 한국에서 정당의 구조화가 진전되기를 기대하기는 어렵다는 것이다.

지역 기반 정당구조와 '강압적' 이익 표출

우리는 가끔 한국인들은 '미개'하다거나 '난폭'하다는 등의 비아냥거림을 나라 안팎에서 듣게 된다. 주로 억울함을 호소하거나 원하는 것을 요구할 때 길거리에 앉아 울며불며 소리치거나, 떼를 지어 위력을 과시하거나, 심할 경우엔 부수고 태우고 목숨까지 내놓는 등의 모습을 보고 하는 소리들이다. 그러나 분명히 말하건대, 이런 모습이 비교적 자주 연출되는 것은 인종이나 민족, 혹은 DNA나 문화 등에 무언가 심대한 문제가 있어서가 아니라 정치구조, 특히 구조화가 덜 된 정당체계 때문이다.

2004년 민주노동당이 국회에 진출하기 이전까지 한국의 정당체계는 이념적 측면이나 정책적 특성에서 큰 차이가 없는 인물이나 지역 중심의 정당들로만 구성돼 있었다. 산업화와 민주화를 거쳐 이미 상당 정도의 다원주의 사회로 발전한 정치경제 현실에 부합하기 어려운 전근대적 정당체계가 유지되고 있었다는 것이다. 이익집단들의 수와 종류는 날이 갈수록 늘어갔고 그들이 표출해내는 이익은 다종다양해졌지만, 정당체계는 도저히 그들의 이익을 수용해낼 수 없었다. 정당들은 압력이나 정책 건의 등으로 나타나는 사회경제 집단들의 이익 표출을 다룰 수 있는 조직 구조도 갖추지 못했고, 전문가도 확보하지 못했다(이정희 2002, 33쪽). 그러한 정당들이 이익 집약 기능을 제대로 수행했을 리는 만무했다. 결국 한국의 정당들은 이익집단들과는 별 상관없이 존재하고 있었다는 의미이다. 애당초 한국의 정당체계는 이익집단들과의 연계 속에 형성되었거나 유지되었던 게 아니었다. 정당들은 사회경제 집단들의 정책 선호 패턴이나 이념 지향에 민감하기보다는 지역과 인물에 중심을 둔 정치 행위에만 몰두했다. 사회경제 집단들이 정당을 상대로 한 이익 표출에 큰 관심을 기울이지 않는 이유이기도 했다.

비례대표제를 일부 도입함으로써 민주노동당 등의 이념정당들이 국회 의석을 몇 석 차지하게 됐다고 해서 한국의 정당체계가 달라진 것은 전혀 아니었다. 이념정당들은 원내 교섭단체도 구성하지 못하는 군소 정당에 불과했다. 지금의 선거제도가 유지되는 한 앞으로도 그들이 유력 정당으로 발전할 가능성은 희박하다. 그렇다면 정당정치를 통한 이익의 표출과 집약이 제대로 이루어지지 않는 한국의 정치경제 상황에서 사회경제적 집단들은 대체 어떠한 방식으로 정부의 정책 결정 과정에 영향을 미치고자 노력해왔겠는가? 앞으로는 또 무슨 노력을 더 기울일 수 있겠는가?

물론 정당이 제 기능을 못한다 할지라도 비정당 채널이 잘 발달되어 있다면 의사 불통의 문제는 상당히 줄어들 수 있다. 예컨대, 건의나 청원 같이 행정부나 의회를 상대로 하는 다른 채널이 제대로 작동한다면 사회경제 집단들의 이익 표출이 집약될 수도 있을 테고, 사회-정부 간의 의사소통은 그런대로 가능해질 것이기 때문이다. 사실 한국의 이익집단들이 가장 자주 이용하려 했던 것으로 알려진 정책 통로는 바로 이 유형이다(김왕식 1995 ; 정상호 2002). 그러나 이러한 유형의 채널은 상당한 정치사회적 혹은 사회경제적 영향력을 갖고 있는 소수의 이익집단들만이 효과적으로 활용할 수 있다는 불공정한 측면이 있다. 예를 들면, 한국의 재벌집단들에게 이 채널은 매우 유용하다. 그들은 공식·비공식 형태의 모임과 만남을 통해 정책 결정권자들과 수시로 접촉할 수 있으므로 건의나 청원 등은 그들에게는 늘 열려 있는 채널이라 할 수 있다. 그러나 노동자나 농민단체, 혹은 중소상공인 집단 같은 사회경제적 약자 집단들이 이러한 채널을 활용하여 정책적 영향력을 발휘할 수 있는 여지는 매우 제한적일 수밖에 없다.

결국 약자 집단들에게 남아 있는 비정당 채널은 소위 '강압적 채널 coercive channels'뿐이다. 정당, 행정부, 의회 등을 상대로 하는 의사소통이 '합헌적 채널constitutional channels'의 활용이라고 할 때, 데모, 시위, 파업, 파괴, 폭동, 테러 등과 같이 물리적 힘 혹은 폭력으로 자신들의 의사를 표현하고 이익을 표출하는 행동은 강압적 채널의 이용에 해당된다. 한국에서는 민주화 이후 오히려 이러한 강압적 채널이 더욱 빈번하게 가동됐다.[19] 권위주의 시대에서는 정부의 강력한 통제로 인해 강압적 채널마

---

19 노동자 집단의 경우만 보더라도 이러한 경향은 매우 뚜렷하게 나타났다. 1981년에서 1986년까지의 6년 동안 한국의 노동쟁의는 총 1,026건에 불과했다. 그러나 민주화 시기에 들어간 초기 3년간인 1987년에서 1989년 사이 그 건수는 무려 7,200건에 달했다. 연평균 노동쟁의 건수가 민주화 이후 열여섯 배 이상 증가한 것이다(Broad, Cavanagh, and Bello 1990～1991).

저도 동원하기 어려웠던 사회경제 집단들이 민주화 이후 비교적 자유로워진 집단행동 환경을 누리게 되자 합헌적 채널의 미비라는 빈 공간을 강압적 채널로 채워갔기 때문이다.

외국인이나 한국인 일부에겐 자신들의 선호와 이익을 주로 강압적 방식으로 표출하는 한국의 사회경제적 약자들이 미개하거나 난폭해 보일 수도 있다. 그러나 분명히 알아두어야 한다. 이는 그들이 합헌적인 방법보다 강압적인 방법을 선호해서가 결코 아니다. 단지 그들에게 합헌적인 채널이 충분히 제공되고 있지 않기 때문이다. 누군들 점잖게 말하고 품위 있게 행동하고 싶지 않겠는가. 사실 어느 나라에서건 합헌적 채널이 제대로 가동되지 않을 경우, 이익집단들은 비합법적일지라도 권력 수준 혹은 대중 수준에서 강압적 전략을 구사하게 된다(Almond and Powell 1988, 71~76쪽). 한국엔 아직도 합헌적일 뿐 아니라 누구에게나 열려 있는 포괄적인 정당 채널이 제대로 갖춰져 있지 않다. 사회 갈등이 제도 정치권으로 흡수되어 체계적으로 조정되거나 관리되지 못하고 길거리에서 충돌하거나 폭발하는 양상이 민주화 이후 사반세기가 지난 지금까지 계속되는 이유이다.

그런데 여기서 냉정히 따져볼 것이 있다. 사회경제적 약자들이 주로 의지하는 강압적 채널이 과연 효과는 있느냐는 것이다. 물론 87년 민주화는 6월 항쟁이라는 강압적 채널을 사용하여 우리 시민들이 직접 쟁취해낸 결과물이다. 비교적 최근인 이명박 정부 시절엔 촛불집회가 상당한 성과를 내기도 했다. 하지만 그러한 일들은 오히려 예외에 속한다. 대규모 인파가 한뜻을 품고 상당 기간에 걸쳐 매번 한자리에 운집하는 등의 이른바 '비상정국' 상황이 조성되지 않는 한 강압적 방법으로 소기의 목적을 달성할 가능성은 사실 매우 낮다. 최저임금 인상, 부당해고 철회,

작업장 안전 보장, 노조탄압 중지, 비정규직 차별 철폐, 교육 및 직업훈련체계 강화, 노동자의 경영 참여, 소상공인 영업권 보장, 하청업체 착취 시정, 갑을관계 개선, 중소기업 금융 강화, 사교육비 없는 세상, 공공 임대주택이나 공공 분양주택 증대, 공공부문 일자리 확대, 의료 서비스의 공공성 제고, 노인복지 강화, 청년문제 해소, 대기업과 부유층 증세 등 경제민주화와 복지국가 건설을 염원하는 시민들의 요구 사항은 헤아릴 수 없을 정도로 많다. 이 많은 요구들을 일일이 다 비상정국 상황을 조성함으로써 관철해낼 수 있겠는가. 불가능한 일이다. 거의 모든 경우에 강압적 채널의 동원은 사회적 비용만 많이 들 뿐 초라한 결과를 낳을 뿐이다. 사회경제적 약자들이 손쉽게 활용할 수 있는 거의 유일한 요구 표출 방안인 강압적 채널이 효과가 없다는 것은 그들의 선호와 이익이 정치권에 제대로 반영될 가능성이 매우 낮다는 뜻이다. 그러니 이 상황에서 경제민주화와 복지국가 건설을 통한 한국의 실질적 민주주의 발전을 기대할 수는 없는 노릇이다.

정당의 구조화를 진전시켜 사회경제적 약자들이 자신들의 정치적 대표성을 갖추도록 해야 한다. 그들이 지금처럼 유력한 정당 대리인을 두지 못하고 오직 강압적 채널에만 매달려야 하는 상황이 지속된다면 한국의 실질적 민주주의는 결코 발전할 수 없다. 신자유주의의 대안체제 마련을 주장하는 이들이 늘어가고 있다는 사실이 위안이 될 수는 있지만, 내용이 아무리 훌륭할지라도 대안적 사회경제체제의 모델 작성 자체가 우리 시민들에게 실질적 도움을 주는 것은 아니다. 문제는 실현 가능성이다. 다음 장에서 자세히 설명하겠지만, 사실 신자유주의의 부상은 정치적 기획의 산물이지 자연스러운 사회경제적 현상이 아니다. 그렇다면 이제 우리는 정치적 대안 마련에 더 많은 힘을 쏟아야 한다. 정당 구조화가 이루어지지 않아 포괄의 정치가 작동하지 않는 작금의 한국식 다수제 민주주의체제에서 실질적 민주주의의 발전을 도모하거나 신자유주의의 사회경제적 대안체제 형성을 꾀하는 일은 연목구어일 뿐이다. 한국 사정에 부합하는 민주적 시장경제체제 모델을 수립하는 작업이 중요하지 않다는 것은 아니다. 그러나 이 작업은 대안체제의 실현에 필요한 정치(제도)적 조건을 갖추는 일이 선행되거나 적어도 병행돼야 비로소 의미 있는 일이 될 수 있다.

제2부

시대정신

4장

경제민주화와 복지국가를 어떻게 이룰 것인가

1장에서 일련의 과정을 비교적 상세히 살펴본 바와 같이, 2010년 6월 지방선거를 계기로 하여 복지국가와 경제민주화는 우리 사회의 시대정신으로 떠올랐다. 그후 2012년 대선 국면에 이르기까지 한국의 정당정치는 이 시대정신의 구현자로서 누가 더 적합한지를 겨루는 차별화 경쟁으로 점철되었다. 그러나 이 경쟁의 승리자인 박근혜 대통령이 취임한 지 1년 8개월이 지난 지금, 경제민주화와 복지 관련 공약들은 거의 모두 실종 상태에 있다. 새누리당과 박근혜 정부만의 탓이 아니다. 경중의 차이가 있을 뿐, 제1야당인 민주당(새정치민주연합) 역시 책임져야 할 일이다. 박근혜 정부가 경제민주화와 복지국가와 같은 진보 이슈를 사실상 포기하고 기존의 전통적 보수 이슈인 안보와 질서로 돌아선 상황은 민주당이 그 진보 이슈를 확실히 챙김으로써 그에 대한 원 '소유권'이 자신에게 있음을 입증할 수 있는 호조건의 형성이었다. 그러나 민주당은 사회경제 프레임으로 정국을 주도하기는커녕 정부 여당의 안보 프레임에 걸려 허우적댈 뿐이었다. 경제민주화와 복지국가를 염원해온 시민들의 실망과 불신 증대는 당연했다. 지지율 폭락에 위기를 느낀 민주당은 2014년 6월 지방선거를 두 달여 앞두고 이른바 '안철수 세력'과 통합하여 새정치민주연합을 결성했다. 하지만 이 신당 역시 시대정신에 대해선 둔감함 혹은 무심함으로 일관했다. 이제 시민들은 경제민주화와 복지국가 건설에 앞장설 새 주체와 새 경로를 찾고 있다. 이 시대정신을 구현해내기 위해선 도대체 누가 무엇을 어떻게 해야 하는가? 어떤 조건이 필요하다는 것인가? 또 그런 조건은 어떻게 충족할 수 있는가? 이 책의 남은 부분에서 구체적으로 논의해보고자 하는 주제들이다.

본격적인 논의에 들어가기에 앞서, 이 장의 전반부에선 신자유주의가 어디서 와서 어디로 가고 있는지, 간략하나마 미국을 중심으로 설명하고자 한다. 신자유주의란 정치적 기획물에 불과하며, 따라서 이를 극복하는 방법 역시 정치적이어야 함을 강조하기 위해서이다. 이어서 지금의 신자유주의 시대를 마감하고 새 시대를 열기 위해서는 다음의 양대 조건이 필요함을 주장할 것이다. 하나는 신자유주의를 대체할 새로운 경제체제 모델을 작성하고 이에 대한 사회적 합의를 도출하는 일이며, 다른 하나는 그 대안 모델이 작동할 수 있는 새로운 정치체제를 구축하는 것이다. 물론 우리는 현재 이 두 조건을 모두 갖추고 있지 못하다. 첫 번째 조건과 관련하여, 우선 이 장의 후반부에선 그간 정치권에서 '즉흥적으로' 제시한 대안 모델들을 검토한 후 문제점들을 지적한다. 제대로 된 대안 모델 작성을 위한 이론적 논의는 시론적이나마 5장과 6장에서 진행할 것이다. 두 번째 조건이 왜 필요한지에 대해선 이 장의 마지막 부분에서 간략하게 설명한다. 상세한 설명은 6장과 7장에서 이어진다.

그리고 3부에선 드디어 새 정치체제의 구체적 모습과 구축 방안을 자세히 논의할 것이다.

신자유주의 소사小史

신자유주의 세력의 부상

2차대전 이후 1970년대 초까지 서구 선진국들은 소위 '자본주의의 황금기'를 만끽했다. 사민주의와 케인스주의 등에 바탕을 둔 복지와 분배를 중시한 수정자본주의 시대였다. 이 시기에 빈부격차가 크게 줄며 중산층이 사회의 거대한 중심부를 이루게 되었다. 그러나 다수의 사회 구성원이 이 유례없는 행복을 누리는 동안 일부에선 불만이 쌓여갔다. 소수 자본가들 사이에서였다. 그들은 무엇보다 복지국가의 완전고용 정책을 못마땅해했다. 완전고용에 가까워질수록 노동자가 해고의 위협에서 자유로워지므로 임금 등 노동조건에 대한 노조의 요구는 갈수록 과도해진다는 것이었다. 이외에도 자본가들은 자신들의 재산권 강화 및 행사의 자유를 제한하는 누진과세와 각종 규제정책 등에 커다란 불만을 품고 있었다. 그들은 국가의 시장 개입이 최소한에 머무는 1차대전 이전의 자유방임 자본주의 시대로의 회귀를 갈망했다.

그들에게 1970년대의 세계 경제위기는 차라리 호기였다. 자본가들은 선진 각국이 겪게 된 노동생산성 증가율 저하, 이윤율 하락, 경기후퇴 등의 어려움이 2차대전 이후 사반세기 이상 지속된 경제성장과 완전고용 상황이 초래한 노동 규율 약화와 노조의 교섭력 강화 그리고 연이은 과도한 임금상승 및 인플레이션 때문이라는 점을 크게 부각시켰다. 그리고 완전고용이나 노조 활성화 그리고 복지주의 정책 등의 폐해를 당당히 지적하며 본격적으로 국가의 시장 개입에 반발하기 시작했다. 산업자본가들만이 아니었다. 미국의 예에서 보듯이 금융자본가들은 금리통제가 (실질 이자율을 거의 마이너스에까지 이르게 한) 인플레이션의 한 원인이라며 금리 자유화 및 금융 업무 영역 등에 대한 규제완화를 강력히 요구했다.[20] 게다가 이 시기에 일어난 두 차례의 석유파동은 스태그플레이션의 발생과 맞물려 복지국가체제의 유지 비용을 더욱 감당하기 어렵게 만들기도 했다. 한편, 경제위기가 장기화됨에 따라 일반 시민들의 대안체제에 대한 관심 역시 크게 증가해갔다.

영국의 마거릿 대처 총리와 미국의 로널드 레이건 대통령 같은 신보수세력들은 이렇게 형성된 대안체제 도입 압력을 배경으로 하여 등장했다. 그들은 '복지병' 등의 폐해를 드러낸 복지국가를 해체하고, 개인과 기업의 시장 자유를 최우선시하는 '고전적 자유주의'를 새롭게 복원함으로써 시장의 효율성을 높여 위기에 빠진 경제를 살려내겠다는 다짐으로 유권자들의 지지를 끌어냈다. 그러나 엄밀히 말하자면, 그들의 '보수'는 (사회적 자유주의를 버리고) 19세기에 흥했던 '경제적 자유주의'를 보수한다는 의미였다. 그들은 한때 케인스와 쌍벽을 이룰 정도로 유력한 경제학자였으나 수정자본주의의 전성기 내내 소외돼왔던 프리드리히 하이에크Friedrich Hayek의 신자유주의 이론을 자신들의 처방전으로 제시했다. 대처는 하이에크의 《자유헌정론》을 핸드백에 넣고 다닐 정도였다고 한다(박종현 2008). 물론 누구보다 하이에크의 부활을 크게 환영한

20 이들의 요구는 때마침 브레턴우즈 체제의 붕괴로 국제 수준에서의 자본이동의 자유화와 이자율 결정의 자유화가 크게 진전되는 상황에서 나온 터라 '금융의 세계화'라는 시대적 요구에 합치하는 것이라는 정당성도 얻게 된다.

이들은 자본가들이었다.

그도 그럴 것이 하이에크가 설파한 신자유주의의 핵심 메시지는 국가의 경제 개입을 철회하고 시장의 자유를 극대화하라는 것이었다. 특히 금융 및 노동시장의 탈규제를 강조했다. 그뿐만이 아니었다. 공기업 민영화, 법인세와 누진과세의 인하 또는 철폐, 재정지출 축소, 노조 무력화 등 거의 모든 신자유주의 처방들은 거대 자본가의 이익에 정확히 부합하는 것들이었다. 자유시장의 무한 확대를 염원해온 산업 및 금융 자본가들은 하이에크를 매개로 하여 드디어 최상의 정치적 대리인을 만난 것이었다.

미국의 신자유주의 세계화 추진

신보수 정치세력, 특히 미국의 레이건 대통령과 그 추종 세력인 네오콘Neocons의 신자유주의 신봉은 철저했다. 그들은 미국을 온 인류의 평화와 공동 번영을 위해 일해야 할 특별한 소명을 받은 '예외적인' 국가로 여겼다. 그리고 미국이 '선의의 세계 패권국가'로 다시 나서서 자유민주주의와 자유시장경제의 전 세계적 확산을 위해 노력하는 것이야말로 소명에 부응하는 최대 의무라고 확신했다. 그들에게 신자유주의를 열렬히 지지하는 (게다가 국제경쟁력까지 갖춘) 미국의 자본가 그룹은 최상의 파트너가 아닐 수 없었다. 국가-자본 연합의 형성은 당연한 귀결이었고, 정치 프로젝트로서의 신자유주의 체제 확산 운동은 이들의 주도하에 미국은 물론 전 세계를 대상으로 하여 개시되었다.

노동, 금융, 조세, 복지, 공공부문 등 자본주의 체제의 핵심 요소에 대한 레이건 정부의 대대적인 손질은 비교적 단기간에 미국을 신자유주의 국가로 변화시켰다(이병천 2001). 미국은 이제 자신의 자본주의 유형을 신자유주의의 세계적 모델로 설정하고 전파에 나서기 시작했다.[21] 미국의 신자유주의적 세계화 압력은 주로 한국과 일본을 비롯한 동아시아의 친미 국가들, 라틴아메리카의 개발도상국들, 그리고 동유럽의 체제 전환국들을 대상으로 행사되었다. 국제통화기금, 세계은행, 세계무역기구 등을 앞세운 다자주의, 북미자유무역협정NAFTA과 전미주자유무역협정FTAA 등의 체결을 통한 지역주의, FTA나 쌍무금융정책협의와 같이 개별 국가를 상대로 한 양자주의 등 압력 행사 방식은 다양했다.

1980년대 말부터 시작해 1990년대를 지나는 동안 일어난 몇 가지 국제정치경제의 변화는 미국의 신자유주의 세계화 추진에 유리하게 작동하기도 했다. 우선 소련과 동구의 사회주의권 붕괴였다. 이는 국가나 사회가 아닌 시장 중심의 경제체제가 우월하다는 사실이 증명된 획기적 사건으로 해석되었고, 신자유주의 추진 세력은 내부적으로는 더 큰 자신감을, 외부적으로는 더 큰 호응을 얻게 되었다. 더 중요한 변화는 그동안 (신자유주의와는 다른 유형의) 성공적 자본주의체제로 각광받았던 대륙 유럽 및 일본의 경제가 어려움에 처한 것이었다. 1980년대 후반 북유럽의 여러 나라들은 금융위기에 빠져들었고, 독일은 통일 이후의 경제적 곤란을 겪게 됐으며, 1990년대 초반 일본은 이후 20년 이상 지속된 장기 불황에 돌입하게 되었다. 이들의 어려움은 1990년대 초반의 불황을 극복하고 높은 성장률을 보인 미국, 영국과 대조되면서 대안 모델로서의 신자유주의 위상을 높여주었다.

이 시기 상당한 자신을 얻게 된 신자유주의자들은 이제 '자본주의

21 레이건 행정부 시절 네오콘이 주도한 미국의 신자유주의 세계화 전략은 2001년 9·11 사태 직후 채택된 부시 행정부의 '일방주의' 대외정책기조에 의해 더욱 공세적으로 전개된다. 이에 대한 상세한 설명은 최태욱 2007 참조.

수렴론'을 펼치기까지 했다. 세계화가 초래하는 무한경쟁이란 결국 각국 경제의 효율성 극대화 경주를 의미하는바, 여기서 각국은 (경주의 핵심 주자인) 자본과 기업의 자유를 최대한 보장해주는 시장경제체제를 채택할 수밖에 없으리라는 것이었다. 요컨대, 세계화가 진행됨에 따라 각국의 자본주의가 자유시장경제체제로 수렴될 것이며 그것이 자본주의의 세계 표준이 되리라는 주장이었다.

자본주의의 다양성 건재

그러나 현실은 수렴론대로 되지는 않았다. 서유럽의 경우, 세계화가 급속히 진행된 1980년대와 1990년대에도 영국을 제외한 대다수 국가들의 자본주의 체제는 (비록 과거에 비해 시장의 비중이 어느 정도 커지긴 했지만) 시장이 여전히 국가와 사회의 영향력 아래 놓인 상태에서 제 나름의 원형을 유지했다. 말하자면 '자본주의의 다양성varieties of capitalism, VOC'은 건재했다는 것이다.

갈수록 거세지는 세계화의 경제통합 압력에도 불구하고 자본주의의 다양성이 유지되는 이유를 가장 설득력 있게 설명해주는 변수는 각국별로 상이한 '생산레짐production regimes'이다. 생산레짐이란 기업의 생산과정에 직간접 연계된 "상호 보강의 관계에 놓인 제도들의 조합"을 말한다(Thelen 2004). 그 제도들에는 금융체계, 기업지배구조, 기업 간의 관계, 노사관계, 상품생산체계, 숙련형성 및 고용체계 등이 포함된다. 각국의 생산레짐은 이 구성 제도들이 역사적으로 어떻게 발전해왔으며 어떠한 국가-사회적 메커니즘에 의해 작동되는지에 따라 서로 다르다. 따라서 생산레짐으로 나타나는 자본주의의 성격은 나라마다 다른 것이 당연하다(Hall and Soskice 2001). 그런데 이 생산레짐은 쉽게 변하지 않는 속성이 있다. 이를 구성하는 제도들과 그들의 조합은 각국의 독특한 역사적·정치적·사회적·문화적 맥락 속에서 형성되기 때문이다.[22] 따라서 세계화의 압력에 직면할 때 각국은 (일차적으로는) 자신의 생산레짐 특성에 맞추어 적절한 정책 대응을 할 뿐이지 생산레짐 자체를 변화시키려 하지는 않는다. 예컨대, 노조의 강력한 힘을 보장해주는 제도를 갖춘 자본주의국가라면 무한경쟁의 세계화 시대를 맞이해서도 '적극적 노동시장 정책active labor market policy'의 채택 등으로 노동시장의 '유연안정성flexicurity'을 확보하는 동시에 노동자의 숙련 향상을 도모함으로써 생산성을 높이려 하지, 기존의 노사관계를 무너뜨리고 노동시장의 유연성만을 증대시킴으로써 그에 따른 노동비용 절감을 꾀하지는 않는다.[23] 결국 지속성을 지닌 각 생산레짐의 특성상 세계화 자체만으로는 각국 자본주의의 자유시장경제체제로의 수렴을 끌어내기 어렵다는 것이다.[24]

생산레짐론에 기초한 자본주의의 다양성 논의에 따르면 1980년대와 1990년대 상황에서 세계 자본주의는 크게 두 유형으로 나뉜다.[25] 영국, 미국, 오스트레일리아, 뉴질랜드 등이 포함된 '자유시장경제liberal market economies, LME'와 독일, 네덜란드, 스웨덴, 덴마크, 일본 등으로 대표되

---

22 이는 비교적 가변적인, 예컨대 정치적 맥락의 주요 부분에 의도적이고 인위적인 변화를 가함으로써 생산레짐 혹은 자본주의의 유형을 바꾸어갈 수 있다는 말이기도 하다.

23 사회통합형 구조조정의 핵심 수단이라 할 수 있는 적극적 노동시장정책이나 그 결과인 노동시장의 유연안정성에 대해서는 5장에서 자세히 설명한다.

24 물론 외부의 세계화 진행과 병행하여 내부적으로 (어떤 동인에 의해서든) 강력한 제도개혁의 정치경제가 작동될 경우, 생산레짐이 변화할 수도 있다. 그러나 세계화 자체가 자동적으로 생산레짐의 변화로까지 이어지는 것은 아니다.

25 이 책에서 논의하는 생산레짐론에 근거한 자본주의의 다양성은 홀과 소스키스가 정리한 자유시장경제-조정시장경제 유형론에 따른 것이다(Hall and Soskice 2001). 이외에도 자본주의의 다양성에 대해서는 Amable 2003, Ebbinghaus and Manow 2001, Soskice 1999 등이 심도 있게 논의한 바 있다.

는 '조정시장경제coordinated market economies, CME'이다(Soskice 1999). 안재홍의 지적대로, 칼 폴라니Karl Polanyi의 이론적 틀에서 보면, 조정시장경제는 시장과 국가-사회관계가 '맞물려embedded' 있는 상태이며, 자유시장경제는 이 관계가 '풀려서disembedded' 시장이 자율적으로 기능하는 상태에 있는 것이라고 할 수 있다(안재홍 2008).[26] 따라서 조정시장경제에서는 금융체계, 숙련형성체계, 노사관계 및 고용체계 등 제반 생산레짐 요소의 작동에 대하여 국가나 사회의 조정 혹은 개입이 상시적으로 일어나는 반면, 자유시장경제에서는 모든 생산 관련 제도의 작동이 기본적으로 기업에 의해 시장의 원리대로 이루어진다.

조정시장경제는 다시 국가 주도 조정시장경제와 합의제 조정시장경제로 구분할 수 있다. 전후 1980년대 초반까지의 일본과 민주화 이전의 한국 경제가 전자의 전형으로 꼽힌다. 일본과 한국이 소위 발전주의 국가였던 점에 착안하여 이 유형을 '발전주의형 조정시장경제'라고도 부른다. 협상형 혹은 합의제 조정시장경제의 모범 사례는 독일과 네덜란드 그리고 북유럽 국가들에서 찾을 수 있다. 이들 나라에서는 시장의 조정이 흔히 '노사정 3자 협약의 정치경제'라 불려왔던 사회적 합의주의 방식으로 이루어진다. 그래서 이 유형의 자본주의를 '사회적 합의주의 모델'이라고 부른다. 한편, 합의제 조정시장경제의 정부는 견고한 노동권과 복지 규정 등을 확립함으로써 노조가 강력한 시장 행위자로 행동하게 하며 자본 측과의 협상과 교섭의 장에도 당당한 파트너로 참여할 수 있게 하는 등 분명한 노동 중시 경향을 띤다. 이러한 사민주의적 정

26 사실 자유시장경제에서는 시장이 국가-사회관계로부터 자율성을 확보하는 정도가 아니라 오히려 사회를 '시장화'하여 "사회관계가 경제체제에 맞물려" 돌아가도록 할 만큼 지배적 힘을 행사한다. 이에 대해서는 Polanyi 2001, 5장 참조.

부 경향에 주목하는 이들은 이 유형을 '사민주의 모델'이라고도 부른다.

신자유주의의 퇴조

이상에서 본 바와 같이, 결국 영국을 제외한 유럽의 거의 모든 선진국들은 세계화 시대에도 자신들 고유의 합의제 조정시장경제체제를 발전시켰다. 미국의 신자유주의 세계화 압력이 동아시아, 라틴아메리카, 동유럽 국가들에 집중될 수밖에 없는 이유이기도 했다. 그나마 이들 나라에서의 신자유주의 수용 결과도 신통치 않은 것으로 판명됐다. 예컨대, 1980년대에 과감한 신자유주의 개혁을 단행한 라틴아메리카의 여러 국가들은 1990년대에 이르러 분배뿐 아니라 경제성장 면에서도 오히려 과거보다 못한 성과를 냈다. 이는 1990년대 이후 중남미 각국에 연이어 좌파정부가 출범하고, 그들 사이에 범지역 차원의 반反신자유주의 국가연합이 형성되는 배경이 되기도 했다. 신자유주의 기조에 따라 급진적인 체제 전환을 추진한 동유럽의 많은 국가들도 장기 공황을 겪는 등 어려워진 사정은 비슷했다.

1990년대 말 이후에는 신자유주의의 퇴조 경향이 미국의 대표적인 신자유주의 우방들 사이에서도 관찰되었다. 가장 놀라운 것은 뉴질랜드의 변화였다. 1984년부터 1996년까지 "세계 역사상 가장 두드러진 자유화 사례"라고 평가될 정도로 매우 과감한 신자유주의 정책을 추진했던 뉴질랜드는 2000년대 들어 노동, 조세, 복지, 공공부문 등의 영역에서 (유럽형 조정시장경제체제로의 전환을 기대할 정도로) 신자유주의 노선에서 벗어난 여러 개혁 정책들을 채택했다(Sautet 2006). 뉴질랜드 정도에는 크게 못 미치지만 신자유주의의 본산인 영국에서도 의미 있는 변화가 일어났다. 1998년 블레어의 노동당 정부는 과거 보수당 정부의 신자유주의에 대항하여 소위 '사회투자국가'의 건설을 주창했다. 사회투자국가론은 신자유주의에서 그 건너편의 사민주의를 바라보며 그 사이에 존재할 수 있는 제3의 길을 찾으려는 시도라 할 수 있다. 신자유주의 노선에서의 좌향 이탈인 셈이다. 영국에 이어 캐나다와 오스트레일리아의 중도좌파정당들도 각자 제3의 길을 채택했다(Lister 2004).

2009년 오바마 정부의 출범 이후에는 심지어 미국마저도 신자유주의 기조에서 벗어나려는 몸짓을 하고 있다. 많은 관찰자들이 평가하듯, 2008년 대선 당시 미국 시민들의 민주당과 오바마에 대한 압도적 지지는 장기간 레이건-부시 라인의 공화당 정부가 강력하게 몰아붙인 신자유주의 정책들에 대한 불만과 반감이 누적된 결과였다. 그간의 신자유주의 정부가 초래하거나 방관한 실업과 빈부격차의 확대, 중산층의 몰락, 복지체계나 사회안전망의 저급한 수준 등을 더 이상 참기 어려웠다는 것이다. 게다가 대통령선거 과정 중에 발생한 미국의 금융위기는 탈규제와 무규제 등 통제받지 않는 자유방임 시장의 위험성 혹은 '작은 정부'의 문제점을 극명하게 드러내며 오바마에 대한 유권자들의 막판 지지 결집에 결정적으로 기여했다. 이러한 배경에서 정권을 잡게 된 오바마의 민주당 정부가 미국인들의 염원을 무시하면서까지 쇠퇴하는 신자유주의에 미련을 버리지 못할 이유는 많지 않을 듯했다. 실제로 나름의 의료보험 개혁을 일단락 짓자 바로 금융, 재정, 조세 개혁 등을 위해 노력하는 오바마 정부의 모습에서 신자유주의로의 회귀 조짐을 찾아내기는 어렵다. 최근 오바마 정부는 불평등 문제의 해소를 위해 최저임금 인상과 노조 강화 방안까지도 모색하고 있다. 물론 한계는 명확하겠지만, 미국 자본주의에도 조정시장경제 요소가 점차 늘어가고 있는 것이다.

한국의 신자유주의

이와 같이 신자유주의의 영향력은 미국을 포함한 전 세계 각지에서 위축돼가고 있다. 미국에서마저 새로운 형태의 정부개입주의가 자유방임주의의 지배적 위치를 위협하고 있는 형국이다. 이는 경제적 자유주의와 자유시장경제체제의 패배이며, 사회적 자유주의와 조정시장경제체제의 승리를 의미하는가? 한국에서의 변화 흐름은 어떠한가? 이제부터는 한국의 신자유주의 상황을 살펴보자.

위에서 언급했듯이, 박정희 정권 이후 민주화 이전의 한국 경제는 관치경제 혹은 국가 주도 조정시장경제로 분류됐다. 국가 관료 기구에 의한 전략적 계획과 조정이 시장경제에 상시적으로 영향을 미치는 체제였던 것이다. 그랬던 한국 경제는 세계화를 유난히 강조했던 김영삼 정부 이후 경제 자유화가 본격화되면서 서서히, 그리고 외환위기 상황에 빠져 미국식 자본주의로의 이행 지침서라 할 수 있는 '워싱턴 컨센서스'를 준강제로 수용하면서부터는 빠른 속도로 '자유시장경제'로 전환돼갔다.

모두가 아는 바와 같이, 김대중 정부는 한국 경제가 IMF 관리체제로 편입된 전대미문의 사회경제적 위기 상황에서 출범했다. 강력하고 획기적인 구조조정을 감행함으로써 시장의 효율성을 크게 높이라는 IMF의 압박을 받는 가운데 새 정부가 들어선 것이다. 그러나 김대중 정부는 시장의 자율 기능을 강화함으로써 시장경제를 활성화하되, 그 시장경제는 사회통합을 목표로 하는 민주주의의 원리에 의해 돌아가도록 하겠다는 신념을 지키고자 노력했다. 그리하여 채택한 국정 이념도 '민주주의와 시장경제의 병행 발전'이었다. 민주적 시장경제체제를 확립하여 시장의 효율성과 사회적 형평성을 동시에 추구하겠다는 이 기본 정신은 노무현 정부에도 이어졌다. 노무현 정부가 국정 목표로 내세운 동반성장, 균형 발전, 사회투자 등은 자유롭고 공정한 시장을 조성하여 경제 효율성은 최대화하되 '민주정부'의 기본 정신은 지켜가겠다는 의지가 반영된 것들이었다.

약자에 대한 배려와 평등의 확대가 진보의 핵심 가치라고 할 때 '민주정부'로 통칭되는 김대중 정부와 노무현 정부는 공히 진보적 성격의 정부였다고 평가해줄 수 있다. 물론 그들이 사회주의나 전통 사민주의를 꿈꾸었을 정도는 아니었다. 굳이 분류하자면, 양 정부는 개인의 (시장에서의) 경제적 자유와 경쟁을 중시하되 시장경제체제에서 나타나기 마련인 약자 및 소외자의 어려움을 개인의 사회적 자유 보장 차원에서 정부가 앞장서 해결하겠다는 사회적 자유주의 혹은 진보적 자유주의를 지향했던 정부라고 규정할 수 있을 것이다.

그러나 역시 지향하는 가치를 현실의 장에서 실천한다는 게 결코 쉬운 일은 아니었다. 민주정부의 지향이 시대적 요청에 부응하는 것임은 분명했다. 그러나 현실적 결과는 지향점과 사뭇 달랐다. 민주적 시장경제체제를 이루고자 했던 민주정부는 오히려 신자유주의 체제를 공고화하는 결과를 낳았다. 물론 경제위기를 극복하고 관치경제를 청산하는 등의 긍정적인 성과도 있었다. 그러나 총체적으로, 특히 결과를 놓고 평가하자면, 민주정부 10년은 조심스럽긴 하되 결국은 신자유주의 혹은 시장 비대화의 길을 걸은 기간이었다.

실제로 김대중 정부는 시장개방, 규제완화, 민영화 등 신자유주의의 핵심 정책들을 과감히 채택했고, 이로써 한국 경제는 급속히 자유시장경제체제에 가까워졌다. 다른 한편에선 노사정위원회의 운영 등 조정시장경제 요소도 도입하려 했다. 그러나 노조 활성화, 산별노조 체제의 확립, 이념과 정책 중심의 정당 구조화 등과 같이 (조정시장경제의 보편적 조정 기제인) 사회적 합의주의가 발전할 수 있는 정치사회적 조건을 갖추기 위한 노력은 거의 전무한 상태에서 이러한 시도가 성공적일 수는 없었다. 그 결과 해고의 자유만이 강조되는 노동시장의 유연성이 증대하고 비정규직이 급증했다. 노동시장만이 아니었다. 금융시장에도 규제완화와 자유화가 대세를 이루었다. 섣부른 자본시장 개방과 금융 자유화 정책이 외환위기의 주요 원인이었음에도 불구하고 김대중 정부는 오히려 금융시장 개방, 자본거래 자유화, 외환 자유화, 외국인 투자 자유화 등의 정책을 택함으로써 신자유주의 세력의 금융시장 지배를 도와주었다.

민주정부 10년의 신자유주의 성격에 대하여 김대중 정부의 사람들은 변명의 여지가 어느 정도 있다. IMF 관리체제하에서 출범한 정부였기 때문이다. 그러나 노무현 정부의 경우는 다르다. 노무현 정부는 외환위기를 성공적(?)으로 극복한 이후에 수립된 정부임에도 불구하고 김대중 정부가 IMF의 압력에 의해 수용한 신자유주의 정책기조를 거의 그대로 이어갔기 때문이다. 애초 '동반성장' 달성을 목표로 삼고 출범한 노무현 정부는 오래지 않아 사실상 성장우선주의로 회귀하며 소위 '좌파 신자유주의' 논란을 자초했다. 초기에 추진했던 재벌 개혁이나 금융 개혁은 갈수록 후퇴했고, 노사관계 개혁 역시 흐지부지되었다. 노무현 대통령 스스로 언급한 대로 이미 권력은 시장에 넘어간 듯했다. 더구나 임기 후반기에는 신자유주의 주도 국가인 미국과의 경제통합을 한미 FTA라는 이름으로 강력히 추진함으로써 아예 신자유주의 정책기조를 앞장서서 수용하는 듯한 태도를 보였다. 그사이, 1장에서 본 바와 같이, 비정규직의 증가나 빈부격차의 심화 문제는 악화일로를 달렸다.

이명박 정부는 앞선 두 정부의 조심성마저도 던져버린 채 노골적인 신자유주의 노선을 취했다. 2008년 미국발 금융위기 발생 이후의 이명박 정부 대응은 특히 상식적으로 이해하기 어려운 것이었다. 신자유주의 주도국이던 미국을 포함한 전 세계가 신자유주의의 위기 혹은 워싱턴 컨센서스의 추락을 기정사실로 받아들이고 있을 때, 한국의 이명박 정부는 신자유주의 정책기조를 오히려 더욱 강화함으로써 시대의 변화를 거스르는 길을 택했다. 국가 주도 조정시장경제로 분류되던 한국의 자본주의 유형은 시장 주도 자유시장경제를 거쳐 이젠 바야흐로 '국가 주도 신자유주의 체제'로 변해가고 있다는 말이 나올 정도였다. 뒤를 이은 박근혜 정부는 선거 때 내놓았던 나름의 복지 강화나 경제민주화 공약들은 출범 후 얼마 지나지 않아 대부분 무시하고, 민영화, 규제완화, 노동배제 등으로 대표되는 신자유주의 보수파의 전통 기조로 돌아섰다. 이로써 이명박 정부에서 시작한 '역주행'이 박근혜 정부에서도 계속되는 형국이 조성되었다.

한국은 아마도 신자유주의의 적폐로 인한 시민들의 희생이 가장 극심한 나라 중의 하나일 것이다. 이처럼 줄줄이 신자유주의 정부가 통치해왔으니 왜 그렇지 않겠는가. 양극화의 심화와 빈곤층 및 비정규직의 증대, 사회적 불안과 소외의 만연 등 신자유주의 확산에 따른 사회경제적 폐해는 이미 사회통합의 위기를 우려해야 할 정도로 심각한 수준에 이르렀다. 이 극도의 경제적 자유주의 편향 상황에서 재벌 등 대자본가들의 전방위적 영향력은 통제 불가능할 정도로 비대해지고 있으며, 일반 시민들, 특히 사회경제적 약자들의 사회적 자유는 거의 무방비 상태로 위협에 노출돼 있다. 맘몬을 섬기는 천민자본주의 국가에서 시민들의 사회적 자유와 권리는 갈수록 위축되고 있는 것이다.

시대정신 구현을 위한 두 가지 조건

실질적 민주주의를 외치는, 경제민주화와 복지국가를 시대정신으로 연호하는, 사람다운 삶을 하소연으로 요청하는 무수한 시민들의 목소리는 이러한 신자유주의 폐해가 극한에 이른 상황에서 자연스레 솟구쳐 나오는 것이다. 누구도 이 민심의 표출을 억누를 수 없다. 신자유주의 정부는 또다시 경제활성화론이나 선성장-후분배론 등을 들먹이며 민의를 호도하려 들 것이다. 그러나 시대정신은 타협의 대상이 아니다. 기만적 대응으로 왜곡하거나 잠재울 수 있는 성질의 것이 아니다. 장기간에 걸친 삶의 현실이 토대가 되어 형성된 동시대인들의 보편적 정서와 정신적 지향이 그 토대가 그대로인 상황에서 어떻게 변하거나 소멸할 수 있겠는가. '민심의 진보화'는 소기의 목적을 달성하기 이전엔 결코 사그라지지 않을 한국 사회의 메가트렌드이다. 정치권은 이를 엄중한 현실로 받아들여야 한다. 그리고 더 늦기 전에 사회 구성원들의 염원과 열정을 수용함은 물론 거기에서 더 나아가 이를 적극적으로 동원하고 조직하여 경제민주화와 복지국가 건설에 매진해야 한다. 그래야 사회통합을 안정된 상태로 유지하며 누구나 행복한 공동체로 이 나라를 발전시켜나갈 수 있다.

복지국가와 경제민주화라는 시대정신을 구현하기 위해선 최소한 다음의 두 가지 조건은 갖춰야 한다. 첫째, 한국형 조정시장경제 모델을 마련하고 이에 대한 사회적 합의를 이뤄야 한다. 앞에서 본 바와 같이, 한국 경제는 국가주도 조정시장경제에서 시장주도 자유시장경제로, 그리고 이명박 정부 이후엔 국가주도 신자유주의 체제로 변화해오면서 사회경제적 폐해를 양산했고 그 적폐는 이미 관리 불가능할 정도에 이르렀다. 이제 선진 복지국가들의 전형적 자본주의 유형인 합의제 조정시장경제로의 대전환을 추진할 때가 되었다. 그러자면 우선 작금의 신자유주의 체제를 대체할 분배 친화적이며 사회통합적인 한국형 조정시장경제체제의 모델을 만들어 사회적 합의를 도출해야 한다. 대안 모델의 실현 주체는 어차피 사회 구성원들이기 때문이다. 참고로, 독일의 조정시장경제 모델인 '사회적 시장경제social market economy'가 지금까지 안정적으로 운영될 수 있었던 이유도 그것이 2차대전 직후 벌어진 치열한 논쟁 과정에서 독일인들이 합의에 의해 스스로 선택한 대안 모델이기 때문이다. 사회적 합의에 이를 수 있는 한국형 조정시장경제 모델의 작성과 관련한 구체적인 제언은 5장과 6장에서 하기로 한다.

두 번째 조건은 신자유주의 대안 모델이 작동할 수 있는 새로운 정치체제의 구축이다. 서문에서부터 이미 강조했듯이, 경제민주화와 복지국가는 '시장에 맞서는 정치'로 달성해가는 것이다. 그런데 시장에 조력하는 정치를 시장에 맞서는 정치로 바꾸는 일은 결국 정치체제의 변혁을 요하는 일이다. 신자유주의라는 고삐 풀린 말을 세상에 풀어놓은 미국과 영국, 그리고 그 말이 질주했던 오스트레일리아, 뉴질랜드, 캐나다, 한국 등의 공통점을 다시 생각해보라. 모두가 다수제 민주주의 국가들이다. 한편, 그 말이 함부로 뛰어다니지 못했던 독일, 네덜란드, 스웨덴, 덴마크 등을 보라. 모두 합의제 민주주의 국가들이다. 다수제 민주주의에서는 신자유주의를 부추기고 확산하는 '시장 조력 정치'가 기승을 부릴 수 있는 반면, 합의제 민주주의에서는 오히려 이를 억제하고 통제하는 '시장 조정 정치'가 안정적으로 작동할 수 있다는 의미가 아니겠는가. 3장에서 논의한 바와 같이, 한국의 민주주의는 다수제 중에서도 유독 독식과 배제의 성격이 강한 정치체제이다. 따라서 한국엔 정치와 경제를 포함한 모든 영역에서 사회경제적 약자 계층을 포용하는 구조가 발달돼 있지 않다. 이런 나라에서는 절대 분배 친화적이며 사회통합적인 시장경제체제가 발달할 수 없다. 한국형 합의제 민주주의로의 체제전환이 이루어지지 않는 한 시대정신의 구현은 요원한 일이라는 것이다.

아래에선 2010년과 2012년 사이 급격하게 분출한 사회적 요청과 압력에 직면하여 정치권이 부랴부랴 내놓은 신자유주의 대안 담론들을 살펴본다. 그리고 이런 담론들 모두가 자기 완결성을 갖춘 조정시장경제 모델이라고 평하기에는 부족할뿐더러, 설령 필요한 손질을 가해 경제체제 모델로서 구색을 갖춘다 할지라도 실현 가능성은 매우 희박한 것들이라는 진단을 내린다. 정치체제 조건의 미비는 쉽게 극복하기 어려운 문제이기 때문임을 강조한다.

정치권의 신자유주의 대안 담론

1장에서 본 바와 같이, 역설적이게도, 민주화 이후 특히 '민주정부 10년'을 거치며 한국은 어느덧 세계 최고 수준의 자살률과 세계 최저 수준의 출산율로 요약되는 극도의 '불안 사회'가 되었다. 당연히 신자유주의 체제에서 벗어나야 한다는 주장들이 분출했다. 특히 노무현 정부 후기에 들어서면서부터 신자유주의 대안 담론들이 활발히 개진되기 시작했다.[27] 민생은 갈수록 어려워지고 있는데, 진보 성향 시민들의 지지로

27 곽정수·김상조·유종일·홍종학 2007, 이병천 2007, 이병천 편 2007, 조영철 2007, 유종일 2008, 최태욱 편 2009, 이상이 편 2010 등이 대표적이다.

당선된 대통령은 임기 후반부에 들어 '권력은 이미 시장으로 넘어갔다'는 등의 체념적 발언과 함께 자신과 자신의 정부를 '좌파 신자유주의'라고 자조적으로 칭하며 노동시장 유연화나 한미 FTA 같은 신자유주의 정책들을 일방적으로 밀어붙였다. 이에 노무현 정부에서는 더 이상 기대할 게 없다고 판단한 학계와 시민사회의 민간 연구자들이 신자유주의의 위험성을 널리 알리며 대안 모색에 적극 나서기 시작한 것이다.

그러나 정당이나 국가 차원에서의 신자유주의 대안론 혹은 한국자본주의 개혁론은 2008년 미국발 금융위기 이후에야 (그것도 놀라우리만치 매우 느리게, 매우 불완전한 형태로) 나오기 시작했다. 그마저도 시민사회의 압박에 의한 수동적 대응일 뿐이었다. 1장에서 언급한 대로, 이명박 정부의 시류에 역행하는 신자유주의 기조 강화로 인하여 양극화와 사회경제적 불평등이 심해지자 시민사회에선 신자유주의 체제에 대한 불만이 더욱 팽배해졌다. 수많은 시민들이 신자유주의 노선에서의 탈피를 요구했고, 대안체제의 수립을 요청하기 시작했다. 2010년 지방선거에서 무상급식 의제가 크게 부각된 이후 복지국가론이 한국 사회의 보편적 담론으로 자리 잡게 된 것은 이와 같은 시민사회의 원願이 쌓인 결과였다. 그리고 복지국가 담론은 바로 경제민주화 담론 경쟁을 불러냈다. 이제 경제민주화와 복지국가를 논함에 있어 진보와 보수, 여와 야, 민간과 공식 부문이 따로 없게 되었다. 민주당과 진보정당들은 물론 한나라당(새누리당), 삼성경제연구소, 《조선일보》 등을 포함한 보수진영의 대표 주자들도 나름의 복지국가론과 경제민주화론을 내놓기 시작했다. 임기 막바지인 2011년 8월에는 드디어 이명박 정부도 소위 '공생발전론'을 내놓았다. 비록 내용이 충실하지 않고 구체적인 후속 대책이 나오지도 않았지만, 공생발전론의 제시는 이제 이명박 정부조차 새로운 시장경제체제를 논하지 않을 수 없는 상황에 다다랐음을 알려주는 사건이었다.

이명박 정부의 공생발전론

국가 주도 신자유주의 체제의 확립을 획책하려 든다는 비판까지 받았던 이명박 정부는 (다소 뜬금없이) 대통령의 2011년 광복절 기념 축사를 통해 공생발전론을 주창했다. "탐욕 경영에서 윤리 경영으로, 자본의 자유에서 자본의 책임으로, 부익부 빈익빈에서 상생 번영으로 진화하는 (새로운) 시장경제의 모델이 요구"되는바, 서로가 서로를 보살피며 격차를 줄여가는 공생발전이 해법이라는 것이었다(이명박 2011). 이 공생발전론은 그보다 2주 정도 앞서 《조선일보》가 제창한 새로운 자본주의론과 일맥상통하는 것이었다. 《조선일보》는 '이젠 자본주의 4.0이다'라는 특집 연재 기사를 통해 이제 신자유주의와는 더 이상 같이 할 수 없고 "따뜻한 자본주의"를 만들어가야 한다고 주장했다. 그리고 영국의 언론인이자 경제평론가인 아나톨리 칼레츠키(Anatole Kaletsky 2010)가 제시했던 이른바 '자본주의 4.0'을 대안 모델로 제시했다.

2010년 6월에 발간된 책에서 칼레츠키는 고전적인 경제적 자유주의에 기초한 자유방임자본주의를 1.0, 국가의 역할을 강조하는 사회적 자유주의에 기초한 수정자본주의를 2.0, 경제적 자유주의로 돌아가 시장경제에 모든 것을 맡기자는 신자유주의를 3.0이라 할 때, 이젠 자본주의 4.0이 필요하다고 역설했다. 그의 주장은 신자유주의의 종언을 인정하고 대안체제를 준비해야 한다고 지적했다는 점에서는 분명 시의적절했다. 하지만 그의 자본주의 4.0론은 신자유주의의 대안체제를 구체적으로 제시하고 있는 체계적인 모델은 전혀 아니었다.

신자유주의의 핵심 문제가 시장과 기업의 지나친 자유에 있다고 할 때 대안체제의 핵심에는 시장과 기업에 대한 규제와 조정제도가 자리 잡아야 마땅하다. 그리고 그 규제와 조정은 국가나 사회가 주체가 되는 (비시장적인) 민주적 기제에 의해 실행되어야 또한 마땅하다. 민주적 조정 기제가 작동할 때 비로소 경제민주화나 복지국가의 확장도 가능해진다. 따라서 국가나 사회의 역할을 무시 혹은 경시하는 시장경제 모델들은 제대로 된 신자유주의 대안 담론이라 말하기 어려운 것이 사실이다. 자본주의 4.0론이 바로 이러한 담론에 해당된다. 시장과 균형을 맞추기 위해서는 거시경제 관리와 금융규제에 있어 정부의 역할이 더욱 강화되어야 한다는 원론적이고 부분적인 언급만 있을 뿐 기업지배구조, 기업 간 관계, 상품생산체계, 노사관계, 고용체계, 교육 및 직업훈련체계 등 시장경제를 구성하는 주요 제도들과 운영 과정에 정부가 어떻게 개입하고 조정해야 한다는 등의 구체적 제안은 찾아볼 수 없다. 심지어 정부의 규모와 재정은 더 작아져야 하며, 따라서 공공지출을 삭감하고 국가 복지를 축소해야 한다는 이중적 주장을 개진하기도 한다. 결국 전체적으로 볼 때 자본주의 4.0이 상정하는 체제는 여전히 경제적 자유주의에 토대를 둔 시장과 기업 중심의 '자유시장경제' 체제이며, 여기서 정부의 역할 강화란 다만 제한된 영역에서 부분적으로만 허용되는 것이라고 해석된다. 자유시장경제체제를 대체할 만한 진정한 대안 모델이라고 보기는 어렵다는 얘기다.

이러한 자본주의 4.0론을 앞세워 《조선일보》가 강조했던 것은 결국 기업의 사회적 책임이다. 기업인들의 자발적인 기부와 자선사업을 복지 확대의 구체적인 방법으로 제시한 것 등으로 보아 알 수 있다. 요컨대, 사회경제적 양극화 등의 신자유주의 폐해 문제를 국가나 사회의 시장

개입보다는 기업의 주체적 노력으로 풀어가도록 하자는 것이다. 바로 이 핵심 포인트에서 이명박 정부의 공생발전론은 《조선일보》의 주장과 정확히 일치한다. 물론 공생발전론이나 자본주의 4.0론은 신자유주의보다는 다소 "따뜻한" 자본주의를 제창하고 있긴 하다. 그러나 둘 다 근본적으론 여전히 자본, 기업, 시장의 자유를 중심에 놓는 보수적 혹은 경제적 자유주의 구상일 뿐이다. 정부의 역할이 언급될지라도 이는 오직 '시장 친화적' 조율 정도에 그치며, 주역은 역시 기업이 맡는다. 결국 이 담론들에선 신자유주의의 핵심 주체들이 계속 시장사회를 주도하게 된다는 것이다.

자본과 기업의 사회적 책임이 중요하다고 할 뿐 이를 강제하거나 유인해낼 수 있는 구조적 틀이나 제도적 기제를 제시하지 않는 이상 공생발전론은 유의미한 신자유주의 대안 담론이라 할 수 없다. 자본주의 체제에서의 길항 관계는 흔히 노동과 자본, 정부와 기업, 국가와 시장 간에 형성된다고 하는데, 공생발전론과 자본주의 4.0론에선 노동, 정부, 국가의 역할은 빠져 있거나 최소화되어 있다. 그러니 이 담론들에서는, 예컨대, 이 시대 최대의 화두인 복지국가론을 찾아낼 수가 없다. 하긴 복지국가란 '시장에 맞서는 정치'에 의해 건설되는 하나의 제도 체제인데, 복지정치의 핵심 주체인 노동과 정부의 역할이 무시 혹은 경시되고 있는 모델에 어떻게 제도적 구속력을 갖춘 복지국가론이 존재할 수 있겠는가. 공생발전론이란 그저 허울 좋은 구두선에 불과하다는 평가가 나오는 이유이다.

새누리당의 경제민주화론

보수 여당인 한나라당의 지도자 중에서 가장 먼저 신자유주의의 대안체제 모색에 착수한 이는 박근혜 의원이었다. 그는 2009년 5월의 스탠퍼드 대학 연설에서 '원칙이 바로 선 자본주의disciplined capitalism'를 만들어가야 하며 이를 위해선 시장에 대한 정부의 감독 및 감시 역할을 강화하는 한편 "소외된 경제적 약자를 확실히 보듬어야" 한다고 역설했다. 경제발전의 최종 목표는 "소외계층을 포함한 모든 국민이 함께 참여하는 공동체의 행복 공유에 맞춰져야 하기 때문"이라는 게 그의 논거였다. 진보 진영에서나 나올 법한 신자유주의에 대한 경계와 조정시장경제에 대한 선호가 표출된 주장이었다. 같은 해 10월 26일 고 박정희 대통령 30주기 추도사에서는 "아버지의 궁극적인 꿈은 복지국가 건설"이었다고 말하며 자신이 이제 그 꿈을 실현해갈 것임을 시사했다. 그러고는 2010년 12월 소위 '생애주기 맞춤형 복지'라는 한국형 복지국가 구상을 내놓았다. 1년 뒤《경향신문》과의 인터뷰에서 자신이 "원칙이 바로 선 자본주의를 주장한 것도 (중략) 생애주기 맞춤형 복지를 강조한 것도 신자유주의 결과로 인한 양극화를 해소해야 한다는 차원에서" 말한 거라고 밝혔다(《경향신문》 2011년 12월 5일자). 말하자면 자신의 복지국가론과 새로운 자본주의론은 모두 신자유주의의 대안 모델로 내놓은 것이란 설명이었다.

박근혜 의원의 대안 모델 구상은 2011년 12월 그가 한나라당 비상대책위원장을 맡게 된 이후 (적어도 방향성에 있어선) 여당의 강령으로 공식화된다. 2012년 초 박 비대위원장은 당의 정강정책을 획기적으로 손질하고 당명까지 새누리당으로 바꾼다. 그리하여 복지국가 건설, 경제민주화, 그리고 일자리 창출이라는 진보 의제를 중심에 놓고 있는 지금의 새누리당 강령이 탄생한 것이다. 강령만을 놓고 본다면 '작은 정부'를 강조하던 과거 한나라당의 신자유주의 노선은 이제 '큰 정부'를 지향하는 진보적 자유주의 노선에 가까운 것으로 크게 탈바꿈한 것이다. 4월의 19대 총선을 앞두고 복지국가와 경제민주화 깃발을 높이 치켜든 새누리당의 정책 공약이 과연 얼마나 진보적일지에 대하여 국민의 관심이 집중된 것은 당연한 일이었다.

그러나 총선 공약으로 확인된 새누리당의 변화는 실망스러운 것이었다. 공생발전론과 같이 아무런 내용도 없는 화두 수준의 공약은 물론 아니었지만, 새누리당의 경제민주화론에는 공생발전론과 마찬가지로 자본과 기업, 시장의 과도한 힘과 자유를 효과적으로 제한할 수 있는 노동과 정부, 국가의 역할이 아예 빠져 있거나 일부 들어 있더라도 너무 미약했다. 예컨대, 의미 있는 재벌개혁 공약도 별로 없었다. 새누리당은 민주당과 통합진보당이 지지하는 출자총액제한제도 재도입, 순환출자 금지, 금산분리 강화 등 유의미한 재벌개혁 방안에 모두 반대했다. 경제민주화를 당 강령에 내걸었으면서도 그동안 부당하게 확대된 재벌의 경제력 집중을 교정할 생각은 없는 듯했다. 중소기업 적합 업종 법제화에 반대한다는 입장이 그 증거로 보였다. 경제민주화의 또 다른 축인 노동자 지위 강화 방안도 별 게 없었다. 예를 들면, 민주당과 통합진보당은 동일(가치)노동-동일임금 원칙의 근로기준법 명시를 강력히 주장했으나 새누리당은 침묵했다. 공공부문은 물론 민간 부문에서도 정규직을 확대하고 비정규직을 감축해야 하며 이를 위해 비정규직의 사용 자체를 제한하는 등 실효성 있는 법제도의 정비를 추진하겠다는 민주당이나 통합진보당과 달리 새누리당은 사내 하도급 근로자 보호 등에 관한 법률 제정을 약속하는 등 비정규직의 보호나 차별 개선에 중점을 두었다. 노조 조직률 강화 또는 단체협약 적용률 제고에 대해서도 별 말이 없었다.

복지국가론과 관련해서도 마찬가지였다. 새누리당이 내놓은 복지

공약은 이미 거의 실시되고 있는 무상보육에 집중돼 있었다. 복지국가의 핵심 제도라 일컬어지는 무상의료제 도입에는 난색을 표했다. 무상의료 실시는커녕 오히려 영리병원의 허용을 주장했다. 심지어는 2010년 지방선거 이후 한국인들의 보편적 요구로 인식돼온 무상급식마저도 인정하려 들지 않았다. 그렇게 줄이고 줄이다 보니 새누리당의 복지 재정 공약은 단출해졌고, 따라서 복지 재원의 마련을 위한 증세 필요성도 언급할 이유가 없어졌다. 결국 보편주의 복지가 아닌 잔여주의 복지로 만족하자는 주장이었다.

총선 공약으로 드러난 새누리당의 경제민주화론 혹은 신자본주의론은 신자유주의의 대안 모델이라고 부를 만한 것이 결코 아니었다. 그것은 대선 공약으로 내세운 경제민주화론 역시 마찬가지였다. '경제민주화 조항'으로 알려진 헌법 119조 2항의 작성자이며 평소 독일의 '사회적 시장경제'를 모델로 삼아야 한다고 주창해온 까닭에 '경제민주화의 아이콘'으로 일컬어지던 김종인 박사를 총선에 이어 대선에도 앞장세우고, 새누리당의 경제민주화 추진은 종국에 '한국형 복지국가'의 건설로 이어질 것이라는 등의 달콤한 언설을 널리 퍼트림으로써 겉모습은 화려하게 꾸밀 수 있었다. 당의 이미지 전환에는 분명 도움이 될 만한 것이었다. 하지만 내용을 들여다보면, 한국 자본주의의 실질을 바꿀 수 있는 구속력 있는 대책은 별로 포함돼 있지 않다는 게 지식인들의 중론이었다. 재벌로의 경제력 집중 완화나 노동자의 지위 향상, 그리고 보편적 복지의 확대에는 무심하고 단지 불공정 행위의 규제와 기업의 사회적 책임에만 초점을 맞춘 대선 공약은 새누리당의 자본주의 담론이 여전히 고전적 경제 자유주의 이념에 머물러 있을 뿐이라는 사실을 웅변해주는 것이었다. 새누리당의 한계는 당의 사회적 기반과 존립 근거가 상당 부분 기존 신자유주의 체제의 기득권 계층과 밀접하게 연결돼 있다는 현실에서 오는 것임은 물론이다. 새누리당이 체계적인 조정시장경제체제 구축 방안을 내놓으리라 기대하기란 사실 애초부터 어려웠다는 것이다.

민주당의 경제민주화 모델

민주당이 한국 자본주의의 새로운 방향을 모색하겠다는 뜻을 당 차원에서 공식적으로 밝힌 때는 2011년 12월이라고 볼 수 있다. 당시 민주당은 새 강령을 발표하며 이제 당의 목표는 경제민주화 달성과 보편적 복지국가의 건설이라고 선언했다. 또한 이를 위해 재벌개혁, 한미 FTA 전면 재검토, 동일노동-동일임금 실현, 교육, 주거, 일자리, 의료, 노후 복지의 획기적 강화 등을 당의 정강정책기조로 삼아 추진하겠다고 천명했다. 강령만 본다면 이제 한국에도 유럽의 어느 사민주의 정당이나 진보적 자유주의 정당에도 뒤지지 않을 유력한 중도좌파 혹은 중도진보정당이 탄생한 것이었다.

앞서 언급한 바와 같이, 한국 사회의 신자유주의 지배는 상당 부분 '민주정부 10년' 탓이라 할 수 있다. 통칭 '민주당'이라 할 수 있는 새천년민주당이나 열린우리당 등의 당시 여당은 한나라당에 비해선 진보적이었을지 모르나 신자유주의에 대한 문제의식이 충분치 않았던 것은 '민주정부'와 매한가지였다. 정부-여당이라는 밀접한 내부 관계를 활용하여 정부의 신자유주의 노선을 견제할 만한 능력과 의지가 부족한 여당이었던 것이다. 이런 사정은 민주당이 정권을 빼앗긴 뒤에도 상당 기간 동일했다. 복지국가 건설이나 경제민주화 등은 소수에 불과한 당내 진보개혁파 의원들의 주장이었을 뿐, 당의 정강정책으로 공식화될 수는 없었다. 그러했던 민주당의 사정은 2010년 지방선거 이후 변화하기 시작했다. 그리고 민주당은 시민사회와 노동계의 일부 세력을 받아들여 민주통합당으로 확대 발전해가는 과정에서 드디어 분명한 중도 진보적 노선을 택하게 되었다.

민주당의 싱크탱크인 민주정책연구원은 이른바 '사회시장경제'를 당이 추진해갈 한국형 조정시장경제체제로 제안했다. 동 연구원이 2011년 12월 말에 내놓은 제안서에 의하면 사회시장경제란 "민주적 시장경제에 보편적 복지를 결합시킨 한국형 발전 모델"이다(민주정책연구원 2011). 여기서 민주적 시장경제란 "개인의 경제적 자유에 기초한 시장경제의 효율성과 역동성을 저해하지 않으면서도 사회 공동체 전체의 존립과 발전의 목표에 맞게 국가가 시장에 개입하여 조정할 수 있다는 원리에 기초한" 조정시장경제체제이다. 이 민주적 시장경제가 보편적 복지와 만날 때 분배 및 재분배 구조가 강력해짐으로써 경제적 평등이 최대한 보장되는 사회시장경제체제가 탄생된다는 것이다. 한편, 사회시장경제는 독일의 '사회적 시장경제'와 궁극의 가치 지향에 있어 분명히 다르다는 점도 강조되었다. 후자가 경제주체들 간의 공정성 및 질서 확립을 통해 (독과점을 억제하고) 완전경쟁이 보장되는 시장의 자유를 최종 목표로 삼은 것이라면, 사회시장경제는 사회 공동체 전체의 번영을 위한 민주주의를 상위의 원리로 삼고 시장의 자율성은 이 궁극의 가치를 달성하기 위해 필요한 정도로만 허용하는 체제라는 것이다.

경제민주화와 보편적 복지국가 건설을 통해 새로운 시장경제체제를 만들자는 민주정책연구원의 이 사회시장경제론은 민주당의 2012년 총선 공약을 통해 정책적으로 상당 부분 구체화되었다(민주당 2012). "차별 없는 노동시장"의 형성을 위한 동일노동-동일임금 원칙의 실현, 비정규직의 감축, 정리해고 요건의 강화, 직업훈련의 확대 및 적극적 노동시장 정책의 강화 방안 등이 발표됐고, 협력적 노사관계의 발전을 위해서는 노동기본권의 보장, 단체협약 적용률의 제고, 노동조합 활동의 강화, 민주적 노사관계 거버넌스의 구축, 노동자의 경영 참여 확대 방안 등이 제시됐다. 또한 공정경쟁의 보장을 위한 강도 높은 정책 수단들이 재벌개혁, 중소기업과 자영업자의 이익 보호, 금융의 공공성 확보, 농업 경쟁력의 강화 등의 세부 영역에서 마련되었다. 보편적 복지의 확충과 관련해서도 무상보육 실현, 의무교육 강화, 대학 교육의 공공성 제고, 그리고 의료·주거·노후·복지 등의 확대 방안이 비교적 충실하게 내용을 갖추어 소개되었다.

민주당의 경제민주화론이 (이명박 정부의 공생발전론과는 비교할 필요도 없고) 새누리당의 공약에 비해 보다 구체적이고 실효성 있는 제도와 정책 수단들로 채워져 있다는 점은 충분히 인정할 수 있다. 그러나 체계적인 신자유주의 대안 모델로 인정하기는 어렵다. 좋은 제도와 정책들이 개별적으로 열거돼 있기는 하나, 그것들이 어떻게 맞물려 어떤 성격을 띠며 체계적으로 작동할 것인가를 가늠할 수 있는 구성 원리 내지 작동 원리는 제시돼 있지 않기 때문이다. 말하자면, 구슬은 서 말인데 꿰어지지 않은 상태에 있다는 것이다. 5장에서 자세히 논하겠지만, 하나의 '제도적 체제institutional regime'로서의 자본주의 혹은 시장경제는 금융체계, 기업지배구조, 기업 간의 관계, 상품생산체계, 노사관계, 고용체계, 교육 및 직업훈련체계 등 상호 보완 관계에 있는 제도들이 서로 맞물려 돌아가는 가운데 형성되고 유지된다. 상보성을 갖는 제도와 정책 요소들이 하나의 패키지로 엮여 있어야 일정한 시장경제체제가 구성되고 지속될 수 있다는 것이다(Amable 2003). 민주당의 경제민주화론이 대안적 시장경제체제론으로서 완성도를 갖추기 위해서는 이 상보성의 원리에 입각한 총체적 제도 설계가 먼저 이루어져야 했다.

대안 모델 실현의 정치적 조건

이상과 같이 경제민주화와 복지국가가 시대정신으로 떠올랐던 2010년과 2012년 사이 정치권에선 다양한 신자유주의 대안 담론들이 제시됐다. 그러나 누구도 제도적 상보성의 원리에 기반을 두어 하나의 체계로서 맞물려 돌아갈 수 있는 완성도 높은 조정시장경제 모델은 내놓지 못했다. 그러니 특정 모델에 대한 사회적 합의 도출은 시도조차 할 수 없는 상황이었다. 이런 상황은 지금까지 이어지고 있다. 시대정신의 구현을 위한 두 가지 조건 중의 첫 번째 조건이 아직 구비되지 않은 상태에 있다는 것이다. 그러나 이는 두 번째 조건의 미비라는 문제에 비하면 오히려 작은 문제에 해당한다.

시민들의 호응을 끌어낼 수 있는 좋은 모델은 정성과 시간만 충분히 투여하면 언제든 작성해낼 수 있다. 그러나 이를 현실에서 실현할 수 있는 정치 조건을 구비하는 일은 소수의 뛰어난 제도 설계자들이 해결할 수 있는 일이 전혀 아니다. 한국의 현 정치체제를 통째로 바꾸어놓아야 하는 이른바 '대업'에 해당하기 때문이다. 경제민주화와 복지국가의 건설이 왜 정치체제의 대변혁까지를 요구하는 초대형 과제인지를 간단히 살펴보자.

지금 우리 시민들의 복지국가에 대한 선호는 매우 강렬하다. 신자유주의 세력의 수호자 역할을 해왔던 새누리당마저, 기만적 술수였는지는 모르겠으나, 복지 강령을 채택했을 정도이다. 경제민주화 역시 마찬가지이다. 그러나 분명히 알아야 할 것이 있다. 시민들의 강력한 요구가 언제나 사회경제적 변화로 이어지는 것은 아니라는 사실이다. 이 책 전체의 이론 틀로 삼고 있는 신제도주의론에 의하면, 아무리 행위자 변수에 중대한 변화가 일어났다 할지라도 기존의 정치제도 변수를 고려하지 않으면 정책이나 제도의 유의미한 변화를 설명하거나 예측하기는 어렵다(Scharpf 1997). 행위자는 언제나 주어진 제도에 구속되어 그 안에서 자기 나름의 합리적인 선택을 해나갈 뿐 아니라 그렇게 선택한 행위의 실제 효과 역시 상당 부분 제도에 의해 결정되기 때문이다. 그렇다면 시민이라고 하는 행위자 집단의 선호 변화만으로 경제민주화나 복지국가의 형성 가능성을 논할 수는 없는 일이다. 그들의 정치 행위와 결과에 상당한 영향을 끼치는 정치제도 변수를 동시에 고찰해야 한다. 요컨대, 경제민주화와 복지국가에 대한 시민들의 선호가 아무리 강렬할지라도 그것이 제도적 한계에 갇혀 있다면 거기서 커다란 변화를 기대할 수는 없다는 것이다.

복지정책 영역에서의 구체적 행위자들은 분석의 편의상 크게 친복지세력과 반복지세력으로 나눌 수 있다. 친복지세력을 보편적 복지국가의 건설을 선호하고 지지하는 사회경제 집단들의 총합으로 정의할 때, 여기에는 복지 확대의 수혜 계층이 모두 포함된다. 한국의 상황에서는 특히 복지 수요가 매우 높은 실업자, 비정규직 노동자, 자영업자, 장애인, 환우 등의 사회경제 집단, 그리고 청년과 노인 세대 등이 가장 적극적인 (실재적 혹은 잠재적) 친복지세력 구성원으로 이해되고 있다.[28] 한편,

---

28 주로 대기업에 집중돼 있는 한국의 정규직 노동자들은 상대적으로 높은 임금뿐 아니라 기업복지의 혜택을 상당히 받고 있으므로 증세 등이 요구되는 복지국가 건설에는 적극적으로 나서지 않는 것으로 파악되고 있다. 국가 혹은 사회 차원의 복지 확충을 위해 필요한 추가 비용 부

반복지세력은 정부가 제공하는 사회서비스나 사회보험 등의 확대가 별도로 필요하지 않은, 즉 복지 자급 능력이 있는 금융 및 산업 자본가와 자산 소유자 그리고 전문직 고소득자 등의 부유층들로 이루어진다. 이들은 복지국가 건설 비용의 대부분은 결국 수혜 계층이 아닌 자신들이 지불하게 될 거라는 피해 의식에 사로잡혀 복지의 탈상품화 기조에 반대한다. 스완크의 복지정치 분석 맥락에서 보자면, 그들은 소위 신자유주의 세력에 해당한다(Swank 2002). 중산층 시민들의 경우는 적극적인 친복지세력이라고 보기는 어렵지만 반복지세력이라고 할 수는 결코 없다. 그들이 수준 높은 복지의 보편적 제공을 마다할 까닭이 어디 있겠는가. 다만 보편적 복지국가의 건설에 필요한 재원 마련을 위해 자신들에게 과도한 조세 부담이 급격히 지워지는 사태를 우려한다. 그것만 아니라면, 즉 대기업과 고소득층에 대한 증세 조치 등이 충분히 이루어지고 자신들은 점진적 단계적으로 적절한 부담을 지는 방식이라면, 친복지세력의 보편적 복지국가 건설 요구를 지지한다.

이제 정치제도 환경을 보자. 친복지세력의 복지 확대 요구가 과연 어떻게 정치체제에 투입되어 소기의 정책 변화로 산출될 수 있을지 따져보자는 것이다. 한국의 정치사회 현실에서 '지배집단winning coalition'을 형성하고 있는 쪽은 예나 지금이나 여전히 반복지세력들이다. 정계, 관계, 재계, 학계, 언론계, 문화예술계, 종교계 등 사회 전반에 걸쳐 이들 신자유주의 세력은 견고한 기득권 체제를 형성하고 있다. 몇 겹으로 둘러싸인 이 두터운 기득권층을 통과하여 친복지세력의 요구가 유의미한 정

담을 꺼린다는 것이다. 결국 한국의 유력한 친복지세력은 비정규직 노동자와 자영업자 중심으로 구성될 전망이다(김정진 2010).

책 결실로 이어지기 위해서는 사회경제적 약자를 위해 효과적으로 작동하는 정치적 소통 채널이 필요하나 한국 정치에는 이것이 제대로 마련되어 있지 않다. 구체적으로 말하자면, 사회경제적 약자의 선호와 이익을 대변하고 대표해줄 수 있는 제도적 기제, 즉 누구에게나 효과적이고 동등한 정치 참여를 보장해주는 포괄적인 정당체제가 부재하다는 것이다. 이러한 제도 환경에서라면 설령 사회경제적 약자들의 복지 증대 요구가 지금보다 훨씬 강력해진다 할지라도 그것이 (현 기득권 체제를 붕괴시킬 정도로 폭발적이지 않는 한) 정책 결정 과정에 제대로 반영될 가능성은 앞으로도 매우 낮다. 한국의 보편적 복지국가로의 발전은 요원한 일이라는 것이다.

물론 두 거대 정당인 새정치민주연합(민주당)과 새누리당(한나라당)이 각각 2011년과 2012년에 복지국가를 강령에 포함하는 등 복지정책의 강화를 중시하는 듯한 모습을 보이고는 있지만, 그들을 '친복지 정당'이라고 인정할 수는 없는 일이다. 친복지 정당이란 당의 존립 근거 혹은 지지 기반을 친복지세력에 두고 있는지라 어느 경우에 처하든 복지 강화를 위해 최선을 다하는 정당을 의미하는데, 한국의 양대 정당은 여전히 지역에 기반을 둔 선거전문 정당으로서의 성격이 강하기 때문이다. 새누리당은 친복지 정당은커녕 복지 중시 정당도 될 수 없다는 사실은 박근혜 정부의 출범 후 얼마 지나지 않아 바로 확인되었다. 정부 여당은 복지국가와 경제민주화 등의 부담스러운 진보 이슈로부터 일찌감치 스스로를 해방시켰다. 설령 2012년 대선에서 민주당이 정권을 잡았다 할지라도 획기적인 변화는 일어나지 않았을 것이다. 민주당이 진정한 친복지 정당이라면 민주당은 대선 패배 이후에도 실업자, 비정규직 노동자, 그리고 자영업자 등의 친복지세력을 위해 현실적인 정책 대안을 끊임없이 생산, 제시, 설명, 홍보했어야 했다. 그러나 민주당도 새누리당이나 박근혜 정부와 별 차이가 없었다. 대선 국면이 지나자, 그리고 다음 총선이나 대선에서 또다시 경제민주화나 복지국가가 강력한 선거정치 의제로 떠오를지 어떨지 불명확한 암중모색의 시기로 접어들자, 민주당 역시 선거전문 정당답게 새로운 선거 의제를 기다리고 대비하는 모습으로 바로 돌아섰다.

87년 체제의 정치제도들은 특정 이념이나 가치 또는 정책 등의 구현을 목표로 하는 유력한 대중 정당의 출현을 촉진하지도 않을뿐더러, 설령 기존 양대 정당 중의 어느 한 정당이 어떠한 이유에서든 가치나 정책정당의 역할을 제대로 수행하려 든다 해도 결코 도움이 되지 않는다. 가령 새정치민주연합이 새로운 리더십의 등장과 함께 진정한 친복지 정당으로 발전해가기로 결정했다고 쳐보자. 지도부의 분배와 복지 의제 강조에 대해 얼마나 많은 국회의원들이 호응하고 협력할 것 같은가. 소선거구 일위대표제 중심의 현행 선거제도에서는 경제민주화나 복지국가 같은 전국적 개혁 이슈에 자신의 정치 인생을 걸 만한 의원들이 많이 나타날 수가 없다. 그보다는 자기 지역구민들에게 이익이 집중되는 선심성 지역개발 사업이나 지역 투자 유치 등의 국지적 이슈에 몰두하는 편이 재선에 훨씬 유리하기 때문이다. 그러니 과연 누가 당의 복지국가 강령 실천을 위해 대기업과 자본 등의 기득권층이 지배하고 있는 시장에 맞서 최선을 다해 싸울 수 있겠는가?

요컨대, 이념과 정책 중심 정당들의 포진 및 그들에 의한 포괄의 정치를 촉진하는 정치제도 조건의 미비가 한국의 복지국가로의 발전 전망을 어둡게 하고 있다는 것이다. 제도 결핍에 근거한 이러한 부정적 진단은 거꾸로 제도적 처방이 적절히 시행된다면 복지국가 건설도 가능해진다는 긍정적 진단으로 전환된다. 정치제도의 개혁을 통해 친복지세력의 과소대표 현상을 치유할 수 있는 포괄의 정치가 안정적으로 작동되도록 하면 경제민주화 및 복지국가의 발전 가능성이 높아지리라는 이 책의 핵심 주장은 이 역전의 논리에 근거하고 있다. 2장에서 충분히 설명한 바와 같이, 포괄의 정치는 다수제 민주주의가 아닌 합의제 민주주의의 특성이다. 다수제 민주주의는 복지국가와 결코 친화적일 수 없는 배제의 정치를 원리로 삼고 있다. 경제민주화와 복지국가 건설이라는 시대정신을 구현하기 위해서는 87년 다수제 정치체제를 새로운 합의제 정치체제로 대전환할 필요가 있다고 주장하는 이유이다. 포괄의 정치를 제대로 보장하는 합의제 민주주의에서 왜 복지국가의 발전이 수월한가에 대해서는 6장과 7장에서 상세히 설명하기로 하고, 다음 5장에서는 우선 앞에서 간략하게 설명하는 데 그친 한국형 조정시장경제 모델에 관한 논의를 마무리한다.

5장

조정시장경제로 가야 한다

경제의 민주화란 본디 경제 혹은 시장의 영역에서도 민주주의의 원리가 작동되어가는 것을 의미한다. 집합적 결정은 다수 혹은 최대 다수의 선호에 따른다는 민주주의의 기본 원칙, 곧 다수결의 원칙 혹은 그 정신이 경제 영역에서도 나름의 방식에 의해 관철되도록 하자는 취지가 내포돼 있다. 그렇다면 우리 사회의 대다수를 차지하는 노동자, 농민, 중소상공인 같은 사회경제적 약자들의 선호와 이익이 (소수 강자들에 의해 압도당함 없이) 제대로 지켜지는 시장경제체제를 만드는 것이 경제민주화의 핵심 목표라 할 수 있다. 그런데 시장을 자유방임 상태로 놓아두어서는 약육강식의 정글 상태를 초래할 뿐 결코 그러한 목표를 달성할 수 없다. 따라서 시장은 사회적 필요에 따라 민주적인 '비시장non-market'적 기제에 의해 조정돼야 한다. 그래야 경제민주화가 진전될 수 있다. 경제민주화 조항이라 일컬어지는 헌법 119조 2항도 "국가는 (중략) 경제의 민주화를 위하여 경제에 관한 규제와 조정을 할 수 있다"고 선언함으로써 경제민주화의 핵심이 시장의 조정임을 강조하고 있다. 이렇게 볼 때 경제민주화를 이루자는 것은 결국, 4장에서 소개한 '자본주의의 다양성' 이론에 따르자면, 자유시장경제가 아닌 조정시장경제체제로 가자는 의미인 것이다.

자유시장경제체제의 극단적 형태인 신자유주의 체제가 들어선 이후 우리 시민들은 오랜 기간 온갖 사회경제적 폐해에 시달려왔다. 성장과 효율성을 지나치게 강조하다 보니 분배 상황은 크게 악화됐고, 양극화의 심화에 따라 사회분열 현상이 곳곳에서 목격되고 있다. 이제 여기서 벗어나 분배 친화적이며 사회통합적인 조정시장경제체제로 전환해 가자는 것이 경제민주화론의 요체라 할 수 있다. 혹자는 그렇게 조정시장경제로 방향을 선회할 경우 가뜩이나 떨어져가고 있는 한국의 경제성장률은 더 빠른 속도로 추락하고 말 것이라는 우려를 제기하기도 한다. 지나친 걱정이다. 나중에 보겠지만, 분배 친화적 성장 전략은 얼마든지 수립 가능하며, 그 실제 효과도 상당하다. 비근한 예로, 2000년대의 거의 대부분의 기간 독일, 네덜란드, 스웨덴 등의 대표적 조정시장경제 국가들의 경제성장률은 미국을 늘 앞섰다. 그 나라들만이 아니다. 7장에서 더 자세히 보겠지만, 일반적으로 말해서, 보편주의 복지체계를 갖춘 유럽의 조정시장경제 국가들은 성장과 효율성 측면에서도 미국에 결코 뒤지지 않는다.

사실 분배와 복지의 강화는 그 자체가 상당한 경제성장 촉진 효과를 발하기도 한다. 쉬운 예를 들어 그 이유를 살펴보자. 재벌닷컴의 조사에 의하면 2011년 6월 말 기준으로 국내 30대 재벌 총수의 직계가족이 지난 1년 사이 주식시장에서 벌어들인 돈은 무려 13조 원이다. 생각해보라. 재벌가 사람들은 그런 거액을 그토록 쉽게 벌어 대체 어디에 쓸 것 같은가? 심각한 내수 부진으로 나라 경제가 불안정하다고 난리들인데 그들의 씀씀이가 과연 그러한 걱정을 더는 데 도움이 될 듯싶은가? 아닐 것이다. 위에 말한 재벌 가족이라야 고작 118명인데 그들이 써봐야 얼마나 많이 쓰겠는가. 게다가 평소에 전혀 부족할 게 없는 사람들이 돈이 더 생겼다고 해서 어디 특별히 쓸 데가 더 있겠는가. 고작해야 외제 상품이나 외제 서비스의 추가 구입 정도가 아니겠는가. 내수 활성화에 기여할 수 있는 상당한 규모의 돈이 나라 안에 있을지라도 그 돈이 극소수 부자들에게 몰려 있으면 실제로는 별 도움이 안 된다는 얘기다.

다른 경우를 상상해보자. 앞에서 말한 13조 원이 몇몇 재벌가의 곳간에 머물러 있지 않고 일반 시민들에게 분배된 경우이다. 더 간단한 예를 들어, 800만 비정규직 노동자들에게 고루 나누어졌다고 쳐보자. 한 사람당 매년 162만 5,000원의 가처분소득이 더 생긴다. 필경 이 경우(물론 빚 갚는데 쓰면 안 된다는 조건을 붙여야 하는 것이 작금의 한국 현실이겠지만) 13조 원은 거의 모두 소비 창출로 이어질 공산이 크다. 일반 시민들, 특히 서민들은 돈 쓸 데가 늘 많은 터라 가처분소득이 얼마라도 늘면 대부분 필요한 재화 구입비로 사용되는 경향이 높기 때문이다. 162만 5,000원이면 그리도 갖고 싶던 좋은 노트북을 당장 사고도 남을 돈이고, 아이들의 스마트폰도 최신형으로 모두 교체해줄 수 있으며, 더운 집구석엔 에어컨도 하나 달 수 있다. 텔레비전, 세탁기, 냉장고 등 낡아빠진 가전제품들도 모두 새로 장만할 수 있다. 어디 그뿐인가. 그 돈을 몇 년만 모으면 선납금을 마련하여 자동차도 할부로 구입할 수 있다. 이런 식으로 소비가 매년 증가하면 생산도 그만큼 늘려야 한다. 100만 원짜리 노트북으로 따지자면 연간 1,300만 대를 더 생산해야 한다. 60만 원짜리

스마트폰은 연간 2,167만 개, 200만 원짜리 에어컨은 연간 650만 대 더 만들어야 한다. 이런 규모의 생산 증대는 당연히 투자 및 고용증대로 이어진다. 경제성장은 당연한 일이다. 이는 13조 원이 재벌가에 쌓여 있는 상황하고는 의미가 전혀 다르다. 분배는 확실히 성장으로 이어진다. 나누면 더 커진다는 이른바 '나눔의 예술'이다.

사실 '성장 촉진 분배론'은 특히 2008년 미국발 금융위기 이후 전 세계적으로 각광을 받았고, 몇 나라에선 실제 정책으로 채택되어 추진되기도 했다. 이 문제에 관한 한 선진국은 단연 중국이다. 그렇지 않아도 수출 주도 성장 전략의 한계를 느끼고 있던 중국은 미국발 금융위기의 발발을 계기로 내수 중시 경제로의 전환을 본격 추진한다. 2008년 12월 중국공산당은 중국의 경제 목표는 '성장 유지 및 내수 확대'라고 선언했고, 2010년엔 '포용적 성장'을 핵심 기조로 하는 제12차 5개년(2011~2015) 경제개발 계획의 기본 방침을 발표했는바, 내용은 "성장에서 분배로, 수출에서 내수로"라는 구호에 요약된 대로였다. 2009년 이후 중국 정부는 실효성 있는 각종 민간 소비 진작 정책들을 쏟아냈다. 가전제품과 자동차 등에 대한 구입 보조금 지급, 매년 15퍼센트씩의 평균임금 인상 정책, 농민 소득배가 정책, 민생 개선을 위한 사회보장체계의 강화 등이었다.

같은 시기 일본 역시 분배와 내수의 중요성을 강조하기 시작했다. 2009년에 출범한 민주당 정부는 아동수당 지급, 무상교육 확대, 의료보험 일원화, 노동자파견법 전면 재검토 등의 매우 파격적인 사회정책들을 내놓는 한편, 새로운 성장-분배정책 체계로서 이른바 '제3성장의 길'을 발표했다. 제3성장의 길은 일종의 '내수 및 복지 성장론'이라 할 수 있는데, 빈부격차 및 사회 불평등 해소를 위해 사회보장지출을 늘리는 동시에 사회서비스산업을 신성장산업으로 육성함으로써 가처분소득 증대와 내수 촉진을 꾀하고 이를 통해 경제성장을 도모한다는 것이었다. 비록 이 야심찬 신성장 전략은 재원 조달 등의 문제로 답보 상태에 머물다 2011년에 정권이 자민당에 되돌아감으로써 결국 무산되고 말았지만, 내수 활성화가 일본 경제 회생의 관건이라는 문제의식만은 자민당 정부에도 그대로 전달되었다. 자민당 정부는 재집권 이후 줄곧 내수 진작으로 이어질 수 있는 임금인상 및 고용증대 정책을 펼치고 있다.

중국이나 일본만이 아니다. 신자유주의 주도국이던 미국조차 오바마 정부 출범 이후 다양한 복지 및 분배 강화책을 추진하고 있다. 가장 최근의 일로는 2014년 2월에 최저임금을 시간당 7.25달러에서 10.10달러로 인상한 행정 명령 발표가 있다. 주요 국제기구들도 하나같이 분배를 통한 경제성장 전략을 권고하고 있다. 임금인상이야말로 가장 안정적인 경제성장 방안이라는 2012년의 국제노동기구ILO 보고서, 소득 불평등 해소가 향후 10년간 세계경제가 해결해야 할 핵심 과제라는 2014년의 세계경제포럼WEF 선언, 소득 불평등이 지속적인 경제발전의 최대 위협 요소인바 각국 정부는 재분배정책을 강화해야 한다는 2014년의 국제통화기금IMF 제안 등은 모두 같은 맥락에서 나온 분배-성장론이었다.

한국도 이제 노동시장의 1차 분배 구조를 개선해야 할 뿐만 아니라 조세 및 사회보장 정책을 개혁함으로써 2차 분배 혹은 재분배 역시 획기적으로 강화해야 한다. 그래야 내수에 기초한 지속적인 경제성장 구조를 형성할 수 있다. 두루 알려진 바와 같이, 안정된 내수 진작을 위해선 무엇보다 중류 이하 저소득층의 가처분소득을 늘려주는 것이 중요하고, 이를 위해선 실업과 불공정 비정규직을 줄이고, 노동자의 실질임금과 중소상공인의 실수익을 올리며, 복지와 사회안전망을 확충해야 한다.

가처분소득에서 소비지출이 차지하는 비중을 나타내는 평균 소비성향은 저소득층일수록 높은 것으로 나타난다. 가난할 사람들일수록 쓸 수 있는 돈이 생기면 저축보다는 소비로 지출하는 경향이 높다는 것이다. (고소득층이 아닌) 저소득층의 가처분소득 증가는 바로 소비 증대로 이어지는 까닭이다. 한국에서도 노동자들의 실질임금이 오르면 민간 소비의 증가, 기업 투자의 확대, 고용의 증대가 순차적으로 일어나 종국에 경제성장으로 연결된다는 사실이 실증 연구에 의하여 확인된 바 있다(홍장표 2014).[29] 재분배정책을 통한 사회안전망의 확충 및 복지 증대 역시 마찬가지 효과를 낸다. 가난한 사람들에게 있어 양육, 보육, 교육, 주거, 의료 등에 들어가는 돈이 줄거나 없어지고, 거기에 더하여 실업수당, 아동수당, 노인수당, 국민연금 등의 각종 사회보장 급여까지 받게 된다는 것은 결국 가처분소득의 상당한 증가를 의미하기 때문이다.

다행히 우리 사회에서도 최근 '소득 주도 성장론'이 상당한 주목을 받고 있다. 분배 및 재분배를 강화함으로써 가계의 가처분소득을 늘려야 소비 증가와 투자 확대가 이루어져 경제성장도 다시 높일 수 있다는 것이다. 이는 경제민주화와 복지국가 건설을 통해 이룰 수 있는 분배 친화적 성장론의 다른 이름이라 할 수 있다. 그렇다면 분배와 성장의 선순환 구조를 창출케 한다는 조정시장경제체제로의 전환은 과연 어떻게 달

---

29 이는 실질임금의 상승이나 노동소득 분배율의 개선은 기업의 수익성 악화, 투자 부진, 수출 경쟁력의 약화 등으로 이어져 결국 고용까지 감소시킨다는 기존 신자유주의 세력들의 주장에 정면으로 배치되는 사실이다. 외환위기 이후의 역대 정부들은 이 같은 신자유주의 논리에 동조하여 노동자 분배 몫을 키우자는 주장을 묵살하거나 심지어는 탄압했다. 그 결과 1996년 79.8퍼센트였던 한국의 노동소득 분배율은 2012년엔 68.1퍼센트로 감소했다(《한겨레신문》 2014년 7월 14일자). 경제활동의 과실을 나누는 과정에서 기업의 몫은 계속 늘고 노동자의 몫은 계속 줄어왔다는 것이다.

성할 수 있을까? 이제부터는 제도론적 입장에 국한해서, 어떠한 제도 조건을 갖추어야 한국형 조정시장경제체제가 제대로 작동될 수 있는지를 논하고자 한다. 여기 5장에선 우선 사회경제제도만 다루고 정치제도의 중요성에 대해서는 6장과 7장에서 논의하기로 한다.

한국형 조정시장경제의 핵심 내용

물론 이념형이긴 하지만, 154쪽의 〈표 3〉에서 보듯, 영미식이라고 부르는 자유시장경제체제는 시장의 자유 혹은 경제주체들 간의 자유경쟁을 최대한 보장해줄 수 있는 제도들의 조합으로 이루어져 있고, (대륙) 유럽식이라고 하는 조정시장경제체제는 경제주체들 간의 합의에 의한 시장 조정을 수월하게 하는 제도들로 구성돼 있다. 4장에서 지적한 바와 같이, 유럽의 선진 조정시장경제 국가들이 택하고 있는 비시장적 조정 기제는 일반적으로 사회적 합의주의이며, 이는 통상 이른바 '노사정 3자 협약의 정치경제'에 의해 발달해왔다. 그래서 유럽식 자본주의를 흔히 '합의제' 조정시장경제라고 부른다.

우리가 가장 주목해야 할 유럽식 조정시장경제의 (이념형적) 특징은 시장 조정 과정에 노동이나 중소기업 등의 사회경제적 약자 그룹이 자본이나 대기업 등의 강자 그룹과 동등한 파트너십을 유지하며 참여한다는 것이다. 이 포괄적인 참여 경제의 성과들이 축적되어 나타난 것이 바로 경제민주화이며 복지국가의 발전이라 할 수 있다. 사실, 상기했듯, 경제민주화란 (시장)경제가 민주적 원리에 의해 작동되도록 하는 것이다. 사회경제적 약자 그룹을 포함한 시장의 주요 구성원들이 (직접 혹은 대의

〈표 3〉 자본주의의 양대 유형과 구성 제도들 간의 상호 보완성

	자유시장경제LME	조정시장경제CME
대표적 나라	영국, 미국	독일, 네덜란드, 스웨덴, 덴마크
금융체계	단기 자본시장 (주식 발행에 의한 자기 자본 조달)	장기 투자자본 (은행 부채 중심의 자본 조달)
기업지배구조	주주자본주의 유형 (주주, 경영자 중심)	이해관계자자본주의 유형 (주주, 경영자, 은행, 노동자, 협력업체, 지역 공동체, 소비자)
노사관계	다원주의적 협상 분쟁적 작업장 관계	(사회적 합의주의에 기초한) 조정된 협상 협력적 노사관계
상품생산체계	저숙련 생산 소품종 대량생산 첨단 혁신 상품	고숙련 생산 유연전문화(다품종 소량생산) 다변화 고품질 생산(맞춤형 대량생산)
직업교육훈련체계	일반 교육 중심	(산업/기업 특화) 직업훈련 중심
고용체계	단기 고용 높은 이직/기업 간 이동	장기 고용 낮은 이직/기업 내 이동

* 출처 : Ebbinghaus and Manow 2001, 6쪽의 Table 1.1을 보완한 것이다

제 방식에 의해) 경제정책 결정 과정 등에 '동등하고 효과적으로' 참여할 수 있도록 하는 것이 핵심이란 뜻이다. 이와 같은 참여를 보장하는 절차 혹은 제도가 완비된 나라일수록 보다 공정한 시장경쟁과 보다 정의로운 분배가 이루어질 것이고, 따라서 경제적 평등도도 높아지게 마련이다.

이해관계자자본주의

조정시장경제의 이 핵심 특징은 조정시장경제체제의 전형적 기업

지배구조 유형론에서 비롯된 '이해관계자자본주의stakeholder capitalism'라는 개념에 정확히 반영돼 있다. 기업의 운영, 따라서 자본주의의 작동은 주주나 경영자뿐만이 아니라 노동자, (하청업자를 포함한) 협력업체, 은행, 지역사회, 소비자 등을 아우르는 모든 이해관계자들의 선호와 이익을 위해, 그리고 그들의 참여에 의해 이루어진다는 것이다. 노동자나 하청업자 등의 기업 경영 및 시장 조정 과정에 대한 참여가 제도적으로 보장돼 있는 이 이해관계자자본주의에선 재벌 및 대기업의 독과점적 시장 지배는 용이하지 않고, 대신 노동과 중소기업 섹터 등 사회경제적 약자 그룹의 시장 지위 및 영향력 향상 기회는 늘 열려 있다. 경제민주화를 염원하는 한국 시민사회가 조정시장경제로의 전환을 요청해야 할 이유는 바로 그 체제에서 이러한 이해관계자자본주의가 발전할 수 있기 때문이다. 다시 말해, 한국형 조정시장경제의 목표는 이해관계자자본주의의 발달이어야 한다는 것이다.

한국 정부는 1997년 말에 발생한 외환위기에 대처하는 과정에서 자유시장경제체제의 전형적 기업지배구조 유형인 '주주자본주의shareholder capitalism'를 지향하는 일련의 경제개혁을 단행한 바 있다. 주주자본주의적 시장 규율 시스템을 들여옴으로써 재벌 총수의 전횡을 억제하고, 경제력 집중을 완화하며, 기업 경영의 투명성을 높이고자 했던 것이다. 이와 비슷한 노력은 참여연대 등 시민사회 일각에서도 일반 주주들의 경영 감시권 확충을 위한 소액주주 운동 등의 방식으로 적극 전개되었다. 주주자본주의 방식을 통한 경제민주화 노력이었다고도 평가할 수 있는 일들이었다. 그러나 사외이사 제도나 주주대표소송제 같은 주주자본주의적 제도의 도입에도 불구하고 총수와 그 가족이 소위 지배주주로서 자신들의 지분을 훨씬 초과하는 통제 및 지배권을 행사하는 한국형 총수자본주의 기업지배구조는 거의 변하지 않은 채 지금까지 유지되고 있다. 그리고 소수 재벌 그룹으로 경제력이 집중되는 현상은 오히려 더욱 심화되었다. 한국의 정치경제 현실에선 주주자본주의 제도의 부분적 도입만으로는 기존의 기업지배구조를 개선해낼 수 없다는 점이 증명된 것이다.

주주자본주의적 처방의 한계가 명확해지며 이해관계자자본주의로의 이행을 촉구하는 목소리에 더욱 힘이 실리게 되었다. 물론 정부나 일부 시민단체들의 노력으로 한국에 주주자본주의가 확립된 것은 절대 아니었지만, 설령 그렇다 할지라도 시민사회 일반의 염원인 민주적 시장경제체제의 발전과는 거리가 먼 해법이라는 것이 중론이었다. 주주자본주의라고는 부르지만 실질적으로 '경영자자본주의managerial capitalism'의 한계를 벗어나기 어려운 바(송원근 2006, 42), 노동자나 납품업체 등의 선호와 이익이 보장되는 경제의 민주화를 기대하기는 어렵다는 것이었다.

한국의 기존 총수자본주의 체제를 이해관계자자본주의적 접근 방식에 의해 개혁해갈 때 경제민주화가 가장 효과적으로 진전되리라는 것은 사실 지극히 당연한 주장이다. 이해관계자자본주의에선 경제민주화의 최대 수혜 집단인 노동자와 중소 납품업체 등의 경제적 약자들이 기업의 의사결정 과정에 참여하여 자신들의 주장과 관점을 직접 투입할 수 있기 때문이다. 시장 조정 과정에 강자들만이 아닌 약자들의 선호와 이익도 민주적으로 반영된다는 것이다. 스웨덴, 덴마크, 네덜란드, 독일 등의 선진 조정시장경제 국가들은 한결같이 노동자의 경영 참여를 제도화하고 있는 이해관계자자본주의를 유지하고 있다. 노사를 비롯한 이해관계자들의 이익 조정을 통해 상생의 관계를 구축하려는 이 같은 "이해관계자자본주의로의 전환은 총수자본주의를 극복하는 한국 경제민주화의 요체"라 할 것이다(선학태 2012, 27쪽).

다변화된 고품질 생산체계

강자로의 경제력 집중 완화와 약자로의 경제력 분배 강화라는 경제민주화가 이해관계자자본주의에서 제대로 실행된다는 것은 사실이지만, 그렇다고 이해관계자자본주의로의 발전이 거시경제의 희생을 전제로 하는 것이어서는 곤란하다. 세계화와 기술혁신 시대의 국가 존립을 위해서는 분배와 형평성 못지않게 성장과 효율성도 중요하기 때문이다. 그렇다면 한국형 조정시장경제는 이해관계자자본주의적 성격의 강화와 함께 경제성장과 생산성 향상이 지속적으로 이루어지는 체제로 나아가야 마땅하다. 다행인 것은 이러한 이중과제의 수행이 불가능한 것이 아니라는 사실이다. 주로 서유럽과 북유럽에 있는 선진 조정시장경제 국가들의 거시경제 지표는 영국과 미국 등 자유시장경제 국가들에 비해 결코 나쁘지 않다. 분배와 복지 강국인 이 선진 조정시장경제 국가들이 성장과 생산성 측면에서조차 우수한 성과를 거둘 수 있는 비결은 무엇일까? 물론 앞서 본 바와 같이 분배와 재분배는 성장을 촉진한다. 하나 그뿐만이 아니다. 선진 조정시장경제 국가들은 분배 친화적일 뿐만 아니라 상당한 생산성과 효율성도 겸비한 자기들 나름의 생산체계를 갖추고 있다. 바로 홀과 소스키스를 비롯한 '자본주의의 다양성' 논자들이 지목하는, 조정시장경제의 전형적 상품생산체계인 '다변화된 고품질 생산 diversified quality production, DQP' 체계이다.[30] 우리도 우리 식의 다변화된 고품질 생산체계의 확립을 통해 조정시장경제로의 전환에 필요한 이중과

---

30 Amable 2003, Ebbinghaus and Manow 2001, Hall and Soskice 2001 등을 참조.

제를 달성할 수 있다.

다변화된 고품질 생산체계는 숙련노동에 의존하여 고품질의 다양한 제품들을 생산하는 고부가가치 기업들로 형성된다(Sorge and Streeck 1988). 이 체계에 속한 기업들은 고객 맞춤형 방식으로 자기들만의 특화 상품을 다양하게 제조하지만, 생산량은 적을 수도 있고 많을 수도 있다. 말하자면 다변화 고품질 생산체계는 고품질 제품의 맞춤형 생산체계라고 할 수 있다. 여기서 중요한 것은 이들 기업들은 (가격이 아닌) 품질로 승부한다는 것이고, 이때 품질은 특화된 숙련노동의 안정적 확보에 달려 있다는 사실이다. 결국 다변화된 고품질 생산체계 발전의 토대는 숙련노동자들이라는 것이다. 이 체계를 중심으로 운영되는 선진 조정시장 경제체제에서 숙련노동자들이 중시되고 대우받는 '경제적 이유'를 여기서 찾을 수 있다. 기업 입장에서도 숙련노동이 고부가가치 창출 및 제고의 원천이 되는 까닭에 해당 노동자들을 우대하지 않을 수 없는 것이다.

다변화된 고품질 생산체계의 또 다른 매력은 그것이 중소·중견 기업의 성장과 경제력 신장에 유리한 상품생산체계라는 점이다. 고품질 특화 상품을 제조하는 기업은 반드시 규모가 클 필요는 없다. 부품소재 산업의 경우에서 흔히 보듯이 산업 혹은 기업 특화적인 숙련노동을 충분히 확보할 수만 있다면 중소기업일지라도 얼마든지 높은 품질의 고유 상품을 제조함으로써 나름의 기업 경쟁력을 유지할 수 있다. 그렇다면 결국 다변화 고품질 생산체계는 노동자 및 중소기업 중시 경제의 발전을 촉진하는 생산체계라는 결론이 도출된다. 다시 말해서, 경제민주화에 유리한 상품생산체계라는 것이다.

이러한 관점에서 본다면, 한국의 기존 상품생산체계는 다변화 고품질 생산체계의 대척점에 있다고 할 수 있다. 한국은 정치민주화와 경제

자유화 이후에도 이전에 형성됐던 대기업 주도의 (조립 가공 방식에 의한) 완제품 대량생산체계와 가격 경쟁력에 의존한 수출 지향 산업체계를 지금까지 고수해오고 있다(조혜경 2011). 1990년대 이후 소위 신성장산업이 부상했다고는 하지만, 해당 산업 내에서 구성비가 높은 쪽은 주로 단순 조립 가공에 기초하여 대량생산을 하는 반도체와 컴퓨터 산업 등이고 숙련노동의 기술과 품질 경쟁력이 중요한 정밀기기 및 정밀화학 산업 등의 구성비는 매우 낮은 상태이다(김정주 2006, 115). 이러한 산업 구성 및 상품생산체계에서는 노동자와 중소기업의 지위와 경제력이 향상될 여지가 별로 없다. 자본집약적 산업에서 가격 경쟁력으로 승부하려는 대기업들은 끊임없이 비용 절감형 구조조정을 단행할 테고, 그 결과는 생산과정에서의 노동배제와 국내 중소기업의 위축으로 이어지기 십상이기 때문이다.

한국의 수출 대기업들이라면 누구나 추진하고 있는 생산 자동화를 통한 저비용 대량생산체계의 강화가 좋은 예이다. 생산 설비의 자동화란 노동력을 기계로 대체해간다는 것인데, 이는 결국 노동력의 방출, 미숙련 비정규직의 증가, 노동의 탈숙련화 등을 초래한다. 숙련노동자의 중요도가 점차 낮아질 것임은 자명한 일이다. 또 다른 예는 외환위기 이후 대기업과 중소 납품업체 간에 새로이 형성된 불균형적 하도급 거래관계이다. 많은 대기업집단들이 핵심 부품은 수직 계열화된 내부 협력업체에 맡기고, 여타 범용 부품은 외부의 중소 하청업체들과 개방형 관계를 맺어 그들 중 납품단가가 가장 낮은 업체로부터 공급받는 방식을 취해오고 있다(조혜경 2011, 90쪽). 이러한 환경에서 하청업체들 간의 단가 낮추기 경쟁은 날이 갈수록 치열해졌고, 그 결과는 중소기업의 이윤율 하락, 중소기업 노동자들의 저임 구조 심화, 그리고 중소기업에 대한 대기업의 영향력 강화로 나타났다. 대기업은 비용을 줄일 수 있었겠지만, 중소기업의 사정은 지속적으로 악화됐던 것이다. 더구나 대기업들이 비용 절감책의 일환으로 확대하고 있는 범용 부품 아웃소싱 전략은 국내 부품업체들을 더욱 어렵게 만들었다. 중국 등으로부터 부품 수입이 증가하는 만큼 그들의 입지는 줄어들고 있기 때문이다. 이것이 한국 대기업들의 완제품 생산 및 수출 성장이 중소기업 중심의 부품소재산업 성장으로 이어지지 않고 있는 원인이다.

숙련노동자들과 기술 경쟁력을 갖춘 국내 중소기업들이 별로 중시되지 않는 한국의 현 수출 지향 조립가공 대량생산체계는 결코 경제민주화에 유리한 상품생산체계라고 할 수 없다. 이러한 체계는 대기업과 중소기업, 정규직과 비정규직, 그리고 자본과 노동 사이의 양극화를 심화시킬 뿐이다. 성장 친화적이면서도 경제민주화라는 사회적 염원에 부합하는 생산체계를 구축하기 위해서는 다변화된 고품질 생산체계를 발전시켜가야 한다. 노동자 및 중소기업 중시 경제로 전환해야 한다는 뜻이다.

사회경제제도 개혁

문제는 그렇게 바람직한 방향으로의 전환을 어떻게 성공적으로 추진할 수 있느냐이다. 한국형 조정시장경제의 핵심 내용이 돼야 할 다변화된 고품질 생산체계의 발전을 어떻게 이루어낼지에 답해야 한다는 것이다. 물론 상품생산체계에 대한 정부의 정책 개입은 상당한 효과를 낼 수 있다. 말하자면 정부의 의도적인 산업정책 수행 등으로 다변화된 고품질 생산체계가 어느 정도는 발전해갈 수 있다는 것이다. 그러나 정부의 산업정책 효과는 제한적일 수밖에 없음도 명심해야 한다. 예를 들어 정부가 경제민주화의 핵심 목표인 노동자와 중소기업 섹터의 사회경제적 지위 향상을 위해 중소기업 중심의 부품소재산업 육성책을 적극 추진한다고 치자.

부품소재산업이야말로 다변화된 고품질 생산체계가 갖춰진 곳에서 경쟁력을 확보할 수 있는 대표적인 산업이다. 부품소재산업의 발전은 기업들이 자신들만의 고유 제품 생산에 특화하여 품질로 승부하는 환경을 갖춘 체계를 필요로 한다는 것이다. 그런데 이런 상품생산체계는 자본주의 체제를 구성하는 모든 제도 요소들의 총체적인 도움이 있어야 비로소 제대로 조성된다. 우선 은행 중심의 장기자본, 즉 소위 '기다려줄 수 있는 자본patient capital'의 공급이 원활한 금융체계가 있어야 한다. 그래야 자금 조달 능력이 부족한 중소기업들이 장기에 걸쳐 안정적으로 자신들의 고품질 특화 상품을 발굴, 제조, 판매할 수 있다. 또한 국영이나 공영 혹은 협영으로 운영되는 산업 특화적 숙련형성체계도 필요하다. 그래야 숙련노동자를 자력으로 (재)훈련시키고 (재)교육하기 어려운 중소기업들도 다변화된 고품질 생산체계가 작동하는 산업에서 성장할 수 있다. 또한 장기 고용체계와 협력적 노사관계의 발전을 촉진하는 노동 관련 제도들도 갖춰져야 한다. 그래야 기업과 노동자 공히 안심하고 숙련 개발에 지속적으로 힘쓸 수 있고, 숙련노동 중심의 상품생산체계 유지를 위해 협력해갈 수 있다.

그런데 한국의 현 자본주의 제도들은 이러한 성격의 것들이 아니다. 금융체계의 (특히 중소기업에 대한) 자금중개 기능은 취약하고, 숙련형성체계는 미흡하며, 고용체계나 노사관계도 단기적이고 분쟁적이다. 대부분의 제도가 기본적으로 자유시장경제에 친화적이기 때문이다. 따라서 이 모든 제도 요소들을 망라하는 근본적인 자본주의 개혁 방안이 마련되지 않는 한 아무리 좋은 산업정책을 수행한다 할지라도 다변화된 고품질 생산체계의 발전은 크게 기대하기 어렵다. 요컨대, 한국형 조정시장경제의 핵심 내용, 즉 다변화된 고품질 생산체계의 형성 및 발전에 영향을 끼칠 수 있는 주요 제도 요소들을 가려내어 그들 모두를 총체적으로 개혁해가야 한다는 것이다.

이해관계자자본주의의 발전 역시 마찬가지이다. 어차피 이해관계자자본주의는 다변화된 고품질 생산체계와 동반 발전하게 마련이다. 숙련에 기초한 다변화된 고품질 생산체계에서는 그 숙련을 갖춘 노동이 무엇보다 중요하고, 기술력을 갖춘 납품업체나 협력업체 또한 중요하며, 장기자본을 제공하는 은행 역시 매우 중요하다. 그러므로 기업과 시장경제의 작동은 이 이해관계자들 모두의 참여에 의해 이루어지는 경향이 강하다. 이것이 다변화된 고품질 생산체계의 이해관계자자본주의 촉진 효과이다. 따라서 상기한 금융체계, 숙련형성체계, 그리고 노동 관련 제도 같은 자본주의의 주요 구성 요소들이 다변화된 고품질 생산체계의 발전에 기여하는 방향으로 서로 맞물려 개혁될 때 그것이 종국에 이해관계자자본주의의 발전으로 이어질 수 있다.

결국 다변화된 고품질 상품생산체계와 이해관계자자본주의를 핵심 내용으로 담아야 할 한국형 조정시장경제체제는 이 3대 제도 변수, 즉 숙련형성체계, 금융체계, 그리고 노동 관련 제도 등이 어떻게 배열되느냐에 따라 그 발전 여부가 결정되리라는 것이다. 그런데, 위에서 간단한 예시를 통해 설명했듯이, 한국에서는 현재 이 각각의 변수들이 조정시장경제의 발전에 도움이 되지 않는 방향으로 작동하고 있다. 이 장의 나머지 부분에서는 이 제도 변수들을 조정시장경제의 발전에 부합하는 방향으로 조절할 수 있는 방안에 대해 논의해보고자 한다. 그리고 마지막엔 이 제도 변수들의 조정은 결국 정치적 과제에 해당한다는 사실을 강조할 것이다. 무릇 특정 사회경제제도와 특정 정치제도 사이에는 친화성과 상보성이 존재하므로 한국형 조정시장경제체제를 구성할 새로운 사회경제제도들을 도입하고 발전시키기 위해서는 그에 부합하는 정치제도들을 새로이 마련해야 하기 때문이다.

금융체계 개혁

1997년에 발생한 외환위기를 겪으며 한국 정부는 기업이 은행 등을 통해 돈을 빌려다 쓰는 기존의 간접금융체계를 기업이 주식 발행 등을 통해 직접 자금을 마련하는 직접금융체계로 전환하는 것을 금융개혁의 기본 방향으로 설정했다. 물론 여기에는 IMF의 압력도 작용했다. 주지하듯, IMF의 구조조정 요구 중에는 노동시장 유연화, 주주권 강화, 산업 및 금융 소유구조의 개방 등과 함께 주식시장을 축으로 하는 직접금융체계의 확립도 포함돼 있었다.

그러나 주식시장 중심의 영미식 금융체계를 구축하려 했던 김대중 정부와 이 노선을 승계했던 노무현 정부의 금융개혁은 소기의 성과를 내지 못했다(유철규 2006, 90쪽 ; 조혜경 2011, 82쪽 ; Kang 2009, 266쪽). 주식시장의 기업 자금 조달 기능은 1998년과 1999년에 일시적으로 활성화되는 것처럼 보였으나 얼마 지나지 않아 이전 수준으로 되돌아갔다. 그리하여 국내 전체 금융시장 자산에서 은행이 차지하는 비중은 2000년 이후 지금까지 줄곧 70퍼센트를 웃돌며 압도적 우위를 지켜오고 있다. 외환위기 이후의 금융개혁으로 간접금융시장보다 직접금융시장의 역할이 매우 커졌다는 결론을 내릴 수는 없다는 것이다(이건범 2005, 83쪽).

2000년 이후의 한국에서는 주식시장과 회사채시장을 통한 기업의 자금 조달은 크게 둔화되었고, 양적인 측면에서만 보자면 금융체계의 중심은 다시 은행이 차지하게 되었다. 그렇다고 은행 중심의 대륙 유럽식 금융체계가 발달한 것도 아니었다. 기업에 대한 은행의 금융중개 기능은 외환위기 이전 시기에 비해 오히려 더 취약해졌다. 가계대출, 담보대출, 단기대출에 집중하고 중소기업 중심의 기업대출, 신용대출, 장기대출은 꺼리는 은행의 '리스크 회피' 자산 운용 경향이 뚜렷해졌기 때문이다(강종구 2005, 13~17쪽). 이로 인해 대기업들이 겪는 어려움은 그다지 크지 않았다. 내부 자금이 풍부할 뿐만 아니라 주식시장과 회사채시장을 통한 외부 자금 조달 능력도 뛰어났기 때문이다. 문제는 은행 대출에 의존해야 하는 중소기업들이었다. 은행의 리스크 회피 경향이 심해지자 신생 기업의 시장 진입이나 중소기업의 성장은 더욱더 어려운 일이 되었다. 미래 수익성이나 성장성이 높은 혁신 중소기업일지라도 은행 자금을 융통하기는 쉽지 않았다. 은행이 요구하는 정도의 담보 제공 능력이 부족하거나 은행이 꺼리는 정도의 장기 자금을 필요로 했기 때문이다. 결국 은행의 금융중개 기능 약화는 중소기업 섹터의 저발전으로 이어졌다.

중소기업에 대한 은행의 금융중개 기능이 이렇게 약화된 원인으로는 외환위기 이후 은행의 대형화 급진전, 단기 수익성 및 안정성 중시 경향 심화, 외국계 은행의 가계대출 면에서의 비교우위 등이 꼽힌다(강종구 2005, 3쪽). 은행이 대형화하고 금융산업의 독과점 정도가 높아져 은행 간의 대출 경쟁 압력이 약화될수록 은행은 '관계대출relationship lending'을 줄이고 '거래대출transaction lending'을 늘리게 된다. 관계대출은 은행이

기업과 장기 고객 관계를 유지하며 획득한 사적 정보를 바탕으로 기업별로 차별화된 계약으로 행해지는 대출이고, 거래대출은 재무제표 등 공개된 정보를 바탕으로 표준화된 계약을 통해 행해지는 대출인바, 전자에 들어가는 시간과 에너지 등의 거래비용은 후자에 비해 월등히 높기 마련이다. 그렇다면 독과점 지위를 누리게 된 대형 은행들이 굳이 위험성이 높고 개별 정보 생산이나 모니터링 등에 비용이 많이 드는 관계대출을 유지하거나 늘릴 이유는 없다. 문제는 관계대출이 줄어들 경우 그 피해는 대부분 중소기업이 받게 된다는 것이다. 정보의 불투명성이 높고 담보 능력이 부족한 중소기업의 자금 조달은 오랜 관계에서 축적된 기업 내부 정보를 토대로 한 전형적인 관계금융의 영역에 속하기 때문이다(조혜경 2011, 86쪽). 외환위기 이후 한국의 중소기업 금융이 위축돼온 주요 원인 중의 하나가 바로 규모의 경제를 추구하는 은행권의 이 대형화 전략이었다는 것이다.

또 하나의 주요 원인은 외환위기 이후 은행의 지배구조가 주주자본주의 방식으로 변화하면서 은행이 단기 수익성 제고를 제일의 목표로 삼는 경향이 심화되었기 때문이다. 은행산업이 주식시장의 원리에 의해 작동되면서 외부 주주의 영향력이 확대되자 은행 경영자들은 자신들에 대한 외부 주주의 평가 기준인 단기 실적을 중요시하게 되었다. 은행이 단기 실적을 중시하게 되자 장기 수익성과 성장 가능성을 내세워 자금 조달을 받고자 했던 중소기업들은 어려운 상황에 몰리게 되었다. 은행이 이들과의 장기 거래를 기피했기 때문이다. 한마디로, 은행산업에도 단기 수익성을 강조하는 시장 원리가 그대로 적용되면서 신생 기업이나 혁신 중소기업들이 필요로 하는 '기다려줄 수 있는 자본'의 확보가 어려워졌다는 것이다.

국내 은행산업에 대한 외국자본의 지배력 강화 역시 중소기업에 대한 은행의 자금중개 기능 약화의 주요 원인이었다. 외환위기 이후 외국자본은 지분 인수를 통해 한국씨티은행, 제일은행, 외환은행 등의 경영권을 장악했을뿐더러 그 이외의 은행들에 대해서도 주식시장에서의 은행주 매수에 적극 나섬으로써 자신들의 영향력을 크게 강화해놓았다. 2013년 말 현재 국내 금융지주회사들의 외국인 지분율은 60~70퍼센트에 육박하는 상황이다. 국내 경제 사정이나 관행 등에 대한 정보가 부족한 이들 외국계 은행들은 당연히 재무제표 등을 이용한 표준화된 대출 심사를 선호했고, 따라서 담보 능력을 갖춘 대기업이나 가계를 상대로 한 거래대출에 집중하고 중소기업에 대한 관계대출은 소홀히 했다. 결국 외국자본의 은행산업 장악력이 증대됨에 따라 중소기업의 은행 자금 활용 기회는 축소될 수밖에 없었다.

다변화된 고품질 생산체계 및 이해관계자자본주의의 발전에는 상품의 질로 승부하려는 중소기업에 대한 자금중개 기능이 우수한 금융체계가 필요하다. 유럽의 선진 조정시장경제 국가들에 있는 (중소기업을 대상으로 하는 기업대출과 신용대출 그리고 장기대출에 적극적인) 은행 중심 금융체계가 필요하다는 것이다. 이런 체계를 조성하기 위해 필요한 개혁은 무엇일까? 위에서 우리는 중소기업에 대한 은행의 금융중개 기능 약화를 초래한 요인들이 무엇인지 확인했다. 그렇다면 중소기업 금융은 이 약화 요인들을 제거하거나 완화함으로써 활성화할 수 있을 것이다. 요컨대, 금융체계의 개혁 방향은 은행 대형화에 따른 금융산업의 독과점화 해소, 은행산업에서의 시장 원리 작동 최소화, 그리고 국내 은행산업에 대한 국내자본의 지배력 강화 등으로 잡아야 한다는 것이다.

은행산업의 독과점화를 해소해야 한다는 말은 결국 은행산업의 경쟁 체제를 강화해야 한다는 의미이다. 독일같이 중소 규모의 지방은행들이 전국에 산재하여 금융서비스 경쟁을 치열하게 벌일 경우 중소기업 금융은 활성화되기 마련이다(조영철 2007, 439쪽). 하나라도 더 많은 기업과 장기 고객 관계를 안정적으로 유지해야 살아남을 수 있는 구조이므로 중소기업을 상대로 한 관계대출이 활발해지기 때문이다. 관계금융을 중시하는 중소 지역은행은 그 특성상 혁신형 산업금융 기능도 효과적으로 수행해낸다. 실리콘밸리의 IT기업 혁신도 지역에 밀착된 중소 지역은행들이 장기 모험자본을 제공해준 덕분에 성공했다(조영철 2007, 438쪽). 결국 다변화된 고품질 생산체계에 적합한 고부가가치 창출형 중소기업군의 육성을 위해서는 중소 지방은행들의 영업 기반을 튼실하게 해줌으로써 은행산업의 경쟁 체제를 강화하여 중소기업 금융·지역금융·관계금융의 복합 형태를 띤 혁신형 산업금융체계가 발전하도록 해야 한다는 것이다.

은행산업에서 주식시장 원리의 작동을 최소화하는 것 역시 관계금융과 중소기업금융을 활성화하는 방안이다. 앞서 얘기했듯이, 중소기업과 그들이 속한 산업의 생산성을 높이려면 장기적이고 안정적인 자금조달이 필요하다. 그렇지 않으면 혁신 투자와 장기 투자 계획을 세우고 실행하기가 어렵기 때문이다. 기다려줄 줄 아는 '인내자본'이 필요하다는 것이다. 그런데 주주자본주의 방식으로 은행산업이 돌아갈 경우 은행은 외부 주주들을 의식하여 단기 업적에 치중할 수밖에 없으므로 중소기업과의 장기적이고 안정적인 거래를 기피하게 된다. 은행권의 중소기업에 대한 인내자본 공급 기능의 회복을 위해서는 기존의 주주 중심 은행과는 기업지배구조가 다른 새로운 유형의 은행들이 대거 등장해야 한다. 그를 위해선 민간의 광범위한 유휴자금을 산업자금화할 수 있는 국유은행의 설립도 고려해볼 필요가 있다(김정주 2006, 154~155쪽). 또한 독일같이 지방정부가 저축은행들을 소유하게 하여 그것들을 체계화하거나 신용협동조합을 활성화시키는 방안 등도 적극 검토해야 할 것이다(조영철 2007, 146~160쪽).

은행산업에 대한 외국자본의 과도한 지배력으로 인해 은행의 자금중개 기능이 약화되는 것을 막기 위해서는 외국자본에 대한 규제를 강화해야겠지만 금융 및 자본 시장의 자유화를 핵심으로 하는 한미 FTA 등의 체결로 인해 한국 정부의 외국자본 규제 권한은 매우 약화돼 있다. 결국 국내자본에 의한 은행 인수 및 은행 설립을 촉진하는 수밖에는 별 방도가 없다. 문제는 재벌을 제외하고는 이런 일을 독자적으로 실행할 여력이 있는 국내 주체들이 별로 없다는 것이다. 그러나 외국자본의 영향력 급증에 대한 국민의 민족주의적 반감이 커져 재벌의 은행 소유를 자유롭게 허용하는 정도로까지 이른다면 모를까 그렇지 않고선 경제민주화를 과제로 삼고 있는 이 시대에 재벌을 앞세울 수는 없는 일이다. 그렇다면 채택 가능한 해법은 아마도 국내 사모펀드를 대규모로 육성하여 이를 은행 인수 또는 설립 자금으로 사용하는 것, 지방정부들로 하여금 중소 규모의 지역은행 설립 및 운영에 참여하게 하는 것, 그리고 앞서 언급한 국유 은행의 설립 등일 것이다.

숙련형성체계 개혁

숙련형성체계는 금융체계 못지않게 다변화된 고품질 생산체계의 확립에 지대한 영향을 끼친다. 이 생산체계의 성숙도는 산업이나 기업 특화적인 숙련노동을 기업이 얼마나 안정적으로 확보할 수 있느냐에 달려 있기 때문이다. 그런 점에서 본다면 한국의 현 상황에서 다변화 고품질 생산체계가 발전할 가능성은 매우 낮다. 산업 특정적 숙련형성체계가 취약하기 때문이다. 한국은 현재 (미국같이) 숙련의 양극화와 이에 따른 소득의 양극화 현상이 심화돼가는 위험 상황에 처해 있다(하연섭 2008, 16~18쪽). 미국 경제의 저변을 이루는 포드주의적 대량생산체계는 그 특성상 제품개발과 공정개발을 담당하는 소수의 전문가 집단과 생산과정에 직접 참여하는 대다수의 미숙련 단순 노동자 집단으로 이중구조화되어 있으며, 따라서 내부적으로 고숙련·고임금 부문과 저숙련·저임금 부문이 확연히 분리돼 있다는 것은 널리 알려진 사실이다. 그리고 여기선 기업이 저숙련·저임금 부문에 속한 노동자들에게 숙련형성의 기회를 제공하거나 그들과 장기 고용관계를 유지할 유인이 별로 없다는 것 역시 잘 알려져 있다. 그들은 '언제든지 대체 가능'하기 때문이다. 그렇다면 미국의 포드주의 생산체계와 같은 특성을 공유하고 있는 한국의 대기업 중심 '수출 지향 조립가공 대량생산체계'에서 숙련의 양극화와 소득의 양극화 현상이 심화되고 있는 것은 당연한 일이라 할 것이다.

숙련의 양극화 심화는 다시 다변화된 고품질 생산체계의 발전을 주도할 중소기업 섹터의 위축으로 이어지고 있다. 사실 다변화 고품질 생산체계의 발전에 필요한 숙련은 IT(정보기술), BT(생명공학기술), NT(나노기술), 통신, 소프트웨어, 멀티미디어 분야 등의 하이테크산업이나 혁신 주도 첨단산업 등에서 요구하는 정도의 높은 수준의 것이 아니다. 그것은 기계, 화학, 자동차, 내구소비재, 엔지니어링 분야 등에 적합한 정도의 산업 혹은 기업 특화적인 '중간 수준의 기술medium technology'이다. 그리고 이러한 중급 기술은 혁신적·급진적으로 출현하는 게 아니라 마치 장인의 기술이 그러하듯 상당 기간에 걸쳐 개량적·점진적으로 발달하는 특성이 있다. 독일에서 볼 수 있듯이, 다변화 고품질 생산체계는 특히 중소기업들이 이러한 중급 기술을 활용하여 장기에 걸친 시장전략을 통해 고객 맞춤형 고부가가치 생산품들을 다양하게 제조해갈 때 발전하는 것이다. 그런데 한국에서와 같이 고임금을 받는 소수의 전문직 고숙련 노동자 집단과 저임금을 받는 대다수의 단순직 저숙련 노동자 집단으로 노동시장이 양극화된 상태에서는 중소기업에 필요한 '중급 숙련intermediate skills' 노동자의 풀은 현저히 부족할 수밖에 없고, 따라서 다변화 고품질 생산체계가 발전할 수가 없다.

대기업 중심의 대량생산체계가 (중급)숙련형성체계의 발전을 저해하고, 그것이 다시 중소기업 중심의 다변화 고품질 생산체계의 발전에 장애가 되는 악순환 구조를 타파 또는 개선하기 위해서는 결국 정부가 나서야 할 것이다. 정부가 획기적인 중소기업 지원 및 육성책을 추진함과 동시에 중소기업들이 필요로 하는 중급 숙련의 안정적인 형성 및 제공 체계를 확립해야 한다는 것이다. 직업고교와 전문대학, 그리고 평생교육기관의 강화는 물론 독일같이 노사정 3자 협의에 의해 진행되는 산업별 도제식 훈련제도의 운영도 적극 검토해야 한다(하연섭 2008, 9~10쪽). 이 도제식 직업훈련은 교육 내용이 산업별노조와 사용자단체, 그리고 연방정부(직업훈련원) 간의 협의에 의해 결정된다. 그리고 실제로 숙련 교육이 각 기업에서 실시될 때도 산업별노조는 그 내용이 개별 기업이 아니라 산업 전반에 필요한 숙련형성에 관한 것인지를 상시적으로 점검한다. 기업 특정적이 아니라 산업 특정적인 숙련을 갖추도록 해야 노동자의 운신 폭이 넓어질 수 있고 그래야 노동자의 지위가 (기업에 대하여) 보장될 것이기 때문이다.

그러나 훈련 기관을 많이 만들고 훈련제도를 정비한다고 해서 숙련형성체계가 저절로 발전해가는 것은 아니다. 숙련형성체계의 발전에 심대한 영향을 끼치는 외부 변수들이 워낙 많기 때문이다. 예를 들어 간략하게나마 기업지배구조와 금융체계가 끼치는 영향을 먼저 살펴보자. 주주자본주의 방식의 기업지배구조는 주식시장 중심의 단기 자본 금융체계와 상호 보완적인데, 이러한 제도 패키지하에서는 기업들이 단기 수익성 극대화를 목표로 하기 때문에 노동자들의 숙련형성에는 소홀해질 수밖에 없다. 숙련을 위한 직업훈련은 장기 투자에 해당하기 때문이다. 숙련형성체계의 발전은 기업의 장기 투자를 안정적으로 지원해줄 수 있는 은행 중심의 장기 자본 금융체계와 그것과 상호보완 관계에 있는 이해관계자자본주의 방식의 기업지배구조가 발달한 곳에서 이루어진다. 앞에서 강조한 인내자금 중개 기능이 뛰어난 은행 중심 금융체계의 확립은 숙련형성체계의 발전에도 필요한 작업인 것이다.

노동 관련 제도들이 숙련형성체계에 미치는 영향 또한 상당하다. 상기한 대로, 숙련 훈련은 기업과 노동자의 입장에서 공히 장기 투자에 해당한다. 따라서 협력적이고 장기적인 고용관계가 전제되지 않는 한 기업과 노동자에겐 중급 이상의 특수 숙련 양성 기회를 제공하거나 그러한 숙련 훈련을 받을 유인이 별로 없다. 기업은 언제 떠나도 좋을 노동자들에겐 머물러 있는 동안에 필요한 최소한의 기술만을 교육시킬 테고, 언제 해고될지 모를 노동자들은 어느 직장으로 옮길지라도 사용 가능한 일반 숙련의 습득에만 관심을 기울일 것이다. 노동시장의 유연성이 높은 곳에서 숙련형성체계의 발전을 기대하기 어려운 이유이다. 결국 높은 수준의 고용 보호를 보장하는, 즉 장기 고용관계를 맺게 하는 노사 관련 제도들이 숙련형성체계의 한 가지 조건이라는 것이다.

고용체계 및 노사관계 개혁

앞에서 언급했듯이, 다변화된 고품질 생산체계 및 이해관계자자본주의는 장기 고용체계와 협력적 노사관계를 전제로 발전해가는 것이다. 그런데 한국의 고용체계나 노사관계는 특히 외환위기를 겪으며 매우 단기적이고 분쟁적인 성격으로 변해갔다. 해고가 자유로워지고 구조조정이 상시화됨에 따라 정규직 장기 고용관계는 점차 붕괴됐고, 대신 온갖 형태의 비정규직 고용과 소위 아웃소싱이나 사내 하도급 형태의 간접고용이 크게 늘었기 때문이다. 이와 같은 노동의 외부화와 유연화 과정에서 노동조합 조직률은 하락했고 노조의 대응 방식은 더욱 전투적으로 변해갔다. 사측은 그나마 노조로 뭉쳐 있는 정규직 노동자들에 대해서는 일종의 '포섭 전략'을 펼치기도 했으나, 조직되지 않은 비정규직과 간접고용 노동자들에게는 대체로 "노사관계의 존재 자체를 부정하는 극단적 대립 전략"을 취했다(조혜경 2011, 101~102쪽). 비정규직과 간접고용 노동자들이 사측의 이러한 '배제 전략'에 대하여 역시 극단적인 투쟁으로 맞서는 것은 어쩌면 당연한 일이었다.

사실 구조조정은 어느 시대에나 피할 수 없는 일이다. 특히 세계화 시대에는 더욱 그러하다. 세계화 흐름에 동참하겠다면 시대가 요구하는 국제경쟁력의 유지 및 제고를 위해 끊임없이 혁신과 구조조정을 수행해내야 한다. 그러지 않으면 성장은커녕 존립마저도 어려울 수 있다. 한국과 같은 제조업 중심의 수출 의존형 통상국가라면 이런 압박은 더 심할 수밖에 없다. 노동시장 유연화는 그러한 구조조정 수행의 기초 조건에 해당한다. 어느 정도의 노동 유연성 확보는 불가피하다는 것이다. 그러나 노동유연화가 대량 실업 및 불안정 고용의 상시화로 이어질 정도여서는 곤란하다. 장기 고용체계와 협력적 노사관계의 발전에 장애가 될 뿐만 아니라 자칫 사회통합을 해칠 수도 있기 때문이다.

영국이나 미국 등의 자유시장경제 국가들은 기술이나 경영 혁신 혹은 신속한 구조조정이 관건인 금융, 법률, 의료, 통신, 방송 등의 서비스 산업이나 첨단산업 및 신산업 분야 등에서는 조정시장경제 국가들보다 명백히 우월한 경쟁력을 나타낸다(Soskice 1999, 113~114쪽). 이는 단기 고용체계, 분권적 노사관계, 그리고 단기 자본시장을 중심으로 하는 금융체계 등과 상보관계에 있는 주주자본주의의 장점이라고도 할 수 있다. 그러나 이러한 자유시장경제체제의 장점은 일반적으로 상당한 사회경제적 비용을 동반한다. 상시적 구조조정 환경은 양극화나 고용불안의 문제 등을 야기하기 때문이다. 신자유주의의 적폐로 사회통합이 위기에 놓여 있는 한국에서 자유시장경제체제를 발전시키기는 곤란하다는 의미이기도 하다. 그렇다고 세계화 시대를 살아가야 하는 한국이 '혁신 경제'의 요청을 무시할 수도 없는 노릇이다. 사회경제적 비용은 최소한으로 지불하면서도 충분히 혁신 친화적일 수 있는 조정시장경제체제의 구축이 절실한 까닭이다. 이 지점에서 바로 한국식 '유연안정성' 모델의 확립 필요성이 대두된다.

상기했듯, 한국은 노동시장의 유연성 증대 압박에서 결코 자유로울 수 없는 나라이다. 급격히 변화하는 세계화 시대의 개방경제 환경에 적응하기 위해서는 대내 조직의 유연화가 필요하다. 그러나 유연화 과정에서 발생하기 마련인 (높은 실직이나 이직, 그리고 그에 따른 각종) 개인적 손실이나 불안에 대한 사회적 분담 혹은 '사회화' 기제를 잘 마련해놓을 경우엔 단순한 유연성이 아니라 유연안정성이 증대될 수 있다. 말하자면 유연성이 안정성의 기초 위에서 증대된다는 것이다. 이것이 유연안정성의 골자이다. 이는 '적극적 노동시장 정책'과 평생교육제도 및 직업훈련체계의 확립, 그리고 사회안전망의 강화 등을 통해 이룰 수 있다. 적극적 노동시장 정책은 생산성이 떨어지는 기업이나 사양산업의 노동자가 실직할 경우 그가 생산성이 높은 기업이나 산업으로 옮겨 갈 수 있도록 하기 위해 실직 기간에 생계비 등 실업 관련 보조금을 지급하면서 직업 재훈련이나 업무 재배치 훈련 등을 받게 하는 정책이다(Milner 1993). 적극적 노동시장 정책을 시행하고 있는 나라들은 대부분 튼실한 사회안전망과 복지체계를 함께 갖추고 있는 까닭에 실직자가 새 직장을 얻기까지 직업훈련을 받는 동안에도 교육, 의료, 주거비용 등으로 인해 큰 고통을 받지 않는다는 점에도 주목해야 한다. 이러한 체계를 갖추어간다면 기업 차원에서는 유연성이 그리고 노동자 개인이나 사회 전체 차원에서는 안정성이 동시에 증대될 수 있다. 잘 갖추어진 사회안전망과 복지체계가 개방경제하의 산업 및 기업 구조조정을 순조롭게 한다는 것은 이미 이론과 경험에 의해 공히 증명된 사실이기도 하다.[31] 그러한 제도와 정책이 경제통합이나 시장개방에 따른 구조조정의 부작용을 내부적으로 해결할 수 있는 사회통합 기제로 기능하기 때문이다.

이러한 유연안정성은 국가경쟁력의 제고를 요구하는 세계화의 압력이 부단히 상승하자 네덜란드나 덴마크 등의 조정시장경제 국가들이 채택한 일종의 사회통합형 구조조정 모델이다. 나라별로 조금씩 방식은 다르지만, 대체로 산업 혹은 기업 구조조정의 원활화를 위해 풀타임 정규직 노동자의 해고는 비교적 용이하게 하면서도 (그리하여 노동시장의 유연성은 강화하면서도) 해당 노동자들이 새로운 풀타임 직장으로 옮겨가거나(덴마크의 경우) '정규직' 파트타임으로 전환하는 것(네덜란드의 경우)

31 Elmar and Leibfried 2003, Garrett 1998, Katzenstein 1985, Rodrik 1997 등을 참고.

을 정부가 적극적 노동시장 정책이나 동일노동-동일임금 원칙의 고수 등을 통해 적극 지원함으로써 고용 안정성을 상당 수준에서 유지하는 것이다. 이 유연안정성 모델을 한국 사정에 잘 맞추어 응용할 경우 (구조조정 압력을 부단히 분출하는) 세계화 시대에 적합한 장기 고용체계와 협력적 노사관계의 발전도 충분히 기대할 수 있다.

물론 유연안정성의 확보가 쉬운 일은 아니다. 노동과 자본은 공히 유연안정성의 확보가 사회통합형 구조조정을 순조롭게 하고 성장과 분배의 선순환에 기여함으로써 장기적으로 국가 전체와 그 구성원들인 자신들의 이익에 부합하는 것임을 모르지 않는다. 그러나 단기적으로 유연성 강화는 노동의 희생이나 불편을 강요하고, 안정성 제고는 자본의 비용 지출을 증대시킨다는 이유로 양자는 타협이 아닌 대립의 길로 들어서기 십상이다. 따라서 어느 한쪽이 아닌 양쪽 모두에게 혜택을 주는 유연안정성의 증대는 (양쪽 모두가 바라는 것임에도 불구하고) 결코 쉽사리 실현되지 않는다. 경제주체들의 선택과 행위는 대체로 장기보다는 단기적 이해득실에 대한 판단에 의해 지배되기 때문이다.

정부의 존재 이유 중 하나는 바로 이 노동시장의 유연안정성 증대와 같은 공공재 창출 과정에서 발생하는 사회 구성원들 간의 딜레마를 해결하는 데 있다. 민주정부가 취할 수 있는 가장 바람직한 해법은 대화와 타협의 장을 마련하여 구성원 간의 합의점이 도출되도록 중재하고, 그것에 기초하여 사회 및 경제정책을 수립·집행하는 것이다. 이것이 바로 사회적 합의주의 방식에 의한 사회갈등 조정법이다. 유럽의 선진 조정시장경제 국가들은 이미 오래전부터 이 사회적 합의주의 방식을 채용해왔다. 덴마크와 네덜란드의 유연안정성도 수준 높은 사회적 합의주의 체계 덕분에 그처럼 잘 작동하고 있는 것이다. 그러니 한국처럼 산별노조 체제의 확립과 정치적 대표성의 보장이라는 사회적 합의주의 발전의 기본 조건을 갖추지 못한 나라에서, 만약 정부가 앞장서서 유연안정성의 제고를 추진할 경우 그 정부는 유연성을 강화할 목적으로 유연안정성을 내세우는 '꼼수'를 쓰고 있다는 비판에 직면할 가능성이 높다. 유연안정성 모델을 들여오고 싶다면 사회적 합의주의가 작동할 수 있는 조건을 갖춰나가야 한다는 것이다.

실현 가능성은 희박하다고 보지만, 어쨌든 한국에서도 최근 유연안정성 모델의 도입에 대해 정부 차원에서 심도 있는 논의가 진행되고 있다. 박근혜 정부는 (확대)노사정위원회를 가동해 사회적 대타협을 추진하겠다는 의사도 이미 밝힌 상태이다. 일단은 크게 환영할 만한 일이다. 사회적 합의주의야말로 장기 고용관계와 협력적 노사관계의 발전을 이끌 최상의 거버넌스 체계이기 때문이다. 그러나 문제는 한국의 현 정치경제적 조건에서 이러한 거버넌스 체계가 성공적으로 운영될 수 있겠느냐는 것이다.

사회경제제도 개혁의 정치적 조건

이상에서 우리는 시장경제체제란 상호 보완 관계에 있는 여러 사회경제제도들로 구성돼 있는 하나의 제도 패키지이며, 따라서 한 유형에서 다른 유형의 시장경제체제로의 전환은 이 제도적 상보성을 감안하고 활용하여 구성제도들을 하나둘씩 점진적이고 단계적으로 개혁해감으로써 성사시킬 수 있는 과제라는 사실을 알았다. 이 장에서는 이 상보성의 원리에 입각하여 금융체계, 숙련형성체계, 그리고 고용체계 및 노사관계를 조정시장경제체제의 발전을 결정하는 3대 변수로 파악하고, 이 제도 변수들을 각각 은행 중심의 장기자본 금융체계, 국영이나 공영으로 운영되는 산업 특화적 숙련형성체계, 그리고 장기 고용체계와 협력적 노사관계 등으로 하나씩 개혁해갈 때 다변화된 고품질 생산체계와 이해관계자자본주의를 핵심 내용으로 하는 한국형 조정시장경제체제가 확립될 수 있으리라고 주장했다. 다음 장으로 넘어가기에 앞서 이 장의 나머지 부분에서는 이 3대 제도 변수들은 모두 사회적 합의주의가 제대로 작동돼야 소기의 방향으로 변화해갈 수 있다는 점을 간략하게 지적하면서 조정시장경제로의 전환은 결국 정치적 과제라는 사실을 강조한다.

앞에서 언급한 바와 같이, 유연안정성의 확보를 통한 장기 고용체계와 협력적 노사관계의 안정적 복원은 사회적 합의주의 방식으로만 실현될 수 있는 일이다. 그런데 사회적 합의가 필요한 것은 단지 유연안정성만이 아니다. 독일의 예가 일러주듯, 국영 혹은 공영 숙련형성체계의 산업별 가동 역시 노동과 자본, 정부가 모두 합의해야 가능한 일이다. 비용부담과 수익 배분의 문제를 놓고 노사 간에 첨예한 갈등과 대립이 발생하기 때문이다(하연섭 2008, 9~10쪽). 은행의 특히 중소기업에 대한 자금중개 기능을 활성화하기 위한 금융체계 개혁 역시 중앙정부와 지방정부, 대기업과 중소기업, 거대 은행과 중소 은행, 그리고 일반 시민들 간의 사회적 합의 없이는 불가능한 일이다.

이 3대 제도 변수들이 일련의 개혁 과정을 거쳐 모두 조정시장경제에 부합하는 방향으로 변화한다 할지라도 그것만으로 한국형 조정시장경제체제가 절로 확립되는 것은 아니다. 다변화된 고품질 생산체계의 발전을 거쳐 이해관계자자본주의로 이행하는 최종 단계에서도 사회적 합의의 도출은 필수이다. 노동과 중소 하청기업 등의 경영 참여를 핵심 내용으로 하는 포용적 기업지배구조로의 개편에 대한 재벌과 대기업 등의 반대는 끝까지 격렬할 것이기 때문이다. 강제할 수 있는 일이 아닌 이상, 이들의 동의는 반드시 끌어내야 한다. 그것은 오직 정부가 중재하는 사회적 대화를 통해서만 가능한 일이다. 조정시장경제체제로의 전환에는 마지막 순간까지도 사회적 합의주의의 작동이 필요하다는 것이다.

게다가 이는 장기 과제에 해당한다. 금융체계, 숙련형성체계, 고용체계 및 노사관계 제도의 개혁 하나하나가 정부 주도로 노측과 사측이 합심하여 상당한 비용과 에너지를 장기에 걸쳐 지속적으로 투입해야 비로소 가능한 일일뿐더러, 이 제도개혁들에 힘입어 다변화된 고품질 생산체계와 이해관계자자본주의가 발전해가는 일은 이보다 더 오랜 시간이 걸릴 수도 있는 일이다. 결국 작금의 시장경제체제를 바꾸어내겠다는 의지가 강력한 정부가 사회적 합의주의 방식에 의하여 장기에 걸쳐 꾸준히 관련 제도들의 개혁을 추진해갈 때 한국형 조정시장경제가 수립될 수 있다는 것이다.

그런데 이 두 가지 요건, 즉 사회적 합의주의가 시종일관 안정적으로 작동돼야 하며, (조정시장경제로의 전환을 도모하는) 개혁 지향 정부가 장기간 연이어 집권해야 한다는 것은 정치체제의 변혁 없이는 갖추기 어려운 요건들이다. 6장에서 상세히 다루겠지만, 지역주의와 결합된 소선거구 일위대표제 중심의 선거제도, 그로 인해 고착된 지역 기반 거대양당 중심의 비구조화된 정당체계, 그리고 제왕적 대통령의 통치기구로 기능할 뿐인 단일정당정부 형태의 권력구조 등으로 구성되는 한국의 현 다수제 민주체제는 사회적 합의주의와 전혀 친화적이지 않다. 또한 7장에서 복지국가 건설의 정치제도 조건을 논하면서 이유를 설명하겠지만,

다수제 정치체제에서는 개혁 정부(들)의 장기집권도 기대하기 어려운 일이다. 결국, 사회경제제도들의 개혁과 조정시장경제체제로의 전환에 필요한 위 두 가지 요건은 지금의 정치체제를 비례대표제-다당제-연정형 권력구조로 구성되는 합의제 민주주의체제로 개편해야 비로소 충족될 수 있다는 것이다. 한국형 조정시장경제체제의 확립을 정치적 과제라고 규정하는 이유이다.

6장

조정시장경제와 복지국가는 사회적 합의로 만들어진다

앞 장의 말미에서 조정시장경제로의 전환은 합의제 민주주의에서 가능한 일이라는 이 장의 결론을 미리 말했다. 조정시장경제는 사회적 합의주의에 의해 형성되고 운영되는 것인데, 사회적 합의주의는 바로 합의제 민주주의에서 발전할 수 있는 거버넌스 체계이기 때문이라고 그 이유도 간략히 설명했다. 이 장에서는 왜 조정시장경제를 구성하는 주요 사회경제제도들은 사회적 합의주의 방식에 의한 노사 간 조정체계를 통해서만 제대로 작동하는지, 그리고 그 조정체계는 왜 합의제 민주주의에서만 안정적으로 운영될 수 있는지 등에 대하여 상세히 설명하고자 한다. 또한 복지국가 역시 사회적 합의주의에 의해서만 안정적으로 발전해갈 수 있다는 사실도 연이어 지적할 것이다. 결국 합의제 민주주의가 경제의 민주화와 복지국가 건설의 정치제도 조건임을 설명하겠다는 것이다.

사회적 합의주의의 중요성

조정시장경제의 발달은 왜 사회적 합의주의를 필요로 하는지에 대하여 숙련형성체계를 중심에 놓고 살펴보자. 숙련형성체계야말로 조정시장경제체제의 존립기반 그 자체이기 때문이다. 5장에서 확인한 바와 같이, 이해관계자자본주의의 발전을 견인하는 다변화된 고품질 생산체계의 성숙은 산업 특화적 숙련노동을 기업이 얼마나 안정적으로 확보할 수 있느냐에 달려 있다.

숙련형성체계가 조정시장경제로의 전환을 추동하기에 충분할 정도로 발전하기 위해서는 무엇보다 노사 간의 적극적 동의와 협력이 필요하다. 다변화된 고품질 생산체계에서의 산업 특화적 숙련은 특정 산업에 속한 노동자와 사용자 양측에 있어 '공동의 특유 자산co-specific assets'에 해당한다(Iversen 2005). 그런데 이 공동의 특유 자산은 노사 간의 대등한 파트너십에 기초한 '포괄적 조정체계inclusive regulatory framework'가 안정적으로 작동돼야 제대로 형성되고 유지될 수 있다(Cusak, Iversen, Soskice 2007, 374쪽). 노측과 사측은 효율적인 조정체계를 마련하여 그 안에서 숙련의 형성 및 유지에 필요한 직업교육훈련체계, 고용체계, 복지체계, 기업지배구조, 그리고 기타 노사 간의 협력관계 유지 방안 등에 관련된 여러 문제들에 대하여 끊임없이 협의하고 타협하고 조정해가야 한다. 그래야 자신들의 공동 자산인 숙련을 함께 지켜낼 수 있기 때문이다. 이를 좀 더 상세히 살펴보자.

우선 숙련에 '공동 투자'를 하는 노사 양측 간에 형성되는 갈등과 대립, 그리고 타협과 조정의 전략적 이해관계를 이해할 필요가 있다. 다변화된 고품질 생산체계에 참여하는 노동과 자본은 공히 실로 큰 결심을 요하는 "대단한" 투자를 하는 것이다(Gourevitch 2003, 1855쪽). 그들이 투자해야 하는 산업 특화적 숙련이라는 것은 다른 산업으로는 전이가 불가능non-transferable하거나 매우 어려운 특유 자산이기 때문이다. 따라서 노동과 자본 양측은 모두 그 '위험한 투자'에 대한 수익 안정성이 제대로 보장될 때에야 비로소 다변화된 고품질 생산체계에 참여할 수 있다.

다변화 고품질 생산체계의 현재 및 미래 노동자들은 오직 특정 산업 내에서만 유용한 숙련 습득을 위해 상당한 시간과 에너지를 이미 투자했거나 앞으로 그리해야 할 사람들이다. 그들이 우려하는 것은 그러한 숙련을 애써 습득한 후 자신들이 사측으로부터 해고 위협이나 임금 삭감 압력 등을 받게 되는 경우이다. 그들은 또한 기술 변화 등으로 자신들의 숙련이 더 이상 쓸모가 없게 되어 실직됐을 경우 새로운 숙련직을 찾기까지 어떠한 복지 상태에서 얼마나 잘 지낼 수 있을지에 대해 불안해한다. 그들이 임금 보호, 고용안정성, 그리고 고용보험 등을 강력하게 요청하는 이유는 바로 이러한 우려와 불안 때문이다(Iversen and Soskice 2009, 445~446쪽). 이 세 종류의 안전장치를 확보하기 위해 다변화된 고품질 생산체계의 숙련노동자들이 사측과 정부에 대하여 노동조합 결성권과 단체협상권의 보장, 그리고 사회안전망의 제공 등을 강력하게 요구하는 것은 지극히 당연한 일이다.

대단하고 위험한 투자를 하는 것은 사측 역시 마찬가지이다. 그들은 숙련에 기초한 다변화된 고품질 생산체계의 작동에 필요한 산업 특화적인 직업교육훈련체계, 생산설비, 기술 및 경영 체계, 판매망, 작업장 마련 등에 상당한 자본을 투여해야 한다. 그들이 가장 불안해하는 것은 숙련의 담지자인 노동자들의 비협조이다. 노동자들이 협력하지 않을 경우, 예컨대 그들이 최적의 숙련을 안정적으로 제공하지 않으면서 사측의 경영권을 위협하거나 평화적 산업 관계를 해칠 경우, 전이 불능 자산에 투자한 자본가들은 낭패를 볼 수 있기 때문이다. 따라서 사측은 노측의 협력을 안정적으로 확보할 수 있는 방안 마련에 몰두하기 마련이다.

노측과 사측은 임금과 복지, 그리고 경영권이나 관리권 등을 놓고는 갈등하는 관계에 있지만, 자신들이 공동 투자한 혹은 투자해야 할 특유 자산의 경제적 가치를 유지하거나 증대할 수 있는 최적의 환경 조성을 위해서는 공동의 노력을 기울여야 하는 관계에 있다. 그것이 바로 다변화된 고품질 생산체계에서는 노사가 공히 대립보다는 타협을 선호하는 경향을 뚜렷이 보이는 이유이다. 양측 모두 협력 관계를 유지함으로써 생산체제와 시장을 안정화하고 경제적 불확실성과 위험을 최소화하는 것이 서로의 이익에 부합한다는 사실을 잘 알고 있는 것이다.

요컨대, 그들은 조정 과정을 거쳐 합의를 도출해내는 것이 자신들 공동의 특유 자산을 가장 효과적으로 관리할 수 있는 방안이며, 따라서 양자 간 조정체계를 안정적으로 구축할 필요가 있다는 사실에 서로 동의한다. 대개 사회적 합의주의 방식으로 가동되는 이 조정체계를 통해 사측은 노측이 요구하는 단체협상권과 숙련형성 감시권 그리고 복지 강화 및 고용 안정성 등을 보장하는 대신, 노측으로부터 안정된 숙련 제공과 경영권 존중 등을 약속받을 수 있다. 다시 말하지만, 그래야 자신들이 투자한 자산의 현재 및 미래 가치를 극대화할 수 있기 때문이다.[32]

---

32 이것이 조정시장경제체제의 기업과 자본가들이 대체로 복지국가의 강화를 지지하는 한 가지 이유이다(Swenson 2002 ; Gourevitch 2003 ; Mares 2003 ; Iversen and Soskice 2009). 한편, 유럽의 조정시장경제 발전 과정을 보면 사측은 노측과의 협조가 자산 가치의 보존과 증진 등에 현저히 유리할 경우 사회적 합의주의와 같은 정치적 조정체계의 형성을 선호했고, 따라서 이러한 체계와 친화적인 합의제 민주주의의 발전을 지지했다는 사실을 알 수 있다(Cusak, Iversen, Soskice 2007 ; Iversen and Soskice 2009 ; Martin and Swank 2008).

자신들의 자산 가치 보존을 위해 조정체계가 필요한 것은 노측 역시 마찬가지이다.

이 사회적 합의주의 체계는 무엇보다 노사 양측이 모두 신뢰할 수 있고 장기적 구속력을 발휘할 수 있는 것이어야 한다. 그래야 합의된 사항에 준거하여 양측이 숙련 및 관련 자산에 서로 안심하고 투자할 수 있으며, 그래야 비로소 다변화된 고품질 생산체계가 유지될 수 있다. 그런데 이러한 조정 및 합의 체계는 "(중앙)정치의 수준"에서만 제대로 만들어질 수 있다(Cusak, Iversen, Soskice 2007, 377쪽 ; Iversen and Soskice 2009, 478쪽). 그 합의 체계에서 다루어야 할 직업교육훈련, 숙련노동시장, 경영권, 단체협상권, 복지 및 사회안전망 등에 관한 제 문제들은 기본적으로 전국 수준에서 협상해야 적절한 해결책을 찾을 수 있는 것들이며, 이런 협상의 구속력은 정치적으로 보장돼야 장기적으로 충분히 강력할 수 있기 때문이다.

'정치적으로' 지지되는 사회적 합의 체계를 필요로 하는 것은 숙련형성체계의 발전만이 아니다. 5장에서 언급한 바와 같이, 노동시장의 유연안정성 확보를 통한 장기 고용체계 및 협력적 노사관계, 은행 중심의 장기자본 조달체계, 이해관계자자본주의형 기업지배구조 등 조정시장경제의 여타 제도 요소들도 모두 사회적 조정체계의 도움이 있어야 발전해갈 수 있다. 복지국가 역시 마찬가지이다. 복지국가의 건설도 사회적 합의주의 체계가 제대로 작동하는 곳에서 비로소 순조롭게 진행될 수 있다(Katzenstein 1985 ; Hicks and Swank 1992 ; Huber and Stephens 2001 ; Swank 2001 ; Crepaz 2002 ; Minnich 2003) 왜 그러한지, 복지국가가 재원 마련을 둘러싼 정치경제 과정을 예로 들어 그 이유를 간단히 살펴보자.

새누리당과 박근혜 정부는 '한국형 복지국가'의 건설은 증세 없이도 가능하다고 주장하곤 하는데, 만약 그것이 사실이라면, 그들이 말하는 복지국가란 기껏해야 낮은 수준의 잔여주의 복지국가를 의미하는 것일 수밖에 없다. 유럽의 선진 보편주의 복지국가들은 고사하고 OECD 국가들의 일반적 복지 수준에 도달하기 위해서도 한국의 사회복지지출 비중은 최소한 OECD 평균치 정도로는 끌어올려야 한다. 그러기 위해선 OECD 평균 수준은커녕 세계 최하위라고도 할 수 있는 현재의 조세 부담율을 크게 높이는 방법밖에는 없다. 복지 재원은 궁극적으로 조세를 통해 마련되는 것이고, 그렇다면 결국 증세는 불가피하다는 것이다.

그러나 세원 확충을 위한 조세 개혁은 언제나 사회갈등을 불러일으키는 까다롭고 험난한 일이다. 사회 구성원 대다수가 복지국가의 건설엔 찬성하지만 그를 위한 비용 부담은 꺼리기 때문이다. 일반 노동자들은 대체로 자산가나 고소득자의 세금과 기업의 법인세를 올리라고 할 뿐 자신들의 소득세 인상에는 찬성하지 않는다. 한편, 고소득자나 기업 경영자들은 국가복지나 사회복지체계의 강화 없이도 자신들을 위한 복지 서비스는 시장에서 충분히 구입할 수 있기에 복지국가의 확대를 위한 증세 수용 압박에 반응하지 않거나 오히려 저항한다. 결국 정부가 정치력을 발휘하여 조정 작업에 나서는 수밖에 없다. 그리하여 사회 구성원들 사이에 증세의 필요성에 대한 공감대가 형성되도록 하고, 그들 사이에 조세 분담에 관한 사회적 합의가 도출되도록 해야 한다. 복지국가의 발전도 사회적 합의주의의 작동이 필요하다는 것이다.

한국형 사회적 합의주의

결국 조정시장경제로의 전환과 복지국가의 건설은, 즉 시대정신의 구현은 사회적 합의주의 혹은 사회협약 체계가 확립돼야 달성할 수 있다는 것인데, 우리는 과연 그러한 거버넌스 체계를 만들어낼 수 있을까? 혹자는 그것의 원조 국가들에서도 이미 퇴조 경향이 나타난 바 있는 사회적 합의주의가 어떻게 한국에서 이제야 발전해갈 수 있겠느냐며 '한국형 사회적 합의주의' 담론을 철지난 이상론쯤으로 치부한다. 물론 노사정 3자 협약의 정치경제라 불렸던 (고전적) 사회적 합의주의는 세계화가 본격화된 1980년대 초중반 무렵 퇴조의 조짐을 뚜렷이 보였다. 영국과 미국은 물론 유럽 대륙에서조차 정치의 보수화와 경제의 신자유주의화가 맹위를 떨치기 시작하면서 '사회적 합의주의의 종말'이 다가온 분위기가 일었고, 급기야는 1980년대 후반 사회적 합의주의 이론의 '창시자'라 불리던 슈미터마저 사회적 합의주의는 이제 존속하기 힘들게 되었다고 고백할 정도였다(Schmitter 1989).

고전적인 사회적 합의주의의 퇴조는 무엇보다 노조의 약화가 가장 큰 요인으로 지목됐다. 고전적 사회합의주의의 작동 조건이 노동의 '독점적concentrated' 이익 대표체계와 '중앙집중적centralized' 조직구조라고 할 때 세계화와 탈산업화 시대에 이 조건을 유지하기는 쉽지 않았기 때문이다. 경제의 세계화가 진전되면서 교역 부문과 비교역 부문의 노동자들의 이해관계가 서로 달라졌으며, 이로 인한 노-노 간의 대립과 갈등은 자본이나 정부를 상대로 한 협상에서 중앙 수준의 단일 협정 도출을 어렵게 만들었다. 탈산업화 역시 같은 문제를 야기했다. 서비스산업의 발전은 지금까지 제조업 중심의 동질적 노동으로 구성돼 있던 노동조직의 분열을 낳았고, 화이트칼라와 공공부문, 그리고 서비스 부문 등은 각기 별도의 조직을 만들어갔다. 부문별 독자 조직들이 병립하면서 대표체계의 독점성은 무너졌다. 요컨대, 세계화와 탈산업화가 노동 내부의 분열을 촉진함으로써 고전적인 사회적 합의주의의 핵심 조건을 붕괴시켰다는 것이다.

세계화로 인한 자본 이동의 자유 증대는 특히 다국적기업의 영향력 강화로 이어졌고, 이 역시 고전적인 사회적 합의주의 쇠퇴의 한 요인이 되었다. 다국적기업들은 이제 일국 경제 내부에서 노동이나 정부와 대화하고 타협하려 들기보다는 그러한 국내 제약으로부터 벗어나 다른 나라로 나가겠다고 위협할 수 있게 됨으로써 고전적 사회합의주의의 '사회적 대화' 촉진 기능을 크게 약화시켰다. 세계화 시대가 초래한 국가 간 무한경쟁 상황도 고전적인 사회적 합의주의의 적실성을 흔들었다. 대부분의 선진국들이 국가경쟁력 제고 방안으로 노동시장의 유연화를 추진하게 되었고, 이는 노동시장에 대한 고전적 사회합의주의의 규제 시도를 부적절한 것으로 만들었다.

그러나 '사회적 합의주의의 사망'을 우려했던 슈미터의 생각은 기우에 불과했던 것으로 밝혀졌다. 신자유주의적 세계화 압력이 기승을 부리던 1980년대와 1990년대의 바로 그 시기에 고전적인 사회적 합의주의와는 다른 형태의 사회협약이 네덜란드, 아일랜드, 스페인, 포르투갈, 이탈리아 등 유럽 도처에서 맺어졌다. '경쟁력을 위한 사회적 합의주의competitive corporatism'(이하 '경쟁력 사회합의주의') 혹은 '공급 중심supply-side' 사회적 합의주의라 불리는 새로운 유형의 사회적 합의주의가 부상한 것이다(Traxler 1995 ; Rhode 2001 ; Avdagic, Rhodes, and Visser 2011). 특히 아일랜드와 네덜란드는 이 새로운 사회적 합의주의 방식으로 세계화 시대에 발생한 경제위기를 노사가 합심하여 극복하고 경제를 과거보다 더 튼실한 상태로 올려놓은 대표적인 나라로 평가되며 사회적 합의주의의 건재함을 보여주었다.

그렇지 않아도 유럽 최빈국 중 하나였던 아일랜드는 1980년대에 들어서며 심각한 경제적 위기에 빠졌다. 희망은 없는 듯했다. 그러나 아일랜드는 1987년 '국가경제 회복을 위한 프로그램Program for National Recovery'이라는 최초의 사회협약을 노·사·농·정 4자 간의 사회적 대화로 체결한 이후 3년마다 계속 시의적절한 사회협약을 맺어감으로써 그 위기 상황에서 벗어났다. 그리고 1990년대 중후반기부터는 '켈틱의 호랑이Celtic Tiger'로 불릴 만큼 눈부신 경제성장세를 보여주기 시작했다.[33] 예를 들어, 1994년에서 2002년 사이에는 연평균 GNP 성장률 8.8퍼센트 이상을 달성했는데, 이는 같은 기간의 EU 평균 성장률 2.5퍼센트보다 세 배 이상 높은 것이었고, OECD 국가들 중 최고 수준의 것이었다. 2008년까지 총 8회에 걸쳐 경쟁력 사회합의주의 방식에 의해 체결된 아일랜드의 사회협약들은 모두 성장과 분배의 선순환 구조를 구축하거나 강화하기 위한 방안을 그 내용으로 담고 있었다. 기업 경쟁력을 높이기 위해 노동자들은 임금인상을 자제했고, 대신 정부는 소득세 인하와 사회보장 정책의 강화를 통해 이를 보상했다. 또한 노동시장의 유연화에 상응하여 비정규직 보호와 평등한 고용 기회의 부여, 적극적 노동시장 정책의 확대 추진, 그리고 부당해고 방지를 위한 노동관계법 개정 조치 등을 취했다. 기업 역시 노동의 양보에 대하여 노동자들의 경영 참여를 부분적

---

33 '켈틱의 호랑이'는 경제 기적을 이루었다고 하여 '동아시아의 네 마리 용'으로 불리던 한국, 대만, 싱가포르, 그리고 홍콩에 견줄 만큼 켈트 문화권에 속한 아일랜드의 경제가 급속히 성장했음을 시사하는 용어이다.

으로 인정하는 방식 등을 통해 화답했다.

네덜란드 역시 1980년대 초에는 마이너스 경제성장과 10퍼센트 이상의 고실업 등 전후 최악의 경제위기에 몰려 있었다. 그러던 네덜란드가 1990년대 이후에는 '네덜란드의 기적Dutch Miracle'을 이룬 나라로 칭송받게 된다. 자타가 공인하듯, 경쟁력 사회합의주의 덕분이었다. 1982년 정부의 중재하에 이른바 '바세나르 협약Wassenaar Accord'을 맺은 노사 대표는 그후에도 최근의 2013년 협약을 포함하여 총 8회의 사회협약을 추가로 체결해왔다. 특정 사회협약이 적용되지 않는 기간에도 노사(정) 간의 사회적 대화는 여러 차원과 수준에서 항시적으로 이루어졌으며, 시장의 조정은 대개 그 결과에 따라 진행되었다. 많은 이들이 네덜란드를 "사회적 합의주의에 기초한 조정시장경제 국가"의 전범으로 칭하는 이유이다(Visser and Meer 2011, 227쪽). 네덜란드의 사회협약들은 노동의 임금인상 자제와 자본의 노동시간 단축 간의 교환을 통해 경제를 회생시키고, 일자리 나누기를 통한 유연안정성 확보에 상호 협력하며, 노동자의 직업훈련 강화 및 적극적인 인적자원 개발에 주력할 것 등을 주요 내용으로 했다. 한편, 정부는 노동의 임금인상 자제를 보상하는 조치로 근로소득세 부담을 줄이기로 했으며, 파트타임 노동자나 파견노동자의 보호와 법적 지위 향상에 필요한 조치, 예컨대 사회보험이나 법정 최저임금제의 동일 적용, 그리고 동일노동-동일임금 원칙의 시행 등을 약속했다. 전형적인 경쟁력 사회합의주의의 모습을 보여주는 것들이었다.

경쟁력 사회합의주의

네덜란드와 아일랜드 등의 성공 사례는 사회협약의 체결을 통한 시장 조정이 결코 시대착오적인 것이 아니며, 사회적 합의주의는 세계화와 양립할 수 있다는 사실을 입증해주었다(김용철 2001, 111쪽). 다만 고전적 형태가 아닌 새로운 유형의 사회적 합의주의 시대가 열렸음을 알린 것이었다. 고전적 사회합의주의에 따른 과거 사회협약의 주 의제가 분배였다면 경쟁력 사회합의주의는 성장과 생산성, 그리고 국가경쟁력 향상을 분배 못지않은 중요 의제로 다룬다. 그러나 잊지 말아야할 것은, 경쟁력 사회합의주의가 세계화 시대의 국가경쟁력 제고를 목표로 하는 것은 맞지만, 그 작동 방식은 여전히 사회협약의 체결이라는 점이다. 사회협약에 의해 사회적 보호와 사회적 합의 구도를 보존하며 시장을 조정해간다는 점에서 이는 여전히 조정시장경제적 대응이다. 따라서 경쟁력 사회합의주의는 이중의 성격을 가지며, 이를 달리 표현하면 노동자들 간의 '분배연합distributional coalitions'과 자본가들 간의 '생산성연합productivity coalitions'의 결합 혹은 조화라고 할 수 있다(Rhodes 2001, 179쪽). 즉 경쟁력 사회합의주의에 의한 사회협약은 노동시장의 유연성 증대나 사회복지지출의 합리화 등을 통해 생산성 향상을 목표로 하는 동시에, 노동시장의 취약 계층에 대한 보호나 적극적 노동시장 정책 등을 통한 고용증대, 불공정 해고의 제한, 그리고 적정한 분배 등을 도모한다는 것이다.

한국의 현 정치경제 지형에서 고전적인 사회적 합의주의의 발전을 기대하기란 어차피 어려운 일이다. 그것의 작동 요건은 상기한 바와 같이 노동조합이 중앙집중적이며 독점적인 대표체계를 갖출 것은 물론 거기서 더 나아가 (정치 조건으로서) 사민주의 혹은 친노동 정당의 집권 또는 압도적 우세를 필요로 하는 등의 무척 까다로운 것들이기 때문이다(Cameron 1984 ; Lange and Garret 1985 ; Schmitter 1989). 그러나 한국에서도 경쟁력 사회합의주의의 등장은 기대할 수 있다. 앞서 본 바와 같이 이 새로운 유형의 사회합의주의는 네덜란드, 아일랜드, 스페인, 포르투갈, 이탈리아 등에서 부상했는데, 그들은 예의 고전적인 사회적 합의주의의 발전 조건을 제대로 갖추지 못한 나라들이다(Traxler 1995 ; Rhode 2001). 이 나라들 어디에서도 사민당이나 노동당 등의 좌파정당이 홀로 장기 집권을 하는 등과 같이 압도적으로 우월한 정치력을 보유한 적은 없으며, 노동이나 자본 등도 전국적으로 독점적 대표성을 갖출 정도로 고도의 조직화를 이룬 건 아니었다는 점은 우리에겐 매우 고무적인 사실이라 할 수 있다.

그렇지만 후자의 조건과 관련해서는 보다 조심스러운 접근이 필요한 것이 사실이다. 물론, 이들 나라의 경우를 보면 알 수 있듯이, 경쟁력 사회합의주의의 발전이 노조나 사용자 단체 등의 이익집단 조직 정도에 대단히 크게 좌우되는 것은 아니다(Molina and Rhodes 2002, 316~317쪽 ; Hamann and Kelly 2007, 972쪽 ; Anthonsen and Lindvall 2009, 173~174쪽). 그러나 그렇다고 노사관계의 구조화 정도는 전혀 문제가 안 되는 것이라고 할 수는 결코 없다. 주류 연구자들은 대체로 노조 가입률과 중앙집중화 정도가 "중급 수준intermediate level"에 들면 사회적 합의주의가 발전할 수 있다고 본다(Avdagic 2010 ; Hassel 2007). 예컨대, 독점적 대표성을 확보한 전국 노조나 사용자 조직은 없을지라도 상호 조정과 조절이 가능한 분권적 대표체계가 존재하거나 단체협약 적용률이 상당히 높다면 노사정 협의는 충분히 이루어질 수 있다는 것이다. 그러나 어쨌든 새로운 유형의 사회적 합의주의는 과거의 그 까다롭고 엄격한 정치 및 사회경제적 제도 요건을 필요로 하는 게 아니라는 점만은 명백해졌다고 할 수 있다(양재진 2003 ; 이선 2006 ; 임상훈 2006 ; Compston 2002).

더구나 경쟁력 사회합의주의는 세계화 시대에 성장과 분배의 선순환 구조를 구축하려는 한국 경제에는 더없이 적합한 것이기도 하다. 고전적인 사회적 합의주의와 달리 이 새로운 사회적 합의주의는 분배만이 아니라 생산성 향상, 노동시장의 유연안정성, 적극적 노동시장 정책 등을 통한 고용증대 방안 등 다양한 영역을 아우르는 의제 선택의 유연화를 이룬 것이기 때문이다. 또한 그것은 기업연합과 노조연합뿐 아니라 실직자, 비정규직, 자영업자, 농민 단체 등 다양한 사회집단들을 포괄하는 참여 주체의 다변화와 거시적(중앙) 수준에서만이 아닌 중위적(산업, 광역지역) 혹은 미시적(기업, 기초지역) 수준으로까지 내려가는 조정과 협약 수준의 세밀화도 가능케 한다. 그러나 명심할 것은 의제와 참여 주체, 협약 수준 및 운영 형태 등의 모든 면에서 유연하고 다차원적인, 따라서 한국 나름의 모델을 창안하기가 용이한 이 새롭고 매력적인 유형의 사회적 합의주의도 최소한의 제도 요건은 필요로 한다는 점이다.

경쟁력 사회합의주의의 발전 조건

사회적 합의주의 발전의 고전적 요건을 갖추지 못한 네덜란드와 아일랜드 등의 나라에서 경쟁력 사회합의주의가 부상할 수 있었던 요인으로 가장 많은 연구자들이 지목하는 변수는 정부의 능력과 의지, 그리고 이익집단의 전략적 선택이다. 말하자면 행위자 변수가 작동하여 새로운 유형의 사회적 합의주의가 발전할 수 있었다는 주장인 것이다. 그들은 무엇보다 정부와 이익집단들 간에 이루어진 전략적 판단의 일치를 강조한다. 급격한 세계화의 흐름 속에서 자칫 잘못하면 국제경쟁에서 밀려난다는 불안감과 그 경우 경영악화, 도산, 실업 등의 문제가 심각해지리라는 부담감을 노사정 모두가 공유하게 되면서 오직 상호 협력으로만 이 위기 상황을 헤쳐 나갈 수 있다는 전략적 공감대가 형성됐다는 것이다. 경쟁력 사회합의주의는 이와 같이 세계화로부터 오는 위기감에 직면한 주요 국내 행위자들 모두가 협력의 필요성을 공유한 결과 부상한 일종의 국내적 대응이라는 의미이다(Rhodes 2001 ; O'Donnell and Thomas 2002 ; Culpepper 2008).

그들의 설명에 따르면, 분배연합의 강화를 강조해오던 노동자들도 신자유주의적 세계화의 진전에 따른 경제위기를 맞게 되면 그 위기는 결국 기업 이익의 유지 및 재생산을 가능케 하는 국제경쟁력의 제고를 통해서만 극복할 수 있다는 인식을 하게 되어 생산성연합의 중요성을 인정하게 된다. 노조가 사회협약 체결 과정에서 임금인상의 자제나 임금의 실질적 삭감을 용인하고, 대신 노동시간 단축을 통한 일자리 나누기 등에 동의하게 되는 이유가 여기에 있다. 한편, 생산성연합의 지배적 위치를 고집하던 자본가들도 무한경쟁의 세계화 시대가 요구하는 안정적이고 지속적인 기술혁신과 노동시장의 유연성 제고를 순조롭게 이루기 위해서는 분배와 복지제도의 확충이 필요함을 인정하고(Wood 2001 ; Swenson 2002), 따라서 분배연합의 중요성도 인정하게 된다. 결국 노측과 사측은 모두 시장과 사회를 안정시키고 국가경쟁력을 강화하기 위해서는 상호 신뢰에 기초한 노사 협상이 필수임을 깨닫게 된다는 것이다. 이때 정부의 의지가 강하고 능력도 상당하다면 정부의 리더십 발휘에 의해 경쟁력 사회합의주의는 보다 빠르고 쉽게 등장할 수 있다. 예컨대 정부는 노측과 사측 사이에서 중재자 혹은 조정자의 역할을 효과적으로 수행함으로써 사회적 파트너들 간의 신뢰 형성과 유지에 크게 기여할 수 있다. 정부의 수행 능력에 따라서 제도 조건의 미비 상황은 충분히 극복될 수 있다는 것이다.

이렇게 본다면 경쟁력 사회합의주의의 부상은 기본적으로 노동과 자본 등 주요 이익집단들 간의 전략적 상호작용의 산물이다. 다만 이들의 전략적 선택은 정부의 의지 및 능력에 의해 큰 영향을 받게 되므로 정부의 역할이 매우 중요하다. 결국 행위자 변수를 중시하는 연구자들의 주장은 고전적인 사회적 합의주의가 요구하는 정치 및 사회경제적 제도를 갖추지 못한 한국에서도 경쟁력 사회합의주의의 발전은 가능하다는 함의를 낳는다. 노사정을 비롯한 주요 행위자들이 전략적 판단의 일치를 보게 되면 구조 혹은 제도적 요건의 결함에도 불구하고 한국에서도 경쟁력 사회합의주의가 발전할 수 있다는 것이다(노중기 2004, 160쪽 ; 신동면 2007, 161쪽).

행위자들이 중요하며, 그들의 전략적 판단이 일치하면 경쟁력 사회합의주의의 형성 및 존속이 가능하다는 것은 어찌 보면 너무 당연한 주장이다. 모두가 찬성하고 동의하는데 사회적 합의주의가 발전 못할 이유가 어디 있겠는가. 문제는 어떤 조건에서 행위자들의 전략이 일치하고 지속하는지, 그리고 특히 정부가 어떤 조건에서 경쟁력 사회합의주의를 강력한 의지를 갖고 꾸준히 추진할 수 있는지를 알 수 없다는 것이다. 심각한 경제위기에 빠졌다고 해서 모든 나라의 노조들이 사용자 집단들과 협력하여 사회협약 체결에 적극적으로 나서는 것은 아니며, 모든 정부가 사회적 합의주의 방식을 통해 구조조정을 추진하는 것도 아니지 않는가.

예컨대, 1990년대에 아일랜드는 사회협약 체결을 통해 경제위기 상황을 돌파해가고 있었지만, 영국은 줄곧 일방적 구조조정을 밀어붙였다. 영국의 경제적 어려움이 아일랜드보다 덜해서였던 것일까? 1997년에 발생한 동아시아 외환위기 국면에서 왜 동아시아 국가들은 사회협약 체계 구축을 시도조차 못했거나 혹은 조기에 포기해버렸는가. 1980년

대의 네덜란드와 아일랜드에 비해 그들이 처한 위기의 정도가 그리 심각하지 않아서였던가? 한국은 왜 수치스럽기조차 했던 IMF 관리체제에서도 사회적 합의주의의 작동에 실패했는가? 위기가 약해서였다고 말할 수 있는가? 왜 비슷한 정도의 경제위기 상황에 처했을 때 어떤 정부는 일방주의를 택하고 다른 정부는 사회적 합의주의를 택하는가? 행위자 변수의 고찰만으론 이러한 차이를 일관성 있게 설명할 수 없다. 경쟁력 사회합의주의의 형성과 존속을 제대로 설명하고 예측하길 원한다면, 그리하여 그 문제와 관련하여 적절한 대책을 마련하고자 한다면 제도, 특히 정부의 행태를 규정하는 정치제도 변수를 중시해야 한다.

사회적 합의주의의 정치제도 조건

경쟁력 사회합의주의 발전의 정치제도 조건에 관한 본격적인 논의에 앞서 우선 흥미로운 사실을 하나 소개하고자 한다. 나라별 사회적 합의주의 발전 정도에 대한 23편의 선행 연구 결과물들을 분석하여 1980년대와 1990년대 사이 24개 선진 산업 국가들의 사회적 합의주의 순위를 정리한 시아로프(Siaroff 1999, 184쪽)에 의하면, 앞선 연구 결과들 모두가 동의할 수 있는 최고의 사회적 합의주의 국가 8개국은 오스트리아, 노르웨이, 스웨덴, 네덜란드, 덴마크, 독일, 핀란드, 벨기에 등이다(이하 '사회합의주의 8개국'). 그런데 이 사회합의주의 8개국은 모두 다수제 민주주의가 아닌 합의제 민주주의 국가라는 공통점이 있다. 한편, 시아로프의 연구에서는 뉴질랜드, 오스트레일리아, 영국, 캐나다, 미국 같은 다수제 민주주의 국가들은 모두 사회적 합의주의 저발전 국가들로 분류된다. 왜 사회적 합의주의는 다수제 민주주의가 아닌 합의제 민주주의 국가에서 발전해가는 것일까? 이유는 사실 단순하다.

최소 조건

노사 협동의 장場으로서 제대로 기능하는 사회적 합의 체계를 정치적 수준에서 제도화하기 위한 가장 기본적인 조건 혹은 최소 조건은 노사 양측의 정치적 대표성을 보장하는 것이다. 노사 양측은 서로에 대하여 정치적으로 동등한 파트너십을 유지할 수 있을 때 비로소 협동의 장에 참여할 유인을 갖는다. 예를 들어 노동의 선호와 이익을 대표하는 정당이 없거나 있더라도 무력한 존재에 불과하다면, 노측은 정치적 조정체계에 잘 참여하려 들지 않을 것이다. 유력 정당에 의한 정치적 뒷받침이 없는 상태에선 조정 과정에서 사측의 양보를 받아내기도 어려울뿐더러, 설령 유의미한 양보를 얻어낼지라도 그 내용이 정치적 결과물, 즉 법·제도나 정부의 정책 등으로 연결될 가능성은 낮을 것이기 때문이다. 마찬가지 이유로, 사측을 대표하는 유력 정당이 존재하지 않을 경우엔 사용자 집단이 조정체계에 참여할 유인을 갖기 어렵다. 결국 사회적 합의주의는 노사 양측의 정치적 대표성을 안정적으로 보장해주는 정치체제에서 제도화될 수 있다는 것이다. 그렇지 못한 정치체제에선 사회협약체계의 형성 자체가 어렵거나 혹시 형성될지라도 오래가지 않아 작동이 멈추게 될 것이다.

1998년에 발족했던 한국의 노사정위원회가 좋은 예이다. 김대중 정부는 사회적 합의주의 방식으로 당시의 경제위기 상황에서 탈출하고자 노사정위원회를 출범시켰다. 위기의 심각성을 공유한 노동과 자본은 모두 정부의 사회협약 체결 제안을 큰 망설임 없이 받아들였다. 그러나 최소 조건의 부재 상태에서 사회적 합의주의의 작동이 성공적일 리는 없었다. 처음에는 물론 순항하는 듯했다. 1998년 2월 노사정위원회는 기업의 경영 투명성 확보 및 구조조정 추진, 사회보장제도의 확충, 노동 기본권 보장 및 민주적 노사관계의 확립, 노동시장의 유연화 조치 등 10대 의제에 대한 대타협을 도출했다. 그런데 문제는 실행 과정에서 발생했다. 노사 합의 내용 중 정리해고제와 근로자파견제의 도입 등 노동시장의 유연화와 관련된 것들은 곧바로 입법화되거나 시행되었으나, 노조의 정치활동 보장이나 사회보장제도의 확충, 또는 재벌과 기업의 개혁 등에 관련된 사항들은 그 이행이 제대로 이루어지지 않았거나 지나치게 늦춰졌다. 이유는 당연히 노측의 정치력 약세였다. 국회와 정부에 노동의 선호와 이익을 대표하는 유력 정당은 존재하지 않았다. 말하자면 노측에 유리한 합의 내용들이 법제화되거나 정책화될 수 있도록 최선을 다하는 힘 있는 정당이 없었다는 것이다. 정치적 대표성의 결핍 문제였다.

그러니 노사정위원회는 편향된 방향으로, 즉 노측에는 불리하고 사측에게만 유리한 식으로 운영될 수밖에 없었다. 그 결과 노측의 양보로 가능하게 된 노동시장의 급격한 유연화는 당장 실업자와 비정규직 노동자를 양산했을 뿐, 그리하여 기업별노조 체제에서 아무런 보호도 받을 수 없는 비조직 노동자들만을 증가시켰을 뿐, 그에 상응한 대가와 보상책이 노동자들에게 제공되도록 하지는 못했다. 당연히 노측은 구조조정의 고통을 자신들만이 부담한다는 피해 의식을 갖게 되었고 이는 정부와 사측에 대한 불신으로 이어졌다. 사회적 협약은 신뢰를 생명으로 하는 것인바, 그 신뢰가 초기부터 깨지기 시작한 것이다. 노측은 불참 선언을 거듭했고 장외투쟁도 불사했다. 노사정위는 그렇게 파행으로 치달은 것이다.

노사정위원회의 실패는 '정치제도로서의' 정부의 역할이 얼마나 중요한지를 일러주는 사례이다. 정부는 노동이나 중소상공인과 같은 사회경제적 약자 집단들을 '특별' 지원함으로써 그들이 자본이나 대기업 등의 강자 집단과 동등한 파트너십을 유지할 수 있도록 해주는 역할을 수행해야 한다. 어떻게 하면 그러한 약자 지원이 통상적인 정부의 역할로 자리 잡게 할 수 있을까? 그것은, 예컨대, 노동의 편에 서서 국가의 정책결정에 상당한 영향을 끼칠 수 있는 유력한 친親노동 정당이 의회 및 정부에 상시적으로 존재하면 가능한 일이다. 중소상공인이나 농민의 경우도 마찬가지이다. 이들 그룹 역시 (그들이 사회협약 체계의 파트너로서 참여할 필요가 있다면) 자신들의 정치적 대리인을 확보하고 있어야 한다. 말하자면, 조정시장경제의 근간인 사회적 합의주의가 제대로 작동하기 위해서는 주요 사회경제 집단들을 정치적으로 대리할 수 있는 이념 혹은 정책정당들이 의회 및 행정부에 늘 포진해 있는 구조화된 다당체계와 포괄적인 연립정부가 필요하다는 것이다(Hamann and Kelly 2007). 다당체계와 연립정부, 그리고 그 둘의 정립을 추동하는 비례대표제가 합의제 민주주의의 전형적 정치제도들임은 우리가 알고 있는 대로이다. 결국 사회적 합의주의와 이에 기초한 조정시장경제는 합의제 민주주의에서 안정적으로 발전할 수 있다는 것이다.

다당제와 연정형 권력구조

사회적 합의주의가 양당제와 단일정당정부가 아닌 다당제와 연립정부로 구성되는 합의제 민주주의에서 발전해가는 이유를 좀 더 구체적으로 살펴보자. 양당제 국가의 정부는 선거에서 승리한 어느 한 정당에 의해 단독으로 구성된다. 만일 우파정당이 이기면 자본가나 대기업 등 사회경제적 강자들에게 우호적인 이념 편향적 정부가 탄생하게 되는 것이다. 이 경우 집권당의 지지 기반인 사회경제적 강자들이 노동자나 중소기업 등의 약자들과 사회적 대타협을 이루기 위해 적극 나설 까닭은 별로 없다. 자신들과 "정치적 동맹political ally" 관계에 있는 정당이 (여타 정당들의 도움 없이) 독자적으로 정부를 구성하여 혼자의 결정만으로 언제든 자신들이 원하는 정책을 제공할 수 있는데, 사회경제적 강자들이 왜 굳이 까다롭고 골치 아픈 사회적 대화에 관심을 갖겠는가(Anthonsen and Lindvall 2009, 171쪽). 필요하면 바로 그 정부를 상대로 로비 등의 직접적 영향력을 행사하면 될 뿐인 것이다. 반대의 경우, 즉 좌파정당이 단독 집권을 할 경우도 주체만 다를 뿐 상황은 비슷한 방식으로 전개된다.

실제로 양당제가 전형인 다수제 민주주의 국가에서 사회협약의 정치경제가 성공적으로 지속된 예를 찾아보기는 어렵다. 반대로, 상기한 사회적 합의주의 8개국을 포함하여 장기간에 걸쳐 사회협약 체계를 성공적으로 운영해온 국가들은 모두 보수와 진보 그리고 중도 계층에 기반을 둔 유력 정당 셋 이상이 어느 한 정당도 단독 다수당이 되기 어려운 다당제를 형성하고, 따라서 통상적인 정부 형태가 연립정부인 합의제 민주주의 국가들이다. 이들 나라에서 노동과 자본의 사회적 대화가 흥하는 이유는, 양측 모두 상이한 이념의 복수 정당들로 구성되는 연립정부 체제에서는 특정 정당에 대한 일방적 영향력 행사로는 자신들의 이익이 보장될 수 없다는 사실을 잘 알고 있기 때문이다. 말하자면 그들은 자신들이 "포획"할 수 있는 어느 한 정당이 단독 집권한다는 것은 어차피 불가능하다는 사실을 인지하여 정치권 밖에서부터 미리 정책적 타협점을 찾으려고 노력한다는 것이다(Martin and Swank 2008, 181, 184쪽). 같은 이유로 그들은 자기들의 동맹 정당이 아닌 여타 유력 정당들과도 가급적 협력적인 관계를 유지하려 든다. 연립정부의 입장에서도 일단 사회적 합의가 이루어진 정책 이슈를 다루는 쪽이 정치적 부담이 적은 까닭에 노사 간의 사회적 대화를 적극 장려한다.

당연한 얘기지만, 정부는 단순히 국가경제의 기계적 관리자가 아니다. 만약 그렇다면, 예컨대, 세계화 시대의 경제위기에 직면한 모든 정부는 노동의 선호에 관계없이 필요하면 언제든 신자유주의 구조조정을 일방적으로 추진할 것이다. 많은 경우 그것이 가장 효율적인 경제관리 방안일 것이기 때문이다. 그러나 모두가 그리하는 것은 결코 아니다. 상당수의 정부들은 심각한 경제위기 상황에서도 일방주의가 아니라 사회적 합의주의에 의한 이른바 '사회통합형 구조조정' 방식을 선택한다. 이런 차이가 일어나는 까닭은 정부란 본디 선거정치에 민감한 정당(들)에 의해 운영되는 (행정이나 경제 관리 주체가 아닌) '정치 주체'이기 때문이다(Hamann and Kelly 2007, 972쪽). 따라서 노동의 선거정치력이 상당하여 그들의 정책 선호에 민감할 수밖에 없는 정부는 노동이 반대하는 구조조정을 일방적으로 밀어붙일 수 없다. 반드시 노동을 정책 과정에 참여하게 하여 그들과 더불어 구조조정을 진전시켜 가야 한다.

이것이 경쟁력 사회합의주의의 정치적 본질이다. 노동을 포함한 주요 이익집단들을 모두 사회적 파트너로 삼아 사회협약을 체결하고, 협약 내용에 따라 국가경쟁력 향상을 위한 구조조정을 추진함으로써 정부의 선거정치적 부담을 줄이려 하는 것이다(Hamann and Kelly 2007, 974~975쪽). 실증 연구에서도 노동의 선거정치적 영향력에 민감한 좌파정당(들)의 정부 내 비중, 즉 좌파정당(들)이 차지하는 각료직 비율이 높을

수록 사회협약이 성사될 가능성이 높다는 것이 증명된 바 있다(Ahlquist 2010, 585쪽). 결국 노동이나 중소상공인 등 사회경제적 약자들을 대표하는 정당(들)이 상시적으로 참여하거나 영향력을 발휘할 수 있는 형태의 권력구조를 갖추었을 때 사회적 합의주의가 발전해갈 수 있다는 것이다. 다시 말하자면, 우파정당만으로 수립된 이념 편향적 정부가 들어서기 어려운, 좌파나 중도정당들의 참여가 통상적인 이른바 '포괄형 연립정부'의 제도화가 사회적 합의주의 발전의 주요 조건이라는 것이다.

행위자 조건의 제도적 충족

앞에서 경쟁력 사회합의주의는 이익집단들의 고도의 조직화를 요하지는 않는다고 했다. 노동과 자본이 중급 수준의 조직화만 이루고 있어도 사회협약의 체결은 충분히 가능한 것이라고 했다. 사실 중요한 것은 조직화의 정도가 아니라 범위이다. 사회적 합의주의가 제대로 작동되기 위해선 노동의 조직화가 기업의 경계를 넘어 이루어져야 한다. 기업별노조보다는 산업별노조가 바람직하다. 산업별이 아닌 기업별로 노조가 성립된 곳에선 노동자들 간에 '집단행동의 문제collective action problem'가 쉽사리 발생하기 때문이다. 예컨대 사회안전망이나 국가 복지의 강화를 위한 노사 협상에서 한국에서처럼 노동자들이 기업별노조 중심으로 움직일 경우 노동계급의 집단행동이 효과적일 것을 기대하기는 어렵다. 그들 중의 상당수, 특히 자체 복지 지급 능력이 뛰어난 재벌 대기업 등에 속한 정규직 노동자들은 이런 협상에 별 관심을 보이지 않거나 미온적인 태도로 일관할 가능성이 높다. 그들은 자신들이 바라는 것을 기업노조 차원에서의 투쟁을 통해 기업 내에서의 임금 인상이나 기업 복지의 강화 방식으로 얻을 수 있기 때문이다. 기업별노조들이 서로 경쟁적으로 자사 수준에서의 임금 인상 및 복지 강화만을 위해 역량을 집중할 경우 산업 전체 수준에서 볼 때 그것은 결국 노동계급의 단결을 해치는 것이며, 투쟁적이고 다원주의적인 노사관계의 고착을 결과하는 것이다.

산별노조 체계의 미비로 인해 노동자들이 이와 같이 파편적이고 투쟁적인 구조에 매몰될 경우 자본가들은 노측과의 협력 관계 유지와 사회적 합의 체계의 공동 운영이 어렵다는 점을 인식하여 숙련노동에 기반을 둔 다변화된 고품질 생산체계를 발전시킬 엄두를 내지 못하거나 이미 그 체계 내에 있다면 가능한 한 빨리 거기서 벗어날 방안을 모색하게 된다. 실제로 산업화 초기 영국과 미국 등에 존재하던 다변화된 고품질 생산 섹터의 자본가들은 호전적이며 대결적 태도로 일관하는 '직종별 노조들craft unions'과의 대립을 피하고자 숙련노동에 대한 의존도를 최대한 줄일 수 있는 새로운 기술 개발 및 기계화에 몰두했고, 그 결과가 미국에선 포디즘으로 나타났다(Cusak, Iversen, Soskice 2007, 381쪽). 요컨대, 산별노조의 활성화가 사회적 합의주의 및 조정시장경제 발전의 사회경제적 조건이라는 것이다. 산별노조의 강화에 대응하여 사측 역시 산업별로 상당 수준의 조직화를 이루어야 할 것임은 물론이다.

노동과 자본의 산업별 조직화는 다수제에서보다는 합의제 민주주의에서 더 수월하게 이루어진다. 무엇보다 합의제 민주주의에선 비례대표제로 인해 다당제가 발달하기 때문이다. 다당제 국가들에선 대개 기업과 자본의 이익을 충실하게 대변하는 우파정당이 존재하기 마련이다. 비례대표제라는 선거정치 환경에서 자신의 지분을 확실히 챙기기 위해서 이 우파정당은 이념과 정책 측면에서 여타 정당들과의 차별화를 부단히 도모한다. 그리고 자신이 표방하는 이념과 정책기조를 선호하는 사회적 지지 기반을 보다 체계적이고 안정적으로 유지하고 관리하기 위하여 기업가와 자본가들의 조직화를 적극 지원하고 장려한다(Martin and Swank 2008, 184쪽). 노동의 선호와 이익을 대표하는 좌파정당의 경우도 마찬가지이다. 좌파정당 역시 노동 조직을 최대한 강화하고 활성화하기 위해 최선을 다한다. 그것이 바로 정당의 사회적 기반을 다지는 일이기 때문이다. 이것이 대부분의 비례대표제-다당제 국가에서 노동의 조직화가 기업별 체제를 넘어 산업별 체제로 발전한 까닭 중의 하나이다. 결국 합의제 민주주의의 일반적 특징인 정책과 이념 중심으로 분화된 다당체계가 노동과 자본의 초기업별 조직화를 견인한다는 것이다.

반면, 다수제 민주주의의 양당제는 다원주의적 이익집단 체계로 이어지곤 한다. 기본적으로 양당제의 두 거대 정당들은 노동이나 자본 등의 특정 이익집단을 전적으로 대표하기보다는 (물론 서로 강조점의 차이는 있으나) 노동과 자본을 두루 대표하는 포괄적 성격이 비교적 강하다. 확실한 좌파나 우파정당이 아닌 중도좌파거나 중도우파인 두 정당들은 서로 '중위 유권자median voter' 계층을 향한 일종의 수렴 경쟁을 펼친다. 따라서 예컨대 기업가와 자본가들은 중도우파정당에만 몰려 있는 게 아니라 중도좌파정당에도 '분산' 위치해 있다. 기업과 자본이 한 목소리를 내기가 그만큼 어려우며, 하나의 조직으로 결집되기도 쉽지 않다는 것을 의미한다. 노동의 경우도 마찬가지이다. 그들 역시 양대 정당들에 분산 위치해 있으며, 따라서 산업별로 정치적 연대를 이룰 가능성은 낮다. 정당 입장에서도 다수제 민주주의의 전형인 소선거구 일위대표제에서는 선거정치의 결과가 전국이나 광역 수준에서의 계급이나 계층 이익보다는 소지역의 주민 선호에 따라 결정되는 경향이 강하므로 노동이나 자본의 조직화에 역량을 집중할 유인이 별로 없다. 다수제와 합의제 민주주의의 상이한 정당체계가 노동과 자본을 전자에선 다원주의적으로,

후자에선 사회합의주의적인 이익집단으로 조직화되도록 유도한다는 것이다.

지금까지 본 바와 같이 조정시장경제를 작동하게 하는 사회경제제도들과 복지국가 건설에 필요한 조세 개혁 등은 모두 사회적 합의주의 방식에 의해서만 제대로 형성되고 추진될 수 있다. 그런데 사회적 합의주의는 다수제가 아닌 합의제 민주주의에서 안정적으로 발전해갈 수 있는 거버넌스 체계이다. 사회적 합의주의 작동의 정치제도 요건인 비례대표제, 구조화된 다당제, 연정형 권력구조 등이 합의제 민주주의의 구성 요소일 뿐만 아니라, 최소 행위자 요건인 노동과 자본의 산업별 조직화도 합의제 민주주의에서 진전될 수 있기 때문이다. 합의제 민주주의가 성숙해야 사회적 합의주의가 순조롭게 작동하며, 그래야 조정시장경제와 복지국가 발전에 필요한 제반 제도 및 정책 요소들이 합목적적으로 형성, 연계, 실행될 수 있다는 것이다. 그러니 다수제 민주국가인 한국에게 있어 경제민주화와 복지국가 건설은 합의제 민주주의로의 전환을 요하는 정치적 과제일 수밖에 없다.

정치제도 개혁의 목표

그나마 단명하고 말았지만, 1998년 한국에서 동아시아 최초의 사회협약 체계가 형성된 것은 거의 우연에 가까운 일이었다. 한국의 정치제도 환경은 그때나 지금이나 사회적 합의주의 발전에 전혀 우호적이지 않다. 선거제도의 비례성은 형편없이 낮고, 외형상 다당제라고는 하나 사실상 거대 지역정당 둘이 지배하는 비구조화된 양당체계이며, 김대중 정부만이 예외일 뿐 정부는 언제나 단일정당으로 구성돼왔다.[34] 사회적 합의주의 발전을 위한 최소한의 정치제도 조건도 갖추지 못한 상태가 지속되고 있다는 것이다.

경제민주화와 복지국가의 달성이라는 시대정신의 구현을 위해서는 이제부터라도 한국의 상황에 들어맞는 경쟁력 사회합의주의를 체계적으로 설계하고 운영해갈 수 있는 정치제도 조건을 구비해가야 한다. 최종 목표는 노동 친화적인 포괄형 연립정부가 정상 상태인 합의제 민주주의 국가를 건설하는 것이다. 그러나 최종 지점으로 가기 위해선 하나 둘씩 순차적으로 거쳐 가야 할 출발점과 중간 지점들이 있다.

출발은 당연히 비례대표제의 개혁이다. 선거제도의 비례성이 충분히 높아져야 이념과 정책 중심의 유력 정당들이 부상할 수 있고, 이러한 정당들이 최소 셋 이상은 나와 각기 좌파와 중도, 그리고 우파에 위치한 사회경제 세력들을 대표할 수 있어야 포괄형 연립정부 형성의 전제 조건이 비로소 충족된다. 말하자면, 비례대표제의 강화로 구조화된 다당제의 발전을 견인해내야 한다는 것이다. 구조화된 다당제에는 물론 제대로 된 좌파 및 우파정당들이 상당한 정치력을 확보하고 포진해 있어야 하지만, 더 중요한 것은 8장에서 설명할 유력한 중도정당(들)의 존재이다. 좌파나 우파에 속한 어느 정당(들)도 중도정당(들)이나 반대편 정

34 1998년 사회협약 체결을 성사시킨 김대중 정부는 일종의 포괄형 연립정부였다고 할 수 있다. 굳이 이념 경향으로 말하자면, 중도좌파에 해당하는 김대중 총재의 새정치국민회의와 우파인 김종필 총재의 자유민주연합이 연정을 구성했기 때문이다. 그러나 새정치국민회의는 친노동 정당은 분명 아니었고, 노동 우호 정당이라고 단정하기도 어려운 기실 호남을 주요 기반으로 삼았던 민중주의적 지역정당에 불과했다. 자민련 역시 충청 지역에 기반을 둔 우파 지역정당이었다. 따라서 그러한 정당들이 연대하여 만든 김대중 정부의 노동 대표성이 높은 수준의 것일 리는 만무했다.

당(들)과의 연대 없이 자기(들)만으로는 결코 다수파가 될 수 없을 정도의 비중을 중도정당(들)이 차지하고 있어야 한다. 그래야 좌파와 중도, 중도와 우파, 혹은 우파와 좌파정당들 간의 포괄형 연립정부 형성이 언제나 강제될 수 있다.

이러한 형태로 정당체계가 구조화된 이후에는 권력구조의 개편을 추진해야 한다. 포괄형 연립정부의 제도화는 구조화된 다당제가 (대통령중심제보다는) 의원내각제나 분권형 대통령제와 결합할 때 견고하게 이루어지기 때문이다. 정치제도의 개혁은 비례대표제, 구조화된 다당제, 그리고 분권형 권력구조를 발전시켜가는 순서로 진행하는 것이 정석이라고 하는 이유이다. 정치제도 개혁의 바람직한 순서에 대해서는 10장에서 집중적으로 논의하도록 한다. 다음 장인 7장에서는 우리가 시대정신이라고 규정하고 있는 경제민주화와 복지국가를 이미 달성한 유럽 선진국들의 복지자본주의 상황을 미국의 신자유주의 상황과 비교하며 우리가 품어야 마땅한 '유러피언 드림'은 이 장에서 결론지은 대로 사회적 합의주의를 제대로 작동시키는 합의제 민주주의에서 이루어진다는 사실을 확인하도록 한다.

7장

유러피언 드림 :
합의제 민주주의가 관건이다

서문에서도 언급했듯이, “가난이 문으로 들어오면 사랑은 창으로 도망간다”는 말은 19세기의 유럽 사람들, 특히 청년들의 입에 자주 오르내리던 속담이다. 18세기에 산업혁명에 성공한 유럽의 주요 국가들에서는 이미 19세기에 이르러 자본주의의 폐해들이 다방면에 걸쳐 심각한 수준으로 드러났다. 유럽의 대다수 젊은이들은 빈부격차, 노동 착취, 실업 증대 등의 문제로 괴로워했다. 위의 속담은 당시의 유럽 젊은이들이 얼마나 불안한 생활을 하고 있었는지를 잘 요약한 것이라 할 수 있다. 가난 때문에 사랑도 못하는 신세, 그것이 바로 과거 유럽 젊은이들의 실상이었다.

한국 청년과 유럽 청년

21세기인 지금 그 실상은 유럽이 아닌 한국 젊은이들의 것이다. '삼포세대'라는 말이 괜히 나온 것이 아니다. 심한 과장도 아니다. 실제로 수많은 한국의 청년들이 돈이 없어 사랑을 포기하고, 결혼을 꺼리며, 출산은 생각도 못 한다. 이 글을 읽고 있는 당신이 만 스물한 살의 한국 젊은이라고 가정해보자. 당신은 선거권도 있는 정치적 성인이며, 고교 졸업 후 바로 대학에 왔다면 벌써 3년째 고등교육을 받고 있는 준인텔리라 할 수 있다. 그러나 당신은 십중팔구 사회경제적 자립 능력은 없을 게다. 과연 당신이 이 한국 사회에서 경제적으로 독립하여 사랑하는 사람과 단둘이 가정을 꾸리고 아이들을 낳아 잘 기를 수 있을지를 생각해보라. 당장 살 집은 어떻게 구할 수 있겠는가? 비싼 대학 학비는 어디서 조달할 것인가? 당신이나 사랑하는 사람이 중병에라도 걸리게 되면 그 어마어마한 병원비를 감당할 수 있겠는가? 두세 군데에서 아르바이트를 하면 과연 얼마나 벌 수 있을까? 학자금 대출을 최대한으로 받을 경우 빚은 언제 다 갚을 수 있으리라고 보는가? 졸업 후엔 곧바로 취직할 수 있을까? 대졸자의 18퍼센트 정도만이 그나마 안정된 삶이 보장된다는 대기업 정규직으로 취업할 수 있다는데, 당신은 그 안에 들 수 있겠는가? 직장을 갖게 되면 과연 얼마나 오래 일할 수 있는 걸까? 이직이나 전직은 쉬운 걸까? 아이를 낳으면 엄청난 육아비, 보육비, 교육비 등은 또 어떻게 마련할 것인가? 안타깝고 미안하지만, 당신과 당신의 연인이 부모 등으로부터의 사적 도움 없이 지금의 한국 사회를 불안하지 않게 살아갈 수 있을 확률은 지극히 낮다.

그러나 만약 당신이 유럽의 선진 복지국가에 살고 있는 스물한 살

먹은 대학생이라고 한다면 사정은 전혀 다르다. 당신의 연인과 함께 오늘 당장 독립을 선언할지라도 충분히 행복한 삶을 영위해갈 수 있다. 대학 학비는 걱정하지 않아도 된다. 유럽의 대다수 복지국가들은 대학은 물론 대학원까지 학비를 전혀 받지 않고 있다. 전체 대학생의 85퍼센트가 다니고 있는 노르웨이의 국립대학들은 무상교육을 실시한다. 게다가 대학생이나 대학원생은 누구나 방학 기간인 6월과 7월을 제외한 총 10개월 동안 월 평균 170만 원 정도를 생활비 명목으로 지원받을 수 있다. 졸업 후엔 변제 능력을 갖췄다고 판단되는 시점부터 총 지원금액의 60퍼센트만을 낮은 이자율로 상환하면 된다(곽소현 2014). 핀란드는 모든 대학에 학비가 없을뿐더러 대학생들은 한 달에 45만 원 정도의 생활보조금을 정부로부터 무상으로 지원받는다. 본인이 원할 경우엔 추가로 보조금에 상응하는 액수를 정부가 대출해준다. 물론 장기저리대출이며 졸업 후 상환하면 된다(서현수 2014). 대학생 커플이라면 총 180만 원의 월 생활비를 지원받을 수 있다는 것이다. 덴마크도 대학생 및 대학원생들에게 핀란드와 거의 동일한 복지 혜택을 제공한다. 북유럽의 젊은이들은 대개 스무 살 정도가 되면 부모와 떨어져 살면서 경제적으로 독립하는데, 학생들도 그럴 수 있는 건 다 이런 교육복지 덕분이다(고은해 2014). 독일도 2014년엔 대학 등록금을 받던 마지막 주인 니더작센의 폐지 결정으로 완벽한 '무료 등록금 시대'를 열게 됐다(장보문 2014). 학생당 월 최대 약 100만 원까지 지원하는 기존의 연방보조금제도를 고려하면 '대학 다니면 돈 번다'는 말이 독일에서도 현실이 된 셈이다. 이건 100퍼센트 무상 지원금은 아니다. 지원금 총액의 50퍼센트는 취업 후 무이자로 상환해야 한다. 하지만 그게 어딘가. 대학생 부부일 경우 총 200만 원 정도를 큰 부담 없이 매월 받아 쓸 수 있지 않은가.

살 곳을 마련하는 것도 전혀 어려운 일이 아니다. 핀란드의 경우 대학 학생회가 운영하는 재단을 통해 학교 근처에 있는 저렴하고 안전한 아파트를 손쉽게 구할 수 있다(서현수 2014). 독일 대학의 부부 기숙사도 큰 부담 없이 들어갈 수 있다. 독일은 학교 바깥에도 커플이 같이 살 수 있는 월세 30만 원 정도의 저렴한 사설 기숙사가 널려 있다(조성복 2013, 24회). 또한 저소득층을 위한 낮은 월세의 공공임대주택에도 쉽게 들어갈 수 있다. 소득이 거의 없는 사람들에게는 집세 보조금까지 지원해준다(조성복 2014, 28회). 공공임대주택의 제공을 통한 네덜란드와 벨기에의 주거복지정책도 독일 수준이다(김준우 2014).

만약 정부가 제공하는 보조금 외에 생활비가 더 필요하다면 아르바이트로도 충분히 충당할 수 있다. 예를 들어 노르웨이의 최저시급은 2만 2,000원 정도이다(곽소현 2014). 일주일에 열 시간만 일해도 4주면 88만 원을 번다. 물론 물가 차이 등은 감안해야겠지만, 풀타임으로 일하는 한국의 '88만원 세대' 청년들의 월 평균임금과 비슷한 액수이다. 방학 중에 만약 매주 40시간씩 일한다면 두 달 동안 700만 원이 넘는 큰돈을 벌 수 있다. 대학생이 돈이 없어 사랑을 못한다는 말은 전혀 성립되지 않는다. 노르웨이 정도는 아닐지라도 유럽 국가들의 시간당 최저임금은 모두 한국과는 비교가 안 될 만큼 높다. OECD가 작성한 2008년도 통계를 보자. 당시 덴마크와 벨기에의 최저임금은 12.4달러였다. 2008년도 연평균 환율이 1,103원이었으니 약 1만 4,000원에 해당하는 돈이다. 일주일에 20시간 일하면 한 달에 120만 원쯤 벌 수 있다. 이 정도만 해도 아르바이트는 대학생들의 생활에 상당한 도움을 줄 수 있는 경제활동이 된다. 참고로, 그해 룩셈부르크의 최저임금은 14.4달러, 프랑스는 13.1달러, 아일랜드는 12.3달러, 네덜란드는 11.9달러였다. 한편, 한국은 3.8

달러로, OECD 최악의 노동 착취 국가로 기록됐다.

혹시 사고나 질병 등으로 인해 병원에 갈 일이 생길지라도 돈 걱정은 전혀 할 필요가 없다. 덴마크에서는 치과 진료를 제외한 모든 의료 서비스가 무료이다(고은해 2014). 독일에선 공공보험에 가입해야 하지만, 30세 미만의 경우 보험료는 약 5만 8,000원에서 7만 3,000원 정도라 부담이 그리 크지 않다. 하지만 그것만으로도 치과 치료를 포함한 모든 진료를 무상으로 받을 수 있다(조성복 2014, 36회). 보편주의 복지국가는 아니지만 영국은 의료복지만은 여전히 세계 최고 수준의 선진국이다. NHS(National Health Service)라고 불리는 국가 무상의료 시스템이 작동하는 덕분에 돈이 없어 병원에 가지 못하는 사람은 아무도 없다(이관후 2014).

이처럼 유럽에선 대학생 커플이 아무런 사적 도움을 받지 않고도 생활에 불편함을 느끼지 않으면서 오직 둘만의 노력으로 대학을 마칠 수 있다. 이것이 바로 복지국가의 힘이다. 졸업 후의 취직도 한국처럼 큰 문제는 아니다. 독일의 경우를 보자. 한국과 달리 독일의 청년들은 어떻게든 대기업에만 들어가려고 스펙 쌓기 경쟁에 몰입하는 등의 불필요한 에너지 낭비를 하지 않아도 된다. 대기업과 임금 차이도 별로 안 나는 전도유망한 중소기업들이 전국 각지에 무수히 존재하기 때문이다. 직업 선택의 폭도 넓다. 대학 전공과는 무관하게, 유급으로 진행되는 일정한 직업교육 과정만 마치면 농업, 수공업, 상업, 의료산업, 사회사업, 공공서비스 및 기타 서비스업 등 다양한 분야에 걸쳐 있는 460여 개에 달하는 국가 공인 직종의 종사자가 될 수 있다. "아무리 사소해 보이더라도 하나의 직업을 갖게 되는 사람은 (독일) 사회에서 남부럽지 않게 충분히 잘 살아갈 수 있다. 직업에 따른 보수의 격차가 우리처럼 심하지 않기 때문이다. (심지어) 직업이 없는 사람에게도 최소한의 안정적인 삶을 보장하는 시스템을 구축"해놓은 사회이지 않는가(조성복 2013, 13회). 대졸자가 그렇게 될 확률은 높지 않지만, 설령 비정규직으로 취업하게 될지라도 높은 수준의 최저임금제와 동일노동-동일임금 원칙 등이 잘 지켜지는 독일에선 최소한 저임금 착취를 당하는 일은 벌어지지 않는다.[35] 노동시간만 충분히 확보한다면 누구도 생활고를 겪지 않는다는 것이다.

해고를 당할지라도 크게 걱정할 일은 아니다. 무엇보다 이직이나 전직에 도움이 되는 직업교육훈련체계가 완비돼 있기 때문이다. 5장에서 이미 본 바와 같이, 실업자는 수년에 걸쳐 진행되는 고강도의 직업훈련 과정을 통해 경제사회가 요구하는 새로운 숙련노동자로 거듭날 수 있다. 훈련 기간 중에도 일상에 큰 변화가 생기진 않는다. 교육, 주거, 의료 등의 복지체계가 제대로 갖추어진 복지국가에 살고 있을 뿐만 아니라 이전 직장에서 받던 순임금의 67퍼센트에 해당하는 실업수당도 수년간 지급받을 수 있기 때문이다. 게다가 요건이 되면 '실업자기초생활보장법'에 따라 매달 약 55만 원의 생활 보조금과 집세 및 난방비 전액을 지원받을 수도 있다(김민혜 2014). 이는 독일만이 아니다. 네덜란드, 덴마크, 핀란드 등의 거의 모든 유럽 복지국가들은 실업자가 생계의 어려움을 크게 겪지 않고 직업교육훈련을 충실히 받을 수 있도록 상당한 액수의 실업수당과 생활 보조금 등을 지급하고 있다. 이것이 노동시장의 유연안정성이 보장되는 이유이기도 하다.

---

35 독일 사민당은 '불완전 고용' 또는 '비전형적 고용' 상태의 노동자 수가 약 700만 명이며 이는 전체 임금노동자의 20퍼센트에 육박하는 수치라고 주장한다. 반면 독일통계청은 비정규직의 규모를 그보다 훨씬 작게 잡고 있다. 어느 경우이든 대학을 갓 졸업한 독일 청년이 비정규직 노동자가 될 확률은 상당히 낮다. 한편, 독일 연립정부가 발표한 2015년도 최저임금은 8.5유로(약 1만 1,700원)이다. 조성복 2014, 31회 참조.

아이를 낳아 기르는 일도 유럽에선 (다른 건 몰라도) 경제적 문제가 될 수는 없다. 핀란드에선 아이를 하나 낳으면 정부가 매달 75만 원 정도의 '부모수당'과 각종 유아용품을 3년간 지급한다. 또한 모든 아이들은 만 17세가 될 때까지 매달 약 15만 원 이상의 '아동수당'을 받게 된다. 그뿐만이 아니다. 정부는 아이가 태어나서 고등교육을 마칠 때까지의 모든 보육과 교육 과정을 무상으로 제공한다(서현수 2014). 스웨덴, 덴마크, 독일, 네덜란드 등 대부분의 유럽 복지국가들도 핀란드와 마찬가지로 아동수당과 무상보육 및 무상교육 등의 제도를 시행하고 있다. 유럽의 젊은이들은 돈이 없다는 이유로 출산을 포기할 필요가 전혀 없다는 것이다.

유럽 청년들에 비하면 한국의 청년들은 너무나 애처로운 존재들이다. 이 어마어마한 차이를 무엇으로 설명할 수 있을까? 한마디로 말하자면, 그것은 그들이 살고 있는 국가의 성격이 다르기 때문이다. 유럽의 젊은이들은 복지국가에 살고 있지만, 한국의 젊은이들은 신자유주의 국가에 살고 있다. 삶의 질 차이가 그렇게 큰 것은 당연한 일이다. 그렇다면 한국을 복지국가로 만들 방안은 무엇인가? 서문에서 지적했듯이, 한국엔 복지국가 건설에 필요한 돈은 충분히 있다. 복지체계와 사회안전망이 이렇게 엉성한 것은 나라에 돈이 없어서가 아니란 말이다. 문제는 정치다. 재차 강조하지만, 복지국가는 시장의 횡포에 맞서 그것을 조정하는 정치로 '만들어내는' 것이다. 한국에서도 민주정치가 시장의 우위에 서서 그 본연의 기능을 제대로 발휘할 수 있도록 해야 한다. 우리 젊은이들이 품어야 마땅한 소위 '유러피언 드림'은 정치적 방안의 모색과 실천을 통해 실현할 수 있다.

한국의 기성세대들은 해방 후 줄곧 '아메리칸 드림'을 좇아왔다. 그 결과가 지금의 신자유주의 사회라고 할 수 있다. 위에서 우리는 한국 청년들이 얼마나 불안하고 팍팍한 삶을 살아가고 있는지를 유럽 청년들과 비교함으로써 간략하지만 생생하게 들여다보았다. 만약 미국 청년들과 비교하면 어떨까? 우리 청년들도 기성세대들과 아메리칸 드림을 공유하겠다는 생각이 들 정도로 미국 청년들의 삶이 훨씬 나아 보일까? 아마도 대다수의 우리 젊은이들은 그렇게 보지 않을 것이다. 미국 사회 역시 무한경쟁의 신자유주의 논리가 지배하는 곳이며 빈부격차가 엄청난 곳이다. 청년 세대를 포함한 사회경제적 약자 계층들이 편히 살 만한 데가 아니라는 의미이다. 물론 미국에만 있는 독특한 몇 가지 요소로 인해 한국 사회보다는 그나마 숨 쉴 공간이 많은 곳이긴 하다.[36] 그러나 이제 유럽의 복지국가 시스템을 알게 된 이상 아메리칸 드림에 관심을 가질 사람은 별로 없을 것이다. 왜 그렇다고 하는 것인지 다음 절에서 유럽과 미국 사회를 비교하며 이해해보자. 그런 후에 유러피언 드림을 구현할 수 있는 정치적 방안에 대해 논의해보자.

아메리칸 드림 vs. 유러피언 드림

유러피언 드림이라는 용어가 우리 사회에 널리 알려지게 된 계기는 노무현 대통령의 죽음이었다. 노무현 대통령이 밑줄까지 쳐가며 읽

---

36 여기서 자세히 논할 수는 없지만, 극심한 빈부격차 등의 사회경제적 문제가 산적함에도 불구하고 미국 사회가 유지되고 있는 것은 미국의 특수성 때문이라고 할 수 있다. 끊임없는 (주로 중남미 국가들로부터의) 이민자 유입, 다양한 인종, 광활한 영토, 막대한 천연자원, 엄청난 내수, 세계 최강의 군사력, 그리고 세계 기축통화 발행권 등 미국이기에 가능한 여러 형태의 격차 수용 기제를 갖고 있다.

었던 마지막 애독서가《유러피언 드림》이었다는 사실이 알려지며 많은 사람들이 그 책과 그 책의 주제에 대해 논하게 되었고 이에 따라 아메리칸 드림의 대척점에 있는 유러피언 드림에 대한 관심이 높아지게 된 것이다.[37]《유러피언 드림》은 제러미 리프킨Jeremy Rifkin이 자신의 조국인 미국은 이제 오직 부자와 강자에게만 기회의 땅일 뿐이라고 개탄하면서 대서양 건너편을 동경의 눈으로 바라보며 쓴 책이다. 저자는 여기서 아메리칸 드림의 쇠퇴와 유러피언 드림의 부상을 확신하며 둘의 특징을 다음과 같이 대비시킨다. 즉 아메리칸 드림은 개인의 자유, 문화적 동화同化, 부의 축적, 경제성장과 무제한적 발전, 무한경쟁과 무한 노력, 재산권과 개인복리, 애국주의 등을 강조하는 반면, 유러피언 드림은 공동체 내의 관계, 문화적 다양성, 삶의 질, 지속가능한 개발, 여가활동과 "심오한 놀이deep play",[38] 보편적 인권과 자연의 권리, 세계주의 등을 중시한다는 것이다. 그렇다면 경쟁을 못하거나 싫어하는 사회경제적 약자들도 주눅 들지 않고 편하고 당당하게 살 수 있는 곳은 당연히 유러피언 드림이 실현돼가는 곳이다. 과연 미국과 유럽이 어떻게 다르기에 이 정도로 양쪽의 특성이 대비되는지 아래에서 구체적으로 살펴보자.

경제적 불평등도

우선 경제민주화의 척도라 할 수 있는 소득 불평등 상황을 비교해보

---

37 노 대통령이 이 책을 처음 접한 것은 2005년이라고 한다. "정말 내 생각과 같다"고 말할 정도로 이 책의 내용에 크게 공감한 그는 '유러피언 드림'이 실현되는 '진보의 나라'를 만들어가기를 희망했다고 한다(김성환 2010, 262~266쪽).

38 리프킨은 심오한 놀이를 무한경쟁 환경에서는 불가능한, 오직 여가 시간이 충분히 주어지는 사회경제 조건하에서만 가능한 "완전한 몰입을 통해 삶의 의미를 깨닫고 희열을 느낄 수 있는 활동"이라고 정의한다(Rifkin 2004, 12쪽).

자. 미국의 빈부격차는 1970년대 중반 이후 줄곧 악화일로를 치달아 지금은 매우 심각한 수준이다(Blank 2011 ; Hacker and Pierson 2011 ; Krugman 2009 ; Stiglitz 2012). OECD는 매년 각국 정부가 조세 징수 및 소득 이전 조치를 취한 이후의 실제 소득인 가처분소득을 놓고 지니계수를 측정하여 발표하는데, 예를 들어, 2008년도 측정치를 보면 미국은 그해 비교 가능했던 OECD 30개국 중 멕시코 다음으로 가장 분배 상황이 안 좋은 나라였다(한국개발연구원 2010). 그해만의 일이 아니었다. 2000년대 내내 미국은 소득 불균형 면에서 선진국 가운데 최악인 나라로 꼽혔다. 〈표 4〉의 둘째 열에는 유럽의 대표적 복지국가 여덟 개 나라의 2010년도 가처분소득 지니계수가 정리돼 있다. 여기서 지니계수는 읽기 편하도록 백분율로 표시했다. 100에 가까울수록 소득 불평등이 심하다는 의미이다. 이 표를 보면 유럽의 선진 복지국가들은 모두 미국에 비해 분배 상황이 월등히 우수하다는 사실을 쉽게 알 수 있다. 프랑스를 제외한 유럽 복지국가들의 가처분소득 지니계수 평균은 26.7임에 반해, 미국은 무려 38.0이다. 참고로, 같은 해 한국의 지니계수는 31.0이었다. 미국은 벌써 십 수년째 양극화 문제로 몸살을 앓고 있는 한국보다 더 심한 불평등 국가라는 것이다.

〈표 4〉의 셋째 열은 상위 10퍼센트 안에 드는 고소득 임금노동자가 하위 10퍼센트의 저소득 노동자에 비해 몇 배나 더 많은 돈을 버는지를 보여주는 자료이다. 2010년도 기준 미국의 경우 고소득자는 저소득자보다 무려 15.9배를 더 벌어들인다. 그에 비하면 유럽 복지국가들의 소득 격차는 상당히 작은 편이다. 사민주의 복지국가들의 경우 고소득자가 저소득자의 평균 5.6배, 기민주의 복지국가들에선 평균 6.6배를 더 번다. 소득 격차가 나는 정도가 핀란드와 덴마크 등에서는 미국의 3분의

〈표 4〉 유럽 복지국가 8개국과 미국의 경제적 불평등도 비교

국가	가처분소득 지니계수 (2010, 퍼센트)	상위 10퍼센트-하위 10퍼센트 노동소득 격차 (2010, 배)	가처분소득 빈곤율 (1978~2010, 퍼센트)
핀란드	26.0	5.4	5
노르웨이	24.9	N/A	7
덴마크	25.2	5.3	7
스웨덴	26.9	6.1	7
사민주의 평균	25.7	5.6	6.5
네덜란드	28.8	6.9	6
독일	28.6	6.7	7
벨기에	26.2	5.6	8
프랑스	30.3	7.2	11
기민주의 평균	28.5	6.6	8
미국	38.0	15.9	17

*가처분소득 지니계수와 노동소득 격차 통계의 출처는 OECD.stat(2014년 2월 6일 검색)
*가처분소득 빈곤율의 출처는 강명세 2014, 154쪽

1 수준이며, 나머지 유럽 국가들도 모두 미국의 2분의 1 수준 이하이다. 소득 격차가 이렇게 심한 나라이니 미국의 빈곤 문제가 심각하리라는 것은 누구나 쉽게 짐작할 수 있는 일이다.

세계 최고의 빈곤 연구기관이라고 평가받는 '룩셈부르크 소득연구소Luxembourg Income Study'의 통계를 보면, 빈곤층은 이 연구소가 데이터를 확보하고 있는 유럽의 16개국 어느 나라보다 미국에 더 많다(강명세

2014, 154쪽 ; Rifkin 2004, 59쪽). 여기서 빈곤층은 가처분소득을 기준으로 하여 중위소득의 50퍼센트 미만을 버는 계층으로 정의하고 있다. 〈표 4〉의 넷째 열은 역시 그렇게 정의한 빈곤층이 전체 소득자의 몇 퍼센트나 되는지를, 즉 가처분소득 빈곤율을 비교하고 있다. 1978년에서 2010년 사이 미국의 평균 빈곤율은 무려 17퍼센트에 달한다. 미국인의 17퍼센트가 빈곤층이라고 말할 수 있다는 것이다. 그렇게 말한다면, 핀란드인은 오직 5퍼센트만이 빈곤층이다. 네덜란드는 6퍼센트이고, 독일, 스웨덴, 덴마크, 노르웨이 등은 공히 7퍼센트이다. 유럽의 선진 복지국가치고는 좀 큰 편이라고 할 수 있겠지만, 각각 8퍼센트와 11퍼센트인 벨기에와 프랑스도 미국에 비해서는 빈곤층의 규모가 아주 작은 편이다. 이처럼 미국의 엄청난 소득 격차 상황과 심각한 빈곤층 규모를 볼 때, "결국 미국은 소수의 고소득자들에게는 기회의 땅이고 많은 다른 사람들에게는 불행의 땅"이라고 했던 리프킨의 평가는 정확한 것이라고 아니할 수 없다(Rifkin 2004, 58쪽).

복지정책의 강도

선진 민주국가들은 모두 나름의 복지체제를 갖추고 있다. 그러나 선진국이라고 다 같지는 않다. 시민들이 누리는 복지의 질은 나라마다 천차만별이다. 에스핑-안데르센의 복지국가 유형에 따르자면, 북유럽의 스웨덴, 덴마크, 핀란드, 노르웨이 등은 사민주의 복지체제, 유럽 대륙의 독일, 네덜란드, 벨기에, 프랑스 등은 기민주의 혹은 조합주의 복지체제, 그리고 미국, 영국, 오스트레일리아, 뉴질랜드 등의 영어권 국가들은 자유주의 복지체제를 운영하고 있다(Esping-Andersen, 1999). 그중 앞의 둘, 즉 사민주의와 기민주의 복지체제를 구축하고 있는 나라들에선 방식에는 차이가 있지만 정부의 시장 개입 정도가 상당히 높다. 정부가 사회 서비스 혹은 사회보험 체계의 구축 및 운영에 직간접으로 깊이 개입함으로써 사회경제적 불평등이나 불공정을 개선하는 일에 적극 나선다는 것이다. 그러나 자유주의 복지체제를 택하고 있는 나라들은 대개 1장에서 설명한 '잔여주의' 복지 모델을 따르고 있다. 그중에서도 미국은 유난히 잔여주의 성격이 강한 나라이다. 유럽의 대다수 선진국들이 제각기 사민주의나 기민주의 복지체제를 갖춰 사회 구성원들 모두가 가급적 동등한 정도의 삶의 질을 누릴 수 있도록 재분배정책을 강력하게 시행하고 있음에 반해 왜 미국은 잔여주의 모델에 머물러 있는 걸까? 도대체 "미국과 유럽에서는 왜 재분배에 대해 이렇게 다른 태도가 형성되었을까?" (Alesina and Glaeser 2004, 22쪽) 그 답은 다음 절에서 찾아보기로 하고, 여기선 우선 유럽과 미국 복지정책의 주요 내용과 효과의 차이를 비교해 보자.

220쪽의 〈그림 1〉은 유럽과 미국의 재분배정책 효과를 정확히 평가할 수 있도록 해준다. 검은 막대는 1978년에서 2010년 사이 각국의 평균 시장소득 빈곤율이며, 회색 막대는 가처분소득 빈곤율이다. 2장에서 설명한 바와 같이, 시장소득은 정부가 조세 징수나 소득 이전 조치 등을 취하기 전에 각 개인이 시장에서 경제활동을 통해 벌어들인 원 소득이다. 한편, 가처분소득은 시장소득에서 조세를 빼고 거기에 정부가 제공하는 사회보장 급여를 의미하는 이전소득을 더한 후의 소득, 즉 개인이 마음껏 쓸 수 있는 최종 소득이다. 따라서 시장소득 빈곤율과 가처분소득 빈곤율 간의 차이는 정부의 재분배정책 효과가 어느 정도인지를 알려주는 지표라 할 수 있다.

그림을 보면 미국의 시장소득 빈곤율은 27퍼센트이고 가처분소득

〈그림 1〉 유럽 8개 복지국가와 미국의 재분배정책 효과 비교, 1978~2010

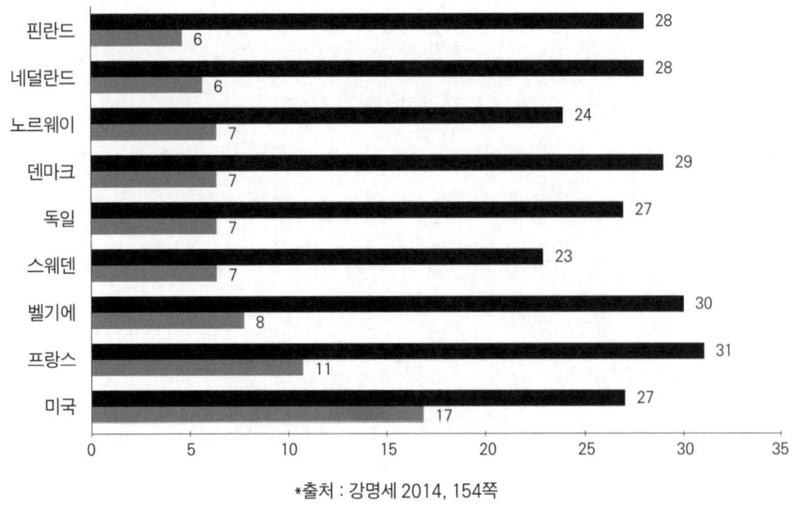

*출처 : 강명세 2014, 154쪽

빈곤율은 17퍼센트이다. 미국 정부의 재분배정책이 빈곤층을 10퍼센트 포인트 줄였다는 것이다. 같은 기간 한국 정부의 재분배정책은 빈곤층을 고작 4퍼센트 줄이는 데 그쳤음을 감안하면, 미국인들은 최소한 한국인들보다는 더 나은 정부를 갖고 있다고 말할 수 있다. 그러나 유럽의 복지국가들과 비교할 경우 미국의 재분배정책은 그저 초라할 뿐이다. 핀란드(23퍼센트), 노르웨이(17퍼센트), 덴마크(22퍼센트), 스웨덴(16퍼센트) 등의 사민주의 유럽 복지국가들은 재분배정책을 통해 빈곤율을 평균 19.5퍼센트씩 낮추었다. 그리고 네덜란드(22퍼센트), 독일(20퍼센트), 벨기에(22퍼센트), 프랑스(20퍼센트) 등의 기민주의 유럽 복지국가들은 빈곤율을 평균 21퍼센트씩 떨어뜨리는 데 성공했다. 특히 여기서 독일과 미국을 비교해보면 재분배정책이 사회경제적으로 얼마나 중요한 차이를 낳는지 절감할 수 있다. 시장소득 빈곤율은 두 나라 공히 27퍼센트였다. 그러나 가처분소득 빈곤율은 미국이 17퍼센트임에 반해 독일은 7퍼센트에 불과했다. 두 나라 정부의 서로 다른 정책으로 인해 빈곤층 규모가 10퍼센트씩이나 차이가 난 것이다.

유럽과 미국의 재분배정책 효과가 이 정도로 큰 차이가 난다는 것은 양쪽 정부의 사회복지지출 규모가 확연히 다를 것임을 시사한다. 이는 또한 양쪽 정부가 복지 재원 마련을 위해 기울이는 노력의 정도가 크게 다르다는 것을 말해준다. 하나씩 확인해보자. 사실 사회복지지출이 많은 나라일수록 가처분소득 불평등 수준이 낮다는 것은 많은 실증 연구가 이미 증명한 바이다(Alesina and Glaeser 2004, 88쪽). 222쪽 〈표 5〉의 두 번째 열에는 유럽의 대표적인 복지국가 8개국과 미국의 2010년도 GDP 대비 사회복지지출 비중이 나열돼 있다. 미국이 GDP의 19.9퍼센트만을 사회보장 급여 등으로 소득 재분배를 위해 사용한 반면, 유럽의 4개 사민주의 복지국가들은 평균 27.7퍼센트, 그리고 4개 기민주의 복지국가들은 평균 28.1퍼센트를 사회복지에 할애했다. 사정이 이러하니 1970년대 중반 이후 계속 악화돼온 미국의 경제적 불평등 상황이 유럽 수준으로 개선될 리는 만무했다. 굳이 밝히기도 창피한 일이지만, 한국의 2010년도 사회지출 비중은 9.2퍼센트에 불과했다.

유럽의 정부들에 비해 미국 정부는 복지 재원 확충을 위한 필수 조치들을 별로 취해오지 않았다. 〈표 5〉의 세 번째 열은 유럽 8개국과 미국의 국민 부담률을 비교해놓은 것이다. 국민 부담률이란 국민들이 낸 세금과 의료보험료, 국민연금, 산재보험료 등의 각종 사회보장 기여금을 합한 총액이 GDP에서 차지하는 비중을 말한다. 즉 조세 부담률과 사회보장 부담률을 합한 개념이다. 그런데 미국의 이 국민 부담률은 유럽의

〈표 5〉 유럽 선진 복지국가 8개국과 미국의 복지 관련 정책 비교, 2010

국가	GDP 대비 사회복지 지출 비중(퍼센트)	국민 부담률 (퍼센트)	연평균 노동시간
핀란드	29.4	42.5	1,677
노르웨이	23.0	42.6	1,415
덴마크	30.1	47.4	1,546
스웨덴	28.3	45.4	1,635
사민주의 평균	27.7	44.5	1,568
네덜란드	23.5	38.9	1,381
독일	27.1	36.2	1,407
벨기에	29.5	43.5	1,551
프랑스	32.2	42.9	1,480
기민주의 평균	28.1	40.4	1,455
미국	19.9	23.8	1,778

*출처 : OECD.stat(2014년 2월 7일 검색)

복지국가들에 비해 턱없이 낮다. 사민주의 복지국가들의 평균이 44.5퍼센트이고 기민주의 복지국가들의 평균은 40.4퍼센트이나 미국은 고작 23.8퍼센트이다. 정부가 복지 강화를 목표로 한다면 세금을 더 거두고 사회보장 기여금을 더 내도록 해야 마땅하다. 그런데 미국 정부는 그러한 노력을 하지 않거나 못했다는 얘기다. 이유가 무엇일까? 유럽의 정부들과 왜 그렇게 다른 것일까? 이 질문들에 대한 답은 조금 나중에 찾아보기로 하자.

복지 재원이 충분하지 않더라도 정부는 예컨대 노동시장 규제정책 등을 집행함으로써 일하는 시민들의 복지와 삶의 질을 어느 정도 높여 줄 수 있다. 그런데 미국 정부는 이러한 방식의 복지 강화 노력도 별로 기울이지 않았다. 〈표 5〉의 네 번째 열은 유럽 8개국과 미국의 노동자들이 각기 얼마나 오래 일하는지를 보여주고 있다. 유럽 사민주의 복지국가들의 연평균 노동시간은 1,568시간이며, 기민주의 복지국가의 경우 1,455시간이다. 네덜란드 노동자들이 일주일에 3일 반만을 근무하고 나머지 3일 반은 놀거나 쉰다고 말할 수 있는 이유이다. 네덜란드 이외에도 유럽에는 주 4일 근무제를 택하고 있는 회사들이 즐비하다. 프랑스가 주 35시간 근무제를 택한 것도 벌써 1999년도의 일이다. 유럽인들은 리프킨의 말대로 (먹고살기 위해서가 아니라) '심오한 놀이'를 즐기기 위해 일할 뿐인 것으로 보인다. 미국의 상황은 다르다. 미국 노동자들은 연간 약 1,778시간을 일한다. 연평균 2,187시간을 일하는 한국인들이 볼 때는 부러울 수 있겠지만, 유럽인들이 볼 때는 이해하기 어려운 '선진국' 시민들일 수밖에 없다.

노동시간 규제 외에도 정부는 임금규제나 고용보호 등의 노동시장 개입을 통해 노동자들의 생활 안정에 도움을 줄 수 있다. 앞에서도 얘기했지만, 유럽의 대학생들은 아르바이트를 통해 상당한 액수의 생활비를 번다. 유럽에선 비정규직으로도 인간다운 삶을 유지해갈 수 있다. 모두 높은 수준의 최저임금제가 작동하기 때문이다. 그런데 미국의 최저임금 수준은 유럽에 비해 현저히 낮다. 예를 들자면, 덴마크와 벨기에의 2010년도 최저임금은 공히 11.4 달러였다. 프랑스는 12달러, 네덜란드는 11달러였다. 네 나라 평균은 11.45달러, 우리 돈으로 약 1만 3,236원이다.[39] 한편, 미국의 최저임금은 7.5달러, 약 8,670원이었다. 3.7달러였던 한국의 최저임금보다는 두 배 이상 많은 금액이지만, 유럽의 위 네 나라와 비교하자면 평균 65퍼센트에 불과한 액수이다. 미국은 고용보호 측면에서도 심각할 정도로 소극적인 나라이다. 좀 오래된 통계이긴 하나, 1990년도의 유럽과 미국의 고용보호 지수를 비교한 연구에 의하면, 미국은 이 방면에서 최악의 나라였다. 기업이 피고용인을 해고할 수 있는 권한에 대한 제한을 의미하는 고용보호 수준을 가장 낮은 0부터 가장 높은 20이라는 수치로 표시했을 때, 독일은 15, 프랑스는 14, 스웨덴은 13, 유럽연합 13개국 평균은 13.5였으나 미국은 놀랍게도 1이라는 수치를 보였다(Alesina and Glaeser 2004, 77~78쪽).[40]

지금까지 미국과 유럽 사회를 경제적 불평등도와 복지정책의 강도를 중심으로 비교해보았다. 유럽의 복지국가들과 비교해볼 때 미국은 경제적으로 매우 불평등한 나라임에도 불구하고 관련 대책은 별로 강구하지 않는, 리프킨의 한탄대로, 오직 부자와 강자에게만 기회를 주는 나라로 파악됐다. 그런 나라를 바라보며 우리 청년들이 무슨 꿈을 꿀 수 있단 말인가. 당연한 얘기지만, 자본주의 사회의 청년들은 예외적 소수를 제외하고는 모두 경제적 약자들이다. 미국은 더 이상 약자들이 사회적 자유를 증대시킬 수 있는 희망과 기회의 나라가 아니다. 빈부격차는 세계 최고 수준이나 정부가 제공하는 복지는 고작해야 잔여적일 뿐인, 따라서 막대한 규모의 빈곤 계층이 거의 방치 상태에 놓여 있는 나라가 미국이다. 최근까지도 전 국민을 대상으로 하는 의료보험이 존재하지 않는 유일한 '선진국'이었으며, 인구 대비 세계 최고의 투옥률을 기록하고

39 2010년도 연평균 환율은 1,156원이었다.

40 당시의 유럽연합 13개국은 오스트리아, 벨기에, 덴마크, 핀란드, 프랑스, 독일, 아일랜드, 이탈리아, 네덜란드, 포르투갈, 스페인, 스웨덴, 영국 등이다.

〈그림 2〉 유럽 8개 복지국가와 미국의 경제성장률(퍼센트), 2001~2007

*출처 : OECD.stat (2014년 2월 6일 검색)

〈그림 3〉 유럽과 미국의 노동생산성(단위노동비용 증가율, 퍼센트), 2001~2007

*출처 : OECD.stat (2014년 2월 7일 검색)

있는 불만 가득한 나라이기도 하다. 리프킨 같은 미국의 양심적 지성들도 노동의 불평과 약자 집단들의 불안이 갈수록 심해지는 자국의 현실을 바라보며 세계인들을 향하여 이제 아메리칸 드림을 버리고 유러피언 드림을 꿈꾸라고 권하고 있지 않는가. 그렇다고 신자유주의자들이 강조하는 경제적 효율성 측면에서 미국이 유럽보다 우수하다고 단정할 수 있는 것도 결코 아니다. 225쪽의 〈그림 2〉와 〈그림 3〉은 유럽 복지국가들의 경제성장률이나 노동생산성이 미국에 크게 뒤지지 않음을 보여주고 있다.[41] 사회적 형평성은 미국에 비해 월등히 뛰어난 유럽이 경제적 효율성도 뒤처지지 않는다면, 미국 시스템을 동경할 이유가 대체 어디에 있겠는가. 반면, 우리 청년들이 이제 본격적으로 유러피언 드림을 꿈꾸며 한국형 복지국가의 건설에 매진할 이유는 충분히 많다. 복지국가는 '시장에 맞서는 정치'로 만들어가는 것이라고 했다. 이러한 정치는 과연 어떤 조건에서 안정적으로 작동되는 걸까?

유러피언 드림과 합의제 민주주의의 친화성

사실 유러피언 드림의 핵심에는 '멋진' 정부가 있다. 그 정부는, 예컨대, 약자일 수밖에 없는 노동에 힘을 실어주어 노사관계가 동등한 파트너십을 전제로 건설적이고 평화적으로 유지될 수 있도록 한다. 그리하여 노동시장에서의 1차 분배 과정이 공정하게 진행되도록 돕는다. 2차 분배 과정에서도 마찬가지다. 여기서 정부는 재분배 효과가 분명한 조세나 복지정책 등을 통해 경제적 약자일지라도 사회 공동체의 당당한 구성원으로서 양질의 삶을 누릴 수 있도록 지원한다. 자본주의 사회임에도 불구하고 성장, 효율성, 경쟁만이 아니라 분배, 형평성, 연대 등의 가치가 중시되고 지켜지도록 약자 편에 서서 시장을 조정하고 사회 공

41 2000년대 미국과 유럽 복지국가들의 노동생산성과 경제성장율을 비교하면서 2008년 이후의 것들은 비교 대상에서 제외했다. 2008년도에 발생한 미국발 금융위기로 인해 양측의 생산성 증감 및 경제성장 패턴에 기존의 것과는 전혀 다른 매우 급격한 변화가 왔기 때문이다.

동체를 유지해가는 핵심 역할을 맡고 있는 것이다.

시장의 조정과 분배의 강화로 이어지는 유러피언 드림의 실현 과정에선 정부의 역할이 매우 중요하다는 것인데, 그러한 정부의 역할은 도대체 어떠한 조건에서 안정적으로 작동되는 걸까? 이런 역할을 잘 수행하는 정부들은 왜 모두 미국이 아닌 유럽에서 발견되는 걸까? 우리는 여기서 영국을 제외한 거의 모든 유럽 선진국들은 합의제 민주주의 국가로 분류되는 반면, 미국은 영국과 같이 다수제 민주주의 국가에 속한다는 사실에 새삼 주목할 필요가 있다. 다시 말해서, 유러피언 드림을 구현해낸 선진 복지국가들은 모두 합의제 민주주의를 채택해왔다는 것이다.[42] 아래에서는 합의제 민주주의가 유러피언 드림의 실현에 구체적으로 어떻게 기여하는지를 세 부분으로 나누어 짚어본다.

포괄의 정치와 정부의 시장 조정 능력

합의제 민주주의체제에서 정부의 시장 조정 및 (재)분배 역할이 제대로 수행될 수 있는 이유를 한마디로 요약한다면 거기엔 포괄의 정치를 지원하는 정치제도가 존재하기 때문이라고 할 수 있다(Iversen and Soskice 2006). 2장에서 심도 있게 논의한 바와 같이, 포괄의 정치란 국가에서 일어나는 정치적 결정 과정에 사회경제적 약자들을 포함한 모든 시민이 누구나 동등하고 효과적으로 참여할 수 있는 길이 열려 있는 정치를 의미한다. 포괄의 정치가 이루어지는, 곧 약자들의 정치 참여가 보

42 2장에서 언급한 바와 같이, 지금의 프랑스는 비례대표제 국가는 아니지만 합의제 민주주의의 핵심 제도인 구조화된 다당제를 계속 유지하고 있으며, 2000년 이전까진 연립정부가 통상적 정부 형태인 명실상부한 분권형 대통령제도 운영해왔다. 지금도 연정형 권력구조의 작동이 불가능한 것은 아니다. 프랑스 정치의 합의제적 성격은 여전히 상당하다는 것이다.

장되는 곳에서는 그들을 보호하기 위한 정부의 시장 개입이 상시적으로 일어날 수 있으며, 빈곤과 격차, 실업 같은 자본주의의 폐해는 정치적 방식에 의해 크게 감소될 수 있다.

포괄의 정치를 지원하는 합의제 민주주의 정치제도들에는 우리가 다 아는 바와 같이 비례대표제, 구조화된 다당제, 연립정부 등이 포함된다. 이러한 제도 조합은 국민의 뜻을 해석하고 구현하는 일, 즉 민주국가를 운영하는 일이 오직 여러 정당의 합의에 의해서만 가능하도록 강제한다. 의회 및 행정부 권력을 공유하는 이 정당들엔 약자와 소수자의 이익을 전적으로 혹은 부분적으로 대표하는 정당들이 다수 포함되기 마련이다. 약자들이 사회 성원의 절대 다수인바, 비례대표제는 그들의 정당 선호를 정당체계의 형성에 최대한으로 반영해주기 때문이다. 이들 정당 덕분에 사회경제적 약자의 이익이 중시되는 포괄의 정치가 제도화 상태에서 안정적으로 작동하는 것이다.

반면, 다수제 민주주의는 포괄의 정치가 아닌 배제의 정치를 특성으로 한다. 미국은 바로 이 다수제 민주주의 국가이다. 다수제 민주주의가 내포하고 있는 포용성의 한계 문제를 다시금 상기해보자. 승자독식 모델인 다수제 민주주의에서는 양대 정당 중 선거에서 승리한 정당이 정치권력을 독차지하고, 선거에서 패한 정당과 그 지지세력들은 정치과정에서 배제된다. 결국 정권교체기마다 두 정당을 중심으로 배제의 정치가 반복되는 것이다. 따라서 사회경제적 약자들을 대표하는 정당이 설령 존재하더라도 그 정당이 충분히 오랜 기간 지속적으로 정책적 영향력을 행사하기는 어렵다. 높은 수준의 경제민주화나 복지국가의 발전은 정부에 의한 시장 조정이 장기에 걸쳐 꾸준히 이루어져야 가능한 일이다. 그런데 사회의 다수를 구성하는, 즉 이른바 '민의의 본체'인 약자 계층의 편에 설 수 있는 정당이 정책 결정 과정에서 배제될 확률이 선거를 치를 때마다 최소한 50퍼센트라고 한다면 이러한 정치구조에서 어떻게 경제의 민주화나 복지국가의 발전을 기대할 수 있겠는가.

사회적 합의주의와 조정시장경제의 발전

정부의 시장 조정이 상시적으로 이루어질 수 있는 경제체제를 우리는 조정시장경제라고 부른다. 한편 정부의 시장 조정이 상시적으로 수행될 수 있는 정치체제는 합의제 민주주의라고 했다. 그렇다면 합의제 민주주의라는 정치체제와 조정시장경제라는 경제체제는 정부의 시장 조정을 당연시한다는 공통점이 있으며, 두 체제 사이에는 일종의 친화성이 존재하리라는 점을 쉽게 추측할 수 있다. 실제로 그 둘 간의 친화성은 이미 많은 연구들에 의해 증명된 것이기도 하다(Gourevitch 2003 ; Soskice 2008). 이제 그 친화성이 어떻게 형성되고 유지되는지를 간단히 살펴보자. 상시적인 시장 조정이 제도화돼 있는 경제체제, 즉 조정시장경제가 왜 합의제 민주주의에서 발전하는지를 알아보자는 것이다.

조정시장경제에서는 시장에 대한 정부 및 사회의 조정 혹은 개입이 일상적으로 일어나지만, 자유시장경제에서는 모든 생산 관련 제도들이 기본적으로 자본과 기업에 의해 시장의 원리에 따라 '자유롭게' 작동된다. 그러니 조정시장경제가 자유시장경제에 비해 사회의 복지 및 분배 요구에 보다 민감한 자본주의일 것임은 물론이다. 한편, 미국식 자본주의인 자유시장경제체제의 핵심 가치는 경제적 자유이다. 국가나 사회의 간섭이 최소화된 상태에서 경제적 자유란 사실 강하고 능력 있는 경제 주체들의 자유일 뿐이다. 사회의 다수를 구성하는 경제적 약자들은 그저 주변화되기 십상이다. 양극화는 당연한 귀결이다. 여기서 복지, 형평성, 연대 등의 가치를 중시하는 유러피언 드림이 실현될 가능성은 매우 낮다.

그런데, 6장에서 본 바와 같이, 조정시장경제체제에서의 시장 조정은 주로 사회적 합의주의 방식에 의해 이루어진다. 사회적 합의주의가 조정시장경제의 근간에 해당한다는 것이다. 다시 정리하자면, 사회적 합의주의는 노동자나 사용자들이 효과적인 집단행동을 하기에 충분할 정도로 자신들을 잘 조직하여 정부의 사회 및 경제정책의 수립 과정에 직접 참여하도록 함으로써 사회적 공감대 형성을 전제로 한 시장 조정이 원활하게 이루어지도록 하는 민주적 거버넌스 체계이다. 이 거버넌스 체계에는 각국의 사정에 따라 노조나 사용자 단체만이 아니라 농민, 중소상공인, 실업자, 빈민 조직 등이 참여하기도 한다. 여기서 특히 주목할 것은 노동과 중소기업 등의 사회경제적 약자 그룹들이 자본과 대기업 등의 강자 그룹들에 맞서 이 거버넌스 체계의 한 축을 구성한다는 사실이다. 다시 말해서, 이 체계에선 분배와 복지 강화를 선호하는 약자 그룹들의 동등하고 효과적인 참여가 (강자 그룹들에 결코 뒤지지 않도록) 제도화돼 있다는 것이다. 따라서 이 사회합의주의적 거버넌스에 의해 규율되는 조정시장경제체제에서는 경제의 민주화와 복지국가의 발전이 순조롭게 이루어질 가능성이 높다.[43] 유럽형 자본주의를 '사회적 합의주의 모델'이나 '복지자본주의'라고 부르는 까닭이 여기에 있다.

실제로 유럽의 조정시장경제 국가들은 모두 나름의 사회적 합의주의를 운영하고 있으며, 거의 예외 없이 비례대표제, 다당제, 그리고 연

43 사회적 합의주의가 발달할수록 소득 불평등 정도가 줄고 사회경제적 형평성이 높아진다는 사실은 Crepaz 2002, Minnch 2003 등의 실증 연구로 증명된 바 있다.

〈그림 4〉 합의제 민주주의와 조정시장경제의 친화성

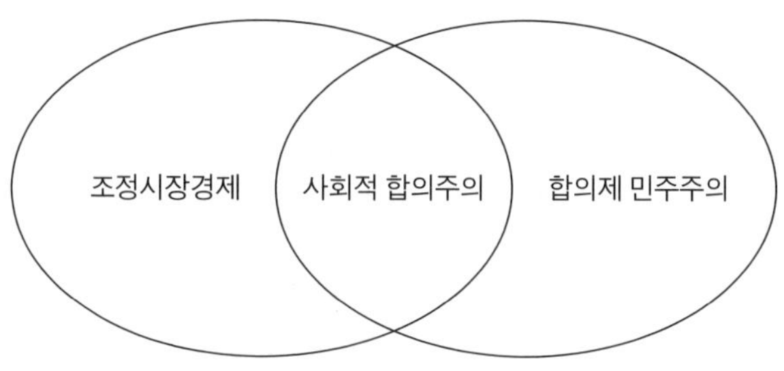

립정부라고 하는 합의제 민주주의의 핵심 정치제도들을 택하고 있다(Swank 2002). 합의제 민주주의가 조정시장경제와 제도적 친화성을 유지한다고 할 때 그 핵심 연결 고리가 바로 여기, 즉 합의제 민주주의의 정치제도들과 사회적 합의주의가 만나는 이 지점이다. 앞서 설명한 대로, 사회적 합의주의는 조정시장경제의 근간을 이루는 거버넌스 체계이다. 따라서 합의제 민주주의의 정치제도들이 갖고 있는 이 사회적 합의주의와의 친화성은 합의제 민주주의 자체와 조정시장경제 사이의 친화성으로 연결되는 것이다. 즉 합의제 민주주의와 조정시장경제의 교집합에 해당하는 사회적 합의주의가 양 체제를 친화성의 관계로 이어준다는 것이다(〈그림 4〉 참조). 더 나아가, 양 체제 사이에는 친화성을 넘는 일정한 인과성이 존재할 수도 있다(Gourevitch 2003). 설령 인과성까지는 아닐지라도, 포괄성을 특징으로 하는 합의제 민주주의가 사회적 합의주의의 정착을 도움으로써 조정시장경제의 발전을 촉진할 수 있다는 것은 분명해 보인다.

지금까지 우리는 합의제 민주체제의 정부들이 왜 시장 조정 능력이 뛰어난지를 살펴보았다. 합의제형 정치제도의 시장 조정 효과가 크게 두 경로를 통해 발휘되기 때문이라고 했다. 우선 비례대표제, 구조화된 다당제, 연립정부 등의 포괄성 높은 합의제 정치제도들은 노동 등 사회경제적 약자 집단들이 표출하는 이익이 정치과정에서 효과적으로 집약될 수 있게 해줌으로써 분배의 정의가 자본 등 강자 집단들에 의해 편향적으로 왜곡되는 사태를 방지해준다. 정치제도의 시장 조정 효과가 정당체계를 중심으로 직접 나타나는 경우라 할 수 있다. 또한, 이 정치제도들은 사회협약 체계가 필요로 하는 협약 주체들의 동등한 파트너십 등을 보장함으로써 합의제 민주주의의 분배 친화적 시장 조정 능력을 배가시키기도 한다. 정치제도의 시장 조정 효과가 사회적 합의주의의 발전을 통해 간접적으로 나타나는 경우에 해당한다.

합의제 민주주의와 복지국가

앞에서 사회적 합의주의에 의해 운영되는 조정시장경제는 종국에 복지국가의 발전으로 이어질 공산이 크다고 했다. 실제로 조정시장경제와 복지국가 사이에는 전자를 복지자본주의라고 부를 정도로 강력한 상관관계가 존재한다(Estévez-Abe, Iversen, and Soskice 2001 ; Huber 2001 ; Iversen 2005 ; Iversen and Soskice 2001 ; Swenson 2002). 사회적 합의주의가 합의제 민주체제의 전형적 거버넌스 체계임을 고려할 때, 이는 결국 합의제 민주주의가 사회적 합의주의를 통해 조정시장경제의 발전을 도움으로써 복지국가를 간접 추동한다는 의미이기도 하다. 그런데 합의제 민주주의는 그 자체가 복지국가의 형성 및 지속에 반드시 필요한 정치제도 조건을 제공하기도 한다.

복지국가의 건설은 '친복지세력'의 장기집권을 요하는 '정치 프로젝트'이다. 최소한 두 가지 정치 조건이 구비돼야 복지국가를 건설할 수 있다는 뜻이다. 하나는 친복지세력이 집권(참여)해야 한다는 것이고, 다른 하나는 그 복지 중시 정권이 충분히 오래가야 한다는 것이다. 복지국가란 워낙 오랜 기간 지속적으로 많은 비용과 정성을 들여야 세워지는 것이기 때문이다. 여기서 잠깐 한국의 복지국가 수준을 OECD 평균 정도로 끌어올리는 데에는 과연 얼마나 많은 시간이 걸릴지 생각해보자. 한국의 복지지출 비중을 OECD 평균 수준에 맞추려 한다면 2012년 기준 금액으로 연간 130조 원 정도의 신규 재원이 복지 확대에 더 사용돼야 한다(오건호 2012, 116쪽). 조정시장경제의 발전 속도에 맞추어 증세 조치 등을 꾸준히 취함으로써 복지 확충을 위한 재원을 5조 원씩 한 해도 쉬지 않고 매년 신규로 투입한다 해도 무려 26년이 걸리는 작업이다.[44]

이는 조정시장경제의 확립과 복지국가의 발전을 중시하는 정당(들)이 장기집권해야 가능한 일이다. 그래야 이러한 장기 프로젝트를 지속적으로 추진할 수 있는 정부의 정책기조가 충분히 오랫동안 안정적으로 유지될 수 있다. 복지국가의 건설에 있어 '정책의 안정성policy stability'은 아무리 강조해도 지나치지 않다. 그런데 비교적 작은 득표율 차이로도 정권이 양대 정당 사이에서 전격 교체되곤 하는 다수제 민주주의체제에선 장기적인 정책안정성이 제대로 보장되지 않는다. 거기선 정권이 바뀌면 국가의 이념이나 정책이 일시에 전환되는 것이 흔한 경우에 속한다. 영국이 좋은 예이다. 영국도 한때는 칭송받는 복지국가에 속했다. 그러나 '복지병'을 치유하겠다는 대처 수상의 집권 이후 영국의 복지체제

44 이는 첫해에 5조 원, 두 번째 해에는 그것에 5조 원을 더하여 10조 원, 세 번째 해에는 다시 5조 원을 추가하여 15조 원, 그리고 네 번째 해 역시 또 5조 원을 더함으로써 20조 원을 투입해가는 방식으로 26년간, 즉 스물여섯 번째 해에는 130조 원이 복지비용으로 지출될 수 있도록 해야 한다는 의미이다.

는 급격하게 잔여주의 성격이 강해졌다. 영국만이 아니다. 다수제 민주주의 국가들은 대부분 1980년대와 1990년대에 기승을 부렸던 신자유주의 세계화 압력에 직면하자 복지 축소 정책을 과감하게 단행했다. 포괄의 정치가 아닌 승자독식 혹은 배제의 정치가 발달한 까닭에 정책안정성이 제대로 보장되지 않았던 것이다.

더구나, 서문에서 '75퍼센트의 법칙'을 소개하며 얘기했듯이, 다수제 민주주의 국가에선 경제민주화와 복지국가를 경시하는 보수정당이 정권을 잡을 확률이 훨씬 높다. 아이버슨과 소스키스는 국회의원 선거제도로 소선거구 일위대표제 등의 단순다수제를 택하고 있는 국가에선 (중도)우파정부가 지배적이며, 비례대표제를 택하고 있는 국가에선 중도-좌파 연립정부가 압도적이라는 사실을 밝혀냈다(Iversen and Soskice 2006). 1945년에서 1998년 사이 17개 선진 민주국가에 들어섰던 모든 정부의 이념 성향을 분석한 그들의 연구에 의하면 단순다수제 국가에선 정부의 약 75퍼센트가 (중도)우파였던 반면, 비례대표제 국가에선 약 74퍼센트가 중도좌파였다. 그리고 복지국가의 수준은 당연히 중도좌파 성격이 강한 비례대표제 국가가 월등히 높았다. 아이버슨과 소스키스가 소개한 빙엄 파월Bingham Powell의 연구 결과도 비슷하다(Iversen and Soskice 2006, 165~166쪽). 그는 단순다수제-양당제-단일정당정부로 구성되는 다수제 민주주의 국가들의 경우 정부의 4분의 3가량이 (중도)우파였으며, 비례대표제-다당제-연립정부로 구성되는 합의제 민주주의 국가들의 정부는 4분의 3 정도가 중도좌파였음을 밝혀냈다.

단순다수제-양당제 국가에서 복지 확대에 인색하기 마련인 (중도)우파정부가 지배적인 이유는, 서문에서 언급했듯이, 중산층 시민들이 진보파 정당의 '집권 후 좌경화'를 우려하여 보수파 정당에게 투표하는 경향이 강하기 때문이라고 그들은 설명한다. 중산층 시민들은 진보파 정부가 들어서면 복지국가 기조를 급격히 강화하여 자신들에게 과도한 세금을 부과할 수 있다는 걸 크게 걱정한다는 것이다. 그렇다고 중산층 시민들이 복지국가의 건설에 반대한다는 뜻은 아니다. 그들의 다수는 복지국가를 선호한다. 다만 복지국가의 건설이 단계적이고 점진적으로, 요컨대, 대기업과 고소득층에 대한 증세가 우선되고 뒤이어 자신들에 대한 복지 과세가 점차 증대하는 방식으로 이루어지길 바랄 뿐이다. 그런데 그들은 진보파와 보수파로 나뉜 양당제에선 자신들의 이 바람이 실현되기 어렵다는 것을 잘 안다. 진보파 정부는 세 부담을 급격히 늘릴 가능성이 크고, 보수파 정부는 복지국가 건설에 무심할 공산이 크다. 상황이 어차피 그러하다면 당장의 손해는 피하는 게 상책이다. 그들이 보수파 정당에 표를 던지고 마는 이유이다. 결국 다수제 민주주의에선 복지 중시 정당이 집권할 가능성이 낮으며, 설령 그러한 정당이 어쩌다 정권을 잡는다 할지라도 장기집권할 가능성은 더더욱 낮다는 것이다.

복지국가 건설의 필수 요건인 정책의 안정성은 합의제 민주주의의 비례대표제, 다당제, 연정형 권력구조 아래에서 더 잘 보장된다(Rogowski 1987). 연립정부에서는 기본적으로 국가 정책이 특정 정당의 독주에 의해 결정될 수 없다. 그것은 항상 연립을 구성하는 다수 정당들의 합의나 협의에 의해서만 결정된다. 그런데 많은 경우 연립정부는 중도 성향의 정당을 중심으로 하여 이념적으로 그것의 좌우 최근 거리에 있는 몇몇 정당들이 구성한다. 이같이 연립은 애초에 정책 및 이념 차이가 심하지 않은 정당들 간에 일어나므로 정책 결정 과정에선 그들 사이에 협조와 타협이 비교적 쉽게 이루어진다. 연립정부 참가 정당들 사이의 견제와 균형을 통한 정책 수렴이 큰 어려움 없이 이루어지곤 한다는 것이다.

설령 선거를 통해 연립 참여 정당들의 부분적 교체가 일어날지라도 남아 있는 정당(들)과 새로 참여한 정당(들) 간에는 기왕의 정책기조를 중심으로 한 정책 수렴 노력이 계속된다(Lijphart 2012, 280쪽).[45] 이것이 합의제 민주주의 국가에선 대체로 한번 형성된 주요 정책기조는 커다란 변화 없이 장기간 지속되는 경향을 보이는 이유이다.

게다가 아이버슨과 소스키스 그리고 파월 등의 연구에서도 밝혀진 대로, 합의제 민주주의 국가에선 경제민주화와 복지 확대를 중시하는 정부가 들어설 가능성이 훨씬 높아진다. 중산층 시민들이 다당제 아래서 자신들의 선호를 전적으로 대표하는 유력한 중도정당을 가지게 되면 선거 국면에서의 셈법이 달라지기 때문이다. 이제 그들 중의 다수는 자기들의 정당이 보수정당보다는 진보정당과 협력하여 연립정부를 구성하는 등의 중도-좌파 연합정치를 펼쳐가길 바라게 된다. 그래야 대기업과 고소득층에 대한 증세 조치를 통해 중산층에게도 혜택이 돌아가는 보편적 복지의 확대가 가능할 것이기 때문이다. 이 경우엔 중도-좌파 연립정부의 '좌경화'를 우려할 필요도 없다. 중산층을 대표하는 유력 정당이 정부의 한 축을 구성하기 때문이다. 이것이 비례대표제-다당제 국가에서 중도정당들이 보수보다는 진보정당과 연립정부를 꾸리는 일이 압도적으로 많고, 따라서 이들 국가, 즉 합의제 민주주의 국가에선 복지를 중시하는 정부가 지배적인 까닭이다.

설령 다당제 국가의 중도정당이 보수정당과 함께 정부를 구성한다

---

45 유럽의 선진 합의제 국가들에서 볼 수 있듯이, 선거로 연립정부 구성 정당들이 모두 새로 바뀌는, 즉 전면 교체가 일어나는 경우는 매우 예외적인 사건일 뿐이다. 대부분의 경우에서는 한두 정당 정도가 교체되곤 하는데, 그때도 신규 참여 정당(들)은 기존 정당(들)과의 정책 협력이 가능한 정당(들)이기 마련이다.

할지라도 복지 확대에 대한 중도-우파 연립정부의 태도는 양당제 국가의 보수파 정당이 단독으로 정부를 구성했을 경우보다는 더 적극적이기 마련이다. 연립정부의 한 축을 이루는 중도정당은 점진적 방식을 선호할 뿐 기본적으론 복지 중시 정당이기 때문이다. 결국 비례대표제-다당제-연정형 권력구조를 갖춘 합의제 민주주의에서는 (정도의 차이는 있으나 기본적으로는 늘) 복지를 중시하는 정부들이 연이어 들어설 가능성이 상당히 높다는 것이다.[46] 이것이 바로 선진 합의제 민주주의 국가들의 대다수가 높은 수준의 복지국가 체계를 안정적으로 유지할 수 있었던 정치적 비결이라고 할 수 있다.[47]

지금까지 우리는 '유러피언 드림과 합의제 민주주의의 친화성'을 살펴보았는데, 이는 '제도적 상보성institutional complementarities'을 논의한 것과 다름없다. 우리가 '체제'라고 부르는 유기체적 사회조직은 상호 보완관계에 있는 여러 제도들로 구성돼 있는 것이다. 예컨대, 합의제 민주주의체제는 비례대표제, 다당제, 연립정부 등의 협의주의 정치제도들이 서로 맞물려 돌아가는 정치체제이다. 한편, 이 정치제도들은 자신들과 상보관계에 있는 사회경제제도와 다시 맞물린다. 사회적 합의주의가 바로 그것이다. 5장에서 본 바와 같이, 조정시장경제 역시 상보관계에 있는 여러 경제제도들이 하나의 제도 패키지를 형성함으로써 가동되는 경제체제이다. 그리고 이 경제제도들은 사회적 합의주의라는 사회경제제도와 또 다른 영역에서의 상보관계를 맺는다. 결국 사회적 합의주의를

46 물론 복지를 무시하거나 경시하는 우파정당(들)만으로 정부가 구성되는 일도 벌어질 수 있다. 그러나 정책과 이념을 중심으로 구조화된 온건 다당제에서 그러한 일이 발생할 가능성은 매우 낮다고 하겠다.

47 복지국가는 합의제 민주주의에서 안정적으로 발전해가기 마련이라는 것은 Hicks and Swank 1992, Iversen and Soskice 2006·2009, Swank 2001 등의 연구에서도 밝혀진 바 있다.

교집합으로 하여 합의제 민주주의체제와 조정시장경제체제는 강한 친화성을 유지하게 된다. 체제 역시 제도(덩어리)라는 사실을 감안하면, 이는 결국 합의제 민주주의라는 정치체제와 조정시장경제라는 경제체제가 제도적 상보관계에 있다는 의미이다. 체제 간의 상보성은 복지 영역으로까지 확장된다. 곧, 합의제 민주주의체제와 조정시장경제체제, 그리고 사민주의나 기민주의 복지국가체제가 삼각형의 상보관계를 이룬다는 것이다. 유러피언 드림은 이 삼각형이 완성될 때 구현될 수 있다.

이 삼각형을 그려감에 있어 그 시작은 어디서부터 하는 것이 현실적이며 효과적일까? 앞서 강조했듯이, 복지국가는 때가 되면 저절로 이루어지는 것이 아니라 시장에 맞서는 정치로 시민들이 만들어내는 것이다. 경제의 민주화 역시 마찬가지이다. 사실, 거의 모든 경우, 경제가 정치를 이끌기보다는 정치가 경제를 규정하지 않는가(Krugman 2009). 그렇다면 답은 명확하다. 합의제 민주주의의 건설에 최우선 순위를 두어야 한다. 그리하여 합의제 민주주의의 정치제도들과 상보관계에 있는 사회적 합의주의를 발전시키고, 합의제 민주주의체제와 맞물려서 작동하는 조정시장경제체제와 복지국가체제를 구축해내야 한다. 유러피언 드림의 실현을 위한 개혁 작업은 합의제 민주주의를 향한 행보에서부터 시작돼야 한다는 것이다.

합의제 민주주의로의 정치개혁

다시 강조하거니와, 조정시장경제의 확립과 복지국가의 건설은 장기적인 정치 프로젝트에 해당한다. 물론 한국형 조정시장경제 및 복지국가 모델의 구체적 내용을 꼼꼼히 설계하고, 그것들의 실현에 필요한 제도 및 정책의 개혁 방향과 순차적 경로 등을 상세히 마련해놓는 것은 매우 중요한 일이다. 그러나 아무리 좋은 설계도와 로드맵을 지니고 있다 할지라도 장기 프로젝트를 책임지고 추진해갈 '정치 주체'가 존재하지 않거나, 혹은 그 주체가 상당한 권한을 갖고 지속적으로 일해갈 수 있는 '정치구조'가 구비돼 있지 않다면 일이 제대로 진행될 리는 없다. 앞서 말한 바와 같이, 이 프로젝트는 조정시장경제의 확립과 복지국가의 발전을 목표로 하거나 중시하는 유력 정당(들)이 존재하고 그들이 장기집권할 수 있는 조건이 갖춰져야 달성할 수 있다. 그렇다면 한국의 현 정치 구도 아래에서 경제의 민주화나 복지국가의 건설, 따라서 유러피언 드림의 실현은 요원한 일이 된다. 친복지세력이 장기집권을 할 가능성은 매우 낮기 때문이다. 한국식 다수제 민주주의가 지속된다면 그것은 앞으로도 마찬가지일 게다.

우선 친복지세력이 과연 집권을 운운할 수 있을 정도로 자신들을 대표하는 유력 정당을 안정적으로 확보할 수 있겠는가 하는 문제가 있다. 3장에서 지적했듯이, 한국의 다수제 민주주의에서는 친복지 정당 같은 이념 혹은 정책정당이 유력 정당으로 부상할 가능성이 희박하다. 선거제도의 비례성이 현저히 낮으며, 따라서 포괄적 정당체계가 발전할 수 있는 제도 환경이 아니기 때문이다. 다음으론 장기집권의 가능성에 관한 문제이다. 설령 친복지세력이 여하히 유력 정당을 키워내어 정권을 잡게 된다 할지라도 과연 장기집권을 할 수 있겠느냐는 것이다. 거의 불가능한 일이다. 다수제 민주주의에서는 친복지 정당이든 아니든 어느 정당도 장기집권을 하기는 매우 어렵다. 한국이 예외일 까닭은 전혀 없다.

가령 새정치민주연합이 진정한 친복지 정당으로 거듭난 후 정권을 잡았다고 치자. 집권당인 새정치민주연합 자신과 야당들, 그리고 시민사회의 친복지 및 반복지세력들은 이 정권이 과연 얼마나 오래갈 것으로 기대 또는 예측할 수 있겠는가. 장기 예측이 불가능한 상황에서 새정치민주연합은 증세에 대한 사회적 저항이나 '반복지세력'의 훼방 등에도 불구하고 획기적인 조세 개혁이나 복지 강화 정책을 자신 있게 수립하고 집행해갈 수 있겠는가. 쉽지 않은 일일 것이다. 게다가 정권이 신자유주의 세력으로 다시 바뀌면 새정치민주연합이 그나마 추진해온 복지국가 건설 작업은 바로 거기서 중단된다. 그것이 승자독식 민주주의의 현실이다. 실제로 우리는 미국이나 영국과 같은 다수제 민주주의에서 민주당에서 공화당으로 혹은 노동당에서 보수당으로 정권이 교체되면 국가 정책기조가 전격적으로 변하는 정치현실을 자주 보아오지 않았던가(Lijphart 2012, 257쪽). 앞서 말했듯이, 다수제 민주주의에서는 복지국가 건설에 필요한 정책의 장기 지속성 혹은 안정성이 결코 보장되지 않는다는 것이다.

결국 합의제 민주주의로의 전환을 모색해야 한다. 그래야 한국도 모든 시민이 평등한 자유를 마음껏 누릴 수 있는 안정된 선진 복지국가가 될 수 있다. 정치개혁의 첫 목표는 비례대표제의 획기적 강화여야 한다. 비례성이 보장되는 선거제도가 도입돼야 구조화된 다당제를 구축할 수 있고, 그래야 포괄의 정치가 작동하기 시작한다. 혹자는 권력구조의 개편이 가장 시급한 정치개혁 과제라고 주장한다. 그러나 10장에서 자세히 논하겠지만, 지금의 실질적인 양당제 구조는 그대로 둔 채 제왕적 대통령제를 의원내각제나 분권형 대통령제 등으로 바꾸어봐야, 영국의 예가 보여주듯, 행정부와 입법부는 여전히 단일정당이 지배하는 승자독식 다수제 민주주의에서 크게 벗어나지 못한다. 우리 시민들에게 당장 필요한 것은 경제의 민주화와 복지국가 건설에 유능한 민주주의체제이다. 그런 관점에서 보자면, 2장의 〈표 2〉에서 보았듯이, 가장 급한 일은 국회의원 선거제도를 비례대표제로 바꾸는 것이며, 다음은 단일정당정부를 연립정부 형태로 전환하는 것이다. 〈표 2〉에 따르자면, 전자의 경우엔 정부의 재분배정책 효과가 2.6퍼센트에서 9.4퍼센트로 무려 6.8퍼센트 포인트 증가할 수 있으며, 후자의 경우엔 3.7퍼센트에서 8.7퍼센트로 5퍼센트 포인트 커질 수 있다. 그러나 (다른 것은 그대로 둔 채) 대통령제를 의회중심제로 바꿀 경우엔 고작 0.7퍼센트의 개선 효과만을 기대할 수 있다. 물론 현행 대통령제는 반드시 합의제형 권력구조로 개혁해야 한다. 그러나 개혁에도 순서가 있다. 연정형 권력구조로의 전환은 비례대표제의 강화로 구조화된 다당제가 확립되면 그후에 자연스레 이루어질 수 있다. 현재 상태에선 비례대표제의 개혁이 급선무이다.

제3부

합의제 민주주의

8장

합의제 민주주의는 비례대표제로부터 시작된다

앞 장에서 정리한 바와 같이, 합의제 민주주의는 상보성의 관계에 있는 여러 정치제도들이 서로 연계되어 작동하는 정치체제이다. 이 장에서는 그 연계 고리의 시발점이 되는 선거제도를 어떠한 방향으로 개혁해가야 할 것인지에 대해 논의하고자 한다. 선거제도가 정당 구도를, 정당 구도가 행정부 형태를, 그리고 행정부 형태가 행정부와 입법부 간의 권력관계를 상당 부분 결정한다는 사실이 의미하는 바는 우리의 민주주의를 다수제에서 합의제로 바꾸기 위해서는 무엇보다 '합의제형 선거제도'를 먼저 도입해야 한다는 것이다.

2장에서 확인한 대로, 선진국들의 대다수는 합의제 민주주의를 운영하고 있으며, 그들은 모두 정당 득표율과 의석 점유율 간의 비례성이 매우 높은 선거제도를 택하고 있다. 따라서 그 나라들에서는 과소대표나 과다대표의 문제가 발생하지 않는다. 표를 적게 얻은 정당이든 많이 얻은 정당이든 모든 정당은 자신을 지지한 국민의 비율만큼 의석을 배분받는다. 각 정당은 그저 지지받은 만큼의 대표권을 행사하는 것이다. 물론 모든 비례대표제 국가들은 득표율이 너무 낮은 정당에겐 대표권을 아예 부여하지 않는다. 비례대표제의 원칙 그대로, 즉 모든 정당에게 득표율에 비례하여 의석을 배분할 경우 군소 정당의 난립 현상에 따른 정치적 무질서 혹은 혼란이 초래될 가능성이 있기 때문이다. 비례대표제 국가들은 저지조항 또는 봉쇄조항이라고도 불리는 '문턱threshold'조항을 도입하여 이 문제를 해결한다. 예컨대, 1퍼센트, 3퍼센트, 혹은 5퍼센트 이상의 득표율을 확보한 정당들에게만 의석을 배분하는 방식이다. 이렇게 되면 의회를 구성하는 정당의 수가 과도하게 많아지는 현상은 일어나지 않는다. 선진 비례대표제 국가들의 정당체계가, 일반적으로, 정당의 수가 6~8개 혹은 그 이상에 이르는 극단 다당제가 아니라 3~5개 정도인 온건 다당제 형태로 운영되는 까닭이다.

산업화를 거친 사회라면 거기엔 다종다양한 이익과 요구가 존재하기 마련이므로 그들을 대표하고자 하는 정당 역시 여럿이기 마련이다. 비례성이 보장되는 선거제도에서는 앞서 말한 문턱조항이 요구하는 최소 득표율 이상만 획득하면 어느 정당이나 자신의 득표율에 비례하는 의석을 배분받는다. 사회적 맥락에 부합하는 분명한 이념과 가치 그리고 현실성 있는 정책기조를 갖춘 정당이라면 이 정도로 자유로운 '정치시장'에서 상당 규모의 '고객'을 안정적으로 확보하여 원내 정당이 된다는 것이 그리 어려운 일은 아니다. 따라서 비례성이 높은 선거제도를 채택하고 있는 나라에선 대개 합의제 민주주의의 핵심 특성인 이념과 정책 중심의 다당체계가 발전한다.

결국 합의제 민주주의를 위한 선거제도 개혁의 요체는 비례성을 확보하는 일이다. 3장에서 지적했듯이 지역주의와 결합돼 있는 한국의 소선거구 일위대표제는 이념이나 정책정당의 과소대표와 인물 및 지역정당의 과다대표 현상을 만연케 해왔다. 합의제 민주주의 발전의 기본 조건인 정당의 구조화를 오히려 억제해온 제도 환경이었던 것이다. 이 환경을 바꾸기 위해서는 비례성이 높은 선거제도를 도입해야 한다. 다행인 것은 최근 선거제도의 개혁 필요성에 대한 사회적 논의가 과거 어느 때보다 활발해졌다는 점이다. 크게 세 가지 정도의 개혁안이 주목받고 있다. 중대선거구제, 전면 비례대표제, 그리고 비례성이 보장된 혼합형 선거제도 등의 도입이다. 간략하게나마 하나씩 살펴보자.

중대선거구제의 도입

현재 우리 사회에서 논의되고 있는 '중대선거구제'의 도입은 현행 상대다수대표제를 유지하되 선거구의 크기, 즉 한 선거구에서 선출되는 국회의원의 수만을 늘리자는 이른바 '소폭 개혁론'이다. 지금과 같이 각 지역구에서 단 한 명만을 선출하는 게 아니라 지역구에 따라 두 명 이상의 다수 의원을 득표 순서에 의해, 즉 상대다수제로 선출하자는 것이다.[48] 2인 선거구제라면 지역구 득표 순위 2위까지, 5인 선거구제라면

---

48 사실 중대선거구제를 택하고 있는 민주국가에서 상대다수제로 지역 대표를 선출하는 경우는 매우 드물다. 유럽에서는 중대선거구제라고 하면 으레 쿼터 방식에 의한 '단기이양식 선거제도single transferable voting system, STV'나 정당명부식 비례대표제로 광역의원 다수를 동시에 선출하는 제도로 여긴다. 중대선거구제와 상대다수제가 결합한 선거제도는 '단기비이양식 선거제도single non-transferable voting system, SNTV'라고 불리는데 이는 선거제도 개혁 이전의 일본과 대만이 취했던 특이한 제도이다. 그런데 우리 사회에서는 이 SNTV를 중대선거구제라

5위까지, 그리고 8인 선거구제라면 8위까지를 국회에 보내는 방식이다. 이 경우 (물론 비례대표제에 비할 바는 아니지만) 다수대표제임에도 불구하고 소선거구 일위대표제보다는 분명 비례성이 높아진다. 특히 선거구의 크기를 크게 잡을수록 과소대표 현상은 더욱 줄어든다. 한 선거구에서 여러 명을 선출할수록 소수 정당이나 신생 정당의 후보들이 당선 순위에 들어갈 가능성은 커지기 때문이다. 예를 들어 5~6인 선거구제를 도입한다면 호남권에서는 새누리당 그리고 영남권에서는 새정치민주연합 후보의 당선율이 지금보다는 훨씬 높아질 것이다. 군소 진보정당들 역시 양 지역에서 나름대로 유의미한 성과를 낼 수 있다.

그러나 이러한 중대선거구제에는 몇 가지 문제들이 있다. 이 문제들은 중대선거구제가 비례성을 어느 정도 높여준다고는 해도 그것의 전격 도입에는 선뜻 찬성하기가 어려울 정도로 심각한 것들이다. 그리고 사실 중대선거구제가 보장하는 비례성의 정도는 객관적 기준으로 볼 때 그리 높은 것도 아니다. 1996년의 중의원 선거 이전까지 일본이 택해왔던 단기비이양식 중선거구제가 이 점을 입증한다. 36개국의 민주주의를 대상으로 한 레이파트의 실증 분석에 의하면 1945년에서 1996년 사이 일본 선거 결과의 비례성 정도는 (물론 다수제 민주주의 국가들보다는 높았지만) 합의제 민주주의 국가 중에서는 최하위에 속했다(Lijphart 1999, 163~164쪽). 중대선거구제 도입의 개혁 효과가 대단하지는 않으리라는 것이다. 그런데 부작용은 매우 심각할 수 있다. 두 가지만 짚어보자.

하나는 2장에서 다루었던 소수대표의 문제가 소선거구 일위대표제에서보다 오히려 더 악화될 수 있다는 점이다. 이는 특히 비례성을 높이

고 부르므로 여기서도 그에 따르기로 한다.

〈표 6〉 소수대표의 문제 예 : 15대 총선 경기도 안양시 만안구 선거구

후보자	유효득표수	득표율(퍼센트)
권수창(자유민주연합)	29,612	28.5
박종근(신한국당)	29,262	28.2
이준형(새정치국민회의)	29,013	28.0
김준용(통합민주당)	8,183	7.9
김관렬(무소속)	739	0.7
김규봉(무소속)	2,657	2.6
김선배(무소속)	1,107	1.1
김종박(무소속)	3,181	3.1
합계	103,754	100

*출처 : 안순철 2000, 94쪽

기 위해 선거구의 크기를 크게 할 경우 매우 빈번히 발생하는 문제가 될 수 있다. 예를 들어 〈표 6〉을 보자. 표는 경기도 안양시 만안구의 15대 총선 결과를 사례로 들어 소선거구 일위대표제에서의 소수대표 문제를 보여주고 있다. 여기서 문제가 되는 것은 1, 2, 3위가 각각 28.5퍼센트, 28.2퍼센트, 28.0퍼센트라는 엇비슷한 득표율을 기록했음에도 불구하고 매우 근소한 차이로 2위와 3위를 앞선 1위 후보만이 (오직 28.5퍼센트의 지역구민을 대표하는) 이른바 '소수대표'로 국회의원에 당선됐다는 것이다. 그런데 만약 당시의 만안구가 5인 선거구제였다면 어땠을까? 이 경우 1위와의 표 차이가 크지 않은 2위와 3위는 물론이고 상당한 차이가 나는 4위와 5위까지도 선출된다. 그런데 4위의 득표율은 7.9퍼센트였고 5위는 겨우 3.1퍼센트였다. 결국 선거구 전체 유권자의 3퍼센트 정도의 지지만으로도 당선될 수 있었다는 것이다. 해당 국회의원의 대표 자격을 의심할 정도라고 아니할 수 없다. 더구나 이와 같이 지나친 소수대표

의 문제가 여러 선거구에서 발생한다면 국회 전체의 국민 대표성에도 의문이 제기될 것이다.

중대선거구제의 또 다른 문제는 정당 투표가 아닌 인물 투표 경향이 강화될 수 있다는 점이다. 이 경우는 명백히 개악에 해당한다. 소선거구 일위대표제는 '1당 1후보' 원칙에 의한다. 모든 정당이 한 지역구에 (자기 정당의 대표 격으로) 한 후보만을 세운다는 것이다. 따라서 여기서는 인물 변수 못지않게 정당 변수의 중요성도 상당하다. 그런데 중대선거구제에서는 한 정당이 한 지역구에 복수의 후보를 공천할 수 있다. 이 경우 후보들은 다른 정당은 물론 같은 정당 후보끼리도 득표 경쟁을 해야 한다. 동일 정당 후보들 간의 경쟁은 특히 자기 정당에 대한 지지가 강한 지역구에서 치열해진다. 이런 곳에서는 소위 '정당 프리미엄'이 작동하기 때문이다. 지금의 한국에서라면 영남권 지역구에서는 새누리당 후보들끼리, 그리고 호남권 지역구에서는 새정치민주연합 후보들끼리의 경쟁이 (타당 후보들과의 경쟁보다 더) 치열하게 벌어질 것이다. 이 경쟁은 어차피 정당의 차이로 우열을 가리는 것이 아니므로 후보들은 유권자들에게 어떻게든 자기 자신을 부각시키기 위해 최선을 다한다. 정당 변수는 상수常數에 불과한 이 상황에서 투표는 결국 인물 중심으로 이루어지기 마련이다.

인물 투표 경향이 강해지면 선거정치 과정에서 수많은 부작용이 일어난다. 소속 정당의 이념이나 지향 혹은 정책기조가 아니라면 개별 후보들은 대체 무엇으로 지역구민들의 지지를 획득할 수 있겠는가? 당연히 개인 후원회와 같은 사조직을 많이 거느리려 들 것이고, 그러한 자기 조직에 가능한 한 많은 수의 지지자들을 안정적으로 확보해놓기 위하여 그들에게 끊임없이 물질적 혹은 정책적 혜택을 제공하기 위해 노력할 것이다. 이러한 정치적 토양에서는 당연히 금권부패정치나 계파정치, 그리고 '사익私益제공정치pork barrel politics'가 만연해진다. 이는 선거제도 개혁 이전의 일본 정치가 보여준 현실이기도 하다. 집권 자민당 후보들끼리의 격한 선거경쟁이 금권정치와 파벌정치를 고착화했으며, 그 와중에 지역 사익집단들의 정치적 영향력은 과도한 정도가 되었고, 그것들이 결국 일본을 1990년대 초반까지도 부패한 신중상주의 국가로 머물게 했다는 반성이 선거제도의 개혁으로 이어졌다는 분석은 정확한 것이다.

중대선거구제는 또한 거대 정당, 특히 집권당에 매우 유리한 제도이다. 집권당 의원들은 대체로 야당 의원들에 비해 개인 후원회나 팬클럽의 운영 등에 필요한 돈과 정책 제공 능력이 뛰어나다. 제공할 수 있는 정책의 종류도 다양하다. 같은 중선거구에 속한 집권당 의원들일지라도, 예컨대, 한 사람은 농업, 다른 사람은 중소기업, 또 다른 사람은 건설 및 토목 관련 정책을 지역 수요에 맞추어 각기 따로 제공할 수 있다. 각자 서로 다른 성격의 지지 그룹을 안정적으로 확보할 수 있다는 것이다. 그 경우 그 세 사람은 늘 당선권에 들어갈 수 있다. 그러나 야당, 특히 군소 정당들의 경우는 이러한 '표 분산 전략vote-division strategy'에 쓸 수 있는 정치적 자산이 부족하다. 역시 일본의 자민당 장기집권사가 보여주듯, 중대선거구제는 확실히 '집권당 프리미엄'을 보장해주는 것이다.

이와 같이 중대선거구제는 실로 치명적인 문제들을 안고 있다. 소선거구 일위대표제에 비해 비례성이 높은 선거제도임에도 불구하고 일본이나 대만 등의 극소수 경우를 제외하고는 이 제도를 택한 민주국가를 찾아보기 어려운 이유도 그 때문일 것이다. 그나마 일본은 1994년, 그리고 대만은 2004년의 선거제도 개혁을 통해 이 문제 많은 선거제도를 폐기하고 새로운 혼합형 선거제도를 도입했다. 현실이 이러함에도 불구하고 "우리나라에서 정치개혁이란 이름으로 (중대선거구제가) 다시 거론되는 것은 명백한 모순"이라 할 것이다(강원택 2005, 65쪽).

전면 비례대표제의 도입

비례성이 가장 확실하게 보장되는 선거제도는 역시 '정당명부식 비례대표제party-list proportional representation system'이다. 물론 이 비례대표제도 선거구의 크기, 최소 (득표) 조건, 투표 및 입후보 방법 등에 따라 다양한 종류로 나뉘고 그들 간에는 비례성 차이도 상당히 날 수 있다. 그러나 여기서는 비례대표제의 여러 형태를 개별적으로 논하지는 않는다. 단지 진정한 비례대표제라면 그것이 어떠한 형태의 것이든 그들 모두가 공유하는 '비례성 보장'이라는 핵심 특성에 초점을 맞추어 전면 비례대표제의 도입 필요성과 그 효과를 개괄적으로 살펴본다.

한국의 현행 소선거구 일위대표제 중심의 선거제도를 전면 비례대표제로 개혁한다면 우선 이념 및 정책정당들에 대한 정치시장의 진입장벽이 크게 낮아질 것이다. 정당명부식 비례대표제에서는 유권자들이 통상 광역 선거구 혹은 전국구 차원에서 인물이 아닌 정당에 표를 던진다. 다시 말해서 인물이 아니라 정당을 보고 투표한다는 것이다. 그러므로 각 당이 내세우는 이념이나 정책은 매우 중요한 선거 변수로 작용하게 된다. 특정 지역이나 인물에 의지해서가 아니라 보편적인 이념이나 정책에 기초하여 성장하려는 개혁정당들에는 당연히 보다 유리한 환경이 제공되는 것이다. 또한 의석이 각 당의 득표율에 비례하여 배분되기 때문에 신생 정당들은 적은 득표율로도 (선거구에서 반드시 1위를 할 필요 없이) 자신들이 지지받는 만큼의 의석을 차지할 수 있게 된다. 더군다나 사표가 발생되지 않는 까닭에 유권자들은 '전략적 투표'를 할 필요 없이 자신의 정당 선호를 있는 그대로 드러내는 '진심 투표' 경향을 보이게 된다. 이것이 이념 및 정책정당들의 득표와 의회 진출에 도움이 되는 것임은 물론이다. 신생 정당들이 제도정치권에 보다 쉽게 들어올 뿐만 아니라, 비례대표제의 도입으로 선거 환경이 바뀌면 기존 정당들도 이제 생존을 위해서라도 인물이나 지역이 아닌 이념이나 정책정당으로 변화하게 된다. 결국 비례대표제가 한국의 정당체계를 구조화된 다당제로 개혁해가리라는 것이다.

비례대표제를 도입할 경우 한국의 정당정치에서도 소수파 정당의 부상 가능성이 커지며 정당 구도 역시 이념 및 정책 중심의 다당제로 바뀌리라는 사실은 시뮬레이션을 통한 기존의 여러 연구에서도 이미 밝혀진 바 있다.[49] 3장에서 언급했던 15대 총선 당시 11.2퍼센트의 득표율로 고작 3.6퍼센트(9석)의 지역구 의석을 차지했던 통합민주당의 경우도 만약 전면 비례대표제나 아래에서 설명할 독일식 비례대표제를 택했더라면 9석이 아닌 31석이나 32석 정도를 확보했을 것으로 추정된다(신명순·김재호·정상화 1999, 176쪽). 헌정사상 최초로 지역이나 인물에 의존하지 않고 오직 정책과 의제로 승부를 보는 유력 정당이 이때 이미 부상했을지도 모를 일이었던 것이다.

---

49 시뮬레이션 분석들은 공히 어떤 형태의 비례대표제를 도입할지라도 현행 소선거구제에서보다 의석의 지역 편중 경향, 즉 지역할거주의 현상이 감소할 테고 소규모 정당이나 신생 정당들의 의석률 확보가 용이해질 것임을 보여준다. 조기숙 1993, 김용호·강원택 1998, 신명순·김재호·정상화 1999, 강원택 2005 등을 참조.

2004년 총선부터 부분적으로 도입된 1인 2표제의 정당명부식 비례대표제는 한국 정당 구도의 개혁 가능성을 밝힌 것이기는 했다. 비록 총 299석 중 불과 56석만이 비례대표 의석이었지만, 그 덕분에 이념정당인 민주노동당이 10석이나(?) 얻어 국회에 진출하는 한국 정치사에서 보기 드문 일이 벌어졌다. 하지만 전체적으로 볼 때 한국 선거제도의 비례성은 여전히 세계 최하위 수준을 면치 못한 것이었다. 더구나 그후 비례대표 의석은 300석 중 54석으로 오히려 그 비중이 줄어들었다. 앞으로 비례대표 의석이 유의미한 정도로 확대되거나 전면 비례대표제 혹은 독일식 비례대표제 등으로의 개혁이 이루어지지 않는 한 한국의 정당 구도가 이념과 정책을 기준으로 구조화될 가능성은 희박하다.

비례성이 보장된 혼합형 선거제도의 도입

비례성 확보라는 측면에서 보자면 (네덜란드나 이스라엘 등이 택하고 있는) 전국을 단일 선거구로 하는 정당명부식 전면 비례대표제보다 더 우수한 선거제도는 있을 수 없다. 그럼에도 불구하고 또 다른 대안인 혼합형 선거제도의 도입 주장에 주목하는 가장 중요한 이유는 전국구 전면 비례대표제로는 지역대표성이 보장되지 않기 때문이다. 사실 일반 유권자의 입장에서는 자신이 살고 있는 지역의 대표자를 직접 선출하여 의회에 보내고 싶기도 하겠거니와, 그리하는 것이 대표-책임이라는 민주주의의 기본 원리가 가장 투명하게 실천되는 길이기는 하다. 대의제 민주주의의 완성 조건 중의 하나는 비례성과 지역대표성을 동시에 제공하는 선거제도의 채택일지도 모른다. 그렇다면 우리가 대안으로 받아들일 만한 혼합형 선거제도는 이 조건을 (적어도 상당 정도) 충족시켜주는 것이어야 한다.

소선거구-비례대표 병립제

혼합형 선거제도에는 크게 두 종류가 있다. 우선 현재 일본이 취하고 있는 단순 병립제를 평가해보자. 1994년에 일단락된 일본 정치개혁의 핵심 내용은 총 500석의 중의원 의석 중 300석은 소선거구 일위대표제로, 200석은 비례대표제로 따로 선출하는 병립형 선거제도를 도입하는 것이었다. 1996년의 중의원 선거는 이대로 치러졌으나, 2000년 선거부터는 비례대표 의석은 180석으로 줄이고 소선거구 의석은 300석을 유지한 채 지금에 이르고 있다. 이러한 일본의 현행 선거제도는 소선거구 일위대표제로 총의석의 62.5퍼센트를 선출하는 만큼 지역대표성은 충분히 보장되는 것이라고 할 수 있다.

그러나 비례성에는 심각한 문제가 있다. 통계를 보면 선거제도 개혁 이후 일본 선거의 비례성은 과거에 비해 거의 반 이하로 떨어졌다(김형철 2007, 227~228쪽). 자민당 등 거대 정당의 과다대표와 사민당 등 소수 정당의 과소대표 현상이 크게 두드러졌다. 이 점에 관한 한 일본의 단순 병립제 도입은 오히려 개악임이 분명하다. 다른 문제가 상당함에도 불구하고 과거의 단기비이양식 중선거구제는 소선거구 일위대표제에 비해 적어도 비례성 제공 측면에서는 더 나은 제도였다. 그러나 소선거구 일위대표제로 전환되면서 비례성이 크게 감소한 것이다. 그렇다고 비례대표 의석이 그 비례성 감소분을 메울 수 있는 것도 아니다.

우선 전국을 11개 권역으로 나누어 각 권역에서 별도로 비례대표 의원을 선출하는 일본의 비례대표제는 충분한 비례성을 창출하기에는 선거구 크기가 너무 작다. 왜 그렇다는 것인지 그 내용을 살펴보자. 총 180명의 비례대표는 11개 권역에서 권역당 평균 열여섯 명 정도를 개별적으로 선출하여 구성된다. 모든 권역에서 열여섯 명이 선출되고 A라는 정당은 각 권역에서 득표율 5퍼센트를 기록했다고 가정해보자. 이 경우 (최대잔여제 등과 같은 소수 정당 배려 기제가 '운 좋게' 작동되지 않는 한) 그 정당은 어느 권역에서도 비례대표 의원을 배출하지 못하게 된다. 열여섯 명의 5퍼센트는 0.8명이기 때문이다. 그러나 만약 전국을 단일 선거구로 했다면 180명의 5퍼센트인 아홉 명의 비례대표 의원을 확보한다. 비례대표제의 선거구 크기가 작을수록 소수 정당은 과소대표된다는 현실을 보여준다. 결국 일본식 권역별 비례대표제는 소수 정당이 과소대표되도록 설계돼 있는 불비례적 선거제도라는 것이다. 게다가 180석이라는 비례대표 의석도 소선거구 일위대표 의석에 비해 비중이 너무 낮다. 37.5퍼센트로는 (설령 제대로 된 비례대표 의석일지라도) 62.5퍼센트에서 발생하는 불비례성을 감당하기 어렵다는 것이다.

따라서 우리가 일본식 단순 병립제를 대안으로 취한다면 적어도 다음 두 가지 사항은 반드시 지켜져야 한다. 하나는 비례대표 의석을 그 비중이 최소한 50퍼센트는 되도록 획기적으로 늘려야 한다. 그래야 유의미한 비례성이 확보될 수 있다. 한국은 현재 300석 중 54석만이 비례대표 의석이다. 일본의 반에도 못 미치는 불과 18퍼센트인 것이다. 다만 의원 정수를 지금 그대로 유지한 채 비례대표의 비중만을 50퍼센트 이상으로 늘릴 경우 자신들의 지역구가 사라질 것을 우려하는 현직 지역구 의원들과 지역위원장들, 그리고 미래를 바라보며 지역구 관리에 온갖 정성을 기울여온 수많은 정치인들의 저항이 매우 거셀 것임을 고려할 필요가 있다.[50] 이들의 반대가 심할수록 개혁은 더 어려워질 것이기 때문이다. 따라서 의원 정수를 최대한 늘림으로써 소선거구의 감소를 최소화하는 지혜가 필요하다. 사실 한국의 의원 수는 다른 민주국가들에 비교하면 상당히, OECD 국가들에 비교하면 현저히, 그리고 유럽 복지국가들에 견주면 심각하게 적은 편이다. 인구 규모, 경제발전 정도, (정치가 해결해야 할) 사회적 의제의 다양성 등을 감안하면 한국의 의원 정수는 최소 500명은 돼야 할 것으로 보인다.[51] 이 경우엔 그중 50퍼센트를 비례대표 의석으로 지정할지라도 246석인 현재의 지역구 의석은 단 1석도 없앨 필요가 없게 된다.

다른 하나는 비례대표 선거구의 크기를 가능한 한 크게 잡아야 한다는 것이다. 일본과 같이 작게 잡을 경우 비례성이 충분히 보장되지 않기 때문이다. 가장 바람직하기로는 물론 전국을 단일 선거구로 하는 것이다. 그러나 반드시 권역별 비례대표제를 도입할 '정치적' 필요가 있다면, 선거구의 크기는 최소한 문턱조항 등이 요구하는 최소 득표율의 획득만으로도 모든 정당이 어느 권역에서나 비례대표 1석 이상을 확보할 수 있을 정도는 돼야 한다. 예컨대, 최소 득표율이 1퍼센트라면 모든 권역에서는 100명 이상을 선출해야 하며, 2퍼센트라면 50명, 3퍼센트라면 34명, 5퍼센트라면 20명 이상이어야 한다. 그래야 소수 정당의 과소대

---

50 만약 300석의 50퍼센트인 150석을 비례대표 의석으로 정한다면 지역구 의석 96석을 없애야 한다.

51 의원 정수의 확대는 다음에서 설명하는 독일식 연동제를 도입할 경우에도 동일하게 요청되는 사항이다. 세계 최고 수준인 국회의원 세비를 합리화하고 기타 재정이 소요되는 몇 가지 불필요한 특권을 없앤다면 커다란 추가 비용 없이도 지금보다 의원 수를 200명 더 늘리는 것은 충분히 가능한 일이다. 설령 비용이 얼마간 더 들지라도 의원 수를 늘림으로써 '시장에 맞서는 정치'를 강화할 수만 있다면 일반 시민들에게는 그것이 훨씬 (경제적으로도) 유리하다는 사실을 잊지 말아야 한다.

표 현상을 최소화할 수 있기 때문이다.

소선거구-비례대표 연동제

이제 혼합형 선거제도의 다른 유형인, 흔히 독일식 비례대표제라고 불리는 소선거구-비례대표 연동제를 살펴보자. 이 제도는 전 세계의 많은 이들로부터 최고의 선거제도라는 평가를 받아왔다. 무엇보다 비례성과 지역대표성이 동시에 그리고 충분히 확보되는 선거제도이기 때문이다.

운영 원칙은 간단하다. 일단 의회의 총의석을 각 정당의 '전국 득표율'에 비례하여 배분하나, 그 총의석 중의 최소 50퍼센트는 소선거구 지역 대표들에게 돌아가도록 한다는 것이다. 예를 들어, 총 100석 의회의 경우를 상정해보자. 이때 선거구는 비례대표제의 작동을 위한 전국구 하나와 지역 대표 선출을 위한 소선거구 50개로 이원화된다. 그리고 투표는 1인 2표제로 실시된다. 여기서 각 유권자들은 한 표는 (전국구의) 선호 정당에게, 다른 한 표는 (자기가 살고 있는 소선거구의) 선호 후보에게 던진다. 개표는 우선 전국구의 정당 투표에 대하여 이루어진다. 그 결과에 따라 의회의 총의석은 각 정당들의 득표율에 비례하여 나누어진다. 만약 A정당의 득표율이 40퍼센트라면 그 정당의 의석은 40석으로 일단 '확정'된다. 이제 각 소선거구의 선거 결과를 셈한다. 만약 전국 50개 소선거구 중의 스무 곳에서 A정당의 후보가 1위에 올랐다면 이 스무 명은 즉시 지역 대표 의석을 차지하게 된다. A당이 확보한 총 40석 중 20석이 이렇게 지역대표 의석으로 결정되는 것이다. 그리고 나머지 20석은 정당명부에서 순서대로 뽑아 A당이 배분받은 총 40석을 채운다.[52]

특기할 것은 독일식 비례대표제의 정당명부는 주별로 작성된다는 것이다. 위에서 A정당은 지역구 20석을 제외한 나머지 의석을 정당명부의 순서에 따라 채운다고 했는데, 그 명부가 바로 각 주에서 개별적으로 작성된 것이다. 즉 A정당이 확보한 비례대표 20석은 주별로 분배된다는 의미이다. 분배 방식은 다음과 같다. 일단 전국에 H, I, J, K 등의 4개 주가 있다고 치자. 그리고 전국구 정당 투표에서 A정당이 획득한 총득표수는 4만 표라고 해보자. 이 경우 총 40석을 확보한 A정당의 '1석당 표 값'은 1,000표이다. 즉 A정당이 1석을 확보하는 데 필요한 득표수가 1,000표였다는 것이다. 이때 H, I, J, K 등 4개 주에서 얻은 A정당의 정당 득표수가 각각 1만 표, 1만 5,000표, 5,000표, 1만 표였다고 한다면, 4개 주는 '표 값'에 상응하는 만큼 각각 10석, 15석, 5석, 10석씩을 배분받게 된다. 그리고 만약 (전국의 50개 소선거구 중) H주에 있는 소선거구 가운데 A정당의 후보가 승리한 곳이 네 군데라면, H주의 A정당 비례대표는 A정당이 해당 주 몫으로 배분받은 10석 중 지역 대표 네 명을 제외한 여섯 명으로 확정된다. 이 비례대표 여섯 명은 A정당이 'H주에서' 작성한 '주 명부'에 기록된 순위에 따라 결정되는 것이다. I, J, K 등의 나머지 주에 대해서도 마찬가지 방식으로 의석이 배분된다. 이것이 이른바 '독일식 권역(주)별 비례대표제'이다.

독일식 연동제는 이와 같은 방식으로 정당명부식 전면 비례대표제와 전혀 다를 바 없는 높은 비례성을 제공한다. 그러면서 지역대표성까지도 보장한다. 현실에서 채택 가능한 세계 최고의 선거제도라는 찬사

52 이때 만약 A정당 후보 마흔두 명이 소선거구에서 승리한다면, 비록 A정당의 득표율을 초과하는 의석 배분이지만, 마흔두 명 전원은 A정당 소속 의원으로 인정된다. 이것을 '초과의석 인정'이라고 한다. 이 경우 A정당의 비례대표의원은 당연히 0명이 된다. 비례성을 흔들 정도의 심각한 문제라고는 할 수 없지만, 이 같은 초과의석의 발생은 흔한 일이다. 참고로, 2013년 독일 연방의회 선거에선 631명의 연방의원이 탄생했다. 의원 정수가 598명임을 감안하면, 33석의 초과의석이 발생한 것이다.

를 받는 이유이다. 비록 관철되지는 않았지만, 일본의 학계와 시민단체 인사들도 약 5년간에 걸친 선거제도 개혁 공방 과정에서 독일식 비례대표제를 가장 우수한 선거제도라며 그것의 도입을 주장했었다. 비슷한 과정을 거친 뉴질랜드는 다행히 독일식 선거제도의 도입에 성공했다. 우리나라에서도 김대중 정부와 노무현 정부 당시 이 제도로의 개혁이 심도 있게 논의됐었다. 현재도 김두관, 노회찬, 손학규, 심상정, 원희룡, 정동영, 천정배 등의 개혁 정치가들이 소속 정당을 초월하여 모두 독일식 비례대표제로의 전환을 주창하고 있다. 거론되고 있는 여러 개혁안들 중 이보다 더 나은 대안은 없을 것 같긴 하다. 문제는 실천이다. 누가 무엇을 어떻게 해야 한국 상황에 가장 적합한 비례대표제를 도입할 수 있을지 진지하고 심각하게 고민해야 할 때이다. 사회의 집단지성을 발휘하여 현실적이고 지혜로운 도입 전략과 방안을 모색해야 한다. 이 실천의 문제에 대해서는 12장에서 집중적으로 논하기로 한다.

비례대표제, 구조화된 다당제, 포괄형 연립정부

6장의 말미에서 이미 정리한 바와 같이, 경제민주화와 복지국가 달성이라는 시대정신의 구현을 위해 필요한 정치제도 개혁의 최종 목표는 노동 친화적인 포괄형 연립정부가 정상 상태인 합의제 민주국가를 건설하는 것이다. 그 시발점은 선거제도의 개혁이어야 한다. 비례성 높은 선거제도가 도입돼야 구조화된 다당제가 확립되어 국회 및 정부 차원에서 좌, 우, 중도정당들 간에 포괄의 정치가 펼쳐질 수 있기 때문이다. 지금까지 이 장에서는 어떠한 선거제도가 가장 적절한 대안일지를 논의했다. 연정형 권력구조의 바람직한 형태를 논하게 될 9장으로 넘어가기 전에 이 장의 남은 부분에서는 과연 독일식 연동제와 같은 우수한 비례대표제의 도입은 당연히 구조화된 다당제와 포괄형 연립정부의 확립으로 이어지는 것인지 점검해보기로 한다. 사실 제도적 연계 관계가 완벽하지만은 않을 것이며, 따라서 비례대표제의 도입과 더불어 우리가 해야 할 다른 차원에서의 노력도 더 있을 것이기 때문이다.

구조화된 다당제와 주체 형성의 문제

누차 강조했듯이, 선진 합의제 민주주의 국가들이 조정시장경제와 복지국가를 높은 수준으로 발전시킬 수 있었던 비결은 포괄의 정치에 있다. 진보, 중도, 보수 계층 등을 대표하는 유력 정당들이 각기 포괄정치의 주체로서 의회 및 행정부에 항시적으로 포진해 있기에 경제민주화와 복지국가를 원하는 노동세력과 복지세력 등이 기득권 수호와 현상유지를 고집하는 자본세력 및 시장세력 등과 동등한 입장에서 사회적 대화와 타협의 장을 운영할 수 있었고, 그랬기에 실질적 민주주의가 점진적·단계적으로 성숙해갔던 것이다. 포괄의 정치는 그렇게 사회의 다양한 선호와 이익을 정치적으로 동원하고 대리할 수 있는 정당들로 구성된 구조화된 다당제를 전제로 작동하는 것이다.

다른 변수가 특별히 개입하지 않는 한, '비례성이 충분히 보장되는 순도 높은 비례대표제'의 도입이 다당제를 견인해내는 것은 거의 명백한 사실에 해당한다.[53] 그러나 그 다당제가 언제나 정책과 이념을 중심

---

53 비례대표제라고 불리기는 하나 비례성의 보장 정도가 충분히 높지 않은 선거제도들도 여럿 있다. 일부 국가들의 비례대표제가 거대 정당에만 유리하게 작동할 뿐 득표-의석 간의 비례성 제고에 별 기여를 하지 못하는 까닭은 대개 (위에서 본 일본식 권역별 비례대표제의 경우처

으로 '구조화된' 다당제이리라는 보장은 없다. 만약 다당제이긴 하나 그것이 인물이나 지역, 인종이나 민족, 언어나 종교, 국방이나 외교정책 등을 중심으로 분화된 정당들이 구성하는 다당제일 뿐이라고 한다면, 그로 인해 경제의 민주화나 복지국가의 건설 등 사회경제적 개혁을 위한 포괄의 정치가 제대로 작동할 까닭은 별로 없다. 그러한 다당제에는, 예컨대, 친노동 정당이나 노동 우호 정당은 없거나 혹은 있더라도 정치력이 약할 것이므로, 경제민주화와 복지국가 건설의 핵심 주체인 노동세력의 정책 선호가 정치체제에 제대로 반영되지 못할 것이기 때문이다. 다당제라도 다 같은 다당제가 아니라는 것이다. 노동이나 중소상공인 같은 사회경제적 약자 계층을 대표하는 정당들이 포함돼 있고 그들의 영향력이 상당 수준에서 유지될 수 있는 다당체계라야 거기서 사회적 합의주의, 조정시장경제, 복지국가 등의 발전이 이루어질 수 있다.

따라서 비례대표제의 도입이 구조화된 다당제의 발전으로 이어지기 위해서는 사회적 균열 구조가 인물이나 지역, 인종이나 민족, 언어나 종교, 국방이나 외교정책 등이 아니라 사회경제적 이해관계를 중심으로 형성돼 있어야 한다. 말하자면, 사회적 균열선이 사회경제적으로 선호와 이익이 서로 다른 계급, 계층, 집단들 사이에 그어져 있어야 한다는 것이다. 거기에 더하여 주요한 사회경제적 이익집단들이 각기 하나의 '사회세력'으로서 나름대로 조직화돼 있다면 그것은 더욱 바람직한 조건이 된다. 그 경우 비례대표제의 도입은 조직화된 사회세력들의 '정치세력'화를 매우 효과적으로 촉진한다. 비례대표제 환경에서 전국적으로

럼) 선거구의 규모가 너무 작거나, 혼합형인 경우 비례대표 의석 비중이 너무 낮기 때문이다. 여기서 말하는 '비례대표제'는 그러한 비례대표제가 아니라 '비례성이 충분히 보장되는 순도 높은 비례대표제'를 의미한다.

상당한 세와 규모를 가진 노조, 중소상공인 단체, 농민 단체, 생태·환경 단체 등은 스스로 특정 정당의 사회적 기반 역할을 수행함으로써, 즉 그 정당에게 안정적인 조직 표를 제공함으로써 그 정당을 유력 정당으로 만들어놓을 수 있기 때문이다. 주요 사회세력들이 하나둘씩 그렇게 자신들의 선호와 이익을 대표하는 정당들과 '특수 관계'를 구축해갈 때 그것은 구조화된 다당제의 확립으로 이어진다.

산업화 과정을 이미 오래전에 거쳤으며, 벌써 후기산업사회의 폐해까지 경험하고 있는 한국은 이제 사회경제적 이해관계에 따라 계층 간 균열선이 뚜렷이 존재하는 나라에 속한다. 지역주의나 대북 정책 등 비경제적 의제를 중심으로 형성돼왔던 사회적 균열 구조는 정치권 일부의 의도적 유지 노력에도 불구하고 점차 붕괴돼가고 있는 형국이다. 특히 양극화의 심화나 영세자영업자 및 비정규직의 증대 등으로 나타나고 있는 1997년 이후의 신자유주의 적폐는 사회경제적 갈등과 대립, 균열을 갈수록 격렬하고 선명하게 만들고 있다. 경제의 민주화와 복지국가의 건설이 시대정신으로까지 부상한 배경도 바로 이런 사회경제적 균열 구조의 공고화 징후 때문이었지 않은가.

그렇다면 한국에선 비례대표제의 도입이 구조화된 다당제의 발전을 촉진할 가능성이 매우 높다. 다만 아쉬운 점이 있다면, 사회경제적 약자 그룹들의 사회세력화 수준이 여전히 낮다는 것이다. 노동자들의 노조 가입률은 세계 최하위 수준으로 10퍼센트에도 못 미친다. 특히 매우 심각한 것이 전체 노동자의 절반가량이나 되는 비정규직 노동자들의 가입률인데, 그것은 2013년도 기준 1.4퍼센트에 불과하다. 우리나라 경제활동인구의 30퍼센트를 차지하는 자영업자들의 조직화 수준도 한심하기는 매한가지이다. 중소기업들 역시 대기업의 횡포로 늘 괴로워하면서도 효과적인 집단행동에 필요한 최소한의 조직력도 갖추지 못하고 있다. 그 밖에 환경단체를 비롯한 장애인, 여성, 노인, 청년 단체 등의 조직화도 모두 미약한 상태에 머물러 있다.

물론 비례대표제의 도입은 이들 사회경제적 약자 그룹들의 조직화에 큰 도움이 될 수 있다. 중소상공인들을 예로 들어 보자. 상기한 대로 경제활동 주체의 30퍼센트 가까이가 자영업자들이다. 그리고 그들이 속해 있는 중소기업 섹터에선 우리나라 전체 노동자의 88퍼센트 정도가 일하고 있다. 어느 정당이든 이 정도 규모의 집단으로부터 안정된 지지를 확보할 수만 있다면 그 정당은 당장 한국의 최강 정당이 될 것이다. 그런데도 현재까지 이 거대 집단을 대표하는 정당은 딱히 존재하지 않는다. 가장 큰 이유는 주요 정당들이 판단할 때 '중소상공인 표'는 별로 중요하지 않고, 따라서 그들을 위해 노력할 인센티브가 없거나 약하기 때문이다. 사실 지역주의와 결합된 소선거구 일위대표제 중심의 현 선거제도에선 중소상공인들의 '정치적 유용성'은 별로 크지 않다. 심지어 나름 조직화돼 있다는 노동자들조차 진보정당이 아닌 지역에 기반을 둔 거대 정당 후보들에게 표를 몰아주는 상황이 아닌가. 그러니 중소상공인들은 오죽하겠는가. 이러한 제도 조건에선 어느 정당도 중소상공인 표의 결집을 기대하며 그들의 사회세력화와 정치세력화를 위해 비용을 지불하려 들지 않는다. 시간과 에너지가 조금이라도 더 남아 있다면 '지역 표' 관리에 쓰는 것이 더 현명한 일이다. 그러나 비례대표제로 전환되면 상황은 달라진다. 6장에서 언급한 바와 같이, 비례대표제 환경에선 각 정당들이 자기 이념과 정책기조를 선명하게 표방하고 이에 동조하는 이익집단들을 자신들의 사회적 지지 기반으로 유지하고 관리하기 위해 최선을 다해야 하기 때문이다. 말하자면, 정당들이 경쟁적으로 나서서 주요 이익집단들의 사회세력화 및 정치세력화를 직접 추진하게 된다는 것이다. 이 경우 한국엔 중소상공인 정당이 생길 수도 있다. 요컨대, 비례대표제가 갈등과 대립 관계에 있는 사회경제적 균열 주체들의 사회세력화 및 정치세력화를 도와 결국 정당의 구조화를 이루게 하리라는 것이다.

사회경제적 약자 그룹들의 사회세력화 수준이 낮을지라도 비례대표제만 도입되면 구조화된 다당제가 (종국엔) 창출된다는 주장은 충분히 납득할 수 있는 것이다. 그러나 사회세력화 수준이 높은 경우가 더 바람직하다는 것 역시 명백한 사실이다. 무엇보다 그 경우엔 비례대표제의 도입이 더 빨라질 것이며, 따라서 구조화된 다당제의 확립도 앞당겨질 것이기 때문이다. 조직화 정도가 높은 사회세력들은 그렇지 않은 세력들에 비해 정치세력화에 대한 열망이 더 높기 마련이다. 기왕 갖추고 있는 조직력에 정치력이 더해지면 자신들이 원하는 바를 실현할 가능성이 높아지리라는 걸 알기 때문이다. 따라서 자신들의 정치세력화 달성에 결정적 기여를 하게 될 비례대표제의 도입에 적극적으로 나서게 된다. 20세기 초에 비례성이 보장되는 새로운 선거제도를 도입한 벨기에, 핀란드, 스웨덴, 스위스, 덴마크, 네덜란드 등의 유럽 국가들에 조직화 수준이 상당히 높은 노동자, 농민, 기독인 단체 등이 포진해 있었던 것은 결코 우연이 아니다(Alesina and Glaeser 2012, 170~175쪽). 한국에서도 주요 사회경제 집단들이 하나둘씩 나름 유의미한 집단행동을 취할 수 있을 정도의 사회세력화에 성공해갈 경우 비례대표제의 도입과 구조화된 다당제의 발전은 조기에 이루어질 수 있다. 수요자의 수와 선호가 증대할수록 공급이 빨라지는 것은 정치시장에도 적용되는 사회법칙이 아니겠는가.

경제민주화와 복지국가 건설을 염원하는 노동자(특히 비정규직 노동자), 농민, 중소상공인, 장애인, 여성, 노인, 청년 등의 모든 사회경제적 약자와 소수자 그룹들은 정치권만을 바라보며 비례대표제의 도입을 막연히 기다리고 있을 게 아니라 보다 적극적인 태도를 갖추어 '주체 형성' 작업에 역량을 집중하여야 한다. 스스로 조직화와 사회세력화에 힘씀으로써 자체적으로도 강력한 제도개혁의 동력을 창출해내야 한다는 것이다. 12장에서 다시 강조하겠지만, 비례대표제의 도입과 구조화된 다당제의 구축은 정치권과 시민사회의 개혁 의지가 협업을 통해 서로 상승작용을 일으킬 때 가능하다.

포괄형 연립정부와 중도정당의 중요성

비례대표제를 도입함으로써 구조화된 다당제를 이루어야 하는 이유는 그것이 포괄형 연립정부의 형성과 작동을 위한 전제 조건이기 때문이라고 했다. 좌, 우, 중도정당들이 항상 서로의 이념 차이를 초월하여 하나의 연립정부를 구성하게 하는, 다시 말해 포괄형 연립정부의 형성이 정상 상태가 되도록 하는 절차적 민주주의가 바로 합의제 민주주의이다. 이 포괄형 연립정부는 합의제 민주주의가 실질적 민주주의의 구현에 유능한 절차적 민주주의일 수 있는 핵심 이유이다. 정도의 차이는 다소간 있겠지만, 모든 종류의 포괄형 연립정부는 노동 등 사회경제적 약자 계층에 우호적이다. 초이념적인 포괄형 연립정부라고 할 수 있으려면 좌파와 중도, 중도와 우파, 혹은 우파와 좌파정당 사이에 연립이 형성되어야 한다. 어느 경우이든 좌파와 중도정당 가운데 하나 혹은 그 둘 모두가 연립정부에 참여한다는 것이다. 중도정당들은 대개 노동 대표 정당까지는 아닐지라도 노동 중시 정당이라는 사실을 감안하면, 이는 포괄형 연립정부에는 언제나 친노동 좌파정당이나 노동 중시 중도정당이 포함됨을 의미한다. 포괄형 연립정부가 노동 친화적인 성격을 유지할 수 있는 구조적인 이유가 바로 이것이다. 경제민주화와 복지국가 건설을 위하여 비례대표제의 도입과 구조화된 다당제의 구축이 필요하다고 할 때, 그 요체는 결국 포괄형 연립정부를 제도화하자는 것으로 파악해야 하는 이유이기도 하다. 그런데 비례대표제가 도입되어 정당의 구조화가 이루어지면 그것은 바로 포괄형 연립정부의 제도화로 이어지는 걸까?

이제, 다당제가 다 같은 것이 아니듯, 연립정부도 다 같은 것이 아니라는 사실에 주목해보자. 사회적 합의주의, 조정시장경제, 복지국가의 발전에 기여할 수 있는 연립정부는 위에서 본 바와 같이 노동 친화적인 포괄형 연립정부이다. 그런데 비례대표제의 도입과 정당의 구조화가 '포괄형' 연립정부의 형성을 100퍼센트 보장하는 것은 아니다. 그러한 제도 조건에서도, 드문 일이긴 하지만, 우파정당들만으로 연립정부가 구성되는 경우가 있다. 그러한 정부에게 충분한 노동 친화성을 기대하기는 어렵다. 노동의 정치력을 별로 의식할 필요가 없는 우파 연립정부는 굳이 노조를 정책 과정에 초대하려 들지 않을 것이기 때문이다. 게다가 그 같은 상황에서는 마치 양당제 국가에서 우파정당이 단일정당정부를 구성했을 때와 비슷한 현상이 이익집단 정치에서도 나타날 수 있다. 사용자 집단들은 자신들에게 일방적으로 우호적인 우파 '이념 블록' 형태의 연립정부 부상에 환호할 테고, 오로지 그 정부를 상대로 직접 영향력을 행사하려 들 뿐 노조들과의 사회적 대화엔 나서려 들지 않을 것이다. 사회적 합의주의가 제대로 작동하지 못하면 이에 기초한 조정시장경제와 복지국가의 발전이 진전을 보일 리도 없다.

역시 드문 경우이긴 하지만, 상황은 좌파정당들만으로 연립정부가 구성되는 경우에도 크게 다르지 않을 수 있다. 이 경우에는 노조들이 좌파 연립정부와의 일방적 관계 형성에 상당한 기대를 갖게 됨에 따라 사용자 집단들과의 사회적 대화 필요성을 별로 느끼지 못할 것이기 때문이다. 요컨대, 비례대표제와 구조화된 다당제를 운영하고 있는 국가라 할지라도 정당들 간의 경쟁이 "양대 진영 형태a bipolar character"로 전개되고, 따라서 연립정부가 이념 블록 형태로 구성된다면, 그 나라에선 (마치 양당제 국가에서처럼) 사회적 합의주의의 발전이 이루어지기 어렵다는 것이다(Anthonsen and Lindvall 2009, 167~168쪽). 1990년대에 스웨덴의 사회적 합의주의가 제대로 작동하지 않았던 이유도 바로 좌우파 정당들 간의 이념 블록형 경쟁이 정치를 지배했기 때문이었다(Anthonsen and Lindvall 2009, 176~178쪽).

거듭 강조하거니와, 경제민주화와 복지국가의 발전에 유리한 정부는, 그 성격은 노동 친화적이며 그 구성은 '초이념적'인 포괄형 연립정부이다. 이러한 정부가 통상의 정부 형태로 자리 잡는 데 무엇보다 중요한 것이 유력한 중도정당들의 존재이다. 이 정당들로 인하여 좌나 우 어느 쪽의 이념정당(들)도 자기(들)만으로는 안정적인 정부를 구성할 수 없는 상태가 돼야 한다. 좌파나 우파정당(들)이 홀로 다수파가 되어 단일정당정부나 이념 블록 정부를 형성할 수 없는 다당제, 그리하여 안정적인 다수파 정부를 구성하기 위해서는 중도 혹은 그 반대파 정당(들)과의 연대가 불가피한 정당 경쟁 체계가 이루어져야 포괄형 연립정부의 형성이 강제된다는 것이다. 정부 형태가 늘 이러한 포괄형 연립정부여야 노동과 자본 등 주요 이익집단들 간의 협력이 촉진된다. 어느 한쪽의 이념정당(들)이 단독 집권할 수 있는 가능성이 없거나 매우 낮아지면, 예컨대, 대기업집단도 우파정당(들)에 대한 일방적인 정치력 행사로는 자신의 이익이 보장될 수 없다는 사실을 인지하여 노조 등 여타 이익집단들을 무시하지 않고 그들과 사회적 합의주의 방식으로 협력하려 들 것이기 때문이다(Martin and Swank 2008 ; Anthonsen and Lindvall 2009).

포괄형 연립정부 국가의 전범으로 네덜란드를 들고 싶다. 네덜란드는 전 세계에서 가장 비례성이 높은 선거제도를 택하고 있는 나라이다. 다당체계의 구조화 정도도 세계 최상위급이다. 1980년대 이후 자유당VVD을 포함한 우파정당들, 기민당CDA과 민주주의'66D66과 같은 중도정당들, 그리고 노동당PvdA을 선두로 하는 좌파정당들은 서로 파트너를 교체해가며 항상 포괄형 연립정부를 구성해왔다. 그러나 새로운 연립정부가 구성되면서 직전 연립정부의 파트너 정당 모두가 교체되는 일은 한 번도 없었다. 언제나 직전 정부 구성 정당의 일부만이 바뀌는 소위 '부분 교체partial alteration'가 이루어졌다(Anthonsen and Lindvall 2009, 182쪽).[54] 이 과정에서 오직 우파정당들만으로 이루어진 이념 블록 정부가 나타난 적도 없었다. 모든 연립정부에는 좌파 혹은 중도정당들이 참여했다. 초이념적 혹은 이념 교차적 연립정부가 지속돼온 것이다.

이 과정에서 특히 중도정당인 기민당의 역할이 컸다. 기민당은 네덜란드 제2노조인 기독노조연합CNV과 양대 사용자단체 중의 하나인 기독경영자연합NCW 양측에서 지지를 받아 항상 30퍼센트 정도의 득표율을 유지하는 유력 중도정당이다. 중도정당의 힘이 그 정도이니 좌파 및 우파정당들은 공히 자기들만으론 단일정당정부를 구성할 수 없어 늘 중도 혹은 자신들의 반대파 정당과 연립정부를 구성해야 했던 것이다. 기민당은 자본과 노동 기반을 동시에 갖고 있어 전통적으로 양측 모두에 비교적 우호적인 정당이었으므로 시의에 따라 적절히 좌파정당과 우

54 이것이 정부의 교체에도 불구하고 네덜란드의 '정책안정성'이 언제나 높은 수준에서 유지되는 까닭이다.

파정당을 번갈아가며 연정 파트너로 선택하는 소위 '회전축 정치pivotal politics'를 수행할 수 있었다(선학태 2012, 384쪽). 좌우파 정당들 사이에서 균형추 역할을 하는 이념 혼합형 중도정당이 초이념적 연립정부의 연속 등장을 가능케 했고, 그 덕분에 네덜란드의 경쟁력 사회합의주의가 안정적으로 발전할 수 있었던 것이다.

심지어 네덜란드의 사회적 합의주의가 '폴더 모델Polder Model'이라는 애칭으로 전 세계인의 부러움을 받던 시기였던 1994년에서 2002년까지는 사민주의 정당인 노동당이 보수적 자유주의 정당인 자유당과 (기민당 없이) 대연정을 맺어 소위 '보랏빛 정부purple government'를 운영하기도 했다.[55] 좌우 합작물인 이 보랏빛 정부는 노동이나 자본 등 특정 이익집단에 편향적일 수가 없어 그 정부 아래에서 사회적 합의주의의 작동은 더욱더 안정적이었고, 따라서 그 시절에 네덜란드 사회적 합의주의의 제도화 수준이 크게 높아진 것은 잘 알려진 사실이다(Woldendorp and Keman 2006). 보랏빛 정부 이후에는 다시 기민당의 회전축 정치가 작동함으로써 네덜란드의 포괄형 연립정부는 지금까지 안정된 상태로 이어지고 있다.

포괄형 연립정부가 정상 상태인 합의제 민주주의로 나아가기 위해서는 한국의 정치시장에도 유력한 중도정당이 들어서야 한다. 사실 사회세력화와 정치세력화의 부진은 사회경제적 약자 그룹들만의 문제가 아니다. 중산층에 속하는 대다수 시민들의 파편화 상태는 더 심각하다

---

55 보랏빛은 사회(민주)주의의 상징인 빨강과 자유주의의 상징인 파랑이 혼합될 때 나타난다. 이 책의 표지 색을 보라로 택한 이유도 그 색이 서로 다른 이념과 가치의 만남, 융합, 조화 그리고 그들 간의 대화, 타협, 조정, 양보를 의미하기 때문이다. 바로 합의제 민주주의의 상징색이지 않겠는가.

고 할 수 있으며, 그들 역시 자신들을 대표하는 정당을 갖고 있지 않기는 마찬가지이다. 한국의 중산층 시민들은 대개 수구적 보수가 아닌 개혁적 보수를 선호하거나, 급진적이기보다는 점진적·단계적 진보를 지향하는 중도보수 혹은 중도진보 성향을 띠는 것으로 파악되고 있다. 그런데 이 중도주의적 시민들은 선거 때면 항상 양대 정당의 공동 타깃이 된다. 어느 한 진영에 속하지 않아 부동표로 남아 있는 이들의 표를 누가 더 많이 가져가느냐가 승패를 결정하기 때문이다. 따라서 선거 국면에서 양대 정당은 공히 중도 노선을 강조하기 일쑤인데, 이는 대다수 중도 유권자들의 입장에서 보면 도박과 같은 선택을 강요하는 것이나 진배없다. 현실적인 선택지는 단 둘뿐인데, 집권하면 '급진 좌경화'할지 모를 진보파 정당과 '수구 우경화'할지 모를 보수파 정당 사이에서 도대체 무엇을 기준으로 어떻게 확신을 갖고 투표에 임할 수 있겠는가. 결국 자신들을 직접 대표할 유력한 중도정당이 들어서지 않는 한 중도적 시민들의 정치적 불안감은 지속될 수밖에 없다.

물론 비례대표제의 도입 자체가 유력한 중도정당의 진화 혹은 부상 가능성을 크게 높여줄 것이다. 그러나 사회경제적 약자 그룹들의 사회세력화가 선행되는 것이 더 바람직한 것과 같은 이유에서 중도계층의 사회세력화 역시 지금부터 도모해 마땅한 일이다. 그것이 비례대표제의 도입과 유력한 '중도정당이 포함된' 구조화된 다당제의 구축을 크게 앞당겨줄 것이기 때문이다. 중도세력 및 중도정당의 비례대표제 도입 과정에서의 중요성에 대한 논의는 12장에서 이어가도록 한다. 다음 장에선 포괄형 연립정부가 연이어 들어서기에 유리한, 그리하여 포괄의 정치가 항시적으로 펼쳐지기에 수월한 권력구조의 구체적 형태를 살펴본다.

9장

최종 목표는 연정형 권력구조의 제도화이다

연정형 권력구조의 제도화는 합의제 민주국가 건설의 최종 목표라 할 수 있다. 구조화된 다당제가 입법부에서의 포괄정치를 촉진하는 것은 명백한 사실이지만, 그 자체가 자동적으로 행정부에서의 포괄정치 발전으로까지 이어지는 것은 아니기 때문이다. 물론 대통령중심제 국가라 할지라도 연립정부의 형성은 가능하다(Lijphart 2002, 47쪽). 의원내각제나 분권형 대통령제에 비해 연정 형성의 유인이 약한 것은 사실이지만, 브라질을 포함한 남미의 여러 국가에서 볼 수 있는 바와 같이, 순수 대통령제에서도 다양한 형태의 연합정치가 이루어지곤 한다(Cheibu, Przeworski and Saiegh 2004). 그러한 경우들을 예로 들어 혹자는 한국에서도 헌법 개정 없이 이른바 '연정형 대통령제' 혹은 '책임총리제'의 발전이 가능하리라고 주장한다. 문제는 제도가 아닌 사람이라는 것이다. 즉 대통령을 포함한 여야 지도자들의 의지와 실력만 있다면 행정 각부를 통할하는 국무총리의 존재, 국회의원의 장관 겸직 허용, 국회의 총리 임명동의권 및 해임건의권 보유 등 내각제적 요소가 상당히 많은 현행 헌법 아래에서도 책임총리가 내정을 주도하는 연립정부가 작동할 수 있다는 것이다. 실제로 노무현 전 대통령은 여소야대의 난국을 타개하기 위하여 당시 한나라당의 박근혜 대표에게 책임총리를 보장하겠다며 대연정을 제안하기도 했다.

현행 헌법에서의 연정형 권력구조

그러나 연정형 대통령제와 관련해선 몇 가지 명심할 것들이 있다. 첫째, 연립정부를 비교적 잘 운영하는 대통령중심제 국가들은 거의 모두가 결선투표제를 통해 대통령을 선출한다는 사실이다. 대통령 결선투표제는 사회적 균열을 제대로 반영할 수 있는 정책과 이념 중심의 다당제 발전을 촉진하는 효과가 있다. 이는 양당제를 추동하는 단순 일위대표제의 효과와는 정반대 경우에 해당한다. 단순 일위대표제는 단 한 차례의 선거에서 1위를 한 후보를 대통령으로 인정하는 제도이므로 유권자들은 전략적 투표를 하기 십상이다. 선호하는 후보가 따로 있을지라도 그가 1위가 될 가능성이 낮다면 (자신의 표를 사표로 만들지 않기 위해) 1위가 될 만한 차선의 후보에게 표를 던진다는 것이다. 많은 유권자들이 그렇게 하다 보니 표는 결국 대정당(후보)들에게 몰리기 마련이고, 이러한 선거가 되풀이되면서 거대 양당제는 더욱 강고해진다.

그러나 1차 투표에서 50퍼센트가 넘는 지지를 획득한 후보가 없을 경우 1위와 2위만을 상대로 2차 투표를 실시하는 결선투표제에선 다른 상황이 펼쳐진다. 여기에선 어차피 2차 투표가 있으므로 유권자들은 1차 투표에서 자신들의 선호를 있는 그대로 표출한다. 군소 정당(후보)들도 그들만의 이념 및 정책기조상의 정체성을 유지하며 상당한 지지표를 받을 수 있는 것이다. 게다가 군소 정당들은 2차 투표를 앞두고 거대 정당들과 협상을 벌일 수 있다. 정당연합을 통해서만 과반 득표가 가능한 거대 정당들은 군소 정당들의 내각 참여 또는 정책 수용 요구에 반응해야 하며, 이는 바로 연립정부의 형성으로 이어지기도 한다.

둘째, 연정형 대통령제가 순항하는 국가들에선 대개 의회 선거제도도 다당제를 촉진하는 전면 비례대표제나 비례성이 매우 높은 혼합형 선거제도를 택하고 있다. 말하자면 대통령 결선투표제와 국회의원 비례대표제가 결합돼 있다는 것이다. 이것이 시사하는 바는 대통령과 국회의원 선거제도는 같은 성질의 것이어야 한다는 점이다. 예컨대, 대통령은 결선투표제로 뽑으면서 의원들은 소선거구 일위대표제로 선출하는 나라에서는 다당제나 연립정부가 발전할 가능성이 그리 높지 않다. 소선거구 일위대표제는 대통령을 단순 일위대표제로 뽑는 경우와 마찬가지로 양당제를 견인하는 효과를 내기 때문이다. 많은 실증 연구들도 대통령제 국가에서 다당제나 연립정부가 성공적으로 운영될 확률은 결선투표제만 있을 때가 아니라 그것이 비례대표제와 결합할 때 비로소 유의미하게 높아진다는 사실을 밝히고 있다(홍재우·김형철·조성대 2012). 결선투표제 그 자체만의 다당제 및 연립정부 유인 효과는 제한적인 것이다.

한국의 국회의원 선거제도는 소선거구 일위대표제 중심이다. 대통령도 단순 일위대표제로 선출한다. 노무현 정부 이후 이명박 정부와 박근혜 정부를 거치며 뚜렷이 관찰되는 바와 같이, 이러한 선거제도들이 견인하는 정당체제는 양당제이다. 양당제 국가에서 연정형 대통령제의 안정적인 발전을 기대하는 것은 무리이다. 유력 정당 셋 이상이 상존하는 다당제 환경이 구축되어 여당이 홀로 의회의 다수파가 될 가능성이 구조적으로 낮아져야 연립정부 형성이 일반화될 수 있다. 물론 비례대표제의 획기적 강화로 한국에 구조화된 다당제가 확립된다면 얘기는 달라진다. 이 경우엔 결선투표제의 도입만으로도 연정형 대통령제의 발전을 나름 기대해볼 수 있다.

그러나 비례대표제와 결선투표제가 모두 도입된다 할지라도 대통령중심제에서 형성되는 연립정부를 안정적인 합의제적 권력구조라고 평가하기는 여전히 어렵다. 우리가 명심해야 할 다음의 세 번째 사항 때문이다. 대통령중심제에서의 연립정부는 그 안정성이 궁극적으론 제도보다는 사람에 달려 있을 뿐이라는 치명적인 취약점을 안고 있다. 여소야대 등으로 어려운 상황에 몰린 대통령이 야당(들)에 연정을 제안한 경우를 상정해보자. 우선 문제가 되는 것은 과연 야당(들)이 언제나 그 제안을 수용할 것인가이다. 수권 능력이 있는 야당(들)은 연정에 참여하지 않고 야당 역할을 충실히 하는 편이 오히려 차기 대선에서의 승리에 유리하다고 판단하는 경우가 많다. 수권 능력을 갖추지 못한 야당(들)도 차기 총선에서의 유불리를 따져 연정 참여를 거부하곤 한다.

이러한 경우가 아닐지라도 사실 야당으로선 대통령이 주도하는 연립정부에 참여하는 것이 크게 매력적인 일은 되지 못한다. 현행 헌법은 그 내각제적 요소에도 불구하고 대통령이 행정부의 수반이고 국무총리는 대통령을 보좌하며 대통령의 명을 받아 행정 각부를 통할하는 '하급자'의 위치에 있을 뿐이라는 점을 명확히 규정하고 있다. 물론 총리가 누구이며 대통령의 의지가 어느 정도인지에 따라 총리의 실제 권한은 많이 달라질 수도 있다. 그러나 총리에게 상당한 권한이 허용된다 한들 그것이 법과 제도가 보장하는 것이 아닌 한 그것은 대통령의 자의에 따라 언제든 변할 수 있는, 불안정하거나 한시적인 권력에 불과하다. 총리와 함께 내각을 구성하는 장관들의 권한 역시 마찬가지다. 더구나 대통령의 국무총리 임명에는 국회의 동의가 필요한 반면 해임에는 헌법상 아무런 제한이 없다. 상황이 조금이라도 달라지면 대통령은 언제든 국무총리나 장관을 해임할 수 있고 연정 구조는 쉽게 바뀔 수 있다. 독자적 권한도 보장되지 않을뿐더러 불안정하기까지 한 연립정부를 구성하자는 제안에 야당(들)이 언제나 흔쾌히 응할 리는 별로 없다. 현행 헌법 아래서 연립정부란 결코 안정된 정부 형태가 될 수 없다는 것이다(장영수 2012, 24~25쪽).

책임총리제가 정착되려면 총리는 대통령 개인이 아니라 헌법이 보장하는 안정적 지위와 독자적인 실권을 지녀야 한다. 그리하여 대통령과 상하관계가 아닌 상호 견제하는 관계에 있어야 한다. 그래야 진정한 권력 분점형 연립정부가 작동할 수 있다. 결국 대통령직을 존치하면서 행정부에서의 포괄정치를 촉진하고자 한다면 개헌을 통해 분권형 대통령제로 가야 한다는 것이다. 아래에 상술하겠지만, 분권형 대통령제에서는 총리가 행정부의 수반이며 그 총리는 의회 다수파의 신임이 있어야 선출될 수 있고 그 자리를 유지할 수 있다. 의회에 총리선출권 및 내각불신임권이 있기 때문이다. 따라서 단일정당이 의회의 다수파가 될 가능성이 낮은 구조화된 다당제가 확립될 경우엔 복수의 정당들이 형성하는 연립정부가 통상적인 정부 형태로 정착한다. 같은 경우라면 의원내각제에서도 마찬가지이다. 요컨대, 구조화된 다당제는 분권형 대통령제나 의원내각제 등과 결합할 때 비로소 (제도적 조화를 이루며) 안정적인 합의제 민주주의의 완성으로 귀결된다는 것이다.

이렇게 완성된 합의제 민주체제에서는 사회경제적 약자들을 포함한 다양한 갈등 주체들의 선호와 이익이 동등하고 효과적인 참여 보장에 의해 정치과정에 제대로 투입된다. 사회적 갈등이 정당을 통하여 제도 정치에 흡수되어 체계적 절차에 따라 조정된다는 의미이다. 이는 입법부에서만 일어나는 과정이 아니다. 구조화된 다당제 국가에서의 의원내각제나 분권형 대통령제는 통상 연립정부 형태로 운영되므로 행정부 내에서도 서로 다른 정당들이 지속적으로 협조하고 타협한다. 따라서 사회정책이나 경제정책 등이 사회경제적 강자들의 이익에 편향되어 수립되거나 집행될 가능성은 낮다. 단일정당정부가 전형인 다수제 민주주의에 비해 합의제 민주주의에서 분배와 복지의 정치경제가 더욱 안정적으로 이루어지는 까닭이다.

다행인 것은 87년 민주화 이후 한국 사회에선 단 한 해도 거르지 않고 권력구조 개편에 대한 크고 작은 공방이 줄기차게 이어져왔다는 사실이다. 그 결과 한국 사회 구성원들의 대다수는 현재 여와 야, 보수와 진보, 정치권과 시민사회의 구분 없이 현행 대통령제의 개혁 필요성에 공감하고 있다. 다만 구체적인 개혁안에 대해서는 다양한 선호가 나타나고 있다. 크게 볼 때 세 가지 대안이 대립하고 있는 형국이다. 이제 그 세 가지 개혁안을 하나씩 살펴보면서 그들이 각기 합의제 민주주의의 발전에 어느 정도 기여할 수 있는지 따져보자. 우리 사정에 가장 적합한 합의제적 권력구조가 무엇인지 평가해보자는 것이다.

대통령제의 소폭 보완

현행 대통령중심제를 유지하되 다만 운영상의 문제점만을 해결하자는 주장은 대통령제의 '소폭' 개혁안이라고 분류할 수 있다. 이는 다시 여러 주장으로 갈리지만 여기서는 그중 비교적 잘 알려진 한 가지 안에 대해서만 간단히 평가해보기로 한다. 소위 '노무현안'이다. 노무현 전 대통령은 5년 단임제를 4년 중임제로 고치고 대선과 총선의 시기를 일치시켜야 대통령제가 원활히 작동될 수 있다고 주장하며 이를 '원포인트 개헌'을 통해 성사시키고자 노력했다. 그러나 이 제안은 폭넓은 지지를 얻지는 못했다. 단임제 대통령은 대표-책임의 원리에서 벗어날 가능성이 클뿐더러 레임덕 현상으로 인해 임기 후반기에는 소신 있는 국정 운영을 펼치기 어렵다는 등의 이유로 4년 중임제가 바람직하다는 주장이 있었지만, 그것은 사실상 8년의 임기 보장과 같은 의미가 아니냐는 반론이 거셌다. 4년 중임제를 택하고 있는 미국의 경우에도 연임에 실패한 대통령은 별로 없다는 사실은 이 비판자들의 주장에 힘을 실어주는 것이었다. 결국 4년 중임제는 그저 레임덕 현상의 발생을 몇 년 연기시킬 뿐이지 문제의 근본적 해결책은 아니라는 것이었다. 타당한 비판으로 생각된다.

대선과 총선을 동시에 실시함으로써 여소야대 현상의 만연을 방지해보자는 주장에 대해서도 이견이 많았다. 물론 이 경우 대통령을 배출한 정당이 의회의 다수당 지위를 차지할 가능성은 높아지겠으나 (그렇다고 확실한 보장책이 되는 것은 아닐뿐더러) 적지 않은 부작용이 따르리라는 우려가 컸다. 한국의 제왕적 대통령제는 대통령 한 사람에게 제어가 어려울 정도의 막강한 권력이 집중되는 것이 큰 문제인데 그나마 몇 안 되는 대권 견제 기제인 대통령 임기 중의 총선 실시 그 자체, 그리고 그 결과 분점정부 상황이 야기될 수 있다는 압박감이 주는 긍정적 효과마저 소멸된다면 대통령의 권력은 지금보다 오히려 더 막강해질 수 있다는 것이었다. 사실상의 임기 연장안일뿐더러 대선-총선의 주기 일치로 여소야대의 발생 가능성을 낮추자고 하는 이 개혁안은 결국 제왕적 대통령제의 강화 주장에 불과하다는 반대 논리는 시민사회에 상당한 반향을 일으켰다.

'노무현안' 외에도 삼권분립 강화안 등 다양한 소폭 개혁안들이 있지만, 그들은 모두 합의제 민주주의의 발전에 기여하기는 어려운 것들이라 할 수 있다. 국가원수와 행정부 수반 자리를 한 사람에게 몰아주는 대통령중심제를 유지하는 이상 아무리 대통령의 권력을 효과적으로 견제한다 할지라도 그것은 합의제 민주주의의 핵심 요소인 구조화된 다당제와는 어차피 제도 간의 부조화와 그로 인한 갈등 문제를 항상 야기할 것이기 때문이다. 아래에서 논의하는 분권형 대통령제와 의원내각제에서는 이러한 치명적 문제의 발생은 피할 수 있다.

의원내각제로의 전환

의원내각제에도 다양한 형태가 있다. 그중 여기서 논의하는 의원내각제는 다음과 같은 일반적 형태의 것이다. 즉 행정부는 다당제에서의 연립내각 형태로 의회에서 구성되며, 의회는 내각불신임권을 그리고 행정부는 의회해산권을 갖기에 행정부와 의회 간의 힘의 관계는 균형을 이루는 한편, 수상 혹은 총리의 내각 리더십은 전면적으로 보장되는 유형이다. 한국형 대통령제를 이러한 의원내각제로 전환할 경우 그 개혁 효과는 실로 대단할 것으로 보인다. 아마도 3장에서 지적했던 '한국형 대통령제의 여섯 가지 문제'는 모두 해결되지 않을까 싶다. 예상되는 주요 개혁 효과 몇 가지를 살펴보자.

첫째, 행정부의 독주 가능성이 현저히 낮아진다. 의원내각제의 행정부는 의회에서 구성되어 의회에 책임을 지기 때문이다. 의회가 행사할 수 있는 내각불신임권 등의 행정부 견제 기제를 거론하며 혹자는 다당제의 연립정부 형태로 구성되는 의원내각제의 행정부는 구조적으로 불안한 것이라는 지적을 한다. 하지만 그것은 기우에 불과하다. 주지하듯, 유럽의 많은 선진국들은 (형태의 차이는 물론 있지만) 의원내각제를 운영하고 있다. 그러나 그들 중 행정부의 불안정성으로 인해 어려움을 겪고 있는 나라는 없다. 각자 나름의 안정화 기제를 가동시키고 있기 때문이다. 예컨대, 그들은 군소 정당의 난립에 따른 행정부의 불안정성을 극복하기 위하여 비례대표 선거제도에 문턱조항을 설치함으로써 유력 정당의 수가 3~5개인 온건 다당제를 유지한다. 독일의 경우 5퍼센트라는 높은 문턱조항 외에도 후임 수상을 미리 선출해두지 않으면 불신임 권한을 행사하지 못하도록 하는 소위 '건설적 불신임제'를 통해 의회의 견제 권한 남용을 방지한다.

둘째, 지역주의와 금권정치를 부추기는 한국형 대통령제의 부작용이 제거된다. 그 부작용은 바로 '대권' 쟁취를 위한 대선 과정에서 집중적으로 발생하곤 했다. 그런데 의원내각제에서는 그러한 대선 자체가 존재하지 않는다. 의원 선출 과정에서도 정당들은 지역감정의 활용과 같은 극한 자극은 상호 삼간다. 의원내각제는 합의제적 권력구조이므로 거기서는 서로 다른 여러 정당들 간의 협조와 타협이 지속적이고도 교차적으로 일어난다는 사실을 모두 알고 있기 때문이다. 또한 행정부는 의회에서 구성되므로 지금과 같이 대선에 투여되는 막대한 선거비용의 낭비가 방지된다. 의원내각제에서의 수상 선출이란 사실상 다수당의 지도자 선출에 해당한다. 정당 내에서 행해지는 선거 비용이 많이 들어야 얼마나 들겠는가.

셋째, 정당정치가 활성화된다. '대권'의 정치적 구심력은 이념이나 정책기조를 뛰어넘을 정도로 막대하며, 따라서 한국의 정당(정치인)들은 대통령이나 대통령감을 중심으로 이합집산을 거듭해왔다는 사실은 익히 아는 바이다. 정치의 핵심 주체는 인물이지 정당이 아니었던 것이다. 그러나 의원내각제에서는 정당이 주체가 된다. 총리와 각료들은 각각 그들이 속한 정당의 내부 규율은 물론 내각 전체의 집단적 의사결정 과정, 그리고 무엇보다 의회의 견제에 의해 제도적으로 구속된다. 기본적으로 그들은 정당과 의회의 일원임을 잊을 수 없으며, 정치행위는 정당의 이름으로, 정당의 책임하에 수행된다. 따라서 제왕적 대통령제에서 흔히 볼 수 있는 반정당적, 반의회적 정치 행태가 자리 잡을 여지가 거의 없다. 이렇게 정당은 정치의 중심에 서게 되는 것이다.

넷째, 대통령제에서 자주 문제가 되는 분점정부 상황이 발생하지 않는다. 따라서 그에 따른 정부와 의회 간의 교착, 이로 인한 정부의 수행 능력 장애 등이 일어나지 않는다. 3장에서도 말했지만, 사실 분점정부 혹은 여소야대 상황은 다당제-대통령제에서는 가끔 혹은 빈번히 일어나는 현상 정도가 아니라 오히려 '정상 상태'에 가깝다. 그래서 다당제와 대통령제의 만남은 제도적 부조화 문제를 수시로 일으키는 "곤란한 결합difficult combination"이라고 평가받기도 한다(Mainwaring 1993). 이것은 반드시 '이원적 정통성'의 문제 때문만이 아니라, 다당제에서는 대통령이 '정당권력partisan power'을 확보하기가 쉽지 않기 때문이다(이종찬 2000, 45). 대통령의 정당권력이란 행정부가 국정을 원활히 수행함에 있어 필요한 정당(들)의 지지를 안정적으로 획득할 수 있는 능력을 의미한다. 집권 여당이 의회의 단독 다수당 지위를 차지하고 있을 경우에는 대통령이 원하는 정책안이 법제화될 가능성은 당연히 높다. 대통령이 다수당인 여당을 통해 정당권력을 누릴 수 있기 때문이다. 그러나 다당제에서는 어느 한 정당이 의회의 과반 의석을 차지하기는 어렵다. 의석이 여러 유력 정당들로 나눠지기 때문이다. 여당이라고 예외인 것은 아니다. 결국 소수파 여당과 다수파 야당연합이 의회를 구성하는 것이 일반적인 형태가 되고, 따라서 분점정부 상황 역시 일반화된다.

그런데 의원내각제에서는 의회만이 유일하게 선거를 통해 국민에게 직접 정통성을 부여받으므로 대통령제에서와 같이 이원적 정통성에 따른 분점정부의 발생 문제는 아예 존재하지 않는다. 게다가 의원내각제에서는 (연립)내각의 구성 자체가 의회에서 실질적 다수를 차지하는 정당(들)에 의해 이뤄지므로 (돌발변수가 개입하지 않는 한) 수상 혹은 총리가 의회 내에서의 정당권력 부족 문제로 고생하는 일은 애초부터 생기지 않는다. 또한 의원내각제에서 행정부 권력은 정당 간에 서로 나누어 가질 수 있는 것이므로, 대통령제에서 정당들이 연합하는 경우와는 달리, 정당들은 대체로 연립내각의 형성 및 유지에 대하여 강한 제도적 인센티브를 갖게 된다. 이것이 의원내각제의 연립정부가 비교적 쉽게 형성될뿐더러 출범 후에는 안정된 수행 능력을 발휘할 수 있는 이유다.

다섯째, 행정부의 민주적 책임성이 높아진다. 국민 직선으로 선출된 임기제 대통령은, 탄핵의 사유 등이 특별히 발생하지 않는 한, 임기 중 국민이나 국회에 대하여 직을 걸고 책임을 지지 않아도 된다. 독주나 독선이 용이한 구조라는 것이다. 그러나 의원내각제의 행정부는 의회에서 구성될 뿐만 아니라 임기가 보장돼 있지 않으므로 내각불신임권을 쥐고 있는 의회에 대하여 늘 책임을 져야 하는 위치에 있다. 행정부의 실정이 중차대할 경우 의회는 국민을 대신하여 바로 응징할 수 있다. 한국이 구조화된 다당제가 확립된 의원내각제 국가였다면 세월호 참사 직후 행정부는 곧바로 교체돼버렸을 것이다.

또한 현행 대통령제에서는 정당의 구조화가 이루어지지 않은 까닭에 정당을 통해서도 대통령에 대한 책임 묻기가 어렵다. 정당들의 정체성과 제도적 지속성이 미흡하므로 '회고적 투표'를 통한 책임 추궁에 심각한 한계가 있다는 것이다. 그러나 의원내각제는 전혀 다르다. 앞서 말한 대로 의원내각제에서 정치의 주체는 정당이다. 대표-책임의 민주주의 원리가 인물이 아닌 정당 차원에서 철저히 구현되는 시스템인 것이다.

여섯째, 행정부의 '정책안정성'이 제고된다. 대통령제에서는 물론이고 양대 정당체계의 의원내각제에서도 선거 이후 정권이 바뀌면 국가의 이념이나 정책들이 일시에 전환되는 경우는 자주 목격되는 일이다. 양자 모두 승자독식의 권력집중형 구조이기 때문이다. 김대중 정부와 노무현 정부에서 10년간 추진됐던 대북 '햇볕정책'이 이명박 정부에 와서 일거에 뒤집힌 경우나, 신자유주의 경제정책을 추진하되 분배와 복지정책은 나름 강화함으로써 이른바 한국형 '제3의 길'을 가겠다던 민주정부 10년의 사회경제 정책기조가 역시 이명박 정부에서 철두철미한 강성 신자유주의 기조로 급전된 경우 모두 대통령중심제이기에 일어난 일이라고 할 수 있다. 이런 일은 다당제에 기초한 의원내각제 국가에서는 웬만해선 발생하지 않는다. 다당제-연립정부 형태의 합의제 민주주의 국가에선 한번 형성된 주요 정책기조는 대개 커다란 변화 없이 상당 기간 지속된다. 1980년대와 1990년대의 전 세계적인 신자유주의 극성기에도 보편주의 복지체제 기조가 이전과 별 다름 없이 유지됐던 유럽의 선진 복지국가들은 모두 합의제 민주체제를 갖춘 나라들이었음을 상기할 필요가 있다. 대통령제보다는 다당제-의원내각제 국가의 정책안정성이 더 뛰어난 이유에 대해서는 7장에서 이미 설명한 바 있다.

지금까지 본 바와 같이, 권력 분산형 의원내각제로의 전환을 통해 우리는 여러 가지 훌륭한 개혁 효과를 기대할 수 있다. 그러나 한국의 의원내각제 도입은 쉽게 결정할 수 있는 문제는 아니다. 몇 가지 고민해야 할 점이 있다. 그중 두 가지만 언급하자면, 첫째는 한국과 같이 왕이 없는 나라가 의원내각제를 도입할 경우, 모든 국민을 대표하는 초당파적 국가원수 혹은 "권위 중심체"의 부재로 인해 국가나 사회통합의 안정적인 구심점 확보가 어려울 수 있다는 점이다(황태연 2005, 52~53쪽). 이것이 아마도 입헌군주국이 아닌 유럽 공화국들의 대다수가 의원내각제 대신 분권형 대통령제를 택한 이유인지도 모른다. 한국이 만약 의원내각제를 택하면서 이 난점을 해결하고자 한다면 독일이 그랬듯이 상징적 국가원수로서 대통령을 따로 둘 수도 있을 것이다. 이때 대통령의 선출은 의회가 할 수도 있고, 국민이 직접 할 수도 있다. 다만 그 대통령에게는 한국적 맥락에서 국가원수로서의 상징적 의미가 충분히 발휘될 수 있을 정도의 지위 및 권한은 주어져야 할 것이다.

두 번째 고민은 과연 한국의 시민들이 87년 민주화 운동의 '쟁취물'인 직선 대통령제를 포기할 수 있겠는가 하는 문제이다. 다수의 시민들은 대통령직선제를 한국 민주화의 징표로 여기고 그에 대한 애정을 여전히 유지하고 있다. 대통령제에 익숙해져 있음은 물론이다. 반면, 의원내각제의 경우 그 제도적 장점은 인정할 수 있지만 과연 그것이 한국의 정치현실에서 잘 작동할 수 있는 권력구조인지 미심쩍어하는 시민들이 다수이다. 각종 여론조사 결과를 보더라도 시민 대다수는 제왕적 대통령제의 개혁 필요성은 인정하면서도 의원내각제의 전면 도입보다는 대통령직선제를 유지하면서 권력의 집중이나 남용 문제를 해결하는 수준에서 방도를 찾아보자는 견해를 보이고 있다(성낙인 2009, 21쪽 ; 장영수 2014, 3쪽). 직선 대통령제에 대한 국민적 선호가 이처럼 높게 유지되는 한 이를 무시하고 의원내각제를 도입할 수는 없는 것으로 보인다.

분권형 대통령제

분권형 대통령제는 대통령직은 존치시키되 행정부 수반으로서의 대통령 권력을 의회에서 선출하는 총리와 분담하게 하는 권력구조이다. '분권형 대통령제semi-presidential governmen'라는 개념을 최초로 정의한 뒤베르제에 의하면, 분권형 대통령제는 다음 세 가지 요소가 결합된 권력구조이다(Dueverger 1980, 142쪽). 첫째, 대통령은 국민의 보통선거권 행사에 의해 (직선 혹은 간선으로) 선출된다. 둘째, 대통령은 국가원수의 권한과 함께 (국방이나 외교 등 일정한 영역의 정책 결정 과정에서) 상당한 실권을 보유한다. 셋째, 대통령과는 별도로 그 직이 전적으로 의회의 선출권과 불신임권에 의해 유지되는 총리 및 장관들로 구성되는 행정부가 따로 존재한다. 결국 분권형 대통령제의 핵심은 국민이 뽑는 대통령과 의회가 선출하는 총리 간의 분권 구조에 있다고 할 것이다. 이 분권 구조, 즉 권력의 분산 정도와 범위가 어떠한지에 따라 무수히 많은 형태의 분권형 대통령제가 탄생할 수 있다. 가장 일반적이라고 알려진 분권형 대통령제의 경우 대통령은 국가원수로서 이른바 외치 영역에 해당하는 외교·안보·국방 정책 등을 담당하며, 총리는 행정부 수반으로서 내정과 관련된 나머지 정책들을 모두 맡는다.

한국의 현행 대통령제를 (일반적 형태의) 분권형 대통령제로 전환할 경우 그것의 개혁 효과는 의원내각제로의 전환 못지않게 상당히 클 것으로 예상된다. 무엇보다 분점정부 상황에서, 즉 의회 다수파를 야당(들)이 차지함으로써 야당(연합)의 대표가 행정부를 총괄하는 총리가 될 경우 대통령의 독주 방지 효과는 분명히 나타날 것이다. 분권형 대통령제에서는 기본적으로 대통령과 행정부 간의 연계가 차단 혹은 제한됨으로써 대통령의 행정부 장악이 거의 불가능하기 때문이다.

또한 분권형 대통령제에서의 대통령 권력이란 '제한되고 분산된 대권'에 불과하므로 대통령 선거 과정에서 현행 대통령제에서처럼 '절대대권'을 놓고 벌이는 제로섬 게임과 같은 사투 양상도 완화될 것이다. 따라서 선거에서 이기기 위해 지역감정이나 금권 등을 무차별 활용하는 작금의 악행과 폐해도 상당히 줄어들 것으로 기대된다. 가장 바람직한 개혁 효과는 아마도 정당정치의 활성화일 것이다. 이 효과는 의원내각제로의 전환 경우에서와 거의 같은 원리에 의해 발생하는 것이므로 여기서는 중복 설명을 피하기로 한다. 그 밖에 책임정치가 강화된다든가 행정부와 입법부 간의 힘의 균형이 잡힌다든가 하는 등의 개혁 효과도 의원내각제로의 전환과 유사하게 발생하므로 이들에 대한 설명 역시 생략하기로 한다.

다만 여소야대 현상의 발생과 그로 인한 문제가 해결되는 방식은 의원내각제와는 다소 다르다. 의원내각제에서는 통상 행정부가 의회 다수파에 의하여 구성되므로 여소야대라는 문제 자체가 발생하지 않는다.

이 점은 분권형 대통령제의 (총리를 수반으로 하는) 행정부와 입법부 사이에서도 마찬가지이다. 총리는 실질적으로 의회에서 선출되기 때문이다. 그러나 분권형 대통령제에서는 여소야대 형국이 이른바 '동거정부' 형태로 발생할 수 있다. 대통령이 소속된 여당이 아니라 총리를 배출한 야당(연합)이 의회의 다수당 지위를 차지한 경우이다. 그러나 이 동거정부는 사실상 제도에 의해 "강제된" 대연정 상황으로 볼 수 있다(황태연 2005, 55쪽). 순수 대통령제에서라면 일어났을 여소야대의 교착상태가 여기서는 동거정부라는 제도적 기제에 의해 해소된다는 것이다. 노무현 전 대통령이 그리도 원했던 대연정은 분권형 대통령제였다면 충분히 가능했던, 아니 당연히 이뤄졌을 일이다.

이와 같이 상당한 개혁 효과를 기대할 수 있음에도 불구하고 분권형 대통령제로의 전환 역시 쉽게 결정할 수 있는 것은 아니다. 무엇보다 대통령과 총리 사이의 권력 배분의 어려움 때문이다. 흔히 외교, 안보, 국방 등의 외치 영역은 대통령이 맡고 경제, 사회, 교육, 문화 등의 내치 영역은 총리가 맡는다고 하지만 내외치 영역 구분이 그리 쉬운 게 결코 아니다. 예컨대, 대외통상과 금융거래 및 투자는 물론 세계화와 지역통합 그리고 FTA 이슈 등을 다루는 대외경제정책은 형식상은 외교정책이라 할지라도 국내 정치경제에 끼치는 효과가 워낙 막대한 까닭에 실질적으로는 국내정책이라고 봐야 할 측면이 상당히 많다. 안보도 이제는 경제변수 등을 고려해야만 하는 포괄적 정책 영역에 속한다. 결국 대통령과 총리가 정책 영역의 분담 및 권력 배분 문제를 놓고 (제도 성숙에 이르기까지는) 끊임없이 갈등하고 대립할 소지가 크다는 것이다.

다른 문제를 하나 더 든다면 형식만 권력 분산형이지 실상은 권력집중형인 분권형 대통령제도 등장할 수 있다는 점이다. 이러한 경우는, 비슷한 이념과 정책기조를 공유하고 있는 정당들의 연합체 혹은 특정 정당 하나가 의회의 다수파를 구성하고 이 정당이나 정당연합에서 대통령까지 배출된 상황에서 발생할 수 있다. 이때 대통령에게 프랑스에서와 같이 (결국 내각 불신임권을 갖고 있는 의회의 동의가 필요하긴 하지만) 총리임명권까지 있다면 그는 사실상 대통령중심제의 경우와 다름없을 정도로 거대 권력을 행사할 수 있게 된다. 국가원수직은 물론 자신이 임명한 총리를 통해 실질적인 행정부 수반직도 겸할 수 있기 때문이다. 여기에 더하여 역시 프랑스와 같이 대선과 총선 시기를 일치시킴으로써 여소야대의 생성 가능성을 구조적으로 낮출 경우 분권형 대통령제의 의미는 거의 퇴색하게 된다. 이렇게 운영되는 분권형 대통령제를 합의제적 권력구조라고 하기는 어려울 것이다. 중요한 것은 분권형 대통령제라는 형식이 아니라 거기서 이루어지는 권력 분산의 실질적인 양과 질이기 때문이다.

이러한 문제들에도 불구하고 합의제 민주주의의 발전을 위해 권력구조의 개편을 추진한다면 앞서 언급한 한국의 현실을 감안할 때 그 지향점은 의원내각제보다는 분권형 대통령제가 돼야 하리라고 여겨진다. 일단 분권형 대통령제는 의원내각제와 달리 상당한 실권을 가진 대통령을 지금과 같이 국민이 직접 뽑는 권력구조이므로 그것의 도입 과정에서 국민의 반대는 비교적 크지 않을 것으로 전망된다. 국민의 힘으로 이루어낸 대통령직선제는 유지하되 단지 제왕적 대통령제의 폐해를 없애고 민의 반영에 뛰어난 합의제적 민주체제를 발전시키기 위해 대통령의 권한을 분산하는 방향으로 개혁하자고 주장하면 국민들은 충분히 납득할 수 있으리라는 것이다.

그렇다면 남은 과제는 위에 기술한 분권형 대통령제의 문제를 해결하는 일이다. 우선 분권형 대통령제가 실질적인 대통령중심제로 바뀔 수 있다는 우려에 대해 생각해보자. 물론 충분한 개연성이 있긴 하지만 정확한 평가를 위해서 과잉 우려는 삼가야 한다. 분권형 대통령제일지라도 대통령과 총리가 같은 정당(연합)에 속해 있는 경우 대통령의 권력은 그렇지 않은 경우에 비해 매우 강력해질 수 있다는 것은 사실이다. 그러나 그렇다고 해서 그 권력이 대통령중심제에서의 경우만큼 막강해질 수 있는 것은 결코 아니다. 분권형 대통령제에서의 총리는 헌법이 보장하는 (대통령으로부터의) 독립성을 보유하고 있기 때문이다. 총리의 진퇴는 오직 의회만이 결정할 수 있다. 따라서 총리는 "일단 임명된 순간부터는 (자신을 임명한) 대통령에 대해 상대적 독자성을" 갖고 내각 주도권이나 장관 인사권 등의 자기 권한을 행사할 수 있다(황태연 2005, 56쪽). 총리의 이러한 독립성과 독자성으로 인해 대통령의 권력은 어느 경우든 분점될 수밖에 없는 것이다.

물론 분권형 대통령제의 합의제적 특성을 제대로 살리기 위해서는 대통령이 과도한 권력을 휘두를 수 있는 조건이나 환경을 애당초 만들지 않는 것이 가장 바람직하다. 무엇보다 구조화의 수준이 높은 다정당 체계를 구축해놓아야 한다. 진보, 중도, 보수 등으로 구분되는 다양한 이념 및 가치의 공간마다 유력 정당들이 하나 이상씩 포진해 있는 높은 수준의 정당 구조화를 이룬 분권형 대통령제 국가에서는 단일정당이 의회 다수파가 되거나 이념이나 가치 지향이 유사한 여러 정당들이 정당연합체를 결성하여 그들만으로 다수파 진영을 구축하는 경우는 웬만해선 발생하지 않는다. 셋 이상의 유력 정당들이 서로 분명하게 구분되는 이념 또는 가치 정체성으로 각자 무장하여 서로 다른 정책기조를 내세워 치열하게 경쟁하는 구조에서 어떻게 특정 정당이 홀로 다수파를 구성하는 일이 쉽겠으며, 또한 거기서 어떻게 '범진보'나 '범민주' 또는 '범보수' 연합 따위의 진영정치가 쉽게 발전할 수 있겠는가. 이러한 정치 환경 조성을 위해선 정당의 구조화를 촉진하는 비례대표제 못지않게, 8장에서 강조한 바와 같이, 유력한 중도정당의 존재가 매우 중요하다. 중도정당이 충분히 많은 의석을 점함으로써 자신의 좌우에 위치한 정당 혹은 정당연합이 자기(들)만으로는 의회 다수파를 형성할 수 없도록 한다면, 정부는 언제나 초이념적인 포괄형 연립정부 형태로 구성될 수밖에 없다. 그 경우엔 대통령과 총리가 동일한 정당(연합)에서 배출될 가능성도 현저히 낮아진다.

분권형 대통령제에 있어 더 심각하고 풀기 어려운 문제는 대통령과 총리 사이의 권한 분배와 관련된 것들이다. 그 둘 간의 역할 분담이 확실하지 않을 경우엔 권한 행사를 둘러싼 잦은 갈등으로 인해 국정 운영이 교착 상태에 빠질 수도 있다(장영수 2012, 25쪽). 그러나 권한을 어떻게 나눌지를 알려주는 절대적 기준은 존재하지 않는다. 국가 구성원들 대다수가 동의할 수 있는 합리적 기준을 스스로 마련해야 한다. 물론 공론화 과정을 거쳐 사회적 합의를 도출해내는 것이 가장 바람직하다. 이와 관련하여 황태연(2005, 49~52쪽)의 제안은 좋은 참고가 될 수 있다. 그는 국가원수인 "대통령은 전 국민의 이익과 전체적 가치관을 대변하고 집행하는 초당파적 임무"를 부여받은 헌법기관인바, 그러한 대통령에게는 초당파적인 입장에서 숙고와 심의, 판단이 요청되는 영역의 결정 권한을 주어야 한다고 주장한다. 한편, 사회 구성원들의 다양한 선호와 이익이 여러 정당들에 의해 대표되고 경합하는 의회에서 선출되는 총리는 "불가피하게 당파적일 수밖에 없는 내정의 각 부문을 관장"하도록 해야 한다고 강조한다. 그는 또한 유럽의 많은 입헌군주국들이 정치적 안정을 누리는 까닭은 상당 부분 "초당적 절대 존엄"인 왕의 존재 덕분이라며, 공화국들이 왕 대신 대통령을 세움으로써 같은 효과를 얻고자 한다면 대통령은 "당파적 정쟁에 말려들지 않게끔 전 국민적 임무만을" 맡게 함으로써 국가원수로서의 권위와 존엄성을 유지할 수 있도록 해야 한다고 역설한다.

이 같은 합리적 제안을 염두에 둔다면, 한국의 분권형 대통령제에서는 통일과 국방 정책만을 대통령에게 맡기고 나머지인 외교와 내치 영역은 모두 총리 소관 사항으로 돌리는 것이 바람직하지 않을까 한다. 외교마저도 총리에게 넘기자고 하는 이유는 상기한 대로 그 영역에선 국내정치적 파급효과가 큰 대외경제정책 등이 상당히 큰 비중을 차지하기 때문이다. 만약 대통령이 그러한 영역을 담당할 경우 그는 계급, 계층, 집단별 이해관계의 갈등과 대립 상황 속에서 자신의 초당파적 위치를 유지하기가 쉽지 않을 것이다. 외교에 비하여 국방과 통일은 초당파적, 거국적, 전 국민적 이슈로서의 성격이 매우 뚜렷한 정책 영역에 속한다. 국방과 통일이야말로 당파적 유불리를 초월하여 오롯이 국민적 공감대에 기반을 두어 수립하고 추진해야 할, 따라서 전 국민을 대표하는 대통령이 전담하기에 매우 적합한 정책 영역이라 할 것이다. 실제로도, 분권형 대통령제 국가들 가운데 대통령의 외교권을 인정하는 나라들은 소수에 불과하나 군통수권을 대통령에게 부여한 나라들은 다수에 속한다(장영수 2014, 12쪽).

역할 분담을 위와 같이 분명히 할지라도 대통령과 총리의 체계적인 협의 기제는 별도로 준비돼 있어야 한다. 국방과 통일이 여타 영역과 아무리 차별성이 큰 영역일지라도 세부로 들어가면 외교는 물론 경제, 산업, 사회, 복지, 교육, 국토해양 등 거의 모든 정책 영역과 중첩되는 부분이 즐비하기 마련이다. 대통령과 총리는 이러한 영역들에서 권한 충돌 가능성이 상존함을 당연한 것으로 여겨 그에 대한 조정이 상시적으로 이루어질 수 있는 유기적인 협의체계를 따로 마련해놓아야 할 것이다 (장영수 2014, 14쪽).

그와 같은 협의체계가 제대로 작동하여 대통령과 총리의 잠재적이거나 실재적인 갈등이 적시에 순조롭게 조정될 수 있을 때 분권형 대통령제는 안정적인 권력구조로 정착할 수 있다. 실제로 오스트리아, 핀란드, 프랑스, 아일랜드, 이탈리아, 포르투갈 등의 많은 선진국들이 분권형 대통령제를 성공적으로 운영해왔다. 이 나라들뿐만이 아니다. OECD 34개 회원국 가운데 대통령중심제를 택하고 있는 나라는 한국, 미국, 칠레, 멕시코 등 4개국에 불과하다. 나머지 30개 나라들은 의원내각제 15개국과 분권형 대통령제 15개국으로 정확히 반씩 나뉜다. 15개 의원내각제 국가 중 독일과 아이슬란드를 제외한 13개 국가가 입헌군주국이다. 독일과 아이슬란드는 실권이 없는 대통령을 상징적 국가원수로 두고 있다. 그리고 15개 분권형 대통령제 국가들은 모두 왕이 없는 공화국들이다. 선진국들의 모임이라는 OECD 회원국들의 절대 다수가 대통령중심제가 아닌 의원내각제나 분권형 대통령제 국가라는 사실이 시사하는 바는 크다. 그리고 그 절반이 분권형 대통령제 국가라는 점 역시 의미깊다. 분권형 대통령제는 의원내각제 못지않게 상당히 안정된 정부 형태임을 웅변하는 것이다.

사회적 합의에 의한 권력구조 개편

이상의 논의를 종합해본다면, 공화국인 한국이 현행 대통령중심제에서 벗어나 합의제 민주주의에 부합하는 권력구조로의 전환을 모색할 경우 선택지는 둘로 좁혀지는 것으로 나타난다. 양자 모두 개헌을 필요로 하는 것으로서, 하나는 직선 대통령을 상징적 국가원수로 두고 의원내각제를 전격 도입하는 것이고, 다른 하나는 분권형 대통령제로 전환하는 것이다. OECD 국가들의 정부 형태 분포가 말해주듯, 어느 경우든 권력구조 자체의 불안정성을 우려하여 선택을 꺼릴 필요는 전혀 없다. 최종 결정은 오직 국민의 선호에 따라 내리면 된다.

개헌 논의 국면에 들어가서도 서둘러선 안 된다. '대통령 직선 의원내각제'가 좋을지 분권형 대통령제가 좋을지, 만약 분권형 대통령제를 채택한다면 대통령과 총리는 어떻게 권력을 나눌지 등은 특정 정치가나 학자 혹은 다른 어떤 사회적 엘리트 집단이 해결할 수도 없고 해결하려 들어서도 안 될 문제이다. 반드시 국민적 공감대의 형성을 전제로 풀어야 할 중차대한 문제이다. 우리 사회 전체의 중지를 모아야 한다. 개헌을 위한 광범위한 공론장公論場을 개설하여 거기서 충분한 공론의 검토를 거쳐 권력구조 개편안이 도출되도록 해야 한다. 지금부터 4~5년간에 걸쳐 사회 구성원 모두가 진지한 노력을 꾸준히 경주한다면 사회적 합의에 이를 수 있을 것이다. 안정적인 새 권력구조의 창출과 한국형 합의제 민주주의의 완성은 느리지만 지속적인 노력으로 도출해낸 사회적 합의에 기초할 때에만 가능한 일일 것이다.

10장

제도개혁에도 순서가 있다

최근 국회와 각 정당 그리고 시민사회 일각에서 권력구조를 개편하기 위한 개헌 논의가 활발히 이루어지고 있다. 현재 가장 강력한 개헌 추진 집단은 여야 국회의원들이 초당적으로 구성한 '개헌추진국회의원모임'이다. 이들은 가급적 빠른 시일 내에 개헌안을 확정하여 그것을 국회 발의를 거쳐 국민투표에 부치겠다는 야심찬 포부를 밝히고 있다. 이 모임의 야당 간사인 새정치민주연합의 우윤근 의원은 "새로운 대한민국의 미래를 위해서는 다수결에 의한 승자독식의 제왕적 대통령제를 폐하고 협의민주주의 형태의 분권형 또는 내각제 개헌이 이뤄져야 한다"며 "이제는 '87년 체제'의 종언을 고해야 한다"고 말한바 있다(연합뉴스 2013년 12월 27일). 이 모임에는 2014년 10월 현재 국회 재적의원의 과반이 참여하고 있는 터라 발의 요건은 이미 갖춰진 셈이고, 따라서 '개헌 블랙홀론' 등을 앞세운 박근혜 대통령의 경계와 반대에도 불구하고 일정 수준의 사회적 호응만 일게 되면 개헌 논의는 바로 본격적인 국면으로 접어들 것이 예상된다.

권력 독점형에서 권력 분점형으로의 헌법 개정 요구는 '87년 체제'의 성립 이후 끊임없이 분출돼왔지만, 최근의 요구는 이전 것들과 사뭇 다른 양상을 보이고 있다. 그 어느 때보다도 다양한 주체가 적극적인 태도를 취하며 상당히 체계적인 방식으로 개헌 문제를 제기하고 있다. 이것이 만약 승자독식 체제에서 벗어나 합의제 민주체제로의 발전을 지향하며 일고 있는 움직임이라면 이는 매우 고무적인 현상이라고 평가할 수 있다.

그러나 의원내각제나 분권형 대통령제로의 전환 자체가 바로 합의제 민주주의의 발전을 의미하는 것은 아니라는 점에 유의해야 한다. 합의제 민주주의를 얘기할 때 그 '합의' 형성의 현실 주체는 정당이다. 다수의 유력 정당들이 의회 및 정부에 포진하여 그들이 각자 대표하는 사회경제적 이익집단들의 다양한 선호를 테이블 위에 모두 올려놓고 정치적 협상과 타협을 통해 상생의 정책을 만들어갈 때 합의제 민주주의가 작동한다고 하는 것이다. 이념과 정책 중심으로 구조화된 다당제의 확립이 합의제 민주주의 발전의 기본 조건이라고 하는 이유이다. 합의제 민주주의의 실현은 오직 정당의 구조화가 이루어졌을 때만 가능하다는 뜻이다.

이 전제 조건이 충족되지 않은 상태, 곧 자기만의 분명한 이념과 정책기조를 유지함으로써 사회의 특정 이익을 안정적으로 대표하고 각자가 정부의 정책 결정 과정에 직접 참여하거나 상당한 영향력을 행사할 수 있는 다수의 유력 정당들이 확고히 자리 잡지 않은 상태에서는 어떠한 권력구조도 합의제 민주주의를 제대로 구현해내지 못한다. 선부른

권력구조 개편은 합의제 민주주의 발전에 기여하기는커녕 자칫 개악으로 귀결될 수도 있다. 따라서 권력구조 개편 논의는 앞으로도 계속 진전시켜가되, 그 실천은 충분한 시간을 갖고 점진적·단계적으로 이루어지도록 해야 할 것이다. 뒤에 상세히 설명하겠지만, 한국 민주주의의 합의제로의 발전을 위해선 권력구조의 개편에 앞서 선거제도가 먼저 비례성을 충분히 확보하는 방향으로 개혁돼야 한다. 그래야 정당의 구조화가 이루어지기 때문이다.

선先 선거제도 개혁, 후後 권력구조 개편

다시 말하지만, 정당의 구조화가 미흡한 상태에서의 의원내각제나 분권형 대통령제 도입은 자칫 권력구조의 개악이 될 수 있다. 지역주의가 여전히 (실재적 혹은 잠재적) 유력 변수로 남아 있는 한국의 선거정치 환경에서 의원내각제나 (분권형 대통령제에서의) 책임총리제 도입은 지역과 인물 중심의 다당제 형성을 촉진할 가능성이 크다. 군소 지역정당(들)일지라도 지역 지지 기반을 잘 관리하여 필요최소한의 의원 수만 확보할 수 있다면 국회 내에서 이루어지는 행정부 구성 작업에 직접 참여하거나 영향력을 미침으로써 상당한 정치권력을 확보할 수 있기 때문이다. 굳이 말하자면, 기존의 '영남당'과 '호남당' 외에 추가로 '충청당'이나 '강원당' 등 제3의 지역정당들이 부상할 공산이 커진다는 것이다. 이 경우 한국 정치의 고질병인 지역할거주의는 더욱 기승을 부리게 될 것이며, 권력구조는 결국 지역정당들 혹은 그 보스들 간의 '과두 체제'로 개악되는 꼴이 된다. 그러한 방식의 권력 나눠먹기 현상이 만연하면 불안정한 연립정부의 구성과 (중심 이념이나 정책이 부재한 상태에서의) 잦은 정권교체 등으로 인해 정부의 효율성과 수행 능력은 크게 저하될 수밖에 없다.

이 경우엔 또한 연립정부의 장점인 타협과 합의의 정치가 정책과 이념 중심이 아니라 특정 인물이나 지역 이익 중심으로 이루어지는 까닭에 노동이나 중소상공인 등과 같은 사회경제적 약자 집단들의 선호와 이익이 정책 과정에 체계적으로 반영될 가능성은 그리 높지 않다. 연정에 참여하는 정당 및 정치가들은 정책이나 이념을 좌표로 하는 책임 윤리를 지키기보다는 정치적 보스의 사적 필요성이나 지역이기주의적 요구에 타협할 가능성이 크기 때문이다. 결국 보수, 중도, 진보 등을 표방하는 다수의 유력 정당들이 각자 자신들이 대표하는 여러 계층과 사회 집단들의 이익을 적절히 집약한 후 상호 절충 과정을 거침으로써 국가 정책을 합의로 결정해간다는, 그리하여 사회통합을 유지한다는 합의제 정치 본연의 기능은 기대하기 어렵다는 것이다.

한편, 지금의 지역 중심 거대 양당제가 지속될 경우엔 의원내각제에서는 물론 분권형 대통령제에서도 실질적으로는 현행 대통령제와 크게 다를 바 없는 제1당(과 심지어는 그 당의 1인자)에 의한 승자독식 현상이 유지될 가능성이 높다. '철의 여왕'이라 불리며 아무도 제어하기 어려운 막강 권력을 무려 12년간 휘두르던 마거릿 대처는 의원내각제 국가인 영국의 총리가 아니었던가. 11장에서 상세히 다루겠지만, "선거에 의한 독재권력" 양산 문제 등을 해결하기 위하여 1990년대 중반 정치체제를 개혁해낸 뉴질랜드도 의원내각제 국가였다. 이 같은 사례들이 보여주듯, 양당제와 의원내각제의 결합은 집권당 (혹은 집권당의 1인자인 총리) 독주의 다수제 민주주의로 귀결되기 십상이다. 어차피 행정부는 의회의 다수당이 된 양대 정당 중의 한 당이 단독으로 구성하고, 그 정당의 대표인 총리는 행정부는 물론 입법부까지 장악할 수 있기 때문이다. 양당체제에서의 분권형 대통령제에서도 여소야대 상황에서 동거정부가 형성되는 경우 외에는 여당이 대통령과 내각을 독점하는 다수제 정치가 나타나기 마련이다. 명심해야 하는바, 승자독식체제를 지탱해주는 보다 근본적인 제도는 (대통령제라기보다는) 양당제이다. 양당제가 유지되는 한 의원내각제나 분권형 대통령제로의 권력구조 개편은 '제왕적 총리제'의 출현 가능성을 높일 뿐, 합의제 민주주의의 발전으로 자동 연결되지는 않는다는 것이다.

따라서 현 정치 상황에서 포괄의 정치를 구현할 수 있는 합의제 민주주의의 발전을 도모코자 한다면 권력구조 개편보다는 선거제도 개혁에 우선 힘써야 한다. 정당 득표율과 의석 배분율 간의 비례성이 충분히 보장되는 독일식 비례대표제 등의 도입은 이념과 정책 중심의 정당 경쟁을 촉진하여 구조화된 다당제의 확립을 견인할 것이기 때문이다. 요컨대, '선先 선거제도 개혁, 후後 권력구조 전환'의 원칙에 따라 합의제 민주주의를 위한 제도개혁 작업을 수행해야 한다는 것이다. 더구나 권력구조의 개편은 개헌을 요구하는 지난한 과제이지만 선거제도의 개혁은 법률 개정만으로도 이룰 수 있는 일이다. 사회적 공감대가 충분히 형성되지 않은 상태에서 개헌을 무리하게 시도하기보다는 당장은 선거제도의 개혁에 에너지를 집중하는 것이 현실적으로도 타당한 전략이라 할 수 있다.

권력구조의 개편 작업은, 비례성 높은 선거제도의 도입으로 이념과 정책을 기반으로 하는 구조화된 다당제가 구축되거나 그렇게 될 것이 확실시되면 정당 간 합의에 의해 자연스레 진행될 공산이 크다. 왜 그러한지 살펴보자. 앞선 장들에서 여러 번 지적했듯이, 다당제와 대통령제의 결합은 (정당의 구조화 여부와는 관계없이) 여소야대라고 하는 '제도 간의 부조화' 문제를 수시로 발생시킨다. 이 분점정부 상황에선 정부와 의회가 교착 상태에 빠지기 쉽고 그 경우 정부의 수행 능력은 크게 저하된다. 민주화 이후의 한국 정당정치에서는 지역할거주의에 기인한 바 큰 다당제 상황이 여러 차례 벌어졌다. 그리고 지역에 기초한 다수 정당들 간의 경쟁이 팽팽한 상태에서 분점정부 문제가 계속 발생했다. 실질적인 양당제 구도가 굳혀진 노무현 정부에서도 후반기에는 여소야대 상황이 벌어졌다. 이 문제의 해결을 위하여 노태우 정부 때에는 3당 합당, 김영삼 정부에서는 타당 의원의 영입, 김대중 정부 당시에는 'DJP 공조'라는 일종의 정당연합, 그리고 노무현 정부에서는 대연정과 같은 인위적인 정계개편들이 시도되었다. 그러나 주지하듯 그것들은 모두 미봉책에 불과했고 오히려 정당 간의 반목과 대립의 심화, 국민들의 정당과 정치인에 대한 불신 확산, 의회정치의 위상 추락 등의 심각한 후유증만 남기곤 했다. 사실 나누어 가지기 어려운 대통령 권력의 속성상 대통령제하에서의 인위적 합당, 연합, 연정 등이 안정적으로 유지될 가능성은 구조적으로 낮은 것이었다(안순철 2001, 6쪽). 결국, 다정당체계와 대통령제 결합의 곤란함을 당장 극복하기 위해 추진했던 무리한 시도들은 장기적으로는 정치적 파행과 부작용만 양산했을 뿐, 정부의 수행 능력을 근본적으로 제고하는 데에는 모두 실패했다.

이 같은 사실은 다당제에서 대통령제의 효율적 운영이 얼마나 어려운 일인지를 잘 보여준다 하겠다. 그런데 선거제도의 개혁으로 정당의 구조화가 이루어지면 과거의 그러한 미봉책마저도 사용하기 어려워진다. 이념 및 정책 차이가 뚜렷한 정당들 사이에선 의원들의 당적 이동도 매우 어려운 일일뿐더러 소수 엘리트들 간의 정략적 거래를 통한 합당이나 정당연합과 같은 인위적 정계개편도 (비구조화된 정당들 사이에서처럼) 쉽게 이루어질 리는 없기 때문이다. 비례대표제의 도입으로 구조화된 다당제가 확립되면 여소야대로 인한 정부의 정책 수행과 국정 운영상의 어려움은 과거보다 더 심해지리라는 것이다.

결국 이처럼 심각해진 제도의 부조화 문제를 궁극적으로 해결하기 위해서는 대통령중심제를 의원내각제나 분권형 대통령제로 전환해야 한다는 공감대가 정당들 간에 형성될 가능성이 상당히 높다. 대통령을 배출하겠다는 정당이라면 누구도 이 문제로부터 자유로울 수는 없기 때문이다.[56] 구조화된 다당제는 대통령제보다는 의원내각제나 분권형 대통령제와 결합할 때 더 순조롭게 작동하며, 그때 정부의 수행 능력이나 정치사회적 안정성도 더 높아진다는 사실은 이미 경험과 이론에 의해 공히 증명된 바이다. 유럽의 선진 합의제 민주주의 국가들이 예외 없이 이러한 제도 조합을 택하고 있는 이유 중의 하나가 바로 이러한 맥락에서임은 물론이다.

그렇다면 권력구조의 개편을 위한 개헌은 선거제도 개혁 이후의 추진 과제로 미루어놓는 것이 백번 타당하다. 따라서 합의제 민주주의를 향한 정치제도의 개혁은 비례대표제의 획기적 강화, 정책과 이념 중심으로 구조화된 다정당체계의 확립, 그리고 의원내각제나 분권형 대통령

---

56 물론 비례대표제-다당제-대통령제를 택하고 있는 라틴아메리카의 많은 나라들처럼 대통령 결선투표제를 도입할 경우 연정형 대통령제의 작동이 수월해질 수는 있다. 그러나 이 경우에도, 9장에서 이미 지적한 바와 같이, 그것을 과연 연정의 안정성 및 제도화 수준의 측면에서 의원내각제나 분권형 대통령제에 비할 수 있을지는 의문이다. 대통령중심제에서의 연립정부란 제도적 구속력보다는 행위자들의 전략이나 상황 판단에 의해 운영되는 불안정한 성격의 것이기 때문이다.

제로의 권력구조 개편 등과 같은 순서로 추진돼야 한다. 다만, 비례대표제의 개혁과 권력구조의 개편은 둘 간의 제도적 상보성을 고려할 때 하나의 패키지로 동시에 진행해도 무방할 것이다.

선거제도와 공천제도의 동반 개혁

지금까지 연정형 권력구조로의 개편에 앞서 혹은 그것과 동시에 비례성 높은 선거제도로의 개혁이 반드시 이루어져야 한다고 주장했는데, 이렇게 제도개혁의 순서를 하나씩 강조하다 보면 개혁해야 할 정치제도들은 꼬리에 꼬리를 물고 무수히 이어진다. 이 책에서 모든 제도개혁 의제들을 다 다룰 수는 없겠으나 비례대표제의 중요성을 감안하면 공천제도의 문제만큼은 집중 논의할 수밖에 없다. 작금의 공천제를 개혁하지 않는 한 아무리 훌륭한 비례대표제를 도입한다 할지라도 소기의 효과는 결코 발생하지 않을 것이기 때문이다. 사실 대의제 민주주의의 질은 공천제도의 민주성에 달려 있다고도 말할 수 있다.

선거제도는 대의제 민주주의를 정초定礎하는 기능을 한다. 나라의 주인인 국민의 선호와 의사를 누가 어떻게 대리 혹은 대표할지를 결정하는 근본 제도이기 때문이다. 선거제도를 어떻게 설계하느냐에 따라 양당제와 단일정당정부 등으로 운영되는 승자독식 혹은 다수제 민주주의가 발전해갈 수도 있고, 다당제와 연립정부 등으로 가동되는 권력분점 혹은 합의제 민주주의가 발달할 수도 있다. 그런데 조금만 더 자세히 살펴보면 민주주의를 정초한다는 그 중요한 선거제도는 각 정당의 공천제와 밀접히 연결되어 작동한다는 사실을 알 수 있다. 정당을 중심으로 돌아가는 대의제 민주주의에서 국민의 대리인이 되려는 사람들은 대개 정당 공천을 받아야 유의미한 후보로 선거에 나설 수 있기 때문이다. 시민들은 사실상 정당이 공천한 후보자들 중, 즉 정당이 이미 제한해놓은 범위 내에서 자신들의 정치적 대리인을 선택할 수 있을 뿐이다. 따라서 정당의 공천 과정이 비민주적이거나 불법적인 경우 민주주의는 근간부터 흔들리게 된다.

기존 공천제도의 문제들

한국의 대의제 민주주의 그 자체 혹은 국회의원 등 주요 선출직 공직자들에 대한 우리 국민의 불신이 깊은 까닭 중의 하나는 정당 공천의 비민주성 때문이다. 지역주의가 여전히 결정적 변수인 영남이나 호남의 지역구 국회의원 선출 경우를 들여다보자. 영남권에선 후보가 누구든 새누리당의 공천만 받으면 대개는 국회의원으로 선출된다. 별 다른 이변이 없는 한 호남권에선 새정치민주연합이 공천한 사람이 당선된다. 이 경우 선거는 단지 요식행위일 뿐, 국회의원은 사실상 당내 공천 과정에서 이미 선출되는 것이다. 이른바 '임명직 국회의원'인 셈이다. 비례대표의 경우도 마찬가지이다. 정당 공천으로 정당명부의 당선 안정권 내에 이름을 올린 후보자들은 이미 그 순간 사실상 국회의원으로 당선된 것이나 다름없다. 두 경우 모두 공천 과정이 실질적인 당선자 확정 과정인 셈이다. 그러니 당내 민주주의가 엄격히 지켜지지 않는다면 선거에 의한 대의제 민주체제란 허울뿐인 것으로 전락한다.

요컨대, 대의제 민주주의의 실질적 민주성은 상당 부분 공천 과정이 얼마나 민주적인가에 따라 결정된다는 것이다. 그런데 우리 국민은 87년 민주화 이후에도 비민주적이거나 불합리하게, 심지어는 불법적으로 이루어지는 공천 과정과 그 결과인 무능력 혹은 저질 국회의원들의 양산을 너무나 자주 목격해왔다. 국회의원들과 그들이 하는 정치에 대한 국민 불신은 당연히 깊어졌만 갔다. 더구나 정당 공천제가 한국 정치의 고질병이라고 하는 이른바 보스정치와 계파정치, 혹은 패거리정치의 원인이 되고 있다는 사실도 널리 알려진 터이다.

한나라당 사무총장을 지낸 원희룡 제주도지사의 증언대로, "특정인을 중심으로 한 특정 세력"이 틀어쥐고 있는 정당의 공천권이, 바로 "그 (공천) 시스템이 우리 정치를 삼류로 만드는 가장 큰 이유"이다. "당내 권력은 대통령과 차기 대권주자 그리고 당 대표와 사무총장 등에게 집중된다. 일종의 이너서클인 이들은 당의 가장 중요한 권력인 국회의원 후보 공천권을 사실상 독점하게 된다. (중략) 제아무리 대중들에게 인기 있고 능력 있는 국회의원이라도 다음 선거에서 출마 기회조차 갖지 못하게 하는 것이 바로 공천의 힘이다"(원희룡 2014, 1~22쪽). 그러니 총선에 (재)출마하고자 하는 이들은 공천권을 쥐고 있거나 공천에 영향을 미칠 수 있는 소수의 실력자들에게 줄을 설 수밖에 없다. 보스를 중심으로 한 계파와 패거리는 이렇게 형성되는 것이다.

당내 과두에 의한 공천권 행사의 폐해는 특히 비례대표제의 운용에서 적나라하게 드러난다. 정치와 정책 결정 과정에 사회 구성원들의 다양한 선호와 이익이 최대치로 반영될 수 있는 정치체제를 갖추는 것은 민주사회의 오랜 염원이다. 시민사회와 학계 등에서 직능, 계층, 소수자 대표성을 높이기 위해 비례대표제의 획기적 강화를 부단히 요구해온 까닭이 여기 있다. 그런데 터무니없이 적은 수의 비례대표 국회의원을 선출하는 현행 선거제도 아래에서 그 몇 안 되는 비례대표 의원들조차 직능 혹은 계층 대표로서의 자기 임무를 충실히 수행하지 않는다는 (혹은 못한다는) 비판이 거센 것이 사실이다. 비례대표 공천 과정이 소수 실력자와 계파 간의 흥정으로 이루어지다 보니 대표성이 부족하거나 심지어는 부패하고 무능한 사람들도 종종 비례대표 의원이 되곤 한다. 청렴하고 유능한 사람일지라도 일단 비례대표 국회의원이 되면 자신을 간택해준 특정인 혹은 특정 세력의 은혜를 무시하긴 어려운 것이 인지상정이다. 결국 공천 과정이 지금과 같이 운영되는 한 적임자들이 비례대표 의원으로 선출되어 당내 권력의 동학으로부터 자유롭게 자기 소임을 다하기는 어렵다는 것이다. 국민의 지지에 힘입어 비례대표의 의석 비중을 크게 확대하기 위해선 공천제도의 개혁이 선행 혹은 동반돼야 한다는 주장이 십분 타당한 이유이다.

해법이 될 수 없는 완전 국민경선제

물론 그동안 공천제 개혁 시도가 없었던 것은 아니다. 2002년 이후 국민경선제 혹은 '개방형 예비선거제open primary'의 도입은 그중 가장 각광을 받아온 해법이었다. 정당의 공천 과정에 국민이 직접 개입함으로써 소수 보스들에 의한 공천권 독과점 현상이 해소될 수 있다는 긍정적 측면이 부각된 까닭이었다. 그러나 국민경선제의 부정적 측면에 대한 우려도 상당했다. 사실 일반 국민이 특정 정당의 공천 과정을 좌지우지한다는 것이 정당정치의 활성화와 대의제 민주주의의 발전에 도움이 되는 것은 아니다. 특히 완전 국민경선제는 결코 바람직한 해법이 아니다. 이미 우리가 수차례 목격했듯이, 그 제도에선 낮은 경선 참여율로 인한 대표성의 왜곡, 후보자들 간의 거친 상호 비방과 조직 동원, 당 밖의 지지 획득 경쟁으로 인한 당내 구성원들 사이의 결속과 연대의 약화, 인물 중심의 국민경선에 따른 정당 간 이념 및 정책 차별성의 둔화 등 여러 심각한 문제들이 발생한다(박수형 2013, 259~274쪽).

미국은 개방형 예비선거제 혹은 오픈 프라이머리 제도가 확립돼 있는 나라라고 알려져 있지만, 이는 정확한 사실이 아니다. 미국의 50개주 모두에서 프라이머리, 즉 예비선거의 실시를 법으로 정해놓고 있는 것은 사실이지만, 오픈 프라이머리, 즉 일반 국민의 경선 참여를 허락하는 개방형 예비선거제를 택하고 있는 주는 2012년 현재 19개 주에 불과하다.[57] 다른 주들의 다수는 당원만 혹은 당원과 '정당 연계자party affiliate'만이 참여하는 폐쇄형 예비선거제, 즉 '클로즈드 프라이머리closed primary'를, 그리고 그 나머지 주들은 혼합형이나 중간형 예비선거제를 운영하고 있다. 미국에서도 완전 국민경선제의 실시에 대해서는 위헌 소지 논란이 끊이지 않을 정도로 반론이 거세다. 외부 개입으로 인해 정당 고유의 결사의 자유 침해, 당원 권리의 훼손, 대표성의 왜곡과 정당 조직의 약화 등의 문제가 야기될 수 있다는 것이 주요 논거이다. 오픈 프라이머리를 허용하고 있는 주가 전체의 반에도 못 미치는 이유 중의 하나도 바로 이러한 부정적 시각이 팽배하기 때문일 것이다.

수많은 문제 중에서도 국민경선제의 핵심 문제는 그것이 대의제 민주체제의 골간인 정당의 대표성과 책임성을 약화시킬 수 있다는 데에 있다. 정당은 영어로 파티party라고 불리듯이, 사회 전체가 아니라 사회의 부분part 이익을 대표하는 정치조직이다. 엄밀히 말하자면, 정당은 국민 전체가 아니라 자신이 대표하는 계층이나 집단의 선호와 이익을 관

---

57 한편, 알래스카 주와 유타 주는 정당이 원할 경우 개방형 예비선거제를 택할 수 있도록 하고 있다. 현재 양 주 모두에서 공화당은 폐쇄형을 민주당은 개방형을 취하고 있다. 미국 각주의 법정 예비선거 규정에 대해서는 '투표와 민주주의 센터The Center for Voting and Demcracy' 사이트를 방문하면 상세히 알 수 있다. http://www.fairvote.org/research-and-analysis(2014년 8월 7일 검색).

철하고 수호할 책임만이 있을 뿐이다. 사회의 주요 계층과 집단들이 모두 자신들을 대표하는 정당을 갖고 있고, 그 정당들 모두가 자기 고유의 대표성과 책임성을 충실히 지켜나갈 때, 사회 전체의 집합적 이익은 정당들 간의 대화와 타협, 절충과 협의에 의해 형성되고 유지된다는 것이 대의제 민주주의의 기본 원리이다. 그런데 국민경선제는 정당의 이 부분 이익 대표성을 훼손할 가능성이 크다.

각기 노동과 자본을 대표하는 두 정당이 존재하는 경우를 예로 들어보자. 만약 일반 국민이 두 정당의 국회의원 후보들을 모두 결정한다면, 각각 노동과 자본의 이익을 제대로 대리할 수 있는 차별화된 자질과 능력을 갖춘 후보들을 내세워야 할 양 정당이 어떻게 그에 걸맞은 후보들을 구분하여 본선에 내보낼 수 있겠는가? 소속 정당만 다를 뿐 결국 본선 진출 후보들은 모두 소위 '국민 후보'일 뿐이다. 그렇다면 진보정당과 보수정당의 차이는 도대체 어디서 찾을 수 있겠는가? 어느 당의 후보로 나가길 원하든 모든 경선 출마자들은 자기 정당이 대표하는 특정 사회 집단이 아닌 일반 국민을 대상으로 한 경쟁에 돌입할 것이며, 그들이 그러하는 만큼 각 정당의 대표성과 책임성은 약해질 수밖에 없는 일이다. 정당의 공직 후보자들은 원칙적으로 당원과 그 당의 지지자들이 걸러내야 한다. 그래야 각 정당이 자기 정체성을 유지하며 고유의 이념과 정책 기조로 승부할 수 있고, 대의제 민주주의가 균형 있게 작동할 수 있다.

기존 공천제도의 폐해에 대한 해법으로서 완전 국민경선제보다 더 과격하고 더 '반反정당정치' 혹은 '정치의 탈脫정당화' 조치에 가까운 것은 공천제의 폐지이다. 그것은 정확히 빈대 잡자고 초가삼간 태우는 격에 해당한다. 당연한 얘기를 새삼 강조하자면, 공천 자체는 전혀 문제인 것이 아니다. 정당공천제는 정당을 통해 이루어지는 대의제 민주주의 작동의 필수 요소이다. 문제는 (중앙과 지방 차원에서) 소수의 실력자들이 공천권을 쥐고 전횡을 일삼는다는 것일 뿐이다. 그렇다면 공천 과정을 당내 민주주의 원칙에 입각하여 개혁할 일이지, 이걸 일반 국민에게 떠넘기거나 아예 없애버릴 일은 결코 아닌 것이다.

민주적 공천제도의 법제화

민주적 공천제도의 확립은 한국의 모든 정당에게 요구되는 개혁 과제이다. 후보를 내는 정당들 모두의 공천 과정이 민주적으로 이루어져야 그 후보들을 놓고 치러지는 선거와 그 결과에 따라 구성되는 의회 및 정부의 민주성을 인정할 수 있기 때문이다. 모든 정당들로 하여금 민주적 공천제를 시행하게 할 수 있는 가장 단순하고도 효과적인 방법은 법으로 강제하는 것이다. 공천은 자율적 결사체인 정당의 내부 결정에 해당하는데 이 과정을 국법으로 규제하자는 것은 위헌적 발상이라는 의견도 있으나, 정당 후보의 최종 결정 과정을 법제화한 미국이나 독일 같은 나라에서는 이미 그러한 반론을 다음과 같은 논거로 극복한 바 있다. 즉 "비민주적이고 불법적인 공천 관행은 곧 비민주적인 국가 구성과 직결되므로 정당 공천은 정당의 내부 사항이 아닌 공직 선거 과정의 일부"로 간주해야 한다는 것이다(박상철 2008, 113~114쪽).

한국의 선거법은 제47조에서 "정당이 (중략) 후보자를 추천하는 때에는 민주적 절차에 따라야 한다"고 말하고 있을 뿐 어떻게 해야 '민주적' 절차를 준수하는지에 대해서는 침묵하고 있다. 그러나 독일은 다르다. 독일 연방선거법 제21조는 소선거구의 후보는 당해 선거구의 당원총회나 대의원회의 비밀투표를 거쳐 선출해야 함을 명시하고 있으며, 동법 제27조는 비례대표 명부에 등재하는 후보자 및 순위에 대한 정당

내부의 결정 역시 소선거구 후보자 결정 절차에 준하여 당원총회나 대의원회의 비밀투표에 따라야 한다고 규정하고 있다. 한국의 선거법이 이 정도로만 구체화된다면 소수 유력자에 의한 공천권의 전횡과 그에 따른 폐단은 상당히 줄어들 수 있다. 앞서 언급했듯이, 미국의 모든 주들도 정당의 개방형 혹은 폐쇄형 예비선거 실시를 법으로 정하고 있다. 그러한 곳에서의 공천 과정에선 보스나 계파의 선호가 영향을 끼칠 수 있는 여지가 별로 없다. 한국의 선거법에도 독일이나 미국의 다수 주에서와 같이 (준)폐쇄형 예비선거의 실행이 명문화돼야 할 것이다.

다만 이 경우, 즉 각 정당의 후보자 결정은 당원총회나 대의원회의 비밀투표에 의한다는 것이 법제화될 경우, 한국적 현실에선 그것에 선행하거나 병행하여 해결해야 할 문제가 몇 가지 있다. 세 가지만 거론하자면, 첫 번째는 대의원의 당원 대표성과 관련된 문제이다. 한국의 주요 정당들에서 대의원 임명권은 사실상 당원들이 아니라 해당 지역의 국회의원 또는 지역위원장이 쥐고 있다. 만약 특정 지역의 국회의원이나 지역위원장이 당내 어느 계파 소속원일 경우 지역 대의원회의 결정은 결국 그 계파의 입김으로부터 자유로울 수 없는 구조이다. 그렇다면 당원들의 의사를 대표하기보다는 지역위원장이나 그가 속한 계파의 의지를 관철하는 역할에 그칠 가능성이 큰 대의원회에서 지역구 후보를 결정한다는 것은 민주적 공천제도의 법제화 취지에 전혀 맞지 않는 일이다.

두 번째는 후보 난립과 관련된 문제이다. 물론 지금까지의 관행이던 중앙당 '공심위'에 의한 경선 출마자 압축 과정은 그 자체가 당내 실력자들 간의 힘겨루기 과정이었다. 소수 권력자에 의한 독과점적 공천권은 바로 그런 자리에서 가장 적나라하게 행사돼왔던 것이다. 그러나 압축 과정 없이 경선에 모든 후보자들이 출마할 경우엔 또 다른 문제들이 발생할 수 있다. 우선 '소수대표'의 문제이다. 수많은 후보자들이 난립하게 되면 표가 널리 분산됨에 따라 1위 후보자의 득표율이 50퍼센트를 넘는 경우는 매우 드물게 된다. 1당 1후보 원칙에 의해 치러지는 국회의원 본선거에서도 30퍼센트 내외의 득표로 1위로 당선되곤 하는 현실을 감안할 때, 아무런 원칙 없는 예비선거에선 20퍼센트대나 심지어는 10퍼센트대의 낮은 득표율로도 정당 후보가 되는 것이 상례가 될 가능성이 크다. 가령 25퍼센트의 득표로 당선된 후보는 사실 지역구 당원들의 대다수인 75퍼센트가 반대하거나 지지하지 않은, 즉 오직 소수를 대표하는 후보일 뿐이다. 원리적으로는 지역구 대표성, 현실적으로는 본선 경쟁력에 대한 의구심이 생기는 것은 당연한 일이다. 또한 수많은 후보자들 중 1위만을 골라내는 예비선거는 지명도나 인지도가 높은 현역의원 또는 지역 명망가에게 절대적으로 유리한 선거 구조이므로, 자칫 당원 인기투표로 전락할 가능성도 배제하기 어렵다. 이 경우 부분 이익에 대한 정당의 대표성과 책임성을 유지하고 강화하는 데 크게 기여할 수 있는 가치 지향성이나 정책 전문성이 뛰어난 후보들, 특히 신인 정치인들에겐 상대적으로 불리한 게임이 되고 만다.

마지막으로 거론해야 할 것은 진성 당원의 부족과 당원의 불균형적 분포 문제이다. 새정치민주연합이든 새누리당이든 주요 정당들의 당원 수는 지속적인 감소세 혹은 정체 상태를 유지하고 있다. 이미 앞에서 강조한 바와 같이, 가치와 정책 중심의 정당정치 활성화를 위해서는 독일과 미국의 다수 주에서 시행하고 있는 폐쇄형 예비선거제도가 가장 바람직한 공천제도임에 틀림없다. 당의 이념과 정책기조를 공유하고 있는 당원들과 대의원들이 자신들의 대표를 외부 개입 없이 스스로 뽑아 본선에 내보내는 것은 결사권 행사 차원에서도 지극히 당연한 일이다. 그러나 한국의 정당들은 당원을 충분히 보유하지 못하고 있다. 당원과 대의원들만이 참여하는 폐쇄형 예비선거제도를 운영하기엔 당원 구조가 너무 취약하다는 것이다. 더구나 새누리당은 영남인들 그리고 새정치민주연합은 호남인들이 각기 진성 당원의 압도적 다수를 차지하고 있다. 이 상황에서 대통령 후보나 전국구 비례대표 후보자 선출을 위한 예비선거를 폐쇄형으로 치를 경우 양당은 가치와 정책 중심 정당으로 발전해가기는커녕 각각 영남당과 호남당의 정체성만 더욱 강해질 것이다.

준準폐쇄형 예비선거제도의 법제화

이 문제를 해결하기 위해선 이른바 준準폐쇄형 예비선거제도를 법제화해야 할 것이다. 이 제도의 핵심은 후보자 선출을 위한 비밀선거에 당원과 대의원 외에 '등록 지지자registered supporter'의 참여를 허용한다는 데 있다. 특정 정당의 당원이 되길 꺼리는 시민들, 특히 젊은이들의 이런 경향을 주어진 현실로 인정하는 가운데 그들의 정당정치 참여를 독려하기 위해선 당원이 아닌 단순 등록자로 그들을 최대한 끌어안아야 한다는 취지이다. 그렇다면 선거법 제47조는 "정당이 (중략) 후보자를 추천하는 때에는 지역구 또는 전국구의 당원총회나 대의원회의 비밀투표 결과에 따라야 한다. 단, 소정 절차에 따라 정당 지지자로 등록된 자의 투표권 부여 여부와 상대적 비중은 당헌 당규로 정할 수 있다"는 정도로 개정돼야 할 것이다.

지지자로 등록하는 방법에는 여러 가지가 있을 수 있다. 정당이 운영하는 각종 온라인 플랫폼에 회원으로 가입하거나, 정당이 지정한 특정 교육과정에 수강생으로 참여하는 것, 그리고 정당이 발행하는 정기 뉴스레터 등의 구독자로 이름을 올리는 것 등이다. 정당 입장에서는 가능한 한 다양한 등록 방법을 개발하여 어떻게든 많은 수의 등록 지지자를 확보하는 것이 중요하다. 그래야 유의미한 예비선거를 치를 수도 있고, 보다 장기적으로는 체계적인 당원 증대 효과를 거둘 수 있기 때문이다.

그런데 이 같은 준폐쇄형 예비선거제를 도입할지라도 대의원의 선거 참여를 배제할 수 없는 한 앞에서 말한 첫 번째 문제, 즉 대의원의 당원 대표성 결핍 문제는 여전히 남는다. 사실 이는 예비선거제도의 민주성 확보라는 특정 목표만을 위해서가 아니라 정당 민주주의의 확립이라는 일반 목표를 달성하기 위해서도 반드시 해결해야 할 중차대한 문제이다. 그러나 해법은 간단하다. 예컨대, 5인 혹은 10인 이상의 당원들이 뜻을 같이하면 언제든 자신들을 대표하는 대의원 1인을 뽑을 수 있고, 그렇게 뽑힌 대의원들이 다시 지역위원장을 선출하는 구조로 간다면 그야말로 '풀뿌리 당원이 주인이 되는' 민주 정당으로 발전할 수 있고, 대의원의 당원 대표성 문제는 당연히 사라진다. 지역구 국회의원과 지역위원장의 핵심 기득권인 대의원 임명권을 박탈하고 대신 이러한 상향식 당직 선출제를 확립할 때 민주적 정당과 민주적 공천 과정의 발전이 보장되는 것이다.

마지막으로, 상기한 두 번째 문제에 대한 해법도 마련해야 한다. 이에 대해서는 소위 '새정치비전위원회안'을 참조할 만하다(새정치비전위원회 2014, 18). 이에 따르면, 중앙당 공심위는 객관적 기준에 따른 자격 심사만을 하고, 토론과 면접 등을 통해 후보자의 자질과 능력을 검증한 후 예비경선의 참여자 수를 압축하는 역할은 '공천배심원단'에게 맡겨진다. 지역구 예비후보를 두 명으로 압축하는 공천배심원단은 당해 지역구의 당원과 '등록 지지자' 중 추첨에 의해 무작위로 선정한다.[58] 비례대표 후보자에 대한 검증 및 압축 과정 역시 지역구 절차에 준하여 이루어진다. 단, 비례대표 명부를 중앙에서 일괄 작성할 경우엔 중앙공천배심원단, 권역별로 할 경우엔 권역공천배심원단을 구성한다. 그리고 지방자치선거에 나가는 후보의 공천 과정도 시도당 공천배심원단의 구성과 준폐쇄형 예비선거의 시행 등으로 진행된다. 이렇게 할 경우 당내 과두나 유력 계파의 공천 과정 개입을 봉쇄할 수 있을뿐더러 예비선거에서 발생할 수 있는 소수대표의 문제를 미연에 방지하고 그것이 인기투표로 전락하는 사태도 막을 수 있다는 것이다.

대의원 및 지역위원장의 상향식 선출 방안 마련, 공천배심원제의 도입, 그리고 준폐쇄형 예비선거제도의 법제화 등을 요청하는 민주적 공천제도의 확립은 지난한 과제임에 틀림없다. 하지만 이 과제를 완수해내지 않는 한 당내 민주주의는 물론 한국의 대의제 민주주의 발전은 기대하기 어렵다. 특히 비례대표제의 강화를 통한 합의제 민주주의 발전은 요원한 일이 된다. 어려우나 반드시 달성해내야 할 개혁 과제인 것이다.

또 다른 동반 개혁 과제들

이 장을 마치면서, 비례대표제의 획기적 강화를 그토록 강조하는 이유가 무엇인지를 다시금 생각해보기 원한다. 약자와 소수자를 포함한

---

58 새정치비전위원회의 안에는 후보를 "두 명으로" 압축한다는 제한이 없으나, 필자는 두 명으로 한정하는 것이 적어도 이 문제에 관한 한 더 적절한 해법이라고 생각한다.

다양한 사회경제적 이익집단들이 정치세력화를 이루어 의회 및 행정부에 자신들을 대표하는 유력 정당들이 상존할 수 있도록 하고, 그리하여 '시장에 종속되는 정치'가 아니라 '시장에 맞서는 정치', 즉 '시장을 조정하는 정치'가 항시적으로 가동되는 복지공동체를 만들라는 것이 시대적 요청이기 때문이지 않는가. 말하자면, 독일식 비례대표제 등의 도입은 사회경제적 주체들, 특히 약자와 소수자 그룹의 정치세력화를 위해 반드시 필요하다는 것이다.

자본가, 대기업, 부유층 등과 같은 사회경제적 강자들과 달리 노동자, 중소기업, 서민층 등의 사회경제적 약자들은 정치의 도움을 절실히 필요로 한다. 사회와 시장을 무정치 상태로 놔두면 약자들은 그저 당하고 빼앗길 뿐이다. 힘이나 능력이 아닌 머릿수로 작동하는 '1인 1표 민주주의'는 그래서 귀중한 것이다. 다수결의 원칙이 제대로 지켜지는 민주주의체제라면 거기선 당연히 사회경제적 약자들의 선호와 이익이 존중되고 보장된다. 그들의 요구가 정치권에 잘 투입되면 그에 부합하는 정책과 제도가 산출될 수 있기 때문이다. 시장에서의 강자 횡포를 막기 위해 정치가 경제에 개입하고 조정하는 일이나, 공정하고 정의로운 사회를 만들기 위해 정치가 분배와 재분배에 앞장서는 것 등은 모두 민주주의가 제대로 작동할 때 충분히 기대 가능한 일들인 것이다. 시장과 사회에서의 포식자와 약탈자에 대한 규제는 민주정치가 살아 있음을 보여주는 징표이다.

그런데 규제를 "암덩어리"라고 매도하는 사태가 벌어지고 있다. 앞서 언급한 바와 같이, 민주정치의 최고위 집행자라는 현직 대통령이 전면에 나서서 규제를 그렇게 규정해버렸다. 어처구니가 없는 일이다. 물론 나쁜 규제도 있고, 시효를 다한 규제도 있다. 그러나 사회경제 영역에서 약자를 보호하기 위한 규제라면 대개 '착한' 규제이고, 신자유주의가 여전히 기승을 부리고 있는 상황을 감안하면 시효 따위가 문제될 리 없는 규제들이다. 그럼에도 불구하고, 지금도 태부족한 착한 규제들을 더 늘리기는커녕 줄이고 없애려는 시도들이 별 저항도 받지 않고 진행돼가는 형국이다. 그 자체가, 한국 민주주의에 무언가 심각한 결함과 결핍이 있음을 의미한다.

단언하건대, 이러한 사태가 공공연히 벌어지고 있는 것은 '암덩어리 규제'가 사실은 경제가 아닌 정치 영역에 널리 퍼져 있기 때문이다. 사회경제적 약자들의 요구가 정치권에 투입되고 산출되는 과정의 주요 지점마다 암적 규제에 해당하는 장애물들이 도사리고 있다. 우선 국회의원 선거제도이다. 사회 구성원들의 지지율에 비례하여 각 정당에 의석이 배분되는 선거제도라면 국회의 다수파는 약자의 이익을 대표하거나 중시하는 정당들로 형성되기 마련이다. 약자들의 머릿수가 훨씬 많기 때문이다. 이 경우 착한 규제는 더 많이 제공되고 더 안정적으로 발전해갈 수 있다. 그런데 한국의 현 선거제도는 그러한 비례성이 현저히 낮다. 지역주의와 결합한 소선거구 일위대표제는 지역 기반이 튼튼한 거대 정당 소속의 명망가들에게만 유리할 뿐이다. 이러한 제도 아래서 지역과 인물 변수를 넘어 약자들을 위한 정책과 가치로 승부하고자 하는 정당이 유력 정당으로 부상할 가능성은 매우 낮다. 선거제도 자체가 일종의 진입장벽이고 정치 규제인 셈이다. 비례성이 충분히 보장되는 선거제도로의 전환을 강력히 주장하는 이유가 바로 여기에 있다.

이외에도 선거제도 개혁과 더불어 이른바 '동반 개혁'을 추진해야 할 암적인 정치 규제들은 도처에 널려 있다. 현행 정당법은 다섯 개 이상의 시도당을 두어야 하고 각 시도당의 법정 당원 수가 1,000명이 넘어야 한다는 등의 매우 까다로운 정당 설립 요건을 명시하고 있다. 정당 설립이 이렇게 어려워서야 사회변화에 부응하는 다양한 정당들의 출현을 어떻게 기대할 수 있겠는가. 국회 의석 20석 이상이라는 원내교섭단체 구성 요건도 거대 정당의 독과점적 특권을 강화하는 기능을 한다. 국회 운영과 국고보조금 배분 등이 교섭단체를 중심으로 이루어지는 현실에서 이러한 요건은 결국 군소 정당의 권리와 활동의 자유를 크게 제한하기 때문이다. 각종 선거에서 거대 정당 우선으로 기호를 배정하는 기호순번제 역시 독과점 정당 및 소속 후보자의 무임승차를 허용하는 강자 편향적 제도이다.

현행 선거법도 많은 문제를 안고 있다. 합법적 선거운동이 가능한 기간은 너무 짧고 불법 선거운동으로 간주되는 행위의 범위는 너무 넓다. 선거운동 주체에 대한 통제도 과도하고, 선거비용 규제 또한 심하달 정도로 엄격하다. 이외에도 선거운동 매체의 한정, 유권자 접촉 제한, 여론조사 공표 기한 설정 등에 있어 지나치게 다양하고 광범위한 규제 장치를 둠으로써 기득권을 갖고 있는 정당과 정치인에게만 유리한 선거정치 환경을 제공하고 있다. 이렇게 심한 선거 활동 통제는 자유선거가 원칙이고 규제는 예외여야 한다는 헌법정신에도 명백히 역행하는 것이다.

이 수많은 정치 규제들을 제거 또는 완화하여 지금의 독과점적이고 배제적인 정당체제를 보다 경쟁적이고 포괄적인 형태로 개혁해야 한다. 사회경제적 약자들을 대표하는 가치와 정책 중심 정당들의 정치시장 진입과 정치 활동의 자유를 최대치로 보장함으로써 정치체제의 민의 반영도, 즉 사회 구성원들의 참 선호에 대한 반응성을 높여야 한다는 것이다. 합의제 민주주의의 전제는 다양한 '합의 주체'들의 정치적 자율성과 독립성, 즉 정치적 자유이다. 정치적 자유가 충분하지 않은 곳에서의 '합의'제 민주주의란 그 개념조차 성립될 수 없는 것이다. 규제완화 혹은 규제 철폐가 요구되는 영역은 경제가 아닌 정치다. 선거제도를 포함한 수많은 정치 규제들을 개혁해나가야 합의 주체들의 정치적 자유가 보장되고, 그래야 시대정신을 구현할 수 있는 유일한 방안, 곧 '시장의 우위에서서 그것을 조정하는 정치'의 안정적 작동을 가능하게 하는 합의제 민주주의의 발전이 이루어질 수 있다.

제4부

정치기업가

11장

뉴질랜드의 성공담 : 정치기업가가 필요하다

12장에서 상세히 소개하겠지만, 우리 사회에서도 이제 개헌과 더불어 선거제도 개혁 논의가 점차 활발해지고 있다. 과거에는 기껏해야 군소 이념정당이나 노조, 혹은 일부 정치학자들 사이에서나 정치 및 사회경제 문제에 대한 '이론적 해법'으로 운위되던 비례대표제가 이젠 청년, 환경, 문화, 여성, 장애인, 약자와 소수자 등의 문제를 고민하는 수많은 시민단체들과 언론, 심지어는 거대 정당 소속의 상당수 정치인들 사이에서도 '현실적 대안'으로 주목받고 있다. 그렇게 된 배경에는 무엇보다 시대정신의 부상이 있다. 1장에서 본 바와 같이, 신자유주의의 폐해가 우리 사회의 능력으로는 더 이상 감내하거나 관리하기 어려울 정도로 쌓이자 그에 대한 반작용으로 시민들은 복지국가의 건설과 경제민주화를 요구하기 시작했다. 그 요구는 신자유주의 정책을 앞장서 추진해왔던 새누리당조차 당 강령에 복지국가와 경제민주화를 집어넣어야 할 정도로 강력해졌다.

이런 흐름 속에서 비례대표제의 중요성을 강조하는 사람들이 늘어났다. 비례대표제를 획기적으로 강화함으로써 '친복지세력'과 '경제민주화 세력'의 이익과 선호를 대변하는 이념 혹은 정책정당들이 정책 결정 과정에 항시적으로 참여할 수 있는 정치구조를 마련해야 복지국가와 경제민주화를 이룰 수 있다고 그들은 주장했다(선학태 2011 ; 최태욱 2011 ; Kim 2010). 그러한 주장에 대한 공감대는 느리긴 하나 점차 두껍고 넓게 형성돼가고 있다. 결국 신자유주의 문제의 정치적 해법으로 비례대표제에 대한 기대가 커지고 있는 것이다. 이 대목에서 뉴질랜드는 우리에게 매우 흥미로운 나라로 다가온다. 신자유주의의 부작용으로 골머리를 앓던 와중에 영국식 소선거구 일위대표제를 독일식 비례대표제로 전격 전환한 나라이기 때문이다.

뉴질랜드의 신자유주의와 비례대표제 도입

4장에서 언급한 바와 같이, 뉴질랜드는 미국 주도의 신자유주의 세계화 압력이 가장 극성을 부리던 시기인 1980년대 초반에서 1990년대 중반 사이 세계에서 가장 과감하게 신자유주의 기조를 수용했던 나라 중 하나이다.[59] 정권을 번갈아가며 잡은 양대 정당은 이 오랜 기간 공히 국민 대다수의 뜻에 반하는 고강도의 신자유주의 정책을 추진했다. 뉴

59 또한 같은 기간의 뉴질랜드는 '복지국가'에서 '복지사회' 혹은 '복지다원주의' 체제로 가장 빠르고 급격하게 격하된 나라라는 평가를 받기도 했다(Barretta-Herman 1994).

질랜드의 독일식 비례대표제 도입은 이 독단적인 양당 정치에 대한 "공공의 분노"가 정치개혁의 요구로 진화된 사례라고 해석되고 있다(Chapman and Duncan 2007, 4~5쪽). 즉 어떻게 양대 정당 모두가 일반 시민들이 원하지 않는 (신자유주의와 같은) 정책을 그렇게 오랫동안 강행 추진할 수 있는지, 이른바 민주주의국가에서 '주인'인 국민의 선호를 '대리인'에 불과한 정부가 어떻게 그토록 무시할 수 있는지, 기존의 정치체제에서 시민들이 진정 자신들이 원하는 대표를 확보할 수 있는지 등을 둘러싼 불만과 저항감, 의심 등이 누적되다 결국 정치판 자체를 갈아야 한다는 의사가 모인 결과가 선거제도의 개혁이었다는 것이다. 선거제도를 비례대표제로 전환하면 다당제와 연립정부 중심의 새로운 (합의제형) 민주주의가 펼쳐지며, 그렇게 되면 정부의 반응성과 책임성, 대표성이 높아져 이제 국민 대다수의 뜻에 반하는 사회경제 정책이 수행되는 일은 없거나 줄게 되리라는 기대가 개혁의 동인으로 작동했다는 것이다.

실제로 선거제도 개혁 이후 뉴질랜드는 연립정부가 정상 상태인 다당제 국가로 변모했다(김형철 2010 ; 성장환 2004 ; Shaw and Eichbaum 2008 ; Vowles, Banducci, and Karp 2006). 이는 물론 득표-의석 간의 비례성이 크게 높아진 덕분이었다. 사회경제 정책의 기조도 신자유주의 일변도에서 벗어나 조금씩 변화해갔다. 1996년에 출범한 국민당 주도의 첫 연립정부에서는 민영화 작업이 중단되는 등 1984년 이후 계속돼오던 신자유주의 정책의 추진 속도와 강도가 드디어 낮춰지기 시작했다(Chapman and Duncan 2007, 6~7쪽). 연립정부의 파트너인 소정당들과의 타협과 협의, 절충 과정이 국민당의 신자유주의 강행 추진을 어렵게 한 까닭이었다.

1999년에서 2007년까지 이어진 노동당 중심의 연립정부에서는 신자유주의 기조로부터의 '이탈'로 보이는 정책 변화가 뚜렷이 목격됐다.

예컨대, 소득세 최고세율이 33퍼센트에서 39퍼센트로 올랐고, 최저임금은 크게 인상되었으며, 공공주택 임대 사업은 획기적으로 개선되었고, 민영화되었던 산재보험이 재국유화되었으며, 정부가 다시 뉴질랜드 항공이나 키위은행 등의 주식을 보유하기 시작했다(Chapman and Duncan 2007, 13쪽 ; Duncan 2007, 237~238쪽 ; Shaw and Eichbaum 2008, 143쪽). 또한 노조의 특별한 지위를 인정하지 않음으로써 노동시장을 지나칠 정도로 유연하게 만들었던 '고용계약법the Employment Contract Act'이 폐기되고, 노조의 설립을 장려하고 노조의 독점교섭권 등을 인정하는 '고용관계법the Employment Relations Act'이 제정되었다. 이에 따라 노동자들의 실질임금은 올라가기 시작했고, 고용 안정성도 증대되었다(Duncan 2007, 234쪽). 아마도 가장 급격한 변화의 예는 2004년부터 실시된 '가족수당제Working for Families'일 것이다. 이는 뉴질랜드의 심각해진 빈부격차와 빈곤 문제에 대처하기 위하여 채택된 것으로서 어린 자녀가 있는 저임금 노동자 가족들에게 상당한 세금 공제 혜택을 부여하는 현금 급여 방식의 선별적 사회복지정책이었다.

이와 같이 뉴질랜드의 사회경제 정책은 분명히 '진보화'의 길을 걷고 있다. 그러나 (적어도 지금 시점에서는) 뉴질랜드가 1970년대 초 이전의 사민주의적 복지국가로 돌아가고 있는 것으로는 보이지 않는다. 그저 앤서니 기든스Anthony Giddens가 말하는 '제3의 길' 혹은 '사회투자국가론'(Giddens 1998) 정도가 채택되었다고 해석하는 편이 옳을 것이다(Duncan 2007, 230~234쪽). 사회투자국가론은 신자유주의에서 과거 저편의 사민주의를 바라보며 둘 사이에 존재할 수 있는 제3의 길을 찾으려는 시도라 할 수 있다. 여기서 국가의 역할이란 '모든 시민들이 누려야 할 보편적 권리'인 사회보장을 제공하는 것이 아니다. 단지 경쟁력이나 적응력이 부족한 사회경제적 약자들로 인해 발생할 수 있는 사회적 혹은 재정적 위험을 관리하는 것이다. 위험 관리 방안의 핵심은 약자를 교육 또는 훈련시켜 경쟁력을 갖춰 '일하게' 하는 것이다. 나름 의미 있는 수준의 선별적 사회복지는 제공될 수 있지만 그것도 가급적 수혜자의 경쟁력 확보 또는 제고를 위한 '투자'라는 차원에서 이루어진다. 지향하는 바가 보편적 복지국가가 아니라 사회투자국가라고 하는 의미이다.

요약하자면, 뉴질랜드는 비례대표제의 도입으로 통상의 정부 형태가 연립정부인 다당제 국가로 변화했지만 그렇다고 유럽의 선진 비례대표제 국가들처럼 보편적 복지국가로까지 발전한 것은 (아직) 아니라는 것이다. 뉴질랜드는 지금 사회투자국가 정도에 머물고 있다. 하지만 그것만으로도 뉴질랜드가 1980년대와 1990년대의 신자유주의 노선에서 상당 정도의 좌향 이탈에 성공했다는 사실은 충분히 입증된다. 실제로 뉴질랜드에서는 특히 2000년대에 들어 빈부격차의 완화 등 사회경제적 환경의 개선 모습이 뚜렷이 나타나고 있다(Perry 2010).

선거제도의 개혁으로 뉴질랜드의 신자유주의 기조가 어느 정도 좌향 변화를 겪고 있는지, 그리하여 사회는 얼마나 진보적으로 변화하고 있는지를 따져보는 일은 매우 흥미로운 연구 과제임에 분명하다. 그러나 그 자체가 이 장에서 다루려는 주제는 아니다. 여기선 뉴질랜드가 어떻게 독일식 비례대표제의 도입에 성공했는지를 살펴보고자 한다. 비록 변화의 정도를 놓고는 여러 의견이 있지만, 선거제도의 개혁 이후 뉴질랜드의 사회경제 정책기조가 탈脫신자유주의적으로 변화하고 있다는 사실은 누구나 인정하는 바이다. 한국도 이젠 어떻게든 신자유주의에서 탈피하여 보다 진보적인 방향으로 나아가 대안체제를 마련해야 할 때이다. 비례대표제의 도입이 그 방향으로의 전진에 도움이 되는 것이 사실이라면 현 단계에서의 논의 초점은 비례대표제의 도입 효과보다는 우선 그것의 도입 방안에 맞춰져야 할 것이다.

뉴질랜드 정치개혁의 성공 요인 : 기존 설명

8장에서 언급했듯이, 독일식 비례대표제는 아마도 현실에서 채택 가능한 최상의 선거제도일 것이다. 지역대표성을 보장함과 동시에 비례성 역시 충분히 높은 선거제도이기 때문이다. 그렇기에 선거제도의 개혁을 추진했던 나라들은 거의 예외 없이 이 제도를 도입하려 했다. 그러나 막상 이런 시도가 결실을 맺은 나라는 그리 많지 않다. 사실 독일식 비례대표제의 도입만이 아니라 선거제도 개혁 자체가 어느 경우이든 매우 어려운 일이다. 소위 '자기보존의 철칙'이 작동하기 때문이다.

현직 의원들은 누구나 기존 선거제도에 의해 당선된, 말하자면, 현 제도의 수혜자들이다. 특정 제도의 수혜 집단은 여간해선 스스로 그 제도를 바꾸려 하지 않는다. 의원들도 마찬가지다. 자기 지위의 보존에 힘쓰며, 따라서 위험하거나 불확실한 세계로 들어가는 일은 회피하기 마련이다. 예를 들어, 소선거구 일위대표제하에서 당선에 필요한 정도의 안정된 지지 그룹을 지역구에 확보하고 있는 의원들의 경우를 생각해보자. 그들은 다른 변수가 발생하지 않는 한 낙선의 위험으로부터 상당히 자유롭다. 조직이나 평판, 이해관계망이나 권력관계망 등 지역구 관리를 위하여 축적해놓은 일종의 정치적 '특유 자산'이 상당하기 때문이다. 그런 의원들이 자기 지역에 특화된 소중한 자산을 일거에 날려버릴 수도 있는 새로운 선거제도의 도입에 쉽게 찬성할 수 있겠는가. 사정이 이러하니 선거제도의 개혁을 위한 법 개정이 의회 내에서 자발적으로 이루어지길 기대할 수는 없는 노릇이다.

결국 선거제도의 개혁은 의회 바깥으로부터 압력이 가해지거나 개입이 이루어져야 가능한 일이라고 볼 수 있다. 가장 효과적인 외부 압력은 당연히 국민의 개혁 요구이다. 거부할 수 없을 정도의 강력한 개혁 요구가 국민으로부터 분출된다면 의원들도 더 이상은 어쩔 수가 없다. 그러나 문제는 설령 기존의 선거제도가 아무리 나쁜 제도임에 분명하다 할지라도 그것이 자신들의 실제 삶에 악영향을 끼친다고 절실히 느껴지지 않는 한 국민의 개혁 요구가 그렇게 강력해지기는 결코 쉽지 않다는 데 있다. 체제전환국이나 신생 민주국가가 아닌 경우에 (상당 기간 민주적으로 운영돼오던) 선거제도를 개혁한 사례를 찾아보기가 어려운 까닭이다. 그런데 우연히도 1990년대 중반, 뉴질랜드, 일본, 이탈리아 세 나라에서 선거제도가 개혁되었다. 선진국의 선거제도 변화라는 드문 일이 거의 동시에 일어난 것이다. 그러나 비례성이 충분히 보장되는 선거제도의 도입에 성공한 나라는 오직 뉴질랜드뿐이었다. 일본은 중대선거구제에서 소선거구-비례대표 병립제로 전환했으나, 8장에서 본 바와 같이, 새 선거제도의 비례성은 오히려 과거보다 더 떨어졌다. 이탈리아의 새 선거제도는 연동제이긴 하나 총의석의 무려 75퍼센트를 소선거구에 배정하는 방식이라 독일식 비례대표제라고 하기에는 비례성이 너무 낮았다. 뉴질랜드가 새로 선택한 '진정한' 독일식 비례대표제는 일본과 이탈리아에서도 상당한 호평을 받은 대안이었지만 막상 도입에까지 이르지는 못했다.

여기서는 유일한 '성공 국가'인 뉴질랜드의 개혁 사례를 살펴본다. 물론 우리에게 던져주는 시사점을 찾아보기 위해서다. 뉴질랜드는 어떻게 전통적으로 내려오던 선거제도와는 전혀 다른 성격의 제도를 새로 도입할 수 있었을까? 어떻게 그런 일이 가능할 정도의 강력하고 효과적인 개혁 여론이 형성될 수 있었을까? 우선 이에 대한 기존의 설명들을 살펴보자. 기존 연구들은 공히 뉴질랜드의 민주주의에 내재해 있던 심각한 문제들이 장기에 걸쳐 여러 차례 노출되면서 국민들 사이에 정치개혁의 필요성에 대한 공감대가 형성되었고 그것이 종국에 선거제도의 개혁으로 이어졌다는 점을 강조한다. 말하자면 선거제도 개혁의 '요구 측면'에 초점을 맞추고 있는 것이다.

선거제도 개혁 이전의 뉴질랜드 민주주의는 다수제 민주주의의 표본이었다. 레이파트는 뉴질랜드를 원조인 영국보다 더 다수제 민주주의 국가의 원형에 가까운 나라라고 평가했다(Lijphart 2012, 10쪽). 실제로 뉴질랜드에서는 다수제 민주주의의 5대 특성이 원형 그대로 나타났다. 선거제도는 소선거구 일위대표제, 정당체계는 중도좌파인 노동당과 중도우파인 국민당이 중심이 되는 양당제, 행정부는 단일정당정부 형태, 행정부와 입법부 간의 권력관계는 압도적인 행정부 우위, 그리고 사회경제적 이익집단들 간의 경쟁은 다원주의적 패턴이 유지되는 민주체제였던 것이다.

승자독식 민주주의에 대한 시민들의 불만

뉴질랜드에서 발생했다는 민주주의의 심각한 문제들은 사실 이 정도의 다수제 민주주의라면 어디서나 나타날 수 있는 것들이었다. 크게 세 가지가 핵심 문제였다. 첫 번째는 "선거에 의한 독재권력elective dictatorship"을 행사한다고 비난받을 만큼 독선과 독주를 자행하곤 했던 행정부였다(Mulgan 1992). 말하자면, 지지층이나 일반 국민의 선호와 정부의 실제 정책 간에 심각한 괴리가 자주 발생한 것이었다. 국민 여론을 거스르는 행정부의 독선적 정책 수행의 예로 뉴질랜드 사람들이 가장 많이 꼽는 것은 1984년 이후 1990년대 중반까지 강행 추진된 신자유주의 확산 정책이었다.

사실 이 사례는 이전에 이미 발생한 다른 (지지층의 선호와 정부 정책 간의) 괴리 상황과 연결된 것이다. 바로 1970년대 후반에서 1980년대 초반까지 계속된 국민당 정부의 소위 '좌경화' 정책이었다. 1975년에 정권을 잡은 국민당은 (1970년대 초의 세계적 유류파동 이후 매우 심각해진) 뉴질랜드의 경제 불안 상태 극복을 최우선 과제로 삼았다. 그런데 당시의 로버트 멀둔Robert Muldoon 수상이 채택한 경제 난국 타개책은 기본적으로 케인스주의적인 국가 개입 정책이었다. 그것은 명백히 보수정당의 경제적 자유주의 전통에서 벗어난 정책기조였다. 시쳇말로 하자면, '우회전 깜빡이 켜고 좌회전한' 사례였던 것이다. 재계 및 농업 섹터를 포함한 많은 국민당 지지자들은 당연히 배신감과 불만을 토로했다.[60]

뉴질랜드의 신자유주의 정책 강화는 위와는 거꾸로 된 상황이었다. 1984년에 집권한 노동당은 이전 세 차례(1975, 1978, 1981)의 총선 승리로 연속 집권한 국민당의 국가 개입 정책과 그에 따른 재정적자 등의 문제점을 해결하겠다며 당내의 "시장자유주의 개혁파"들에게 정부 주도권을 맡긴다(Denemark 2001, 81쪽). 이후 노동당 정부는 그간 유지해왔던 완전고용, 복지국가, 누진세제, 의무적 노동조합주의, 기간산업 국유화, 규제경제 등을 지향하는 사민주의적 정책기조를 떨쳐내고 과감하

60 후술하겠지만, 이후로도 좌경화를 계속 밀고 나간 국민당은 전통적 지지층의 이반으로 인해 결국 1978년과 1981년의 총선에서 노동당보다 적은 득표율을 기록한다. 다만 선거제도의 불비례성으로 인해 의석을 더 많이 차지함으로써 재집권에 성공했을 뿐이다.

게 신자유주의 기조로 선회한다. '과거와의 단절'이라고 평가되었던 이 같은 기조 전환 방침은 또다시 집권하면 이젠 "사회정책 어젠다로 돌아가겠다"고 약속하여 정권 재창출에 성공한 1987년 이후에도 계속되었다(Denemark 2001, 82쪽). 두 차례에 걸쳐 '좌회전 깜빡이 켜고 우회전한' 역사례가 발생했고, 이것이 전통적인 노동당 지지자들의 불만과 이탈을 초래했음은 당연했다.

이 신자유주의 정책기조는 1990년과 1993년에 집권한 국민당 정부에 의해 계승됐다. 이는 대기업이나 부유층 등 국민당의 핵심 지지자들에게는 환영받는 일이었으나 일반 국민에게는 그러하지 못했다. 1984년 이후 연이어 들어선 신자유주의 정부들이 감세, 공공부문 축소, 민영화, 자발적 노동조합주의, 탈규제정책 등을 채택하며 약속했던 경제성장률 증대, 실질임금 상승, 실업률 감소 등의 거시경제 개선 효과는 전혀 나타나지 않았고, 대신 일반 시민들, 특히 사회경제적 약자들의 삶은 더 경쟁적이고 더 불안해진 사회구조 속에서 오히려 더 힘들어졌기 때문이다(Duncan 2007, 226~228쪽). 소득 격차의 심화와 빈곤층의 증대 등과 같은 신자유주의의 폐해가 누적됨에 따라 정치권에 대한 시민사회의 분노는 커졌으나 국민당 정부는 이를 무시하고 1990년대 중반까지 신자유주의 기조를 계속 유지했다.

1970년대 중반에서 1990년대 중반에 이르는 이 긴 기간 양대 정당이 번갈아가며 자행한 유권자를 무시하는 퇴행적 정당정치, 특히 1984년 이후 1993년까지 지속된 독단적인 신자유주의 정책은 지지자들의 선호와 무관하거나 어긋나게 운영되는 다수제 민주주의의 문제점, 보다 일반적으로 말하자면 국민 여론과 괴리된 정책기조를 고집하는 정부의 독선 문제를 명확하게 부각시키는 것이었다. 흔히 다수제 민주주의의 장점은 한 정당이 단독정부를 구성하여 의회에 대한 압도적 우위를 바탕으로 주어진 임기 동안 소신껏 그리고 효율적으로 국정을 펼치는 거라고 하지만, 그것은 실로 너무도 손쉽게 단점으로 바뀐다는 사실을 뉴질랜드 시민들은 상당 기간에 걸쳐 직접 체험했다. 다수제 민주주의가 보장한다는 행정부의 안정적인 승자독식적 권력이란 많은 경우 집권당, 더 정확히는 집권당 지도부의 (여론을 무시해도 될 만큼의) 독선적 자율권을 의미할 뿐이었다. 행정부와 입법부를 동시에 장악할 수 있는 단독 집권 정당은 지나칠 정도로 강력한 정책 추진력을 가질 수 있기 때문이었다.

이러한 일들을 겪으며 이제 뉴질랜드 시민들은 독선적인 단일정당정부를 계속 "제조해내는" 자국의 민주주의 제도를 문제 삼기 시작했다(Jackson and McRobie 1998, 15쪽). 그들은 사회적 요구와 선호에 더 민감하게 반응하고 더 분명하게 책임지는 정부를 수립할 수 있는 방법을 찾게 되었다. 이때 사회적 화제로 떠오른 것이 레이파트가 구분한 다수제 민주주의와 합의제 민주주의의 유형 차이였다(Nagel 1994, 527쪽). 시민들 사이에 이 '민주주의의 다양성'에 대한 인식이 확산되면서 합의제 민주주의에 대한 관심이 커갔다. 비례대표제의 도입 등 선거제도의 개혁을 둘러싼 논쟁도 이 합의제 민주주의 담론과의 연관성 속에서 이루어졌다. 요컨대, 비례대표제로 촉진되는 다당제와 연립정부 등을 근간으로 하는 합의제 민주주의를 발전시켜 보다 효율적으로 정부에 대한 민주적 통제를 가하고 싶다는 시민들의 바람이 뉴질랜드가 국민투표를 통해 독일식 비례대표제를 도입할 수 있었던 "주요 동기"로 작용했다는 것이다(Nagel 1998, 252쪽).

양당제에 대한 시민들의 불신

뉴질랜드의 다수제 민주주의에서 발생한 두 번째 문제는 양당제와 관련된 것이었다. 양대 정당만으로는 다양해진 사회적 요구를 제대로 수용하기 어려운 상태가 됨으로써 전통적인 정당 지지 구조가 와해되기 시작했다는 것이다. 각종 통계를 보면 1930년대부터 확립된 양당제에 대한 국민의 신뢰는 사실상 이미 1970년대 후반부터 약화되기 시작했음을 알 수 있다(성장환 2004, 392쪽). 예컨대, 1972년 총선에서 양대 정당인 국민당과 노동당의 득표율 합은 90퍼센트였으나 1978년 총선에서는 80퍼센트로 내려가더니 1987년을 제외하고는 1980년대 내내 비슷한 수준에 머물렀다. 그리고 1993년 총선에서는 마침내 70퍼센트 이하로까지 추락했다.

양대 정당에 대한 지지 구조의 약화는 결국 다른 정당들에 대한 지지 증대를 의미하는 것이었다. 예를 들어, 1978년의 총선에서 사회신용당은 16.1퍼센트의 득표율을 기록했다. 거기에 가치당이 획득한 2.4퍼센트를 더하면 양대 정당이 아닌 제3당들이 20퍼센트에 육박하는 지지를 얻은 셈이었다. 1981년의 총선에서는 사회신용당이 무려 20.7퍼센트의 높은 득표율을 보여주었다. 이러한 추세는 1984년까지 이어졌다. 그해 총선에서는 뉴질랜드당이 12.3퍼센트를 확보하고 사회신용당이 7.6퍼센트를 얻는 등 이때 역시 제3정당들의 득표율이 20퍼센트를 넘어섰다. 비록 1987년 총선에서는 양당제로 회귀하는 듯한 양상이 나타났지만, 1993년에 가서는 다시 동맹당(18.2퍼센트)과 뉴질랜드 제1당(8.4퍼센트)의 득표율 합이 26.6퍼센트에 달하는 상황으로 돌아갔다. 결국 전체적으로 볼 때 1970년대 말 이후 시작된 양대 정당 회피 혹은 제3정당 희구 경향은 1990년대 초반까지 계속된 것이다. 양대 정당제를 특성으로 하는 다수제 민주주의의 한계가 드러난 것이었다.

선거제도의 불비례성에 대한 사회적 공분

세 번째 문제는 바로 소선거구 일위대표제의 최대 문제인 불비례성이었다. 이 문제 역시 1970년대 말에 이르러 뚜렷하게 드러나기 시작했다. 상기한 대로 당시엔 이미 새로운 정당을 원하는 유권자들이 크게 늘어나 있었다. 그러나 소선거구 일위대표제하에서 지역구 기반이 취약한 신생 정당들이 부상하기는 어려웠다. 앞서 본대로 사회신용당의 1978년 총선 득표율은 16.1퍼센트였다. 그러나 의석은 총 92석 중 고작 1석(의석 점유율 약 1퍼센트)뿐이었다. 1981년의 선거 결과도 비슷했다. 사회신용당은 20.7퍼센트의 득표로 총 95석 중 겨우 2석(의석 점유율 약 2퍼센트)을 건질 수 있었다. 다른 제3당 역시 사정은 마찬가지였다. 1984년 총선에서 12.3퍼센트를 득표한 뉴질랜드당은 1석도 차지할 수 없었고, 1987년 5.7퍼센트의 지지를 받은 민주당 역시 의석수는 제로였다. 이와 같이 소정당들이 모두 심각한 불비례성이 초래하는 과소대표 현상으로 인해 생존이 거의 불가능한 상황에 처하곤 했다. 반면 양대 정당의 사정은 전혀 달랐다. 예컨대, 1993년 총선에서 두 정당의 득표율 합은 69.8퍼센트에 불과했으나 의석 점유율 합은 약 96퍼센트(총 99석 중 95석)에 이를 정도였다.

그러나 선거제도 개혁 논쟁이 범사회적으로 일게 된 계기는 제3당들의 과소대표 문제보다는 양대 정당 사이에서 일어난 '제조된 승자manufactured winner'의 문제였다. 문제를 제기한 측은 노동당이었다. 노동당의 득표율은 1978년과 1981년 총선에서 국민당보다 높았다. 그러나 의석은 국민당에게 더 많이 돌아갔고, 따라서 득표율 2위의 정당이 단독 집권하는 사태가 두 차례 연속 벌어졌다. 1978년 선거에서 노동당과 국민당의 득표율은 각각 40.4퍼센트와 39.8퍼센트였으나 의석수는 각각 40석과 51석으로 국민당이 오히려 크게 앞섰다. 1981년 선거에서도 노동당의 득표율은 39퍼센트로 국민당의 38.8퍼센트보다 많았지만 의석수는 국민당보다 5석이나 적었다. 국민당이 두 차례나 계속하여 노동당보다 낮은 득표율로 집권에 성공하자 "선거제도에 대한 대중의 신뢰"는 현저히 약화되었다(Jackson and McRobie 1998, 12쪽). 그리고 이는 소정당들의 과소대표 문제와 맞물려 사회적 공분을 일으키기 시작했다.

노동당 내에서 특히 이 문제의 공론화를 주도해간 사람은 법학 교수 출신인 제프리 파머Geoffrey Palmer였다. 사실 그는 대학에 있을 때부터 줄곧 뉴질랜드의 정치체제 개혁을 주창해왔다. 예컨대, 그는 자신의 명저《굴레 풀린 권력*Unbridled Power*》을 통해 의회에 대한 행정부의 압도적 힘의 우위를 뉴질랜드 민주주의의 핵심 문제로 지적했다. 의회의 무력함이 행정부의 독선과 독주로 이어져 결국 뉴질랜드를 "서구에서 가장 신속한 입법부"를 가진 국가로 만들었다는 것이었다. 이어서 그는 의회의 행정부 감시 및 견제 기능을 강화하기 위해서는 선거제도의 개혁을 통해 단일정당정부를 '제조해내는' 양당제를 혁파해야 한다고 주장했다. 그가 학계를 떠나 노동당 의원으로 정계에 진출한 해인 1979년에 출간된 이 책은 뉴질랜드 민주주의의 문제점과 대안을 매우 설득력 있게 설명한 책으로 평가되며 시민사회에 상당한 반향을 일으켰다(Vowles 1995, 100쪽). 견제받지 않는 행정부의 독주는 물론 과소대표나 과대대표와 같은 선거 결과의 불합리성을 장기간 목도해온 일반 국민에게도 선거제도에 관한 파머의 문제 제기는 충분히 납득할 만했으므로 이는 비교적 쉽게 사회 쟁점으로 떠올랐다. 특히 노동당 지지자들은 선거제도의 개혁을 점차 강력하게 요구해갔다. 노동당이 상기한 두 차례의 선거 결과를 문제 삼은 것은 당연한 일이었고, 그로 인해 선거제도 개혁 문제는 마침내 정치적 의제로 부상하게 되었다.

지금까지 선거제도를 중심에 놓고 뉴질랜드 민주주의의 세 가지 문제점을 살펴보았다. 앞서 말한 대로 기존 연구들은 (명시적 혹은 묵시적으로) 바로 이 문제점들과 이에 대한 국민 반응의 결과로서 뉴질랜드의 선거제도 개혁을 설명하고 있다(강원택 2000 ; 김형철 2010 ; 성장환 2004 ; Lamare and Vowles 1996). 그러나 그것만으로는 현실을 충분히 설명할 수 없다. 그들은 선거제도 개혁의 배경과 개혁 여론이 비등해진 원인 등은 잘 설명하고 있으나 그 여론이 어떻게 실제 개혁으로 전환되었는지, 그 구체적인 정치적 메커니즘에 대해서는 침묵하고 있다. 국민의 요구가 강하다고 언제나 개혁이 성사되는 것은 아니지 않는가. 그렇다면 누구에 의해 어떤 정치 기제가 작동하여 국민 여론이 제도 변화로 연결되었는지를 설명해주어야 한다. 물론 기존 연구들 중에는 파머나 뒤에 소개할 '왕립위원회,' 그리고 국민투표의 역할과 기능 등과 같이 실제 개혁 메커니즘을 구성하는 요소들에 대해 언급한 것들도 있다(Denemark 2001 ; Jackson and McRobie 1998 ; Nagel 1994 ; Vowles 1995). 하지만 그런 경우에도 요소들을 열거할 뿐, 해당 요소들이 서로 어떻게 연계되어 개혁이라는 최종 결과를 낳았는지는 체계적으로 설명하고 있지 않다. 다음에서는 '정치기업가political entrepreneur론에 근거하여 기존 연구들의 이 공백을 메울 수 있는 체계적 설명을 제시하고자 한다.

선거제도의 개혁과 정치기업가

앞서 지적한 대로, 선거제도의 개혁은 국민의 요구가 효과적으로 표출되고 정치적으로 잘 집약될 때에만 제대로 이루어질 수 있다. 그런데 국민이라고 하는 조직되지 않은 거대 집단은 스스로 개혁 요구를 효과적으로 표출하고 집약해내지는 못한다. 누군가 나서서 개혁의 필요성을 널리 알려 여론을 조성하고, 그렇게 동원된 여론을 하나로 결집하고 실제 정치과정에 투입하는 등의 역할을 맡아줘야 한다. 비교정치학에서는 그러한 역할을 수행하는 이들을 '정치기업가'라고 부른다. 사실 이 정치기업가의 존재는 자세히 살펴보면 선거제도만이 아니라 대부분의 제도 및 정책 개혁 과정에서 확인할 수 있다. 12장에서 본격적으로 다루겠지만, 한국의 선거제도 개혁도 바로 이러한 정치기업가들이 등장해줘야 가능한 일일 것이다. 그 이유를 자세히 살펴보자.

개혁의 어려움과 원인

말 그대로의 '민주'국가라면 정부 정책은 당연히 일반 시민과 유권자들이 원하는 방향으로 수립돼야 한다. 또한 대다수 시민들이 기존의 정책이나 제도가 잘못되었다고 지적할 경우, 정부는 마땅히 개혁 작업에 착수해야 한다. 정부를 구성하는 정치인들은 본질적으로 '주인'인 시민들의 '대리인'에 불과하기 때문이다. 그러나 이렇게 당연한 듯한 정치과정이 민주국가 모두에서 언제나 자연스레 이루어지지는 않는다. 실제로는 (물론 정도의 차이가 상당하지만) 어느 민주국가에서나 소수의 특정 이익집단들이 소위 기득권층을 이루어 일반 시민들과는 비교될 수 없을 정도의 커다란 정책 혜택을 누린다. 다시 말해서, 수많은 정책과 제도들이 (일반 시민들의 희생하에) 소수 기득권 세력들을 위해 존재한다는 것이다. 시민이 주인이어야 할 민주국가에 이러한 불공평과 불합리가 만연하는 까닭은 어디에 있는가? 흔히 다음 두 가지를 원인으로 지적한다.

첫째는 일반 시민들의 '정책 정보policy information' 부족이다. 대다수 시민들은 정책과 제도에 대하여 충분한 지식을 갖고 있지 않다. 현재 어떠한 정책이나 제도로 인하여 자신이 얼마나 손해를 보고 있는지, 어떠한 정치제도가 사회의 불공평을 구조화하고 있는지, 드러난 문제의 해결책과 대안은 존재하는지, 존재한다면 해결책을 어떻게 실현해갈 수 있는지 등에 대하여 정작 민주국가의 주인인 시민들은 잘 알고 있지 못하다는 것이다. 심지어 선거에 참여하면서도 무엇을 기준으로 자신의 귀한 표를 던져야 하는지 확신하지 못하는 경우도 대단히 많다. 기껏해야 지역이기주의에 편승하거나 이미지 혹은 정서에 사로잡혀 시민의 권리를 낭비하는 경우가 비일비재하다.

반면, 수적으론 소수에 불과한 기득권층은 엄청난 양의 고급 정보를 이용하여 사익 추구 행위를 효율적으로 수행해간다. 대기업이나 전문직 단체들은 상시로 정책 정보를 수집, 분석, 활용하는 것을 주요 업무로 삼고 있다. 투자나 투기 등으로 끊임없이 자기 재산을 증식해가는 부유층 사람들은 전문 정보업체를 고용하기도 한다. 이러한 구도에서 민주국가의 정책 결정 과정은, 말하자면, 잘 아는 극소수와 무지한 대다수의 정책 게임이나 다름없다. 정책이나 제도의 내용과 효과가 무엇인지, 그리고 그것들이 언제 누구에 의하여 어떻게 결정되는지도 잘 알지 못하는 일반 시민들이 모든 것을 미리 알고 계획하고 대처할 능력이 충분한 소수 기득권 세력을 이기기란 매우 어려운 일인 것이다.

둘째는 조직의 결여이다. 규모가 큰 집단과 작은 집단 간의 정책 게임은 (다른 변수가 일정하다면) 소집단의 승리로 돌아간다. 민주국가의 산업 및 기업 정책들이 많은 경우 절대 다수인 소비자의 희생하에 극소수에 불과한 특정 생산자 집단 혹은 기업의 이익을 위해 존재한다는 사실이 대표적인 예이다. 이것은 집단의 규모가 클수록 맨커 올슨Mancur Olson이 지적한 소위 '집단행동의 문제collective action problem'가 더욱 심각하게 나타나기 때문이다. 한 집단이 구성원들의 공동 이익을 위해 어떠한 정책 목표를 설정했을 때, 그 목표의 달성은 구성원들 전체가 얼마나 잘 협력하느냐에 달려 있다. 즉 '집단행동'이 필요하다는 것이다. 예를 들면, 다 같이 입법안의 마련에 참여한다든가, 서명을 한다든가, 거리 캠페인에 동참한다든가, 혹은 회비를 납부하는 행위 등이 이에 해당한다. 그러나 규모가 큰 집단일수록 이러한 집단행동을 효과적으로 펼치기는 더욱 어려워진다. 무엇보다 수가 많은 까닭에, 대집단의 개별 구성원들은 자기가 아닌 다른 이들 간의 협력만으로도 목표가 달성될 수 있을 것이며, 따라서 자신은 (집단행동에 참여하지 않고) 그저 혜택만 즐기면 된다는, 말하자면 무임승차를 해도 된다는 생각을 쉽게 하기 때문이다. 그렇다고 대집단이 자체적으로 각 개인의 협력을 강제할 적절한 수단과 방법을 마련한다는 것도 쉬운 일이 아니다. 결국 대집단의 집단행동은 목표를 달성하지 못한 채 중단되기 일쑤이다.

물론 이 문제는 집단의 조직화를 통해 상당 정도 해결할 수 있다. 위계질서나 하부그룹 구조 등을 설치함으로써 대집단을 기능적으로 소집단화할 수 있기 때문이다. 조직의 세부 기능을 잘 이용하면 구성원들 간의 견제와 감시, 억제와 조장, 보상과 문책 등이 가능해진다. 그러나 일반 시민이라는 거대 집단을 생각할 경우, 이러한 해결책의 한계란 가히 짐작하고도 남음이 있다. 시민 전체를 시민 스스로 과연 어떻게 효율적으로 조직화할 수 있겠는가. 결국 조직되지 못한 초거대 집단으로서의 일반 시민들은 조직된 소집단인 기득권층에 비해 불리할 수밖에 없다는 것이다.

기존의 정책이나 제도의 변화가 특정 이익집단의 기득권을 폐지 혹은 축소하는 한편 일반 시민들의 권익이나 복지를 증대하는 방향으로 이루어질 경우를 개혁이라 정의할 때, 우리는 이상에서 왜 민주국가에서의 개혁이 어려운지를 살펴보았다. 한마디로 정보와 조직의 비대칭성 때문이라고 할 수 있다. 특수 이익집단들은 정책 정보에 밝은 것은 물론 조직도 잘 정비돼 있는 반면, 일반 시민들은 정책이나 제도를 잘 알지도 못하며 (설령 안다고 하더라도) 효과적인 집단행동을 취할 수 있는 조직도 갖추고 있지 못하기 때문이란 것이다. 그렇다면 일반 시민들과 유권자들은 언제나 희생과 불이익을 감수해야만 하는가? 반드시 그러한 것만은 아니다. 정치기업가의 개입은 '사익 축소-공익 증대'라는 개혁을 가능하게 한다.

정치기업가와 개혁의 성취

정치기업가는 조직되지 못한 일반 대중들에게 그들 모두가 함께 누릴 수 있는 '공공재public goods'를 제공함으로써 일정한 대가를 받는 사람이다(Frohlich, Oppenheimer, and Young 1971, 57쪽). 여기서 '공공재'란 공익에 합치하는 새로운 정책이나 제도라 정의할 수 있다. 또한 '일정한 대가'는 정치기업가가 누구냐에 따라 정치적 지지나 선거에서의 표(정치인일 경우), 사회적 명예 혹은 신망(사회활동가나 시민단체 소속일 경우), 성취감이나 보람 또는 역사적 소명의식의 충족(학자나 언론인 등의 경우) 등일 수 있다. 다시 말해서, 정치기업가는 일반 시민들에게 유리한 정책이나 제도가 채택되도록 노력함으로써 자신이 원하는 유익을 얻고자 하는 정치행위자라는 것이다.

경제 영역에서도 '기업가'란 단순히 돈만을 목적으로 사업하는 사람을 의미하지 않는다. 물론 물질적 이윤을 기업 행위의 대가로 받긴 하지만, 기업가는 (일반 사업가와는 달리) 소비자들이 무엇을 필요로 하는지를 알아내 그에 부합하는 상품이나 서비스를 제조·개발하고 광고를 통해 널리 판매함으로써 결국 소비자의 복지 증대에 기여하겠다는 뜻을 가진 사람을 지칭하는 개념이다. '기업가 정신'이라고 할 때 여기서 강조하는 바는 창조나 창안 또는 사회적 기여 의식이지 이윤 추구가 아니지 않는가. 이 개념을 빌려올 때 우리는 정치 영역에서 이러한 정신으로 일하는 사람을 정치기업가라고 칭할 수 있다. 정치기업가는 일반 시민들의 복지 증대에 도움이 되는 정책이나 제도개혁 이슈를 개발해내고 알림으로써 그들의 선호를 결집하고, 정책 결정 과정에서 시민들의 이익을 대변함으로써 그들이 원하는 정책이 수립되도록 노력한다(Wilson 1980, 370). 이에 대한 대가는 상기한 대로 다양하다. 예를 들어, 정당정치가들이 이러한 정치기업가의 역할을 수행할 경우 그들은 정치시장에서 정치적 지지를 대가로 하여 일반 유권자들에게 개혁이라는 공공재를 "팔고" 있는 것이라 할 수 있다(Geddes 1994, 36).

정치기업가의 구체적 역할은 크게 두 가지이다. 하나는 정책 정보의 제공과 확산이다. 앞서 지적했듯이, 일반 시민들의 정치적 무능은 일차적으로 정책 정보의 부족 때문이다. 시민들이 정책이나 제도에 관하여 무지한 것은 사실 당연한 일이다. 생업에 종사하며 일상의 희로애락을 감당해야 하는 일반인들 중에 (자신들의 삶과 복지에 치명적이지 않는 한) 정책 정보를 애써 수집하고 이해하기 위해 시간과 에너지를 투자하려는 사람은 그리 많지 않을 것이기 때문이다. 이들에게 기존의 정책이나 제도에 어떠한 문제가 있는지, 이를 해결할 수 있는 현실적인 방안과 대책, 즉 대안은 무엇인지, 그리고 대안을 채택했을 때 구체적으로 어떠한 개혁 효과가 나타나는지 등에 대한 정책 정보를 제공함으로써 시민들을 일깨우고 개혁 요구를 결집하는 것이 정치기업가의 가장 기본적인 역할이다.[61] 다른 하나는 조직되지 못한 데 기인하는 일반 시민들의 정치적 약점을 해결해주는 일이다. 가장 일반적인 방법은 정치기업가가 여론을 동원하여 스스로 구심점 역할을 맡음으로써 조직적인 집단행동을 하지 못하는 시민들을 대신하여 정치과정에 직간접적으로 참여하는 것이다. 이 두 가지 역할을 제대로 수행할 유능한 정치기업가(들)의 등장은 선거제도의 개혁도 가능한 일이 되도록 한다.

뉴질랜드 정치개혁의 성공 요인 : 정치기업가론

이제부터는 지금까지 소개한 정치기업가론에 따라 뉴질랜드의 선거제도 개혁이 어떻게 성공했는지를 살펴보자. 우선 개혁 과정을 시민사회의 요구 혹은 수요 측면보다는 정치권에서 일어나는 '공급 측면'을 중심으로 자세히 짚어볼 필요가 있다. 그래야 이 과정에서 활약한 정치기업가들을 식별해낼 수 있기 때문이다.

61 개혁 여론의 형성과 동원을 위해 시민들에게 제공해야 할 정책 정보의 내용과 정치적 효과에 대해서는 Downs 1957 참조.

선거제도 개혁 과정

앞서 본 바와 같이 노동당은 1978년 총선에서 선거제도의 불비례성으로 인하여 집권에 어이없이 실패하고 만다. 그후 노동당은 1981년 총선 공약으로 '선거제도 개혁위원회' 설치안을 내놓는다. 하지만 그해에도 같은 이유로 집권 기회를 놓치고 만다. 이에 노동당은 1984년 총선에서 또다시 선거제도 개혁을 공약으로 발표한다. 그리고 마침내 선거에 승리하여 정권을 잡게 된다. 이제 6년에 걸쳐 지속해온 집권 공약을 실행할 때가 온 것이다. 그리하여 탄생한 것이 바로 '선거제도의 개혁을 위한 왕립위원회the Royal Commission on the Electoral System'였다.

사실 노동당 의원들의 대다수는 소선거구 일위대표제의 전면 개혁에는 반대했다. 단독 집권 능력을 보유하고 있는 (국민당만이 아니라 노동당까지도 포함된) 대정당에게 유리한 제도이기 때문이었다. 따라서 그들은 새로운 선거제도의 도입보다는 기존 제도의 부분적 보완 정도를 원했다. 그러나 상황은 그들의 바람대로 전개되지 않았다. 무엇보다 당시 부수상이자 법무장관이던 파머가 왕립위원회의 설립과 운영을 담당한 것이 문제의 시작이었다. 선거제도 개혁 추진을 소명으로 여겼던 파머는 당이나 의원들의 개인적 이해관계보다는 제대로 된 개혁을 더 중시했으므로 왕립위원회에 상당한 권한을 위임하고 구성원들도 매우 유능하고 독립적이며 공정한 인물들로 엄선했다(Nagel 1994, 526쪽).

설립 2년 후인 1986년에 왕립위원회는 파격적인 연구 결과를 발표했다. 핵심 내용은 두 가지였다. 하나는 독일식 비례대표제를 도입해야 한다는 것이었고, 다른 하나는 이를 1990년 국민투표를 통해 결정하자는 것이었다. 이 내용은 노동당 일반 의원들의 바람과는 전혀 다른 것이었다. 일반 의원들만이 아니라 지도부의 다수도 이 안에 찬동할 수 없었다. 의원들 사이에 예의 자기보존의 철칙이 작동된 것이다. 그리하여 의원들은 의회 내에 특별위원회를 구성하여 이 이슈를 (왕립위원회의 소관으로부터) 의회로 "옮겨와" 여야 의원들끼리 자율적으로 정리해가고자 했다(Nagel 1994, 526쪽). 왕립위원회의 획기적인 개혁안은 이렇게 의원들에 떠밀려 무대 뒤편으로 사라질 것으로 보였다. 다만 희망이 하나 있다면, 왕립위원회의 보고서 발표를 계기로 '선거제도개혁연합The Electoral Reform Coalition'(이하 'ERC')이라는 시민단체를 중심으로 시민사회 영역에서의 선거제도 개혁 운동이 본격화됐다는 것이었다.

그러던 중 다시 1987년 총선이 다가왔다. 그리고 뜻하지 않은 일이 발생했다. 노동당의 데이비드 롱이David Lange 수상이 유세 기간 중에 한 텔레비전 토론회에서 재집권하게 되면 왕립위원회의 안대로 국민투표를 실시하겠다는 (당이나 정부의 공식 입장과는 다른) 약속을 한 것이다. 나중에 이 일은 롱이 수상이 토론 도중 흥분한 나머지 준비되지 않은 발언을 즉흥적으로 쏟아내는 과정에서 벌어진 일로 밝혀지긴 했으나(Denemark 2001, 88쪽), 어쨌든 그것은 노동당의 공약이 되었고 결국 선거제도 개혁에 관한 국민의 관심은 더욱 커졌다(Vowles 1995, 103쪽). 그리고 노동당은 재집권에 성공했다. 그러나 집권 기간 내내 선거제도 개혁에 관해서는 여전히 미온적 태도로 일관했다. 나중에는 심지어 노동당 정부의 공식 입장으로 독일식 비례대표제의 도입은 추진하지 않을 것이며 따라서 국민투표도 없을 거라는 방침을 정할 정도였다. 그러나 시민사회에서의 개혁 여론은 계속 확산돼갔다. 왕립위원회 설립 당시만 해도 국민의 대다수가 독일식 비례대표제가 무엇인지도 몰랐으나, 불과 4~5년 사이에 그 제도의 도입에 찬성하는 이들이 크게 늘어난 것이다. 1989년의 한 여론조사 결과는 응답자의 45퍼센트가 독일식 비례대표제의 도입에 찬성하고 다른 45퍼센트는 반대한다는 것이었다. 이는 국민 사이에 개혁 여론이 어느새 찬반으로 양분될 정도로까지 발전했음을 보여주는 결과였다.

1990년 총선이 다가오자 이번엔 국민당이 선거제도 개혁 이슈에 불을 댕겼다. 국민당은 노동당 정부가 1987년 공약을 위반했다고 비판하며 자당이 정권을 잡으면 왕립위원회의 안에 따라 국민투표를 실시하겠다고 약속했다. 사실 국민당 의원들의 대다수도 노동당 의원들과 마찬가지로 소선거구 일위대표제의 폐기에는 반대했다. 그럼에도 불구하고 국민당이 이러한 공약을 내세운 데는 두 가지 이유가 있었다(Vowles 1995, 103~104쪽). 하나는 설령 국민투표를 실시할지라도 기존 제도를 유지하자는 쪽이 우세하리라고 믿었기 때문이었다. 다른 하나는 국민투표를 새로 약속함으로써 지난 3년 동안 이를 지키지 못한 노동당을 통렬하게 비난할 수 있게 되어 자당에 대한 국민의 지지를 더욱 끌어올릴 수 있다고 여겼기 때문이었다.

1990년 국민당은 만 6년 만에 다시 정권을 탈환한다. 그러나 기대하지 않았던 일이 국민당 정권을 기다리고 있었다. 집권 직후에 실시한 여론조사에서 응답자의 65퍼센트가 비례대표제를 선호하는 반면 오직 18퍼센트만이 기존 선거제도의 유지를 원한다는 결과가 나온 것이다. 개혁에 대한 지지가 크게 상승한 것에 당황한 국민당은 국민투표는 공약대로 실시하되 투표 방식은 왕립위원회의 원안보다 까다롭게 수정하기로 결정한다. 즉 단순히 독일식 비례대표제의 도입 여부를 단 한 차례의 국민투표를 통해 묻는 대신 다음과 같은 두 차례의 국민투표를 통해 국민의 의사를 단계적으로 파악하겠다는 것이었다. 우선, 구속력이 없는 1차 국민투표에서는 선거제도 개혁에 대한 지지 여부를 묻고, 이어서

(개혁을 원하지 않는다는 유권자들까지도 포함하여) 단기이양식투표제Single Transferable Vote System, 선호투표제Preferential Voting System, 보완비례대표제Supplementary Member System, 독일식 비례대표제 등의 네 가지 대안 중 하나를 택하게 한다. 2차 국민투표는 1차 국민투표에서 개혁에 대한 지지가 더 많은 것으로 확인될 경우에 한하여 1993년 총선과 함께 실시하되, 1차 국민투표에서 가장 많이 선택된 대안 제도와 기존 제도 중 하나를 택하는 양자택일 방식으로 최종 선거제도를 결정한다.

국민당 정부가 국민투표 방식을 이렇게 복잡하게 수정한 이유는 당연히 기존의 소선거구 일위대표제를 유지하기 위해서였다. 1차 국민투표에서 제시한 대안 선거제도들은 사실 전문가가 아니면 이해하기도 어려운 매우 생경한 제도들이었다. 유권자들을 복잡하고 혼란스럽게 함으로써 가능한 한 많은 사람들이 현상유지 쪽을 택하게 하려는 의도가 다분한 것이었다(Vowles 1995, 104쪽). 그럼에도 불구하고 뉴질랜드 유권자들의 독일식 비례대표제에 대한 선호는 명료하게 표출됐다. 1992년 9월에 실시된 1차 국민투표에서 투표자의 84.7퍼센트는 개혁을 지지한다고 밝혔으며, 네 가지 대안 중 무엇을 선호하느냐는 두 번째 질문에 응한 사람들의 70.5퍼센트는 독일식 비례대표제를 꼽았다. 이것으로 구속력이 있는 2차 국민투표는 독일식 비례대표제와 소선거구 일위대표제를 놓고 실시하는 것으로 결정되었다. 그로부터 2차 국민투표가 있던 1993년 11월까지 약 1년 2개월 동안 뉴질랜드 사회는 독일식 비례대표제 도입 논쟁으로 뜨거웠다. 찬반 여론이 시소게임을 벌이던 끝에 드디어 투표는 실시됐고, 53.9퍼센트가 독일식 비례대표제의 도입에 찬성하고 46.1퍼센트가 반대한다는 결과가 나왔다. 이로써 뉴질랜드의 선거제도는 소선거구 일위대표제에서 독일식 비례대표제로 전격 교체된다. 새로운 제도로 치러진 첫 선거는 1996년 총선이었다.

뉴질랜드의 정치기업가들

앞서 지적한 대로 선거제도 개혁의 성공 조건을 갖추기란 현실적으로 매우 어려운 일이다. 누군가 적극 나서서 정책 정보를 확산하고, 개혁 여론을 동원·결집하며, 이를 그대로 정치과정에 연결할 수 있어야 비로소 가능한 것이 (제대로 된) 선거제도의 개혁이다. 그렇다면 뉴질랜드에서는 누가 그러한 '정치기업 행위'를 했을까? 이는 물론 여러 사람과 여러 단체의 협업이었다.

그러나 첫 번째로는 마땅히 제프리 파머를 꼽아야 할 것이다. 그렇지 않아도 일찍부터 뉴질랜드의 민주주의 문제에 대하여 심각하게 고민해오던 파머는 1978년과 1981년 노동당이 억울하게 집권에 거듭 실패하자 아예 정계에 입문하여 저술뿐 아니라 의정활동을 통해 소선거구 일위대표제의 문제점을 널리 알리고 대안을 제시하는 등의 정치기업 행위를 펼친다. 그는 특히 왕립위원회와 연관되어 두드러진 업적을 남겼다. 왕립위원회는 2년간의 활동을 통해 독일식 비례대표제를 상세히 소개하며 그것이 뉴질랜드의 "불공정한" 선거제도의 대안으로 훌륭하게 작동하리라는 확신을 수많은 국민들에게 심어줌으로써 선거제도 개혁의 명분과 당위성이 널리 인정받도록 하는 데 혁혁한 공을 세웠다(Vowles 1995, 8쪽). 파머는 이 왕립위원회의 설치를 가능케 한 장본인이었다. 노동당의 1981년 및 1984년 총선 매니페스토에는 집권하면 왕립위원회를 발족시켜 대안 선거체제를 마련하겠다는 내용이 들어 있는데, 이 항목을 집어넣은 이가 바로 파머였던 것이다(Jackson and McRobie 1998, 97쪽). 그는 또한 왕립위원회가 당과 정부 안팎의 정치적 압력으로부터 자유롭게 업무를 수행할 수 있는, 그리하여 과감한 개혁안을 내놓을 수 있는 구조와 인적 환경을 마련해준 사람이기도 했다.

다음으로는 단연 위에 언급한 ERC라는 시민단체를 꼽아야 한다. 이 단체는 1986년 왕립위원회가 선거제도 개혁 방안을 제시한 직후 바로 독일식 비례대표제 도입 운동을 본격화해나갔다. ERC의 운동 목표는 간단했다. 즉 왕립위원회의 제안대로 독일식 비례대표제를 국민투표를 통해 도입하자는 것이었다. ERC의 초기 주도자들은 주로 노동당 활동가들이었으나 그들은 곧 뜻을 같이하는 모든 이들에게 문호를 개방함으로써 이념과 정파를 초월하는 개혁 단체를 만들어갔다. 그중에서도 가장 적극적인 회원은 역시 소정당 소속 활동가들이었다. 특히 (사회신용당의 후신인) 민주당과 (녹색당의 전신인) 가치당, 그리고 (노동당 좌파를 뿌리로 하는) 신노동당 사람들의 활약이 두드러졌다. 앞서 1986년 이후 수년 만에 개혁 지지 여론이 노동당 및 국민당 정부를 당황시킬 정도로 커졌다고 했는데, 이러한 여론 확산은 상당 부분 ERC의 공으로 돌려야 할 것이다.

ERC가 내건 명분, 그리고 구성원들의 실제 활동 동인은 공공의 지지를 받을 만한 것이었다. 그들은 독일식 비례대표제의 도입이 정당체계에 "심대한 구조적 변화"를 일으켜 뉴질랜드의 정치가 획기적으로 개선될 거라고 확신했다(The Dominion November 9, 1992). ERC는 1993년까지 '열성 회원'이 수천 명에 이르며, 전국 각 도시에 지부를 둔 거대 조직으로 발전해갔다. 자금 부족 문제가 심각했으나 인적 자원 확충으로 보완해갔다(New Zealand Listener December 11, 1993). 수년에 걸친 다양한 차원에서의 지속적 모임을 통해 대중적 지지 기반을 넓혀간다는 것이 ERC의 기본 전략이었다.

ERC의 슬로건은 "Make your vote count!"였다. 직역하자면, "당신의 표를 (늘) 셈에 넣게 하라!"인데, 이는 대량의 사표를 발생시키는 소선거구 일위대표제의 불비례성 문제와 그런 문제가 없는 비례대표제의 장점을 동시에 부각하는 매우 효과적인 운동 표어였다. 말하자면 유권자들에게 선거제도 개혁의 목적과 방향을 단순하고 명료하게 일러주는 좌표 역할을 한 셈이었다. 1차 국민투표 당시 많은 유권자들이 그 복잡한 대안들 사이에서 별 혼동 없이 독일식 비례대표제에 표를 몰아줄 수 있었던 것은 수년에 걸친 ERC의 단순 명쾌한 공식 입장이 일종의 구심점 역할을 했기 때문이었다(Nagel 1994, 526쪽).

세 번째로 지목할 것은 소정당들의 선거연합체이다. 양대 정당인 노동당과 국민당이 독일식 비례대표제의 도입에 반대한 것과 달리 소정당들은 당연히 독일식 비례대표제에 커다란 호감을 갖고 있었다. 이에 민주당, 녹색당, 신노동당 등을 포함한 5개 소정당들은 1992년 독일식 비례대표제의 도입을 공동 목표로 하는 선거연합을 구성한다. 많은 나라에서 비교적 흔히 목격되는 특정한 정책을 중심으로 한 연합이 아니라 제도개혁을 목표로 하는 정당연합을 구축한 것이다. 첫 성과는 1992년 뉴질랜드의 최대 도시인 오클랜드 지방의회 선거에서 나타났다. 참여정당들 모두가 서로의 기대를 뛰어넘는 의석을 차지하게 된 것이다. 이 소정당연합체는 1992년의 1차 국민투표 당시에도 ERC에게 조직적 지원을 적극 제공함으로써 개혁에 상당한 기여를 한다.

그 외에도 노조와 언론의 역할을 강조하지 않을 수 없다. 뉴질랜드 노동연맹과 그 후신인 뉴질랜드 노조위원회는 독일식 비례대표제의 도입을 적극 지지했으며 ERC의 활동에도 직간접으로 참여했다. 언론의 정보 제공 기능이 없었다면 개혁은 불가능했을 것이다. 흥미로운 것은 가장 적극적으로 비례대표제의 도입을 지지한 언론매체가 뉴질랜드에서 최대 부수를 자랑하는 보수 성향의 일간지인 《뉴질랜드헤럴드*New Zealand Herald*》였다는 점이다. 이 신문은 사설이나 기획기사 등을 통해 선거제도 개혁의 필요성과 당위성을 끊임없이 지적하며 개혁 운동을 지원했다. 정통 보수지로서 "공정성과 합리성"의 가치를 강조한다는 것이 지지의 변이었다(Vowles 1995, 105쪽). 예컨대, 1차 국민투표 실시 하루 전날의 사설에서 《뉴질랜드 헤럴드》는 여론에 대한 반응성과 국민에 대한 책임성, 그리고 사회에 대한 대표성이 높은 의회 및 정부를 구성하는 것이 민주주의 운영의 핵심 요건인바, 독일식 비례대표제가 이를 충족시키기에 (논의되고 있는 여러 대안 중에) 가장 적합한 선거제도라는 점을 강조했다(New Zealand Herald September 18, 1992). 한편, 최고의 시사주간지로 평가받는 중도좌파 성향의 《뉴질랜드 리스너*New Zealand Listener*》 역시 개혁을 적극 지지하고 나섰다. 특히 1차 국민투표와 2차 국민투표 사이의 1년여 동안에는 거의 매호에 독일식 비례대표제의 특성, 운영 방식, 사회경제적 효과 등에 관한 기사를 실을 정도로 개혁 여론 형성에 적극성을 발휘했다.

한국에 주는 시사점

이상 뉴질랜드의 선거제도 개혁 과정과 여기서 활약한 정치기업가들을 살펴보았다. 이제 뉴질랜드 사례가 우리에게 주는 시사점을 정리하기 위해 위의 내용을 요약해보자. 기존의 연구들이 잘 지적하고 있듯이, 뉴질랜드 시민들은 집권당이 바뀌어도 언제나 독선적이고 독단적인 정부, 정당 선택의 여지가 별로 없는 양당제의 한계, 투표로 표시한 정당 선호가 심각하게 왜곡되는 현실 등에 분노하기 시작했다. 그리고 그 분노가 쌓여가자 그것은 마침내 정치기업가들에 의해 매개되어 독일식 비례대표제의 도입이라는 구체적 결과로 전환되었다.

예컨대, 파머와 왕립위원회 위원들은 뉴질랜드 민주주의의 문제는 주로 소선거구 일위대표제에 기인하는 것이며, 따라서 이 문제를 풀기 위해서는 비례대표제를 도입해야 하고, 그렇게 하면 뉴질랜드는 합의제 민주주의로 발전해가고 국민에 대한 반응성과 책임성이 높은 정부가 들어설 거라는 정책 정보를 쉽게 풀어 널리 알렸다. 이런 정보 확산 노력에는 ERC 등의 시민단체들, 노조, 언론사, 그리고 소정당들과 개혁파 정치가들이 두루 참여했다. 그 결과 개혁 여론이 비등해지자 이번에는 여론의 구심점 역할을 맡는 정치기업가가 등장했다. 대표적인 것이 왕립위원회가 개혁안을 제시한 1986년부터 제2차 국민투표가 실시된 1993년까지 언제나 같은 자리에서 같은 목소리로 독일식 비례대표제의 도입을 주창해온 ERC였다. 국민의 개혁 열망이 ERC에 집결되어 ERC의 언행이 곧 국민의 말과 행동으로 인정되었기에 정치권은 ERC를 무시할 수 없었다. ERC는 국민을 대표하는 개혁 주체로 행동할 수 있었다는 것이다.

개혁 여론의 동원과 구심점의 구축 못지않게 중요했던 성공 요인으로 선거제도의 개혁 여부 및 대안 제도의 최종 선택 문제를 국민투표에 회부할 수 있었다는 점을 들고 싶다. 만약 의원 개개인의 사적 이해관계로 그득한 의회에서 이 문제들을 처리했다면, 십중팔구 개혁은 불가능했을 것이다. 참고로, 일본의 경우를 간략히 보자. 1980년대 말 이후의 일본 선거제도 개혁 과정에도 정치기업가들은 존재했다. 호소카와 모리

히로와 오자와 이치로 등을 중심으로 한 자민당의 소장 개혁파 의원들, 재계 지도자들, 정치개혁 시민단체인 '민간정치임조' 등은 선거제도 개혁에 미온적인 자민당 정부를 무너트릴 정도로 매우 강력한 개혁 여론을 조성하는 데 성공했다. 일본 시민들은 이들의 활발한 '정치기업 행위' 덕에 일본 정치의 고질병인 금권정치, 파벌정치, 사익집단정치 등의 구조적 원인이 중선거구 상대다수제라는 사실을 충분히 이해하게 되었고, 이는 바로 엄청난 파괴력을 지닌 개혁 압력으로 작용하기 시작했다.

문제는 자민당 정부의 붕괴 이후 1993년 7월에 수립된 '비자민-반공산 연립정부'가 새 선거제도의 채택 과정을 의회 소관으로 묶어버리면서 발생했다. 사실 학계와 진보 정치권은 물론 시민사회에서도 최적의 대안으로 꼽힌 선거제도는 독일식 연동제였다. 1993년 4월 민간정치임조가 공식적으로 내놓은 선거제도 개혁안 역시 독일식 비례대표제의 도입이었다. 그러나 구체적인 선거제도를 결정하는 권한이 오직 현직 의원들에게만 부여되자 시민사회의 선호는 관철되지 않았다. 물론 호소카와 수상이 이끈 연립정부는 1993년 9월 의원 정수를 500명으로 하는 독일식 연동제를 중의원(하원) 선거제도로 도입한다는 입법안을 의회에 제출했다. 그러나 비록 야당이지만 여전히 상하 양원에서 제1당 지위를 유지하고 있던 자민당의 반대를 꺾기에는 연립정부의 힘이 부족했을뿐더러 연립정부에 참여한 몇몇 정당의 구성원들 가운데에도 자민당의 병립제 개혁안에 찬동하는 이들이 상당수 있었다. 결국 의원들 간의 타협으로 지금의 소선거구-권역별 비례대표 병립제가 채택되고 말았다. 8장에서 이미 평가한 바와 같이, 이 선거제도의 도입은 비례성 측면에선 오히려 개악에 해당하는 것이었다. 아니나 다를까, 선거제도의 교체 후 일본의 정당체계는 (보수) 양당제로 굳어지는 경향을 보이고 있으며, 신자유주의는 강화 일로를 걷고 있다(Rosenbluth and Thies 2010, 6~7장).

요컨대, 뉴질랜드의 성공 비결은 정치기업가들이 시민사회의 개혁 여론을 충분히 효과적으로 동원·결집했을 뿐만 아니라, 시민사회의 선호가 그대로 제도개혁 결과로 이어질 수 있도록 (즉 기득권자들에 의해 왜곡되지 않도록) 의원들이 아닌 시민들이 직접 최종 결정권을 행사할 수 있는 별도의 정치과정을 만들어냈다는 데 있다. 국민투표에 의한다는 전략 역시 정치기업가인 왕립위원회 위원들이 내놓은 것임을 잊지 말아야 한다. 결국 개혁 과정의 요소요소에 포진해 있던 유능하고 열정적인 정치기업가들 덕분에 뉴질랜드의 독일식 비례대표제 도입은 가능했다는 것이다. 이 장의 앞부분에서 말한 바와 같이, 한국에서도 최근 비례대표제 개혁 요구가 날로 증대하고 있다. 그런데 한국에선 과연 누가 이런 개혁 전략을 수립하고 수행해갈 수 있을까? 누가 뉴질랜드에 있었던 그 스마트한 정치기업가의 역할을 맡아줄 수 있겠느냐는 것이다. 이 책의 마지막 장인 다음 12장에서 논의할 주제이다.

12장

정치기업가를 대망한다

이 책 전체, 특히 제2부에서 시대정신의 구현을 위해서는 조정시장경제와 합의제 민주주의의 발전을 서둘러야 한다고 강조했다. 그런데 이즈음에서 다시 분명히 해둘 것이 있다. 2장에서도 잠깐 언급했지만, 이러한 체제 혹은 제도 유형 개념은 오직 '순서 척도ordinal scale'에 의해서만 구분되는 것이란 점이다. 다시 말하자면, 자유시장경제와 조정시장경제, 다수제 민주주의와 합의제 민주주의는 '명목 척도nominal scale'에 의해 칼로 무를 베듯 명확히 구분될 수 있는 개념이 아니라는 것이다. 이는 좌파나 우파 혹은 진보나 보수를 구분할 때와 마찬가지로, 오직 정도의 차이를 나타내는 개념이다. 이념 지형에서 좌파나 진보에 가까울수록 평등의 확대를 더 강조하듯이, 자본주의의 다양성을 나타내는 연속선상에서는 조정시장경제에 가까울수록 분배 친화성이 높은 자본주의이며, 민주주의 유형의 연속선상에서는 합의제에 가까울수록 포괄성 혹은 포용성이 높은 민주주의일 뿐이다. 결국, 정확히 말하자면, 이 책의 논의 주제는 한국의 시장경제체제와 민주주의체제를 각각 어떻게 조정시장경제와 합의제 민주주의로 '전환'할 것인가가 아니라, 어떻게 그쪽으로 더 가깝게 '접근' 혹은 발전시켜나갈 것인가이다. 그러나 목표를 그렇게 완곡하게 잡을지라도 최소 제도 요건은 다를 바 없다. 비례대표제와 연정형 권력구조는 반드시 갖추어야 한다는 것이다. 그중에서도 비례대표제는 가장 기초적인 제도 요건이므로 시대정신의 구현을 위해선 선거제도의 개혁이 가장 시급한 정치 과제이다. 포괄적 정당체계를 만들기에 충분한 비례성만 확보된다면 합의제 민주주의의 다른 요소들은 다소 시간이 걸릴지라도 결국엔 채워지기 마련이다.

다행히 우리 사회에서 이 비례대표제의 중요성에 대한 인식이 점차 확산돼가고 있다. 이젠 진보든 보수든, 노동계든 재계든, 가난하든 부유하든, 문제의식이 있는 합리적 인사라면 누구나 비례성이 보장되는 선거제도의 도입이 한국의 사회통합에 기여하리라는 점에 동의한다. 특히 반가운 일은 복지국가 논쟁이 활성화되면서 비례대표제 담론까지 동반 부상하고 있다는 사실이다. 물론 거기에는 이러한 담론 확산과 현장 실천을 위해 앞장서서 일하는 '길잡이pathfinder'들이 있다. 정치권의 대표적인 인물로는 먼저 노회찬 전 의원을 꼽고 싶다. 2004년 17대 총선 때 약소하나마 한국 최초로 비례대표 의석이 국회에 설치될 수 있었던 데에도 당시 민주노동당 소속이었던 노회찬의 기여가 상당했다. 한국의 비례대표제 운동사에서 쾌거라고 기록될 만한 2012년의 '비례대표제 연대' 결성도 그의 제안으로 성사된 일이었다. 노회찬은 2011년 벽두에 2012년 총선과 대선을 민주·진보세력의 승리로 이끌어 경제민주화와 복지국가 건설을 진전시키기 위해서는 민주당과 진보당의 연합정치 가동이 필수인바, 이참에 비례대표제의 획기적 강화를 공동목표로 하는 야권연대를 맺자고 주장했다. 늦게나마 그의 주장이 받아들여져 2012년 3월 양당은 보편적 복지 및 경제민주화와 관련된 정책들과 함께 독일식 비례대표제의 도입 등을 포함한 선거제도의 혁신을 야권연대의 공동정책으로 추진하기로 합의했다. 한국 정치사상 최초로 비례대표제가 진보파 정당들의 공동 의제로 공식 천명된 역사적 사건이었다.

거대 양당에 속한 정치인이 비례대표제 확대를 주장하기는 쉽지 않은 일인데, 그런 점에서 천정배 전 법무부 장관은 예외적인 인물이라 평할 수 있다. 1장에서 소개한《정의로운 복지국가》라는 책이 나온 2010년에 그는 민주당의 지도자급 정치가였음에도 불구하고 이 책에서 다음과 같이 비례대표제의 중요성을 강조했다. "합의제 민주주의 제도의 근간은 권력의 독점이 아닌 분점형 민주주의체제이다. 정치과정 자체가 양보와 타협의 과정이다. 이러한 시스템하에서 약자나 소수자, 그리고 저항 세력에 대한 포용이 제도적으로 정착된다. 이러한 포용의 정치를 가능하게 하는 핵심적 동력은 바로 비례대표제이다."(천정배 2010, 48쪽)

예외적이라는 측면에 있어 원희룡 제주도지사는 천 전 장관보다 더한 인물이라고 할 수 있다. 그는 집권 여당인 한나라당의 사무총장을 맡고 있던 2010년에 이미 비례대표제의 강화를 통한 소통과 합의의 정치체제 구축을 주창할 정도였다. 2014년도에는 자신의 정치제도 개혁안을 집대성한 책에서 "87년 체제 이후 지금까지 국회의원 총선을 통해 표출된 민심이 국회 의석 비율로 연결된 적은 한 번도 없다. 국민의 의사표현인 선거가 국민의 민심을 정확하게 반영하지 못하고 있음을 말하는 것이다"라고 개탄하며(원희룡 2014, 187~188쪽), 이 문제를 해결하기 위해서는 비례대표제의 다른 이름인 이른바 '정당 득표율 의석 배분제'를 도입해야 한다고 주장했다. 그리고 "정당 득표율 의석 배분제란 국민의 표심이 담긴 득표율에 정비례하게 의석수를 배분하는 제도로, 소수당의 진출이 원활히 이뤄지면서 실질적인 다당제가 구현될 수 있는 선거제도"라고 그 의의를 설명했다(191쪽).

노회찬, 천정배, 원희룡 등의 개혁 정치가 '3인방'은 2011년 초 비례대표제의 획기적 강화 필요성에 찬동하는 학자, 시민사회 활동가, 정치인 등이 모여 '비례대표제포럼'이라는 시민단체를 구성하는 과정에서도 제일 앞줄에 섰다. 그들의 적극적 역할에 힘입어 비례대표제포럼은 2011년 11월의 제1회 포럼을 시작으로 하여 지금에 이르기까지 매년 두 차례씩 대규모 포럼을 개최해오고 있다. 그동안 위 3인방 외에도 다음에 소개할 정동영과 손학규를 포함한 여러 개혁 정치가들이 이 포럼에 합류했으며, 학자와 시민사회 활동가들의 참여도 크게 늘어났다. 비례대표제포럼 외에도 참여연대, 복지국가소사이어티, 민주사회를 위한 변호사 모임, 안중근의사기념사업회, 녹색평론그룹 등 비례대표제의 확대에 뜻을 같이하는 시민사회단체들은 점차 늘어가는 추세에 있다.

이제 정동영 전 의원에 대해 이야기해보자. 그는 대통합민주신당의 대선 후보였던 2007년에 비례대표제의 도입을 공약집에 포함시켰다. 물론 당시엔 본인도 크게 강조하지 않았으며 정치 환경도 적합하지 않았기에 대선공약으로서 비례대표제는 시민들의 관심을 전혀 끌지 못했다. 그러나 비례대표제에 대한 정동영의 열정은 시간이 갈수록 뜨거워졌다. 18대 국회의원으로 일하던 2009년에는 독일식 비례대표제의 도입 이후에 일어난 뉴질랜드의 정치 및 사회경제적 변화를 예로 들며 간접적이나마 당시 이명박 대통령에게 선거제도 개혁의 추진을 주문하기도 했다. 2012년 대선 과정에서도 비례대표제 확대를 위해 동분서주했다. 안철수 예비후보에 대하여는 접근 가능한 모든 경로를 동원하여 비례대표제를 제일 공약으로 내세우라고 제언했다. 그것이 안철수 후보가 표방한 '새정치'의 핵심 내용이 될 수 있다는 조언이었다. 다른 한편에선, 문재인 민주당 후보에게도 공을 들였다. 정동영의 노력이 아니었더라면, 비례대표 의석을 100석으로 증대하겠다는, 당시로선 파격적이던 문 후보의 그 공약은 나오지 않았을지도 모른다. 이후에도 비례대표제 포럼 등을 통한 그의 정치기업 행위는 현재까지 부단히 이어지고 있다.

손학규 전 의원은 비교적 늦게 비례대표제 도입 운동에 합류했다. 9개월의 독일 연수를 마치고 귀국한 그는 2013년 10월의 대규모 심포지엄 개최를 시발점으로 하여 줄곧 독일식 비례대표제와 온건 다당제, 그리고 연정형 권력구조의 조합으로 운영되는 '통합정치'의 중요성을 강조했다. 2014년 2월 《조선일보》(2014년 2월 26일자)와의 인터뷰에서는 "대결과 정치 불안을 야기하는 현재의 양당제는 시대에 맞지 않는다. 이미 우리 사회는 정치적으로 다원화돼 있는데 이것을 억지로 양당제 틀에 맞추려 하니 대결이 격화된다. 정치적 안정과 정책의 연속성을 위한 정치구조가 다당제를 포함한 합의제 민주주의"라고 말하며, 그러한 민주주의로 가기 위해선 "독일식의 권역별 정당명부식 비례대표제를 도입해야 한다"고 주장했다. 이어 그는 "다양화된 정치세력과 이해관계를 수렴할 합의 민주주의 제도 실현을 위한 국민운동을 전개"하겠으며, 이를 위해 "개혁적 정치세력, 전문가, 시민사회가 참여하는 연대회의를 만들겠다"고 선언했다. 실제로 그는 다음에서 설명할 '정치기업체'에 해당하는 조직을 구성하여 정치개혁 운동을 본격화하기 위해 구체적인 청사진까지 마련하고 있던 것으로 알려졌다. 짧은 시간 안에 체계적인 실행계획까지 준비한 충정과 치밀함을 보건대, 비록 2014년의 7·30 재보

권선거 직후 정계 은퇴를 선언하긴 했으나, 유능한 '시민 정치기업가'로서 손학규의 활약은 여전히 기대해볼 만하다.

한국의 정치기업가

이처럼 한국에서도 이제 비례대표제 도입에 관한 논의와 실천 운동이 여러 사람과 단체에 의해 활발히 벌어지고 있다. 이들 가운데 한국의 제프리 파머나 한국의 ERC는 과연 누구일까? 누가 뉴질랜드의 선거제도 개혁을 이끌었던 바로 그 정치기업가의 역할을 한국에서 담당하겠느냐는 것이다. 역량이나 순수성 등을 감안할 때 아마도 가장 크게 기대할 만한 후보는 시민사회단체들 가운데 있을 듯하다. 한국의 시민단체들은 2000년 총선 당시에도 소위 '낙천·낙선 운동'을 통해 정치개혁을 위한 열망과 여론 동원 능력을 충분히 보여준 바 있다. 그들이 이제 개별 의원들의 자질 문제보다 더 구조적이며 근본적인 제도 문제의 해결에 관심을 갖고 정치기업가로 나서기로 한다면 일은 생각보다 쉽게 풀릴 수도 있을 것이다.

정치기업가로서의 시민단체

다행히도 이미 여러 시민사회단체들이 한국의 비례대표제 개혁 필요성을 신자유주의 폐해 문제와 연계하여 제기하고 있다. 뉴질랜드 사례가 자주 거론되는 것도 이 같은 맥락에서이다. 물론 뉴질랜드의 선거제도 개혁은 직접 신자유주의 극복을 목표로 하여 추진된 일은 아니었다. 비례대표제를 도입하여 합의제 민주주의로 나아가야 반응성과 책임성 그리고 대표성이 높은 정부가 들어설 수 있다는 믿음이 개혁의 동인이었다. 그러나 독일식 비례대표제의 도입 이후 뉴질랜드가 신자유주의 노선에서 상당 정도 벗어났다는 것은 엄연한 사실이다. 그리고 그것은 결코 우연에 불과한 일이 아니었다. 합의제적 성격이 강해짐에 따라 (신자유주의 정책을 선호하지 않는) 국민 대다수의 뜻이 정책 결정 과정에 보다 정확히 반영될 수 있게 된 덕분이었다. 말하자면 선거제도 개혁의 정치 및 정책 효과가 뉴질랜드 사회의 탈신자유주의라는 결과로 나타난 것이다. 한국 사회의 대다수 구성원들도 신자유주의를 반대하며 대안체제가 들어서길 기대하고 있다. 그렇다면 비례대표제의 획기적 개선을 통하여 이미 구조화 조짐을 보이고 있는 신자유주의의 굴레에서 벗어나 보자는 시민단체들의 주장은 충분히 설득력이 있다고 할 것이다.

시민단체들이 정치기업가로 나설 경우 그들은 우선 다음 세 가지의 정책 정보를 일반 시민들이 쉽게 이해할 수 있도록 정리하여 사회 구석 구석에 널리 알려줘야 할 것이다. 첫 번째는 문제의 소재를 알려주는 정보이다. 즉 한국에서 비정규직의 증대나 양극화의 심화 등과 같은 폐해를 양산하는 신자유주의 정책기조가 (수차례의 정권교체와 관계없이) 계속 유지되는 이유는 사회경제적 약자들을 대표하는 정당들이 유력 정당으로 발전하여 정책 결정 과정에 참여할 기회가 구조적으로 제한돼 있기 때문이라는 사실을 알려줘야 한다. 두 번째는 그에 대한 적절한 대안이 존재함을 알려주는 정보이다. 즉 독일식 비례대표제로의 전환을 포함하여 비례성을 크게 높이는 방향으로 선거제도를 개혁할 경우 사회경제적 약자들을 제대로 대변하는 정당들이 유력 정당으로 부상할 수 있다는 점을 설명해야 한다. 세 번째는 개혁의 효과가 어느 정도일지를 알리는 정보이다. 예컨대, 선거제도의 개혁으로 사회경제적 약자들의 이익과 선호가 그들을 대표하는 정당들을 통해 정치과정에 효과적으로 반영되는 구조가 조성될 경우 이는 경제민주화를 촉진하여 한국이 신자유주의에서 복지국가체제로 이행하는 데 크게 기여할 거라는 사실을 홍보해야 한다. 물론 이 정책 정보 확산 과정에는 학자와 전문가 그룹, 그리고 언론매체 등이 참여하도록 해야 한다. 그래야 정보의 정확한 분석과 추출, 이해하기 쉬운 정리, 효과적인 전달 등이 가능해지며, 그렇게 돼야 비례대표제 강화라는 구체적 목표를 향한 개혁 여론이 튼실하게 형성될 것이기 때문이다.

그러나 거기서 그쳐선 안 된다. 가장 중요한 협업 파트너는 정치가들이다. 시민단체들이 학자와 언론인 등과 더불어 선거제도의 개혁을 위한 '정치기업체political enterprise'를 설립하여 개혁 정치가들을 참여시키고 그들에게 힘을 모아준다면 개혁 가능성은 크게 높아질 것이다. 이유는 간단하다. 정치가가 아닌 시민 정치기업가들이 실제 정치과정에 참여하는 데에는 명확한 한계가 있기 때문이다. 사실 정책 결정 과정에 직접 참여하여 구체적인 영향력을 발휘하는 것은 정당과 정치인들의 고유 권한이다. 시민사회단체들은 오직 간접 영향력을 행사할 수 있을 뿐이다. 따라서 정책 결정 과정에서 시민의 개혁 요구를 대변 혹은 대리할 수 있는 정치가의 존재는 필수이다. 정치기업체는 성공적인 개혁을 위해 시민사회단체들과 정치인들이 상호 협업을 (공식 혹은 비공식적으로) 체계화한 유기적 조직체라고 정의할 수 있다. 앞 장에서 본 뉴질랜드의 ERC나 일본의 '민간정치임조'도 일종의 정치기업체였던 것이다.

최적의 정치기업가로서의 대통령 후보

사실 정치인, 특히 정당 지도자가 정치기업가로 나선다면 그 효과는 민간의 경우와는 비교가 안 될 정도로 높아진다. 그들은 이미 확보하고 있는 대중적 인지도나 정치조직 등을 활용하여 정책 정보를 누구보다 쉽고 빠르게 확산시킬 수 있다. 더구나 개혁 여론의 구심점 역할은 물론 그것을 정치과정에 연결하는 일도 직접 해낼 수 있다. 뉴질랜드와 일본의 경우에도 제프리 파머나 오자와 이치로 같은 유력 정치가들의 활약을 빼놓고는 선거제도의 변화를 제대로 설명할 수 없다. 여론을 동원하고, 이를 등에 업은 개혁파 정치가들이 정치기업가의 자세로 앞서 나가지 않았더라면 수십 년간 유지돼오던 선거제도가 전면적으로 바뀌는 일은 결코 일어나지 않았을 것이다.

제왕적 대통령제 국가인 한국에선 정치인 중에서도 특히 유력 대선 주자의 반열에 오른 정상급 정치인이 단연 최적의 정치기업가라고 할 수 있다. 대선 국면에서처럼 거의 모든 시민들이 정치와 개혁 의제에 지대한 관심을 기울이는 경우는 없다. 이런 국면의 한복판에 서서 시민들의 주목을 한몸에 받는 대선 후보가 비례대표제의 도입과 합의제 민주주의의 제도화 필요성을 친절하면서도 열정적으로 설명하며 '한국 민주주의의 새판 짜기'를 최우선 공약으로 내세운다면 정보 확산 효과는 필경 최대치에 이를 것이다. 이러한 경우의 대통령 후보보다 더 강력하고 효과적으로 정치개혁 여론을 동원하고 결집시킬 수 있는 사람이 어디에 있겠는가.

그뿐만이 아니다. 정책 정보의 제공자이며 확산자인 대선 후보는 그 자신이 곧바로 개혁 여론의 구심점이 된다. 그리하여 대통령에 당선되면 강력한 국민 여론을 무기 삼아 합의제 민주주의의 발전에 필요한 정치제도 개혁을 완수해내리라는 믿음을 시민들에게 심어줄 수 있다. 실제로 그렇게 하여 당선된, 즉 시민들의 정치개혁 열망을 조직하여 대통령직에 오른 사람이 시대적 요청을 무시하고 제도개혁을 등한시하기는 어려울 것이다. 결국, 시민단체들이 주축이 되어 구성된 정치기업체에서 합의제 민주주의로 나아갈 의지와 능력을 갖춘 개혁 정치가를 대선 후보로 배출해낼 수만 있다면 한국의 체제전환 가능성은 크게 높아지리라는 것이다.

방금 의지와 능력을 겸비한 대선 후보가 필요하다고 했는데, 그 '의지'와 '능력'이란 과연 무엇일까? 가장 중요하다고 생각되는 것만을 하나씩 짚어보기로 하자. 위에서 언급한 비례대표제포럼이라는 시민단체는 2013년 6월 제5회 포럼을 광주에서 개최했다. 흥미롭게도, 당시의 논의 주제는 "제2의 민주화운동 : 합의제 민주주의를 향하여!"였다.[62] 비례대표제포럼은 이미 수명이 다한 87년 민주주의체제에서 벗어나 시대정신의 구현에 합당한 합의제 민주주의체제로 새롭게 나아가기 위해서는 (87년 체제의 성립을 위해서도 그러했듯) 시민들이 새 힘을 한데 모아 기존 정치권이 무시 못 할 강력한 개혁 압력을 가해야 하는바, 이것이 바로 '제2의 민주화운동'이라고 규정했다. 그리고 다시 시작해야 할 민주화운동의 첫 번째 목표는 비례대표제의 획기적 강화라고 천명했다. 말하자면, '또다시' 민주화운동에 임한다는 시민사회의 각오와 의지만이 새로운 민주주의 건설의 기초 작업인 선거제도의 개혁을 이루어낼 수 있으리라는 것이었다. 최적의 정치기업가로서의 대통령 후보는 바로 이와 같은 각오와 의지를 지닌 인물이어야 할 것이다. 민주화운동에 헌신하겠다는 의지로 새로운 민주체제의 창출에 자신의 역량을 총집결할 수 있는

62 제5회 비례대표제포럼에서 다룬 세부 논의 주제와 참여자, 그리고 여기에서 채택된 '광주 제안' 등에 관한 자세한 내용은 정치경영연구소 사이트에서 찾아볼 수 있다. http://ipm.hallym.ac.kr/pr025(2014년 8월 7일 검색).

사람이어야 새 시대를 염원하는 시민사회의 참 지도자가 될 수 있다.

대통령 후보라면 마땅히 외교, 국방, 정치, 경제, 사회, 교육, 문화 등 제반 영역의 주요 정책 과제들을 모두 꿰고 있어야 한다. 모든 국가적 의제를 충분히 이해하고 이에 대한 구체적 대안을 마련해두어야 한다는 것이다. 그러나 분명한 사실은 동서고금의 어느 정치가도 모든 의제와 정책 과제를 동등한 비중으로 취급하지는 않는다는 것이다. 기준이 어떻든 모든 정치가들은 우선해야 할 목표와 중시해야 할 과제를 그렇지 않은 것들과 구분한다. 합의제라고 하는 새로운 민주체제의 건설을 위하여 대통령이 되겠다는 정치가라면, 그리고 이를 위하여 '민주투사' 같은 의지를 끝까지 유지하겠다는 정치가라면, 의당 최우선 개혁 과제는 (대통령이 된 이후까지도 물론) 비례대표제의 도입, 구조화된 다당제의 확립, 연정형 권력구조의 창출 등이어야 한다. 경제의 민주화, 복지국가의 건설, 남북한 국가연합 혹은 통일의 달성, 그리고 동아시아 공동체의 형성 등과 같은 대내외적 장기 과제들은 모두 합의제 민주주의의 발전이라는 '으뜸 과제'의 후속 과제나 동반 과제 등으로 설정할 수 있을 정도의 과감하고 투철한 실천 의지가 있어야 한다. 그렇지 않고 비례대표제나 연정형 권력구조의 도입을 단순히 여러 영역에 걸쳐 산재해 있는 수많은 개혁 과제들 중의 하나로 여긴다면 아무 일도 성사될 수 없다. 그에게 있어 새로운 민주체제의 구축은 유일 과제는 아닐지라도 유일의 '지상'과제여야 하며 역사적 소명이어야 한다. 여기서 잠깐 정치기업가로서의 노무현 대통령을 평가해보자.

사실 노무현 대통령의 집권 기간 중 가장 큰 기대를 모았던 정치제도 개혁은 바로 비례대표제의 확대였다. 비록 민주노동당의 헌법소원과 헌법재판소의 위헌 판결에 따른 결과이기는 했으나 어쨌든 부분적이나마 정당명부식 비례대표제가 처음 제도화된 것은 참여정부 시절의 일이었다. 그 덕에 2004년 17대 총선에서는 민주노동당이 10석을 얻어 1961년 5·16 쿠데타 이후 진보정당이 처음으로 원내에 진출하는 역사적 사건이 벌어졌다. 이념과 정책 중심의 구조화된 다당제라는 합의제 민주주의 발전의 정당 조건이 형성될 가능성이 드디어 보이기 시작했던 것이다. 더구나 이때 '87년 민주화' 이후 최초의 여대야소가 성립되었다. 법률 개정을 통하여 비례대표제를 강화할 수 있는 절호의 기회가 온 것이었다. 잘 알려져 있듯, 노무현 대통령은 후보 시절부터 줄곧 중대선거구제나 비례대표제의 도입 필요성을 강조해왔다. 노 대통령의 열린우리당이 152석으로 단독 다수당의 지위를 확보했고, 거기에 전면 비례대표제의 도입을 공식 당론으로 삼고 있는 민주노동당이 얻은 10석이 더 있었으니 선거제도 개혁안을 통과시킬 수 있는 의석수는 충분했던 것이다.

그러나 무슨 일인지 노무현 대통령은 그 호기를 활용하지 않았다. 17대 국회에 들어와 정치개혁특위의 활동은 재개됐지만 여당이 주도하는 적극적인 선거제도 개혁 추진은 목격되지 않았다. 여소야대 시절인 2003년 4월에 행한 국회 시정연설에서는 "국회가 지역 구도 해소를 위해 선거법을 (중대선거구제나 비례대표제 등으로) 개정하면 과반수 정당을 차지한 정당 또는 정치연합에게 내각의 구성 권한을 이양하겠다"(참여정부 대통령비서실 2009, 202)는 파격적인 선언을 했던 노무현 대통령이었다. 그러나 그러한 프랑스식 동거정부 구성 얘기도 중단되었다. 여대야소로 국정 운영 상황이 편안해지니 제도개혁의 절심함이 사라진 탓이 아니겠느냐는 원망 섞인 분석이 분출했다. 대결 정치의 타파를 위한 선거제도 개혁과 대연정 구성 제안은 과연 여대야소 상황이 종료된 2005

년 4월 이후에야 다시 나왔다. 그러나 당시에는 이미 재집권을 확신하고 있던 한나라당이 소수파 대통령의 때 늦은 제안을 받아들일 리 없었다. 노대통령은 철저히 실기한 것이었다. 아니 그의 정치개혁 의지가 철저하지 않았던 것이다. 그에게 선거제도의 개혁과 연정형 권력구조의 창출이 지상과제였다면 어떻게 그 좋은 기회를 놓칠 수 있었겠는가. 어떻게 상황에 따라 지상과제의 지위 자체가 흔들릴 수 있었겠는가.

이제 능력에 대해 얘기해보자. 합의제 민주체제의 건설을 위한 최적의 정치기업가로서 대선 후보는 무엇보다 계급과 계층을 초월하는 포괄적 협력체계 구축에 유능한 사람이어야 한다. 이념이나 지향하는 가치가 없어야 한다는 의미가 아니다. 자기 이념은 분명히 갖고 있으되 다른 이념까지도 포용할 수 있는 '중도적' 성향의 소유자여야 한다는 것이다. 여기서 중도적이란 이념의 전파나 수호에 있어 배타적이기보다는 개방적이며, 경직되기보다는 유연하고, 인간이나 사물의 완벽함을 요구하기보다는 불완전성이나 불확실성을 너그럽게 수용하는 등의 태도를 말한다(박동천 2010, 522~523쪽). 만약 대선 후보의 이념이 진보라고 한다면 중도보수는 물론 합리적 보수와도 협력하고 연대할 수 있는 사람이어야 한다. 사회적 약자와 소수자 대변을 최우선시하면서도 동시에 강자나 경쟁세력 등에 대한 태도도 개방적이고 유연하며 너그러워야 한다는 것이다. 이는 곧 일반 시민들은 물론 보수세력들과의 소통 능력도 훌륭할 수 있어야 함을 의미한다. 생각해보라. 비례대표제의 도입이나 합의제 민주주의의 발전은 진보세력들만의 노력으로 되는 일이 아니지 않는가. 신자유주의 수구세력을 제외한 거의 모든 사회 구성원들의 이른바 '계급 교차적 연대cross-class alliance'가 이루어져야 가능한 일이다. 이때 보수진영을 불신과 증오의 대상으로 보지 않고 관용과 아량의 개방적 태도로 대할 수 있는 '중도적' 진보의 역할은 매우 중요하다. 이는 개혁 여론의 동원 과정에서는 물론 (대통령에 당선된 이후의) 실제 정치개혁 추진 과정에서도 그러하다.

아무리 제왕적 대통령이라 할지라도 선거제도 개혁은 홀로 성사시킬 수 있는 일이 아니다. 독일식 비례대표제의 도입을 추진한다고 할 경우 그것은 어떻게든 국회의원의 과반을 개혁 찬동파로 결집해내야 실현할 수 있는 일이다. 물론 여당이 정치개혁을 최우선 과제로 삼고 있는 당기黨紀 강한 이념정당이며, 국회에서 단독 다수파를 형성하고 있다면 대통령의 개혁 의지는 비교적 쉽게 제도개혁으로 연결될 수 있을 것이다. 실제로 19세기 말과 20세기 초 벨기에와 핀란드 등의 나라에선 사민당을 중심으로 노동계급의 정치력이 나라 전체를 뒤흔들 정도로 공고하게 결집되어 비례성을 보장하는 새 선거제도가 급진적으로 도입될 수 있었다.

그러나 21세기 초의 한국은 전혀 그럴 만한 환경에 있지 않다. 한국에선, 예컨대, 노동계급을 대표하는 진보정당이 홀로 국회 다수파가 될 가능성은 거의 제로에 가깝다. 노조 조직률은 10퍼센트에도 못 미치고, 그나마 노조 구성원들의 대다수인 대기업 정규직 노동자들은 대개 노동계급이 아닌 중산층이라는 정체성을 지니고 있다. 그렇다면 우리는 20세기 초의 덴마크나 네덜란드 혹은 전후의 독일에서 어떻게 비례대표제가 도입됐는지를 눈여겨봐야 한다. 그들 나라에선 중도정당이 좌파정당과의 연대를 도모함으로써 선거제도를 개혁할 수 있었다. 덴마크에선 중도우파인 자유당과 사민당, 네덜란드에선 기독교 계열 중도정당들과 사회주의 세력들, 그리고 전후 독일에선 중도보수인 기민당과 사민당 간의 중도-좌파 연대가 성사됨으로써 비례대표제가 도입될 수 있었던 것이다(Alesina and Glaeser 2012, 173~177쪽).

정치기업가 대통령이 비례대표제의 강화를 통해 한국에 합의제라는 새 정치체제를 만들어가겠다면 네덜란드와 독일 등의 예를 따라 진보-중도진보-중도보수정당들 간의 계급 및 계층 교차적인 포괄 연대 구축에 매진해야 한다. 새 정치를 염원하는 모든 정치세력들이 한데 모여 구동존이求同存異의 자세로 협력해야 '헌 정치' 수구세력의 높은 벽을 어렵게나마 넘어설 수 있기 때문이다. 이때 필요한 것은 당연히 연합정치의 형성 및 운영 능력이다. 중도-좌파 연대를 이끌어내어 그 힘으로 정치제도 개혁을 완수해낼 수 있어야 한다. 따라서 이를 주도하는 정치가는 분파적이고 당파적이기보다는 앞에 말한 의미의 '중도적' 인물이어야 한다. 노동자와 중소상공인 등의 사회경제적 약자 계층은 물론 중산층, 더 나아가서는 합리적 보수 계층의 지지와 신뢰도 받을 수 있는 사람이어야 한다.

정치기업체의 설립

이상에서 정치기업가로서의 대선 후보 역할을 크게 강조했지만, 아무리 그의 역할이 중요하다 해도 혼자서 '대업'을 달성할 수 있는 것은 결코 아니다. 그가 중심에 서되 주위에는 수많은 동지와 협력자들이 포진해 있어야 한다. 앞서 말한 정치기업체의 설립이 필요한 이유이다. 굳이 말하자면, 그는 정치기업체의 대표에 해당할 뿐이다. 정치기업체에는 대표 말고도 수많은 부서와 직책이 필요하다. 특히 다음의 네 부서는 필수적이라 할 것이다.

정보 연구 및 정보 확산 부서

첫 번째는 학자와 전문가들로 구성된 '정보 연구' 부서이다. 여기에선 시민들에게 제공할 정보의 내용, 범위, 수준 등을 결정해야 한다. 정책 정보는 무엇보다 설득력이 있어야 한다. 편견이 없는 일반 시민이라면 누구나 납득하고 동의할 수 있는 정보를 제공해야 개혁 여론을 형성할 수 있기 때문이다. 비례대표제의 도입으로 구조화된 다당제가 확립되고 그것이 연정형 권력구조와 결합함으로써 합의제 민주체제가 발전해가면 지금의 어떤 문제가 어떻게 해결되고 앞으로 무엇이 좋아지는지, 그리고 이런 체제전환의 가능성은 얼마나 되며 누가 그걸 이루어낼 수 있는지 등에 대한 정보가 널리 배포돼야 비로소 정치적 동원이 가능할 정도의 체제전환 여론이 형성된다. 이렇게 높은 설득력을 갖춘 정보의 작성은 전문가들이 맡아야 할 일이다. 87년 민주체제의 한계와 문제점을 세밀하게 분석하고, 대안으로 들어서야 할 한국형 합의제 민주주의체제를 설계하며, 대안체제가 작동될 경우 경제민주화와 복지국가가 어떻게 진전돼가는지를 설명하는 일은 정치학, 경제학, 사회(복지)학, 헌법학 등의 전문가들이 아니면 쉽게 할 수 없는 일이다.

두 번째는 '정보 확산' 부서로서, 여기서는 연구 부서에서 작성한 제도 및 정책 정보를 직접 시민들을 상대로 쉽게 풀어 널리 알리는 역할을 맡는다. 대중 설득력이 뛰어난 정보일지라도 정보의 획득이나 숙지 과정에 많은 시간과 비용이 소요된다면 여론 동원력은 제한적일 수밖에 없다. 큰 노력 없이 접할 수 있고 편하게 이해할 수 있는 정보일수록 여론 동원력은 높아진다. 말하자면, 정보의 접근성은 설득력 못지않게 중요하다는 것이다. 정보 접근성을 높이는 작업도 언론인, 언론정보학자, 문화예술계 인사, 시민단체 활동가 등의 전문가들이 맡아야 할 일이다.

언론(인)의 참여와 협조 정도는 정치기업체의 성공 가능성을 결정한다. 일반 시민들에게 정책 정보를 널리 퍼트리는 방법 가운데 신문, 방송, 잡지, 인터넷 매체 등의 활용보다 더 효과적인 것은 있을 수 없다. 평소에 일상적으로 보고 듣는 언론매체를 통해 중요한 정책 정보를 상당 기간에 걸쳐 지속적으로 접할 경우 기존 정치체제에 관한 시민들의 문제의식과 대안체제 희구 경향은 크게 높아질 수 있다. 11장에서도 지적한 바와 같이, 뉴질랜드 선거제도 개혁의 성공 요인 중 하나는 1980년대 후반부터 1990년대 중반 마침내 독일식 비례대표제의 도입이 결정되던 마지막 순간까지 뉴질랜드의 정치제도 문제를 장기에 걸쳐 끈질기게 제기했던《뉴질랜드 헤럴드》와《뉴질랜드 리스너》등 공신력 있는 매체들의 소명감 투철한 언론 활동이었다.

한국에서도 그동안 진보-보수 구분 없이 여러 종이 신문과 인터넷 신문이 선거제도를 비롯한 정치제도 개혁 문제를 기획기사 등의 형식으로 여러 차례 연재한 바 있다. 그러나 개혁 여론 조성을 위한 일종의 '씨뿌리기' 작업으로선 평가할 만하지만, 그것들이 유의미한 '수확'을 이미 냈거나 앞으로 낼 것이라는 기대를 하기는 어려운 게 사실이다. 우선 제공된 정보의 내용과 수준이 일반 시민들 사이에 폭넓은 공감대를 형성하기에는 다소 어렵거나 전문적이었다는 문제가 있다. 당연한 얘기지만, 앞으로는 보다 충분한 시간과 인력을 투입하여 기획을 치밀하게 해야 한다. 대중의 관심과 흥미를 끌 수 있도록 재미있고 쉽게, 그러면서도 실제 삶의 문제와 밀접히 연결돼 있는 매우 중요한 주제라는 생각이 들도록 진지하고 심각한 내용으로 구성돼야 한다. 언론정보학자들과의 협력은 물론 상기 연구 부서 구성원들과의 긴밀한 공조체계 구축도 필요하다. 정치기업체 차원의 협업이 중요하다는 것이다. 또 하나 아쉬운 것은 대체로 연재 기간이 너무 짧았다는 점이다. 체제전환이라는 초대형 주제를 놓고 시민들과 제대로 논의하기 위해서는 연중 기획 이상의 장기 기획물로 다루어야 할 것이다. 주제가 중요할뿐더러 기획이 튼튼하여 흥미롭기까지 하다면 다년간 연재물일지라도 독자층은 충분히 확보할 수 있지 않겠는가. 더 나아가, 이젠 신문만이 아니라 파급력이 월등히 큰 방송매체의 참여 방안도 적극 모색해봐야 한다.

문화예술인들, 특히 이른바 '소셜테이너'들의 정보 전파력은 실로 엄청나다. 대중들은 그들의 한마디 한마디에 지대한 관심을 기울인다. 김제동이나 이승환 혹은 이효리 등이 비례대표제가 왜 중요한지에 대해 자기 생각을 밝혔다고 쳐보자. 아마도 '비례대표제'는 당장 네이버와 다음 등 주요 포털 사이트의 검색 순위 1위에 올라갈 것이며, 관련 내용과 현실적 의미 등이 젊은이들의 SNS망을 통해 겹겹의 포물선을 그리며 전국 방방곡곡에 전파될 것이다. 노회찬, 원희룡, 천정배 등의 거물 개혁정치가들이 수년간을 강조하고 다녔어도 거의 모든 시민들에게 생경한 전문용어로만 머물러 있던 비례대표제는 이들이 나서줄 경우 단시간에 상식 수준의 시사용어로 변할 수도 있다. 어디 그 세 사람뿐인가. 권해효, 김미화, 김장훈, 김여진, 김혜수, 문소리, 송강호, 유아인, 윤도현, 윤영배, 이은미 등 우리 사회엔 시쳇말로 '개념 있는' 소셜테이너들이 여럿 존재한다. 다도 필요 없다. 그들 가운데 일부만 정치기업체에 참여한다 해도 개혁 여론은 훨씬 수월하게 형성돼갈 것이다.

시민단체들과 청년단체들도 매우 중요한 정보 확산의 주체이지만 그들의 역할에 대해서는 다음에서 논의하는 정치기업체의 세 번째 부서와 연결하여 얘기하는 것이 더 적당할 듯하다. 정보 확산 부서에 관하여 조금만 더 언급하고 그리로 넘어가도록 하자. 언론인, 문화예술인, 시민단체 활동가 등은 각기 개별적인 활동을 통해 정보 확산에 상당한 기여를 할 수 있지만, 그들은 또한 하나의 팀으로서도 매우 효과적인 운동을 펼칠 수 있다. 예컨대, 시민단체가 기획하고, 언론이 홍보하고 중계하며, 학자와 정치가, 문화예술인 등이 대거 참여하는 유익하면서도 흥겨운 대형 정치 행사가 17개 광역자치단체에서 분기에 한 번씩 번갈아가며 열린다고 상상해보라.[63] 거기서 우리 시민들과 청년들은 현실의 삶과 관련하여 왜 정치가 문제인 동시에 해법인지를 깨달을 수 있고, 대안체제에 대한 희망을 품게 될 수도 있으며, 스스로 정치적 주체로 나서겠노라고 다짐할 수도 있다. 4~5년 후면 전국에 걸쳐 열성 개혁파 시민들이 상당한 세를 형성하고 있을지도 모를 일이다. 정보 확산 부서는 전 국민의 이목을 집중시킬 수 있는 대형 이벤트를 수시로 개최하고 정보 연구 부서와 함께 시민강좌, 순회강연, 핸드북 발간 등을 통한 상시적인 대민 홍보 활동도 지속적으로 전개해야 한다. 한편, 오피니언 리더들의 의견 교환과 교류의 장인 (가칭) '합의제민주주의포럼'의 설립이나 청장년 정치기업가들의 교육을 목표로 하는 (가칭) '합의정치대학' 등의 운영도 고려해볼 만하다.

조직·협력 및 정치 부서

정치기업체에 필요한 세 번째 부서는 대내 조직과 대외 협력 업무를 담당할 부서이다. 이 '조직·협력' 부서는 그 자체가 상당한 규모를 갖춘 조직체여야 할 것이다. 전국 주요 도시에, 예컨대 17개 광역자치단체마

63 17개 광역자치단체란 1특별시, 6광역시, 1특별자치시, 8도, 1특별자치도 등을 통칭하는 개념으로 여기에는 서울, 부산, 대구, 인천, 광주, 대전, 울산, 세종, 경기, 강원, 충북, 충남, 전북, 전남, 경북, 경남, 제주 등이 포함된다.

다 지부를 둘 필요가 있을 것이기 때문이다. 이 부서는 각 지부 및 중앙 차원에서 비례대표제의 도입과 합의제 민주주의 발전에 찬동하는 모든 단체와 집단들을 발굴, 지원, 연계, 네트워크화함으로써 정치기업체가 이 회원 단체들의 '우산 조직umbrella organization'으로 기능할 수 있도록 해야 한다. 이 작업이 어느 정도 완성될 즈음이면 정치기업체에 '합의정치 구현연대회의'나 '정치체제의 전환을 위한 범국민운동본부'라는 명칭을 붙이는 것도 바람직할 것이다.

이 연대회의 혹은 범국민운동본부에는 크게 두 종류의 단체들이 포함돼야 할 것이다. 하나는 시민사회단체들이며, 다른 하나는 사회경제적 이익집단들이다. 두루 아는 바와 같이, 우리나라 시민사회단체들의 정보 제공 능력은 매우 뛰어나다. 특히 참여연대, 민변, 경실련, 복지국가소사이어티, 한국여성단체연합, 환경운동연합 등은 각기 자기 분야에서 사회적 신망을 크게 받고 있는 시민단체들이다. 공신력을 갖고 있는 이들이 정치체제 전환의 필요성과 당위성 그리고 실현 가능성 등에 대한 정보를 그들의 장점인 이벤트 기획력 등을 발휘하여 시민들에게 알린다면 개혁 여론의 형성 및 동원에 크게 기여할 것이다. 최근엔 청년단체들의 활약이 눈부시다. 청년유니온, 복지국가청년네트워크, 민달팽이유니온, 한국청년연합 등의 청년단체들은 회원들의 순수함과 진지함을 기본 자산으로 하여 상당히 빠른 속도로 의제 설정 능력과 사회적 발언권을 증대시켜가고 있다. 특히 이들의 SNS 활용 등을 통한 정보 공유 능력은 타의 추종을 불허할 정도로 뛰어나다.

시민사회단체들이 주로 일반 시민들을 대상으로 한 정보 확산 및 여론 형성 작업에 힘을 쏟는다면, 사회경제적 이익집단들은 공익 증진을 위해서라기보다는 바로 자신들의 이익을 위해 정치개혁 과정에 참여한다. 앞선 장들에서 우리는 한국의 여러 집단들, 특히 사회경제적 약자 집단들이 정치적 대리인을 안정적으로 확보하지 못하여 정치 및 정책 결정 과정에서 배제되기 일쑤이고, 따라서 그들이 염원하는 경제민주화와 복지국가 건설은 사실상 요원한 일이라는 점을 여러 차례 확인했다. 그렇다면 사회경제적 약자 집단들은, 8장에서 강조한 바와 같이, 이제부터라도 자신들의 정치적 대표성 확보를 위한 '주체 형성' 작업에 적극 나서야 한다. 정치기업체는 비례대표제의 도입을 시작으로 정치적 대표성이 충분히 보장되는 구조화된 다당제와 연정형 권력구조를 제대로 갖춘 합의제 민주체제를 확립함으로써 종국에 경제민주화와 복지국가 건설이라는 시대정신을 실현하고자 하는 정치사회 운동체이다. 사회경제적 약자 집단들이 정치기업체에 참여할 뿐만 아니라 관련 운동을 주도해감이 마땅한 이유이다.

예나 지금이나 어느 나라를 막론하고 비례대표제 도입 운동의 최선두에는 항상 노동세력이 있었다. 지금의 유럽 선진 복지국가들의 대다수는 대개 20세기 초 무렵에 비례대표제를 도입할 수 있었는데, 예외 없이 당시까지 거대한 정치세력으로의 변신에 성공한 노조의 막강한 영향력 덕분이었다. 노조는 어떤 나라에서는 독자적으로, 다른 나라에서는 계급 교차적인 연대 결성을 통해 비례대표제 도입 운동을 주도했다. 비교적 최근에 선거제도 개혁 움직임이 일었던 나라들에서도 상황은 비슷했다. 1990년대 중반의 뉴질랜드나 일본의 선거제도 개혁 과정에서도 비례대표제의 도입을 가장 강력하게 요구한 사회세력은 노동단체들이었다. 아직 사회적 이슈 만들기에 성공한 적이 없어서 그렇지, 민주노총과 한국노총을 비롯한 한국의 주요 노동단체들도 모두 비례대표제의 도입을 주창해왔다. 정치기업체가 발족하면 다양한 범위와 수준에 산재해 있는 노동단체들이 모두 참여하여 선거제도의 개혁을 위해 노동계의 힘을 한데 모아야 할 것이다. 특히 87년 정치체제의 대표적 배제 집단이라 할 수 있는 비정규직 노동자 단체들의 정치기업체 참여는 반드시 성사시켜야 할 일이다.

비정규직 노동자들 못지않게 사회경제적 중요성이 심대함에도 불구하고 정치적으로는 너무도 쉽게 배제의 대상이 되는 집단이 자영업자 혹은 중소상공인들이다. 앞에서도 언급했지만, 중소상공인들이 자신들의 세와 규모에 합당한 정치사회적 지위를 획득할 수 있는 가장 확실한 길은 정치 및 정책 결정 과정에서 대표성을 확보하는 일이다. 자신들의 대표 정당을 키워야 한다는 것이다. 이를 위해선 다음 두 가지 일에 매진해야 한다. 하나는 자신들을 전국적 네트워크를 가진 자발적 단일 결사체로 조직하는 일이다. 그리하여 영남이나 호남 등의 지역 이익을 뛰어넘는 중소상공인의 계층 이익이 결집되도록 해야 한다. 다른 하나는 선거정치에서 지역 변수의 중요성이 감소되고 직능이나 계층 변수의 중요성이 증대되도록 선거제도를 개혁하는 일에 앞장서는 일이다. 그래야 중소상공인들이 지역을 넘어 연대할 수 있다. 당연히 비례대표제의 획기적 강화가 그러한 개혁 운동의 핵심 목표가 돼야 함은 물론이다. 중소상공인들의 정치기업체 참여는 지극히 당연하고 합리적인 선택이란 것이다.

노동자나 중소상공인 단체들만이 아니다. 청년, 여성, 노인, 장애인, 환우, 다문화, 실업자, 빈곤 단체 등 정치력을 높여 사회경제적 지위와 영향력을 향상시킬 필요가 있는 모든 집단은 정치기업체에 참여해야 한다. 그리하여 '시장의 우위에 서서 시장을 조정하는 정치'가 항시적으로 작동하는 합의제 민주체제를 창출해내야 한다. 그래야 장기 프로젝트인 경제민주화와 복지국가의 건설을 완수하여 모두가 더불어 잘 사는 나라를 만들어낼 수 있다.

반드시 사회경제적 약자 집단들만이 참여할 일은 아니다. 2장에서 다수제 민주체제의 창시 국가인 영국에서도 1970년대 초반 이후 비례대표제 도입 요구가 점차 거세졌다는 사실을 소개했는데, 그 요구 집단 중에는 대기업들도 포함돼 있었다(Rogowski 1987). 1980년대 말에서 1990대 중반까지 일본의 선거제도 개혁을 위해 앞장섰던 시민단체인 '민간정치임조'의 최대 지원자도 바로 대기업 단체 중의 하나인 '경제동우회'였다(최태욱 2000). 영국과 일본의 이들 대기업들은 세계화 시대가 요청하는 정책의 안정성은 중위 유권자의 선호 혹은 평균적 시민들의 민의가 안정적으로 반영되는 정치체제에서 확보될 수 있는바, 그러한 체제는 비례대표제의 도입으로 구축될 수 있다고 판단한 것이다. 사실 민의가 제대로 반영되는 정치체제의 확립과 그에 따른 사회통합의 안정적 유지는 대기업의 국제경쟁력 유지에도 상당한 기여를 한다. 장기적 합리성에 따르자면 비례대표제와 합의제 민주주의의 발전이 대기업의 이익과도 일치한다는 것이다. 한국의 대기업들도 오직 돈 많이 벌기만을 목표로 하는 맘몬의 전위부대가 아니라 인류사회가 필요로 하는 상품과 서비스를 창조해내는 기업가 정신의 실천자로서 그 능력을 인정받고 세계의 유수 기업들과 어깨를 나란히 하고 싶다면 장기적인 관점에서 합리적인 선택을 할 수 있는 책임감 있는 사회 구성원으로 거듭나야 할 것이다.

마지막 네 번째 부서는 정치가들로 구성된다. 물론 정치가들은 정보확산에도 앞장서야 한다. 상기한 대로 그들의 정보 전파력은 매우 우수하다. 그러나 이 '정치' 부서의 주 임무는, 앞서 소개한 세 부서의 활약으로 시민사회에 체제전환 여론이 형성되면 개혁 여론과 열망을 정치적으로 동원하고 조직하여 집약하는 역할, 즉 국민적 개혁 압력의 구심점 역할을 맡아 여론을 실제 정치과정에서 제도개혁으로 전환해내는 일이다.

이 부서는 초당적 모임이어야 한다. 체제전환은 기본적으로 신자유주의 수구세력을 제외한 모든 개혁파 정치가들이 이념과 정파를 초월하여 공동으로 추진해가야 할 메가 프로젝트이기 때문이다. 노회찬과 심상정은 물론, 김두관, 안철수, 정동영, 천정배, 그리고 남경필과 원희룡 등 진보와 중도진보 및 중도보수를 대표하는 개혁파 정치가들이 모두 이 정치기업체에 참여한다고 생각해보라. 시민들은 신뢰할 수 있는 개혁 정치가들이 하나의 목적을 위해 협력체를 구성하는 것만으로도 체제전환 가능성과 그것의 사회경제적 개혁 효과에 대해 상당한 기대를 품게 될 것이다. 앞서 말한 '대표 정치기업가'는 시간이 흐름에 따라 이들 가운데에서 자연스레 부상하게 될 것이다. 그리고 그가 대선 후보로 나서게 되면서 정치기업체의 총역량은 그를 통해 발산하게 된다.

'2020년 체제' 혹은 '2024년 체제'

이제 지금까지 말한 정치기업체가 정치기업 행위를 체계적으로 펼쳐나갈 경우 어떤 일이 벌어질 수 있을지 상상해보자. 일종의 체제전환 시나리오를 작성해보자는 것이다. 여기에서는 정보의 확산 및 개혁 여론의 형성 과정에 대한 서술은 생략하고, 그 과정을 거쳐 여론 동원에 성공한 정치기업체가 마침내 대통령을 배출한 이후 새 대통령의 주도에 의해 선거제도와 권력구조 등의 주요 정치제도들이 어떻게 개혁될 수 있을지에 대해 얘기해보고자 한다. 시나리오에 불과하지만 눈여겨보아야 할 지점이 몇 군데 있다. 특히 비례대표제의 도입 방안과 체제전환 시점 등이 그러하다.

정치기업체에서 (실질적인) 대표 정치기업가로 일했던 정치가가 2017년 19대 대선에 출마한다면 그는 다음 세 가지를 시민들에게 약속해야 한다. 취임 첫 해인 2018년에 비례대표제 개혁, 이듬해인 2019년에 권력구조 개헌, 그리고 앞의 두 제도개혁이 완수될 경우 2020년 총선 직후 대통령직 사임 등이다. 그가 이른바 '체제전환 대통령'으로 선출되어 이 약속들을 모두 지킬 경우 고대하던 '2020년 체제'의 성립은 가능해진다.

앞에서 여러 번 강조한 바와 같이 비례대표제의 도입은 모든 제도개혁에 앞서야 할 일이며, 또한 (대통령에 당선되기 이전에 이미 형성된) 개혁 여론에 따라 수행돼야 할 일이다. 그렇다면 대통령의 첫 번째 사업은 '선거제도의 개혁을 위한 시민회의citizen's assembly for electoral reform'(이하 '시민회의')의 설립 및 운영이어야 할 것이다. 사실 시민회의 방식에 의한 비례대표제의 개혁은 비록 공식적으로 채택되진 않았지만 2012년 대선 과정에서 안철수 예비후보와 문재인 민주당 후보 캠프에서 공히 내부적으로 논의되었던 사안이다. 2014년 4월에는 새정치비전위원회가 이 방식으로의 선거제도 개혁 추진을 새정치민주연합에 제안하기도 했다. 시민회의 방식이 이처럼 여러 차례 거론됐던 이유는 무엇보다 거기엔 국민 여론을 개혁의 직접 동력으로 삼아 국회를 효과적으로 압박하는 기제가 포함돼 있기 때문이다.

시민회의 방식을 자세히 설명하기 전에 우선 2012년 대선 기간에 있었던 일화를 하나 소개하고자 한다. 배경 설명으로 훌륭하기 때문이다. 2012년 11월 13일 시민사회단체연대회의는 '시민 500인 원탁토론'

이라는 재미있는 이벤트를 주관했는데, 거기서 매우 흥미로운 결과가 도출됐다. 차기 대통령이 해결해야 할 최우선 과제가 무엇이냐는 질문에 토론 전엔 가장 많은 참가자들이 경제체제 개선과 양극화 해소라고 응답했으나, 3시간의 토론 후엔 그 답이 정치개혁으로 바뀌었다. 또한 '비례대표 의석수 100석으로 확대'가 당시의 대선 후보들이 내놓은 정치개혁 공약 중 가장 뛰어난 것으로 선정되기도 했다.[64] 이 토론회가 시사하는 바가 무엇이겠는가? 우리 시민들은 약간의 토론 과정만 거쳐도 '문제는 정치'라는 점과 '해법(의 출발점)은 비례대표제의 확대'라는 사실을 쉽사리 파악한다는 사실이 아니겠는가.

이처럼 최소한의 정보와 숙의 시간만을 제공할지라도 시민들은 집단지성을 발휘하여 가장 적절한 대안을 스스로 찾아낸다는 것이 시민회의 방식의 채용을 주장하는 이들의 핵심 논거이다. 게다가 이 방식은 실효성이 상당히 높은 선거제도 개혁 방안이기도 하다. 대통령 개인의 개혁 의지와 능력이 아무리 출중하다 할지라도, 예컨대, 2016년 총선에서 새누리당이 다시 단독 다수당이 되어 개혁에 반대할 경우 대통령이 추진하는 비례대표제 강화 법안이 통과될 가능성은 희박하다. 대통령의 개혁안이 실현 가능성까지 갖추려면 국회의 저항을 뚫을 방책도 포함돼 있어야 한다. '시민의 힘'을 동원하여 선거제도 개혁을 관철하겠다는 시민회의 방식이 바로 그러한 개혁안에 해당한다.

시민회의 방식을 통한 선거제도의 개혁은 이미 캐나다와 네덜란드 등의 주정부 차원에서 여러 차례 추진된 적이 있는데(Smith 2009, 3장), 19대 대통령이 이 방식을 채택할 경우 그는 취임 직후 국회의원 정수와

---

64 이는 상기한 대로 민주당의 문재인 후보가 내놓은 정치개혁 공약이었다.

동일한 300명의 시민들로 시민회의를 구성할 수 있다. 이때 시민의원들은 성별, 연령별, 지역별 분포를 고려하여 추첨에 의해 무작위로 선정돼야 한다. 추첨제를 택하는 이유는 특정 이념과 가치 등으로부터 시민회의의 중립성을 보장하기 위해서이다. 그렇게 선정된 시민의원들은 총 1년에 걸쳐 처음 4개월은 선거제도의 학습, 다음 4개월은 다양한 사회경제 집단들의 의견 청취, 그리고 마지막 4개월은 공개 토론과 논쟁 과정 등을 거쳐 그들이 생각하는 최적의 비례대표제 개혁안을 도출해낸다.[65] 좀 더 구체적으로 말하자면, 시민회의에선 비례대표 의석의 비중을 얼마나 늘릴지(50퍼센트 혹은 그 이상?), 지역구 의석과 비례대표 의석을 어떻게 혼합할지(연동제 혹은 병립제?), 그리고 국회의원 정수를 얼마나 늘릴지(500명 혹은 그 이상?) 등이 논의된다. 물론 네덜란드와 같이 전국을 단일 선거구로 하는 전면 정당명부 비례대표제를 도입하는 문제도 논의될 수 있을 것이다. 어떤 안이 도출되든 대통령은 시민회의안을 국회의 동의를 얻어 국민투표에 회부할 수 있다. 만약 국회가 국민투표 회부에 반대할 경우, 대통령은 개혁안의 도입 여부를 국회의 가부 투표로 결정하도록 할 수도 있다.

시민의원들은 분명 한국의 상황에 가장 적합한 비례대표제를 골라낼 것이다. 시민사회단체연대회의의 원탁토론회가 보여주었듯이, 우리 시민들은 단 3시간의 토론만으로 양극화 같은 사회경제적 문제는 정치적 해법으로 풀어야 하며, 이를 위해선 비례대표제의 강화가 필요하다는 점을 정확히 파악해내는 능력을 갖고 있다. 시민들의 집단지성이 뛰어나다는 사실은 한국의 민주주의 역사 자체가 웅변한다. 게다가 시민

65 시민회의는 통상 매주 토요일 오후에 개최되며, 시민의원에게는 적절한 보수가 지급된다.

회의 방식은 자기 보존의 철칙에 사로잡혀 기득권 수호에 혈안이 돼 있는 국회의원들을 압박하기에 매우 효과적인 개혁 방안이다. 공개 가부 투표로 법안 통과 여부를 결정케 할 경우 1년간의 사회적 공론화 과정을 거쳐 국민이 직접 만들어낸 개혁안을 국민의 대표기구라는 국회가 거부하기는 쉽지 않을 것이다.

두 번째 공약인 권력구조의 개편 역시 기본적으론 시민들의 선호에 따라 그 내용과 시기가 결정돼야 할 일이다. 다행스러운 것은 제왕적 대통령제의 개혁 필요성에 대해선 벌써부터 사회적 공감대가 넓게 형성돼 있다는 사실이다. 물론 의원내각제와 분권형 대통령제 가운데 어느 쪽이 더 석당할지, 그리고 각각의 경우에 구체적으로 어떤 형태를 채택해야 할지 등에 대해서는 아직 합의된 바가 없다. 그러나 '제2의 민주화운동'을 주도하는 정치기업체가 2014년이나 그 이듬해쯤에 등장하여 선거제도 개혁 운동과 더불어 권력구조 개편 논의를 지속적으로 펼쳐간다면 체제 전환 대통령이 임기 2년차에 들어가는 2019년 무렵에는 상당히 구체화된 권력구조 개편안이 도출돼 있을 수도 있다. 9장에서 강조한 바와 같이, 범사회적 공론장이 개설되어 4~5년에 걸친 개헌 논의가 체계적으로 꾸준히 진행된다면 사회적 합의는 충분히 형성될 수 있기 때문이다.

더구나 과거와 달리 이번 경우는 현직 대통령이 임기 초에, 그것도 자신이 내세운 대선 공약의 실천을 직접 주도하는 상황이다. 과거의 대통령들은 모두 임기 후반부나 말에 이르러 레임덕에 빠졌을 때 권력구조 개편 안을 내놓곤 했다. 그러니 아무도 진지하게 받아들이지 않았고, 사회적 합의를 이룰 시간적 여유도 없었으며, 유의미한 진전이 이루어질 리 없었다.

이번 경우는 더더구나 현직 대통령이 개헌 성사 후에는 스스로 사임

하겠다는 세 번째 공약까지 내놓은 상황에서 전개되는 개헌 정국이다. 누구도 진정성을 의심할 수 없는 전혀 새로운 상황이라는 것이다. 사실 체제전환 대통령이 되고자 한다면 조기 용퇴는 불가피하다. 2019년에 의원내각제나 분권형 대통령제로의 전환을 핵심 내용으로 하는 개헌이 이루어졌다고 치자. 어느 경우이든 국회와 대통령의 역학관계를 규정한 헌법 조항들의 수정은 불가피하다. 이때의 문제는 양 기관의 임기가 서로 달라 그들의 상대적 권력을 동시에 변경하는 일이 쉽지 않다는 것이다. 그러나 2017년에 당선된 19대 대통령이 자기 임기를 2년 반으로 줄여 2020년 20대 국회의 출범과 함께 물러나겠다고 한다면 문제는 쉽고 빠르게 풀린다. 더구나 20대 국회는 2018년에 도입된 새 비례대표제에 의해 구성된 첫 번째 국회이기도 하다. 바로 이 국회가 19대 대통령의 사임 직후 수상 또는 책임총리를 선출하면 2020년 체제는 순조롭게 출범할 수 있는 것이다.[66]

지금까지 상정한 2020년 체제 시나리오는 정치기업체가 2017년 대선에서 체제전환 대통령을 당선시켰을 경우를 전제로 한 것이다. 만약 이 일을 성사시키지 못한다면 2020년 체제는 들어설 수 없다. 그땐 다시 '2024년 체제'를 목표로 활동해야 한다. 즉 2022년 대선에서 체제전환 대통령을 만들어내, 그가 2023년 비례대표제 도입, 2024년 권력구조 개헌, 그리고 그해의 21대 국회 출범 직후 대통령직 사임 등을 통해 합의제 민주주의체제를 수립하도록 해야 한다는 것이다. 물론 이 경우 체제전환 대통령의 임기는 1년 반에 불과하다.

---

66 그렇게 사임한 19대 대통령이 4년 후인 2024년 총선에 출마하여 국회의원에 당선되고, 더 나아가 국회에서 선출하는 책임총리 또는 수상직에 도전하는 것은 무방할뿐더러 오히려 권장할 일이라고 판단된다.

2년 반이나 1년 반 동안만 대통령직을 맡아 획기적인 비례대표제를 도입하고, 그것과 제도적 조화를 이루는 연정형 권력구조까지 견인해낼 수 있는 정치가가 2017년이나 2022년 대선을 통해 등장한다면, 그는 한국 민주주의의 구체제를 극복하고 신체제를 구축한 위대한 영웅으로 역사에 기록될 것이다. 그야말로 '백마를 타고 오는 초인'으로 불려 마땅한 사람이다. 우리는 그런 초인을 찾아내야 한다.

청년 정치기업가

간절히 바라기는, 그 '초인 찾기' 작업에 청년들이 적극 나서주는 것이다. 더불어 정치기업체의 설립과 활동에 주도적으로 참여하는 것이다. 또다시 강조하지만, 정치가 문제요, 해법이다. 시장의 우위에 있어야 마땅할 민주정치를 이제부터라도 바로 세워 시장을 항시적으로 통제하는 것 외에는 맘몬과 신자유주의의 구속으로부터 헤어날 길이 없다. 지금의 87년 다수제 민주주의체제에선 일반 시민들이 시장 권력에 맞서 이를 제어하고 조정할 수 있는 정치적 길항력을 안정적으로 보유할 수가 없다. 정치기업체 활동을 통해 합의제 민주주의를 발전시켜가야 한다. 2020년 체제나 2024년 체제를 목표로 삼아야 한다. 어쩌면 합의제 민주주의가 해법이라는 주장이 답답하게 들릴 수도 있을 것이다. 굳이 혁명까지는 아닐지라도, 진보파의 단독 장기집권같이 보다 화끈한 해법이 따로 있을지 모른다는 생각이 들기도 할 것이다. 그러나 단언컨대 그런 방법은 이제 더 이상 존재하지 않는다. 아직도 확신이 안 든다면, 이 책을, 특히 7장을 다시 읽어보기를 바란다.

정치기업체에서 청년들이 할 수 있는 일은 무한히 많다. 위에서 정치기업체에 필수적인 네 부서에 대해 설명했다. 청년들은 자기 적성에 따라 어디서든 활동할 수 있다. 공부하고 생각하고 상상하는 것을 즐긴다면 정보 연구 부서에서 일하라. 학자와 전문가 중심이라곤 하지만 젊은이들의 새로운 시각과 신선한 문제의식, 그리고 자유로운 창의력은 언제나 환영받는 곳이다. 더구나 청년들 자신이 전문 연구자가 될 수도 있다. 어차피 이 프로젝트는 2014년을 기점으로 할 때 짧게는 5~6년 길게는 10년 혹은 그 이상이 걸려야 끝을 볼 것이지 않은가. 그 기간이면 박사학위도 받을 수 있다. 어느 경우이든 지금부터라도 합의제 민주주의와 관련된 다양한 공부 모임을 많이 만들어 그 안에서 동지들을 발견하고 깊이 사귀길 권한다.

SNS에 익숙한 요즘 우리 사회의 평균적 청년이라면 이미 정보 확산 활동에 참여할 수 있는 기본 조건은 갖추고 있는 셈이다. 필요한 것은 비례대표제와 합의제 민주주의에 대한 애정과 열정이다. 그것만 있다면 자신이 보고 듣고 접하는 관련 정보를 모두 친절한 방식으로 옮기기만 하면 된다. 좀 더 적극성을 발휘하고 싶다면, 언론 활동에 참여하라. 시간이 충분하니 직업 언론인이 될 수도 있겠지만, 그게 아니더라도 자신이 속한 학교, 직장, 지역 등에 있는 다양한 종류의 간이 언론매체를 활용할 수도 있다. 개인 블로그나 팟캐스트의 운영도 가능한 일이다. 물론 시민단체나 청년단체에 가입하여 정보 확산 운동을 본격적으로 할 수도 있다. 문화예술 분야에서 사회적 영향력을 행사하는 것도 훌륭한 일이다.

정치기업체의 정보 확산 부서나 조직·협력 부서가 전국 각지에 지부를 설치하는 등 상당한 규모를 갖추어 체계화되면 청년들은 거기서 상근자나 파트타이머 혹은 자원봉사자 등으로 직접 일할 수도 있다. 그것이 아마도 청년 정치기업가로서의 정체성을 가장 분명하게 인식하며 일할 수 있는 경우일 것이다. 하지만 그렇게 일할 수 있는 청년들의 수는 제한될 수밖에 없다. 보다 많은 청년들의 직접 참여는 회원 가입을 통해 가능해진다. 11장에서 언급한 바와 같이, 뉴질랜드의 정치기업체인 ERC는 전국에 퍼져 있는 수천 명의 열성 회원들 덕분에 놀라운 성과를 거둘 수 있었다. 단순히 인구 비율로만 따진다면, 뉴질랜드 인구의 열 배에 달하는 한국의 정치기업체에는 수만 명의 열성 회원들이 일할 수 있다는 얘기이다. 그 정도면 청년들의 직접 참여 기회는 폭넓게 열려 있는 셈이다. 회원 등록은 하지 않더라도 일회성이나 간헐적 참여에는 열심일 수 있다. 예컨대, 서문에서 소개한 '선거제도 개혁을 위한 100만인 서명운동'에 참여하는 것이다. 이처럼 청년들이 할 수 있는 일은 무한하다.

직업 정치가의 길도 권하고 싶다. 서문에서도 강조했지만, 청년들이 체제변혁 운동에 적극 나서는 게 매우 중요하다. 가장 적극적인 참여 방식은 역시 정당 활동이다. 합의제 민주주의로의 전환을 도모하는 새 정당을 만들거나 이에 찬동하는 기존 정당에 가입하라. 기존 진보정당들은 모두 비례대표제의 도입을 강령으로 택하고 있다. 정의당, 통합진보당, 노동당, 녹색당, 어디든 좋다. 자신의 이념 지향에 맞는 정당에 들어가 군소 정당을 키워내라. 예컨대, 한국의 정치사회 현실에서 사회주의나 사민주의 정당의 발전은 한계가 명확하고, 따라서 대안적 진보정당은 녹색 세력이 만들어야 한다고 생각한다면, 녹색당의 청년 당원이 돼라. 실망에 실망을 거듭하긴 했지만 그래도 새정치민주연합을 새정치의 주체로 앞장세우는 방안이 가장 현실적이라고 판단되면, 그 당이 진정한 중도진보정당으로 거듭날 수 있도록 힘을 보태라. 그러나 아무리 생각해도 그 당으론 안 되겠다 싶으면, 동지들과 힘을 모아 진보적 자유주의나 사회적 자유주의 혹은 '자유사회주의liberal socialism'를 표방하는 중도진보정당을 제3지대에 새롭게 설립하라. 중도진보정당보다는 중도보수정당이 정치체제 변혁에 보다 큰 기여를 할 수 있으리라 여긴다면, 새누리당 안팎에 존재하는 합리적 보수 혹은 개혁적 보수세력과 함께 그러한 정당을 만드는 데 힘쓰라. 어느 쪽을 택하든 정당정치인이 되어 정치기업체의 정치 부서에서 정회원으로 일하기를 권한다. 정치 부서는 소수의 거물급 정치인들만으로는 자기 역할을 모두 수행해낼 수 없다. 기존의 중진 및 소장 개혁파 정치인들은 물론 청년 정치인들이 신규로 대거 합류해주어야 비로소 체제전환이라는 최종 결과물을 생산해낼 수 있다.

한국의 상당수 청년들이 어느 분야에서든 이처럼 자신이 할 수 있는 방식으로 정치기업 행위에 동참할 때 시기가 무르익으면 한국의 민주주의는 분명 우리 청년들을 복지공동체로 인도해줄 것이다. 그때는 돈 걱정 없이 사랑할 수 있으며, 여유롭게 가정을 꾸리고, 마음 편히 자식을 낳을 수 있다. 가난하다고 기죽지 않아도 되며, 무슨 일을 하든 당당할 수 있다. 누구에게나 상냥할 수 있고, 아무에게나 친절할 수 있다. 어쩌면 강자와 약자가 서로를 배려하며 유쾌하게 상생하는 정의가 충만한 이상향이 우리의 이 땅에 그와 비슷한 형태로 펼쳐질지도 모를 일이다. 아마도 지금의 20대와 30대 청년들은 그 혜택을 많이 누리지는 못할 것이다. 전면적인 수혜자들은 다음 청년 세대쯤에서부터 나오지 않겠는가. 그러나 아름다운 세상의 창조자들은 바로 지금의 청년들이다. 노력하자. 얼마간의 희생을 기꺼이 감수하자. 그래서 제2의 민주화운동에 성공한 세대로, 한국형 합의제 민주주의를 출범시킨 세대로, 그리하여 한국을 선진 복지국가의 반열에 올려놓은 자랑스러운 세대로 역사에 길이 남자.

지은이의 논문 · 칼럼 목록

논문

〈국제화의 국내정치효과 : 일본 대기업의 선거제도 개혁압력〉, 《국가전략》 6권 4호(2000).

〈세계화와 한국의 정치개혁〉, 윤영관 · 이근 엮음, 《세계화와 한국의 개혁과제》(한울, 2003).

〈한국의 FTA 정책과 이익집단 정치〉, 《세계정치》 27권 2호(2006).

〈민주정부 10년의 경제정책〉, 《내일을 여는 역사》 통권 37호(2009).

〈신자유주의는 어디서 와서 어디로 가는가〉, 최태욱 편, 《신자유주의 대안론》(창비, 2009).

〈복지국가 건설과 '포괄정치'의 작동을 위한 선거제도 개혁〉, 《민주사회와 정책연구》 통권 19호(2011).

〈정치개혁 : 유러피언 드림, 아메리칸 로드?〉, 강원택 · 장덕진 엮음, 《노무현 정부의 실험 : 미완의 개혁》(한울, 2011).

〈동북아의 내수중시경제로의 전환〉, 서울대학교 국제문제연구소 편, 《글로벌 금융위기와 동아시아》(논형, 2011).

〈진보적 자유주의의 진보성과 실천력에 대하여〉, 최태욱 편, 《자유주의는 진보적일 수 있는가》(폴리테이아, 2011).

〈한국형 조정시장경제와 합의제 민주주의〉, 최태욱 편, 《자유주의는 진보적일 수 있는가》(폴리테이아, 2011).

〈뉴질랜드의 선거제도 개혁과 정치기업가〉, 《한국정치연구》 21집 2호(2012).

〈절차적 민주주의의 문제와 한국의 사회 갈등〉, 최태욱 편, 《갈등과 제도 : 한국형 민주 · 복지 · 자본주의 체제를 생각한다》(후마니타스, 2012).

〈경쟁력을 위한 사회합의주의 발전의 정치제도 조건 : 네덜란드와 아일랜드, 그리고 한국〉, 《동향과 전망》 통권 88호(2013).
〈조정시장경제와 합의제 민주주의의 상호보완성〉, 《기억과 전망》 통권 29호(2013).
〈분배친화적 민주체제 : 합의제 민주주의〉, 한국 사회과학협의회 편, 《나눔의 사회과학》(2014, 근간)
〈아메리칸 드림 vs. 유러피언 드림 : 비례대표제가 관건이다〉, 최태욱 편, 《비례대표제 핸드북》(2015, 근간)

칼럼

〈맘몬의 대한민국 지배〉, 《한겨레신문》 2007년 11월 7일자.
〈비례대표제에 대한 소고〉, 《한겨레신문》 2008년 3월 12일자.
〈승자독식-패자전몰 다수제 민주주의의 함정〉, 《프레시안》 2009년 7월 10일자.
〈신자유주의의 대안 마련과 합의제 민주주의〉, (《프레시안》 2009년 7월 18일자.
〈정당의 구조화와 선거제도의 개혁〉, 《프레시안》 2009년 7월 25일자.
〈한국의 위임대통령제와 지역·인물 정당구도〉, 《프레시안》 2009년 8월 2일자.
〈합의제 민주주의를 위한 선거제도 개혁 방향〉, 《프레시안》 2009년 8월 15일자.
〈위임대통령제의 합의제적 권력구조로의 전환〉, 《프레시안》 2009년 8월 24일자.
〈뉴질랜드는 어떻게 독일식 비례대표제의 도입에 성공했나?〉, 《프레시안》 2009년 9월 2일자.
〈누가 선거제도 개혁을 가능케 하는가?〉, 《프레시안》 2009년 9월 7일자.
〈무상급식 논쟁의 건설적 의미〉, 창비주간논평 2010년 3월 3일자.
〈중도보수 정당의 탄생 가능성〉, 《경향신문》 2010년 11월 4일자.
〈'보편적 복지'와 정치개혁〉, 《경향신문》 2011년 1월 13일자.
〈복지국가, 경제도 달라져야 한다〉, 《경향신문》 2011년 2월 17일자.
〈상인들이여, 대표정당을 키워라〉, 《경향신문》 2011년 5월 13일자.
〈나눔의 예술〉, 《경향신문》 2011년 7월 14일자.
〈'안철수 현상'과 정당 공백〉, 《경향신문》 2011년 9월 24일자.
〈정당 수급 불균형 깰 비례대표〉, 《경향신문》 2011년 11월 19일자.
〈중도보수도 아우르자〉, 《경향신문》 2012년 1월 14일자.
〈'비례대표제 연대'에 답하라〉, 《경향신문》 2012년 2월 11일자.

〈'3년 반짜리' 대통령〉, 《경향신문》 2012년 3월 10일자.
〈결선투표제와 비례대표제〉, 《경향신문》 2012년 7월 28일자.
〈'사장님'들의 나라를 위하여〉, 《경향신문》 2012년 9월 22일자.
〈비례대표제 확대, 시민 힘으로〉, 《경향신문》 2012년 11월 17일자.
〈영성마저도 약한 이들을 위하여〉, 《경향신문》 2013년 1월 25일자.
〈네덜란드 모델의 귀환, 핵심은 중도정당〉, 《경향신문》 2013년 4월 25일자.
〈정치시장의 자유화를 위하여〉, 《경향신문》 2013년 5월 24일자.
〈광주에서 시작되는 '제2민주화운동'〉, 《경향신문》 2013년 6월 21일자.
〈진보적 자유주의, 좌파와 우파〉, 《경향신문》 2013년 7월 19일자.
〈복지 증세와 중산층의 선호〉, 《경향신문》 2013년 8월 16일자.
〈안철수의 '중도보수 신당'이 필요한 이유〉, 《경향신문》 2013년 9월 13일자.
〈새로운 민주주의체제를 고대하며〉, 《경향신문》 2013년 10월 18일자.
〈'우리 모두의 정부'를 갖고 싶다〉, 《경향신문》 2013년 11월 15일자.
〈민주당 위기의 3대 요인〉, 《경향신문》 2013년 12월 13일자.
〈'아프니까' 정치에 관심을 갖자〉, 《경향신문》 2014년 1월 10일자.
〈'새정치 연대'를 도모하라〉, 《경향신문》 2014년 2월 14일자.
〈선거제도개혁연대로 연합정치의 대미를 장식하라!〉, 창비주간논평 2014년 3월 19일자.
〈정치규제야말로 '암 덩어리'〉, 《경향신문》 2014년 4월 25일자.
〈세월호 참사는 '맘몬'에 굴복한 정치 때문!〉, 《프레시안》 2014년 5월 7일자.
〈스펙 쌓기는 그만! 정치로 '곳간'을 털자〉, 《경향신문》 2014년 5월 23일자.
〈시장에 맞서는 정치를 위하여〉, 《경향신문》 2014년 8월 15일자.

참고문헌

강명세, 〈재분배의 정치경제 : 권력자원 대 정치제도〉, 《한국정치학회보》 47집 5호(2013).

강명세, 〈빈곤의 정치경제 : 상대적 빈곤의 결정요인〉, 《세계지역연구논총》 32집 1호(2014).

강원택, 〈뉴질랜드〉, 박찬욱 편, 《비례대표선거제도》(박영사, 2000).

강원택, 《한국의 정치개혁과 민주주의》(인간사랑, 2005).

강종구, 〈은행의 금융중개기능 약화 원인과 정책과제〉, 한국은행 동향/연구보고서(2005).

고세훈, 〈복지한국을 위한 '이해관계자 복지'의 모색〉, 《동서연구》 19권 1호(2007).

고은해, 〈덴마크, 모두 같은 출발선에서 시작하는 세상〉, 정치경영연구소 편, 《다시 태어나면 살고 싶은 나라》(홍익출판사, 2014).

곽소현, 〈노르웨이, 죄책감 없이 대학에 간다〉, 정치경영연구소 편, 《다시 태어나면 살고 싶은 나라》(홍익출판사, 2014).

곽정수 · 김상조 · 유종일 · 홍종학, 《한국 경제 새판짜기》(미들하우스, 2007).

김낙년, 〈한국의 소득 집중도 추이와 국제비교, 1976~2010 : 소득세 자료에 의한 접근〉, 낙성대경제연구소 워킹페이퍼 WP2012-03(2012).

김민혜, 〈독일, 별 탈 없는 복지의 속사정〉, 정치경영연구소 편, 《다시 태어나면 살고 싶은 나라》(홍익출판사, 2014).

김성환, 〈유러피언 드림에서 코리언 드림의 길을 묻다〉, 김병준 · 김창호 외 지음, 《10권의 책으로 노무현을 말하다》(오마이북, 2010).

김왕식, 〈한국의 정부-이익집단의 관계 패턴〉, 안병준 외 지음, 《국가, 시민사회, 정치민주화》(한울아카데미, 1995).

김용철, 〈신자유주의적 구조조정과 조합주의적 관리 : 네덜란드의 경험과 정책적 함의〉, 《국가전략》 7권 2(2001).

김용호 · 강원택, 〈국회의원 선거제도 개혁의 기본 조건과 대안의 검토〉, 한국정치학회 《21세기 한국의 국가전략 학술회의》(1998).

김정주, 〈경제위기 이후 산업구조의 변화와 대안적 산업정책 방향의 모색〉, 유철규 편, 《혁신과 통합의 한국경제모델을 찾아서》(함께읽는책, 2006).
김정진, 〈복지확대를 위한 증세〉, 진보신당 상상연구소 편, 《리얼 진보》(레디앙미디어, 2010).
김준우, 〈벨기에, 사려 깊은 세입자 보호정책〉, 정치경영연구소 편, 《다시 태어나면 살고 싶은 나라》(홍익출판사, 2014).
김형철, 〈혼합식 선거제도로의 변화와 정치적 효과 : 뉴질랜드, 일본, 그리고 한국을 중심으로〉, 《시민사회와 NGO》 5권 1호(2007).
김형철, 〈뉴질랜드 선거제도 개혁 : 과정, 결과, 한국에 주는 시사점〉, 《비교민주주의연구》 5집 2호(2010).
남경필, 《시작된 미래》(갑우, 2014).
노중기, 〈노사관계 : 세계화와 노동체제 변동에 관한 비교사회학적 연구〉, 《산업노동연구》 10권 1호(2004).
민주당, 《제19대 총선공약집》, http://www.minjoo.kr/proposal/proposal.jsp?category=polpds (2012년 7월 1일 검색).
민주정부10년위원회, 〈경제정책 분야 : 경제의 민주화를 향한 길 내기〉, 《민주정부 10년, 평가와 과제》 2010년 7월 7일 국회 토론회 자료집.
민주정책연구원, 《사회시장경제》(민주정책연구원, 2011).
박동천, 《깨어 있는 시민을 위한 정치학 특강》(모티브북, 2010).
박상철, 〈정당공천의 헌법적 쟁점과 개선방향 : 국회의원 공천제도의 비교법적 분석〉, 《공법학연구》 9집 2호(2008).
박수형, 〈국민경선제는 왜 민주주의 정치에 기여하지 못하는가?〉, 최장집·박상훈·박찬표 외, 《논쟁으로서의 민주주의》(후마니타스, 2013).
박종현, 《케인즈 & 하이에크 : 시장경제를 위한 진실게임》(김영사, 2008).
백낙청, 《2013년 체제 만들기》(창비, 2012).
백승헌·심상정·이인영·이남주, 〈2012년을 어떻게 준비할까〉, 《창작과비평》 38권 4호(2010).
새정치비전위원회, 〈민주적 공천제도의 확립을 위한 이중과제 : 법제화와 공천배심원제의 도입〉, 《국민을 위한 새정치》(새정치민주연합, 2014).
서현수, 〈핀란드, 탐페레 시내버스에서 만난 복지국가〉, 정치경영연구소 편, 《다시 태어나면 살고 싶은 나라》(홍익출판사, 2014).
선학태, 《민주주의와 상생정치》(다산출판사, 2005).
선학태, 〈비례대표제의 정치경제 : 연합 정치, 사회적 협의, 그리고 복지국가〉, 한림국제대학원대학교 정치경영연구소 제1회 PR포럼(2011).
선학태, 〈왜 비례대표제인가? : 경제민주화, 복지국가, 그리고 합의제 민주주의〉, 한림국제대학원대학교 정치경영연구소 제5회 대안담론포럼(2012).
성낙인, 〈새로운 헌법의 모색과 방향 : 87년 체제의 극복〉, 《입법과 정책》 1권 1호(2009).
성장환, 〈뉴질랜드의 선거제도 개혁과 정치적 변화〉, 《대한정치학회보》 12집 2호(2004).
손학규, 〈통합의 정치와 합의제 민주주의〉, 동아시아미래재단 신년대토론회 기조강연문(2014).
송원근, 〈우리나라 기업지배구조의 대안 모색을 위하여〉, 유철규 편, 《혁신과 통합의 한국경제모델을 찾아서》(함께읽는책, 2006).
신동면, 〈아일랜드 발전모델 : 사회협약과 경쟁적 조합주의 연구〉, 《한국정치학회보》 39집 1호(2005).
신동면, 〈한국의 지속가능한 발전적 사회정책을 위한 구상〉, 《사회 이론》 통권 31호(2007).
신명순·김재호·정상화, 〈시뮬레이션을 통한 한국의 선거제도 개선 방안〉, 《한국정치학회보》 33집 4호(1999).
안순철, 《선거체제비교 : 제도적 효과와 정치적 영향》(법문사, 2000).
안순철, 〈한국 정치의 제도적 개혁과 조화 : 의원내각제, 다정당체계, 비례대표제〉, 한국정치학회 편, 《한국정치학회 춘계학술대회》(2001).
안재흥, 〈서구 자본주의의 다양성과 성장-복지 선순환의 정치경제〉, 《한국형 조정시장경제체제의 모색》(2008).
양동훈, 〈한국대통령제의 개선과 대안들에 대한 재검토〉, 《한국정치학회보》 33집 3호(1999).
양재진, 〈노동시장유연화와 한국복지국가의 선택 : 노동시장과 복지제도의 비정합성 극복을 위하여〉, 《한국정치학회보》 37권 3호(2003).
오건호, 《나도 복지국가에서 살고 싶다》(레디앙, 2012).
우윤근, 《개헌을 말하다》(함께맞는비, 2013).
원희룡, 《무엇이 미친 정치를 지배하는가》(이와우, 2014).
유종일, 〈'민주적 시장경제'를 다시 생각한다〉, 《비평》 통권20호(2008).
유철규, 〈한국 금융시스템의 평가와 재구축 과제 : 산업구조와 금융구조의 연계를 중심으로〉, 유철규 편, 《혁신과 통합의 한국경제모델을 찾아서》(함께읽는책, 2006).
이건범, 〈현 단계 한국 금융의 성격과 금융 혁신의 방향〉, 《동향과 전망》 통권 64호(2005).
이관후, 〈영국, 저녁이 있는 삶이 가능한 이유〉, 정치경영연구소 편, 《다시 태어나면 살고 싶은 나라》(홍익출판사, 2014).
이동걸, 〈문재인·안철수, 개혁에 힘 합쳐라〉, 《한겨레신문》 2012년 5월 14일자.
이만열, 〈친일 청산 못한 기독교, 예수 복음과 달라〉, 정치경영연구소의 '자유인' 인터뷰 49호, 《프레시안》 2014년 4월 14일자.
이명박, 〈제66주년 광복절 경축사〉, http://www.president.go.kr/kr/president/speech/speech_list.php(2012년 7월 7일 검색).
이병천, 2001, 〈세계 자본주의 패권모델로서의 미국경제 : 포드주의 경영자자본주의에서 금융주도 신자유주의까지〉, 전창환·조영철 엮음, 《미국식 자본주의와 사회민주적 대안》(당대, 2001).
이병천, 〈상호성과 시민경제의 두 흐름〉, 《시민과 경제》 통권 12호(2007).
이병천 편, 《세계화 시대 한국 자본주의 : 진단과 대안》(한울, 2007).
이부형 외, 〈MB정부 경제의 명과 암〉, 《현대경제연구원 경제주평》 12-6, 통권 477호(2012).
이상돈, 〈미국의 프라이머리(예비선거) 제도에 관한 연구〉, 《법학논문집》 34집 3호(2010).
이상이 편, 《역동적 복지국가의 논리와 전략》(밈, 2010).
이선, 〈서구선진국의 조합주의의 정책적 시사점〉, 《법학논총》 통권 16호(2006).
이수연, 〈2008년 이후 4대 대기업 매출 증가〉, 《새로운 사회를 여는 연구원》(2011).
이정희, 〈한국 이익집단과 정당의 상호 연계구조〉, 《21세기 정치학회보》 12집 2호(2002).
이종찬, 〈권력구조 운영, 위임대통령제, 한국 사례〉, 국제평화전략연구원 엮음, 《한국의 권력구조 논쟁 II》(풀빛, 2000).
임상훈, 〈사회협약 안정화 과정 비교 연구 : 한국, 이탈리아, 아일랜드 사례를 중심으로〉, 《노동정책연구》 6권 2호(2006).
장보문, 〈독일, 큰 것과 작은 것이 어우러진 교육복지〉, 정치경영연구소 편, 《다시 태어나면 살고 싶은 나라》(홍익출판사, 2014).
장영수, 2012, 〈개헌을 통한 권력구조 개편의 기본방향 : 분권형 대통령제의 가능성을 중심으로〉, 《고려법학》 통권 67호
장영수, 〈개헌을 통한 권력구조 개편 : 의원내각제 혹은 분권형 대통령제〉, 동아시아미래재단 신년 세미나 발제문(2014).
정상호, 〈한국 중소기업 집단의 이익정치 : 중기협을 중심으로〉, 《한국정치학회보》 36집 4호(2002).
정동영, 〈정동영, '내가 안철수라면 지금 이걸 던지겠다'〉, 《프레시안》 2012년 11월 15일자.
정준표, 〈정당, 선거제도와 권력구조〉, 국제평화전략연구원 엮음, 《한국의 권력구조 논쟁》

(풀빛, 1997).
조기숙, 〈합리적 유권자 모델과 한국의 선거분석〉, 이남영 편, 《한국의 선거》(나남, 1993).
조성복, 〈독일에서 살아보니〉, 《프레시안》 연재 칼럼 1～38회(2013～2014).
조영철, 《금융세계화와 한국 경제의 진로 : 민주적 시장경제의 길》(후마니타스, 2007).
조혜경, 〈한국 자본주의 체제의 진화와 사회 갈등 : 생산레짐론적 재조명〉, 최태욱 편, 《갈등과 제도》(후마니타스, 2011).
참여정부 대통령비서실, 《노무현, "한국정치 이의 있습니다"》(역사비평사, 2009).
천정배, 《정의로운 복지국가》(창해, 2010).
최장집, 〈민주주의를 둘러싼 오해에 대한 정리 : 절차적 민주주의의 재조명〉, 최장집·박찬표·박상훈, 《어떤 민주주의인가 : 한국 민주주의를 보는 하나의 시각》(후마니타스, 2007a).
최장집, 〈강력한 대통령제는 한국 민주주의 발전에 얼마나 기여하는가〉, 최장집·박찬표·박상훈, 《어떤 민주주의인가 : 한국 민주주의를 보는 하나의 시각》(후마니타스, 2007b).
최태욱, 〈미국 자본주의의 세계화 전략과 한미 FTA〉, 최태욱 엮음, 《한국형 개방전략》(창비, 2007).
최태욱 편, 《신자유주의 대안론》(창비, 2009).
하연섭, 〈인적자원개발정책의 비교 분석 : 생산레짐이론을 중심으로〉, 《행정논총》 46권 2호(2008).
한국개발연구원, 《우리나라의 국가경쟁력 분석체계 개발》, 기획재정부 연구보고서(2010).
홍장표, 〈한국의 기능적 소득분배와 경제성장 : 수요체제와 생산성체제 분석을 중심으로〉, 〈부경대학교 지역사회연구소〉 워킹페이퍼(2014).
홍재우·김형철·조성대, 〈대통령제와 연립정부 : 제도적 한계의 제도적 해결〉, 《한국정치학회보》 46권 1호(2012).
황태연, 〈유럽 분권형 대통령제에 관한 고찰〉, 《한국정치학회보》 39권 2호(2005).

Ahlquist, J. S., "Policy by Contract : electoral cycles, parties and social pacts, 1974～2000", *Journal of Politics*, vol. 72, no. 2(2010).
Alesina, Alberto and Edward Glaeser, *Fighting Poverty in the US and Europe : A World of Difference*(Oxford University Press, 2004)[전용범 옮김, 《복지국가의 정치학》(생각의힘, 2012)].

Almond, Gabriel A. and G. Bingham Powell, Jr., *Comparative Politics Today : A World View*, 4th. ed.(Boston : Scott, Foresman and Company, 1998).

Amable, Bruno, *The Diversity of Modern Capitalism*(New York : Oxford University Press, 2003).

Anthonsen, M. & J. Lindvall, "Party Competition and the Resilience of Corporatism", *Government and Opposition*, vol. 44, no. 2(2009).

Armingeon, Klaus, "The effects of negotiation democracy : A comparative analysis", *European Journal of Political Research*, vol. 41(2002).

Arrow, Kenneth, *Social Choice and Individual Values*, 2nd ed.(New Haven : Yale University Press, 1963).

Avdagic, S., "When Are Concerted Reforms Feasible? Explaining the Emergence of Social Pacts in Western Europe", *Comparative Political Studies*, vol. 43, no. 5(2010).

Avdagic, S., M. Rhodes & J. Visser, *Social Pacts in Europe : Emergence, Evolution, and Institutionalization*(New York : Oxford University Press, 2011).

Barretta-Herman, Angeline, *Welfare State To Welfare Society : Restructuring New Zealand's Social Services*(New York & London : Garland Publisng Inc., 1994).

Blank, Rebecca, *Changing Inequality*(Berkeley : University of California Press, 2011).

Broad, Robin, John Cavanagh, and Walden Bello, "Development : The Market Is Not Enough", *Foreign Policy*, vol. 81(1990~1991).

Cameron, D., "Social Democracy, Corporatism, Labour Quiescence, and the Representation of Economic Interest in Advanced Capitalist Society" in John H. Goldthorpe ed., *Order and Conflict in Contemporary Capitalism*(Oxford : Oxford University Press, 1984).

Chapman, Jeff and Grant Duncan, "Is There Now A New 'New Zealand Model'?", *Public Management Review*, vol. 9. no. 1(2007).

Cheibu, Jose Antonio, Adam Przeworski, Sebastian M. Saiegh, "Government Coalitions and Legislative Success Under Presidentialism and Parliamentalism", *British Journal of Political Science*, vol. 34, no. 4(2004).

Compston, Hugh, "Policy Concertation in Western Europe : A Configurational Approach" in Stefan Berger and Hugh Compston eds., *Policy Concertation and Social Partnership in Western Europe : Lessons for 21st Century*(Berghahn Books, 2002).

Crenson, Matthew and Benjamin Ginsberg, *Presidential Power : Unchecked and Unbalanced* (W.W. Norton & Company, 2007).

Crepaz, Markus M., and Arend Lijphart, "Linking and Integrating Corporatism and Consensus Democracy : Theory, Concepts and Evidence", *British Journal of Political Science*, vol. 25, no. 2(1995).

Crepaz, Markus M., and Vicki Birchfield, "Global Economics, Local Politics : Lijphart's Theory of Consensus Democracy and the Politics of Inclusion", Markus Crepaz et al. eds., *Democracy and Institutions : The Life Work of Arend Lijphart*(Ann Arbor : The University of Michigan Press, 2000).

Crepaz, Markus M., "Global, Constitutional, and Partisan Determinants of Redistribution in Fifteen OECD Countries", *Comparative Politics*, vol. 34, no. 2(2002).

Culpepper, P., "The politics of common knowledge : Ideas and institutional change in wage bargaining", *International Organization*, vol. 62, no. 1(2008).

Cusak, Thomas R, Torben Iversen, and David Soskice, "Economic Interests and the Origins of Electoral Systems", *American Political Science Review*, vol. 101, no. 3(2007).

Dahl, Robert, *Polyarchy : Participation and Opposition*(New Haven : Yale University, 1971).

Dahl, Robert, *On Democracy*(New Haven : Yale University Press, 1998).

Denemark, David, "Choosing MMP in New Zealand : Explaining the 1993 Electoral Reform" in Matthew Shugart and Martin Wattenberg, eds., *Mixed-Member Electoral Systems : The Best of Borth Worlds?*(New York : Oxford University Press, 2001).

Downs, Anthony, *An Economic Theory of Democracy*(New York : Harper & Row Publishers, 1957).

Duncan, Grant, *Society and Politics : New Zealand Social Policy*(Rosedale : Pearson Education New Zealand, 2007).

Duverger, Maurice, *Political Parties : Their Organization and Activity in the Modern State*, Barbara and Robert North, trans.(New York : Wiley, 1963).

Duverger, Maurice, "A New Political System Model : Semi-Presidential Government", *European Journal of Political Research*, vol. 8. no. 2(1980).

Ebbinghaus, Bernhard and Philip Manow eds., *Comparing Welfare Capitalism*(London : Routledge, 2001).

Elmar, R. & S. Leibfried, *Limits to Globalization : Welfare States and the World Econo-*

my(Cambridge : Policy Press, 2003).

Esping-Andersen, Gosta, *Politics against Markets : The Social Democratic Road to Power* (Princeton : Princeton University Press, 1985).

Esping-Andersen, Gosta, *Social Foundations of Postindustrial Economies*(Oxford : Oxford University Press, 1995).

Estévez-Abe, Margarita, Torben Iversen, and David Soskice, "Social Protection and the Formation of Skills : A Reinterpretation of the Welfare State" in Peter Hall and David Soskice eds., *Varieties of Capitalism : The Institutional Foundations of Comparative Institutional Advantage*(Oxford : Oxford University Press, 2001).

Fiorina, Morris P., *Retrospective Voting in American National Elections*(New Haven : Yale University, 1981).

Frohlich, Norman, Joe Oppenheimer, and Oran Young, *Political Leadership and Collective Goods*(Princeton : Princeton University Press, 1971).

Garrett, G., *Partisan Politics in The Global Economy*(Cambridge : Cambridge University Press, 1998).

Geddes, Barbara, *Politicians Dilemma : Building State Capacity in Latin America*(Berkeley and Los Angeles : University of California Press, 1994).

Gourevitch, Peter, "The Politics of Corporate Governance Regulation," *Yale Law Journal*, vol. 112, no. 7(2003).

Giddens, Anthony, *The Third Way*(Cambridge : Polity Press, 1998).

Hacker, Jacob and Paul Pierson, *Winner-Take-All Politics : How Washington Made the Rich Richer and Turned Its Back on the Middle Class*(New York : Simon & Schuster, 2011).

Haggard, Stephan and Mathew McCubbins, eds., *Presidents, Parliaments and Policy*(Cambridge : Cambridge University Press, 2001).

Hall, Peter, *Governing the Economy : The Politics of State Intervention in Britain and France* (New York : Oxford University Press, 1986).

Hall, Peter and David Soskice, "An Introduction to Varieties of Capitalism" in Peter Hall and David Soskice eds., *Varieties of Capitalism : The Institutional Foundations of Comparative Advantage*(Oxford : Oxford University Press, 2001).

Hamann, K. and J. Kelly, "Party Politics and the Reemergence of Social Pacts in Western Europe", *Comparative Political Studies*, vol. 40, no. 8(2007).

Hassel, A., *Wage Setting, Social Pacts and the Euro*(Amsterdam : Amsterdam University Press, 2007).

Hicks, A. and D. Swank, "Politics, Institutions, and Social Welfare Spending in the Industrialized Democracies, 1960-1982", *American Political Scinece Review*, vol. 86, no. 3(1992).

Huber, John and G. Bingham Powell, "Congruence between Citizens and Policymakers in Two Visions of Liberal Democracy", *World Politics*, vol. 46(1994).

Huber, E. and J. Stephens, *Development and Crisis of the Welfare State : Parties and Policies in Global Markets*(Chicago : University of Chicago Press, 2001).

Iversen, Torben and David Soskice, "An Asset Theory of Social Policy Preferences", *American Political Science Review*, vol. 95, no. 4(2001).

Iversen, Torben, *Capitalism, Democracy and Welfare*(Cambridge : Cambridge University Press, 2005).

Iversen, Torben and David Soskice, "Electoral Institutions and the Politics of Coalitions : Why Some Democracies Redistribute More Than Others", *American Political Science Review*, vol. 100, no. 2(2006).

Iversen, Torben and David Soskice, "Distribution and Redistribution : The Shadow of the Nineteenth Century", *World Politics*, vol. 61, no. 3(2009).

Jackson, Keith and Alan McRobie, *New Zealand Adopts Proportional Rpresentation : Accident? Design? Evolution?*(Christchurch : Ashgate Pub Ltd., 1998).

Kaletsky, Anatole, *Capitalism 4.0 : The Birth of New Economy in the Aftermath of Crisis* (New York : PublicAffairs, 2010)[위선주 옮김,《자본주의 4.0 : 신자유주의를 대체할 새로운 경제 패러다임》(컬처앤스토리, 2011)].

Kang, Myung-koo, "The Sequence and Consequences of Bank Restructuring in South Korea, 1998-2006", *Asian Survey*, vol. 49, no. 2(2009).

Katzenstein, P. J., *Small States in World Markets : Industrial Policy in Europe*(Ithaca : Cornell University Press, 1985).

Kim, Yeong-Soon, "Institutions of Interest Representation and the Welfare State in Post-Democratization Korea", *Asian Perspective*, vol. 34, no. 1(2010).

Krugman, Paul, *The Conscience of a Liberal*(Norton & Company, 2009).

Lamare, James and Jack Vowles, "Party Interests, Public Opinion and Institutional Preferences : Electoral System Change in New Zealand", *Australian Journal of Political Science*, vol. 31, no. 3(1996).

Lange, P. & G. Garret, "The Politics of Growth", *Journal of Politics*, vol. 47, no. 3(1985).

Lijphart, Arend, *Democracies : Patterns of Majoritarian and Consensus Government in Twenty-One Countries*(New Haven : Yale University Press, 1984).

Lijphart, Arend, and Markus M. Crepaz, "Corporatism and Consensus Democracy in Eighteen Countries : Conceptual and Empirical Linkages", *British Journal of Political Science*, vol. 21(1991).

Lijphart, Arend, *Patterns of Democracy : Government Forms and Performance in Thirty-Six Countries*(New Haven and London : Yale University Press, 1991).

Lijphart, Arend, "The Wave of Power-sharing Democracy" in Andrew Reynolds ed., *The Architecture of Democracy : Constitutional Design, Conflict Management, and Democracy*(Oxford : Oxford University Press, 2002).

Lijphart, Arend, *Patterns of Democracy : Government Forms and Performance in Thirty-Six Countries*(New Haven : Yale University Press, 2012).

Lister, Ruth, "The Third Way's Social Investment State" in J. Lewis and R. Surrender, eds., *Welfare State Change : Towards a Third Way?*(Oxford : Oxford University Press, 2004).

Mainwaring, Scott, "Presidentialism, Multipartism, and Democracy : The Difficult Combination", *Comparative Political Studies*, vol. 26, no. 2(1993).

Mares, Isabela, *The Politics of Social Risk : Business and Welfare State Development*(Cambridge : Cambridge University Press, 2003).

Martin, Cathie J. & D. Swank, "The Political Origins of Coordinated Capitalism", *American Political Science Review*, vol. 102, no. 2(2008).

Milner, Henry, *Sweden : Social Democracy in Practice*(Oxford University Press, 1993).

Minnich, D., "Corporatism and Income Inequality in the Global Economy : A Panel Study of 17 OECD Countries", *European Journal of Political Reserach*, vol. 42, no. 1(2003).

Molina, O., M. Rhodes, "Corporatism : The Past, Present, and Future of a Concept", *Annual Review of Political Science*, vol. 5(2002).

Monnet, Jean, *Mémoires*(Paris : Fayard, 1976)[박제훈 · 옥우석 옮김, 《장 모네 회고록》(세림

출판, 2008)].

Mulgan, Richard, "The Elective Dictatorship in New Zealand" in Hyam Gold eds., *New Zealand Politics in Perspective*(Auckland : Longman Paul, 1992).

Nagel, Jack, "What Political Scientists Can Learn from the 1993 Electoral Reform in New Zealand", *PS : Political Science and Politics*, vol. 27, no. 3(1994).

Nagel, Jack, "Social Choice in a Pluralitarian Democracy : The Politics of Market Liberalization in New Zealand", *British Journal of Political Science*, vol. 28, no. 2(1998).

North, Douglass, *Institutions, Institutional Change and Economic Performance*(Cambridge : Cambridge University Press, 1990).

O'Donnel, Guillermo, "Delegative Democracy", *Journal of Democracy*, vol. 5, no.1(1994).

O'Donnell, R. & D. Thomas, "Ireland in the 1990s : Concertation triumphant" in Berger, S. and H. Compston, eds., *Policy Concertation and Social Partnership in Western Europe*(Oxford : Berghahn, 2002).

Palmer, Geoffrey, *Unbridled Power?*(Auckland : Oxford University Press, 1979).

Perry, Bryan, *Household Incomes in New Zealand : Trends in Indicators of Inequality and Hardship, 1982 to 2010*(Wellington : Ministry of Social Development, 2010).

Polanyi, Karl, *The Great Transformation*(Boston : Beacon Press, 2001).

Powell G. Bingham, *Elections as Instruments of Democracy : Majoritan and Proportional Visions*(New Haven : Yale University Press, 2000).

Rhodes, M., "The Political Economy of Social Pacts : Competitive Corporatism and European Welfare Reform", P. Pierson ed., *The New Politics of the Welfare State*(Oxford : Oxford University Press, 2001).

Rifkin, Jeremy, *The European Dream*(Oxford : Blackwell Publishers, 2004)[이원기 옮김, 《유러피언 드림》(민음사, 2005)].

Riker, William, "Duverger's Law Revisited" in Bernard Grofman and Arend Lijphart eds., *Electoral Laws and Their Political Consequences*(New York : Agathon Press, 1986).

Rodrik, D., "Sense and Nonsense in the Globalization Debate", *Foreign Policy*, vol. 107(1997).

Rogowski, Ronald, "Trade and the variety of democratic institutions", *International Organization*, vol. 41, no. 2(1987).

Rosenbluth, Frances M. and Michael F. Thies, *Japan Transformed : Political Change and Economic Restructuring*(Princeton : Princeton University Press, 2010).

Sartori, Giovanni, "The Influence of Electoral Systems : Faulty Laws of Faulty Method?" in Bernard Grofman and Arend Lijphart eds., *Electoral Laws and Their Political Consequences*(New York : Agathon Press, 1986).

Sautet, Frederic, "Why have Kiwis not becom Tigers? : Reforms, Entrepreneurship, and Economic Performance in New Zealand", *The Independent Review*, vol. 10, no. 4(2006).

Scharpf, Fritz, *Games Real Actors Play : Actor-centered Institutionalism in Policy Research* (Boulder : Westview Press, 1997).

Schmitter, Philipe, "Corporatism is Dead! Long Live Corporatism! Reflections on Andrew Shonfield's Modern Capitalism", *Government and Opposition*, vol. 24(1989).

Schumpeter, Joseph, *Capitalism, Socialism, and Democracy*(New York : Harper & Brothers, 1942).

Shaw, Richard and Chris Eichbaum, *Public Policy in New Zealand : Institutions, Processes and Outcomes*(Rosedale : Pearson Education New Zealand, 2008).

Siaroff, A., "Corporatism in 24 Industrial Democracies : Meaning and Measurement", *European Journal of Political Research*, vol. 36, no. 2(1999).

Smith, Graham, *Democratic Innovations : Designing Institutions for Citizen Participation* (Cambridge : Cambridge University Press, 2009).

Soskice, Davis, "Divergent Production Regimes : Coordinated and Uncoordinated Market Economies in Contemporary Capitalism" in Herbert Kitschelt, Peter Lange, Gary Marks, and John D. Stephens, eds., *Continuity and Change in Contemporary Capitalism*(Cambridge : Cambridge University Press, 1999).

Soskice, Davis, "Macroeconomics and Varieties of Capitalism" in Bob Hancké, Martin Rhoeds, and Mark Thatcher eds., *Beyond Varieties of Capitalism : Conflict, Contradictions, and Complementarities in the European Economy*(Oxford : Oxford University Press, 2008).

Sorge, A. and Wolfgang Streeck, "Industrial Relations and Technical Change" in Richard Hyman and Wolfgang Streeck eds., *New Technology and Industrial Relartions*(Oxford : Basil Blackwell, 1998).

Steinmo, Sven, Kathleen Theleen and Frank Longstreth, eds., *Structuring Politics : Historical Institutionalism in Comparative Analysis*(Cambridge : Cambridge University Press, 1992).

Stiglitz, Joseph, *The Price of Inequality : How Today's Divided Society Endangers Our Future*(New York : W. W. Norton & Company, 2012).

Swank, Duane, "Political Institutions and Welfare State Restructuring : The Impact of Institutions on Social Policy Change in Developed Democracies" in Paul Pierson ed., *The New Politics of the Welfare State*(Oxford : Oxford University Press, 2001).

Swank, Duane, *Global Capital, Political Institutions, and Policy Change in Developed Welfare State*(Cambridge University Press, 2002).

Swenson, P., *Capitalists Against Markets : The Making of Labor Markets and Welfare States in the United States and Sweden*(New York : Oxford University Press, 2002).

Thelen, Kathleen, *How Institutions Evolve*(Cambridge : Cambridge University Press, 2004).

Traxler, F., "From Demand-Side to Supply-Side Corporatism? Austrian Labour Relations and Public Policy" in C. Crouch and F. Traxler eds., *Organized Industrial Relations in Europe : What Future?*(Aldershot : Avebury, 1995).

Visser, J. & Marc van der Meer, "The Netherlands : Social Pacts in a Concertation Economy" in Sabina Avdagic, Martin Rhodes and Jelle Visser, eds., *Social Pacts in Europe : Emergence, Evolution, and Institutionalization*(New York : Oxford University Press, 2011).

Vowles, Jack, "The Politics of Electoral Reform in New Zealand", *International Political Science Review*, vol. 16, no. 1(1995).

Vowles, Jack, Susan Banducci, and Jeffrey Karp, "Forecasting and Evaluating the Consequences of Electoral Change in New Zealand", *Acta Politica*, vol. 41, no. 3(2006).

Weaver, Kent and Bert Rockman, eds., *Do Institutions Matter? : Government Capabilities in the United States and Abroad*(Washington D.C. : The Brookings Institutions, 1993).

Wilson, James, "The Politics of Regulation" in James Wilson, eds., *The Politics of Regulation* (New York : Basic Books, 1980).

Woldendorp, J. & H. Keman, "The Contingency of Corporatist Influence : Incomes Policy in the Netherlands", *Journal of Public Policy*, vol. 26, no. 3(2006).

Wood, S., "Labour Market Regimes under Threat? Sources of Continuity in Germany, Britain, and Sweden" in P. Pierson ed., *The New Politics of the Welfare State*(New York : Oxford University Press, 2001).

찾아보기

ㅈ

ㅊ

ㅋ

ㅌ

ㅍ

ㅎ

한국형 **합의제 민주주의**를 말하다

시장의 우위에 서는 정치를 위하여

펴낸날 초판 1쇄 2014년 11월 21일

지은이 최태욱
펴낸이 김직승

펴낸곳 책세상
주소 서울시 마포구 광성로1길 49 대영빌딩 4층(121-854)
전화 02-704-1251(영업부), 02-3273-1333(편집부)
팩스 02-719-1258
이메일 bkworld11@gmail.com
홈페이지 www.bkworld.co.kr
등록 1975. 5. 21. 제1-517호

ISBN 978-89-7013-895-4 03300